R!
Nen
€ 30,-
Kw 6
RG
(2)

D1663617

böhlau

Habakuk Traber

TIME IN FLUX

Die Komponistin Ursula Mamlok

2012

BÖHLAU VERLAG WIEN KÖLN WEIMAR

Gefördert durch die
Ludwig Sievers Stiftung – Stiftung zur Förderung der wissenschaftlichen Forschung
über Wesen und Bedeutung der freien Berufe.

Bibliografische Information der Deutschen Nationalbibliothek:
Die Deutsche Nationalbibliothek verzeichnet diese Publikation in der
Deutschen Nationalbibliografie; detaillierte bibliografische Daten sind
im Internet über http://dnb.d-nb.de abrufbar.

© 2012 by Böhlau Verlag GmbH & Cie, Wien Köln Weimar
Ursulaplatz 1, D-50668 Köln, www.boehlau-verlag.com

Druck und Bindung: Strauss GmbH, Mörlenbach
Gedruckt auf chlor- und säurefreiem Papier
Printed in Germany

ISBN 978-3-412-20440-2

Inhalt

Einleitung

1981 komponierte Ursula Mamlok, achtundfünfzig Jahre alt und seit gut vier Jahrzehnten mit kurzer Unterbrechung in New York zu Hause, ein Kammermusikwerk, das sie mit dem bekannten antiken Aphorismus *Panta Rhei* (Alles fließt) überschrieb. Beispielhaft kennzeichnet das Stück ihr musikalisches Denken, zugleich steht es in ihrem Œuvre einzig da. Sie schrieb sonst nichts für die klassische Besetzung von Violine, Violoncello und Klavier, obwohl Kammermusik in ihrem Schaffen bei weitem den größten Raum einnimmt. Maße und Proportionen des Klaviertrios erinnern an die Pionierzeit der europäischen Moderne; Komponisten strebten damals nach Konzentration, um die musikalische Sprache durch Knappheit zu erneuern. Rund acht Minuten dauern die fünf Sätze, die sich zu einer dramatisch dichten Form fügen. Sie sind zwölftönig komponiert, in einer Technik, mit der die Moderne vor knapp hundert Jahren ihren Fortschritt systematisieren und stabilisieren wollte. Zugleich handelt es sich um Studien über Dreiklangsformen und -folgen, vor allem aber um Erkundungen über Wandlungen in der Zeiterfahrung, wie der Untertitel *Time in Flux* andeutet. Zeitkomposition war ein Stichwort der Avantgarde in den sechziger und siebziger Jahren. Wie geht das alles zusammen?

Statt auf Antworten stößt man beim Nachdenken zunächst auf Widersprüche. Die Komposition mit zwölf nur aufeinander bezogenen Tönen wurde er- oder gefunden, um der Herrschaft der Dreiklänge, ihrem Konsonanzgebot und der Logik ihrer Verbindung zu entkommen und dadurch neue Dimensionen musikalischen Ausdrucks zu gewinnen. Arnold Schönberg wollte mit ihrer Hilfe wieder große Formen bilden und dem Drang zur Kürze in seinen expressionistischen Stücken entrinnen. Ursula Mamlok aber geht mittels der Zwölftontechnik auf die Zeit- und Raummaße der Vor-Reihen-Periode zurück, wenngleich mit Methoden, die gegenüber Schönberg und seiner Zeit enorm erweitert und verfeinert sind.

Man hört *Panta Rhei* die historischen Widersprüche, die darin angereichert sind, nicht an. Das Trio wirkt in seiner Vielgestaltigkeit wie aus einem Guss. In den intensiven acht Minuten, die in der Erinnerung viel länger erscheinen, wechseln die Charaktere anfangs schnell: energische und ruhige Abschnitte, ein perpetuum mobile, ein Walzer. Er erinnert daran, dass der Tanz mit den unendlichen Stilisierungspotenzialen die Moderne in ihre Selbständigkeit begleitete: Das erste Zwölftonstück war ein Walzer. Das rasche Défilé der Charaktere – Figuren in einem abstrakten Ballett vergleichbar – dauert nicht einmal eineinhalb Minuten, der nachfolgende langsame Satz dagegen mehr als doppelt so lang. Die moderne Metamorphose eines Liedes dehnt den Zeitlauf bis an die Grenze, an der Bewegung versagt, manövriert Töne und Melos bis an den Rand der Stille. In solcher Gespanntheit, die sich einmal kurz entlädt, steht diese Elegie als Inbegriff für all die langsamen Sätze der Komponistin, in denen sich gefährdete Existenz ausspricht, und in denen Expressivität nicht durch Extravertiertheit, sondern durch Zurücknahme gewonnen wird.

Stark konträre Kräfte wirken in *Panta Rhei* wie in den meisten Werken von Ursula Mamlok. Das Trio führt die hohe Kunst der Verwandlung von musikalischen Charakteren und Gestalten weit über das hinaus, was man traditionell »Variationen« nannte. Die Querbeziehungen zu gegensätzlichen musikalischen Denkweisen des 20. Jahrhunderts deuten die Syntheseleistung an, die Mamlok mit ihrem Komponieren gelang. Vor allem aber drücken sich in dem kurzen Werk die Spuren einer langen künstlerischen Erfahrung ab. Diese begann mit dem Entschluss des Kindes Ursula Lewy, Komponistin zu werden. Sie setzte sich im systematischen Unterricht fort, der die Sechzehnjährige bereits die Hochschulreife erreichen ließ. Ihre Entwicklung erlitt 1939 den Bruch des Exils: statt um eine Hochschule mussten sich Ursula Lewy und ihre Eltern um die Emigration aus Deutschland kümmern. Das Wunschziel USA erreichten sie auf Umwegen und nach längerer Zwischenstation in Ecuador. Ihr künstlerisches Fortkommen wurde in den Vereinigten Staaten teils gefördert (durch Begegnungen mit anderen Künstlern, durch Aufführungen, durch Besuch von Konzerten und Proben), teils hingehalten (durch einen konservativen akademischen Unterricht, der eher einem unendlichen Repetitorium als einem zielstrebigen Voranschreiten glich). Ihren Berufswunsch stellte sie in der wechselvollen Geschichte von Flucht, Hoffnung und Hindernissen so wenig in Frage wie damals, als sie ihn in jungen Jahren fasste. Für sie besaß er die Klarheit des Selbstverständlichen, das man nicht begründen muss, und das daher auch nicht in Zweifel gezogen wird. Diese – nur scheinbar naive – Gewissheit ließ sie an der einmal getroffenen Entscheidung festhalten; die bürgerlich existenzielle Vernunft hätte häufig dagegen gesprochen. Doch Ursula Mamlok hatte in den entscheidenden Lebenskonstellationen Glück: Ihre Eltern unterstützten ihre Ziele (nur wenig andere hätten dies so getan). In Dwight G. Mamlok fand sie einen Lebenspartner, der ihre musikalischen Anliegen nicht nur respektierte, sondern daran lebhaften Anteil nahm – fast ohne systematische Vorbildung entdeckte er die Faszination der Neuen Musik für sich und entwickelte ihr gegenüber ein sicheres Urteilsvermögen. Dass er sich ebenfalls im letzten Moment und auf abenteuerlichen Wegen aus Deutschland hatte retten und schließlich in die USA hatte gelangen können, schuf zwischen beiden eine Verständigung und elementare Solidarität, die mit anderen Partnern schwer denkbar gewesen wäre. Sie gab ihrer Liebe Halt.

Die Musik sei ihre Heimat, betonte Ursula Mamlok des Öfteren in Gesprächen und Interviews, die Musik, nicht ein bestimmtes Land, kein bestimmter Ort, nicht einmal eine bestimmte Sprache. Die Aussage hat nichts mit den munteren Musikantenbekenntnissen gemein, mit denen sich Unterhaltungskünstler bisweilen in eine historisch-weihevolle Aura hüllen wollen. Ursula Mamlok spricht eine existenzielle Erfahrung aus, die Vertrauenswürdiges von dem trennt, was Misstrauen verdient. In der Musik fand sie als Jugendliche einen Schutzraum, in den sie sich zurückziehen und so die Ereignisse um sich herum auf Distanz halten konnte. Musik zu schreiben – vielleicht in dem Sinn, den Edmond Jabès seinem *Buch der Fragen* voranstellte: »Du bist die, die schreibt und die geschrieben wird«[1] – bedeutete ihr ein Ziel, das ihr auch dann die Orientierung wies, wenn es durch die Lebensumstände in weite Ferne gerückt schien. Musik wurde zu ihrem Lebensinhalt, zur Erfüllung. Sie gab ihr die Identität unabhängig davon, wo sie sich aufhielt. Die Musik wäre ihr selbst dann geblieben, wenn sie von allem anderen abgeschnitten worden wäre. Kunst als Weg und Mittel des Überlebens? Die Formel greift zu kurz, nicht zuletzt, weil Überleben heute meist auf das physische Überstehen reduziert wird. Darum geht es nicht, sondern um die Würde, die in dem Wort »Ich« liegt, wenn es in einer solidarischen und kultivierten Gemeinschaft gesprochen wird.

Dieses Buch versucht erstmals ein Porträt der Komponistin Ursula Mamlok, die seit 2006 wieder in Berlin wohnt. Ihre Lebensgeschichte nimmt darin einen breiten Raum ein, in den ersten Kapiteln zwangsläufig den beherrschenden. Danach verschieben sich die Gewichte allmählich zugunsten ihrer Kompositionen. Es wird bei deren Betrachtung die eine oder andere Passage geben, die insbesondere Nichtmusikern durch die analytischen Anteile schwierig erscheinen mag. Wer dies so empfindet, möge zu den Abschnitten übergehen, die nicht mehr von technischen Aspekten der Musik handeln. Notwendig sind die Ausflüge in die Theorie der Komposition dennoch aus wenigstens zwei Gründen: In der Biographie einer Komponistin würde Entscheidendes fehlen, wenn von ihrem musikalischen Denken und Gestalten nicht auch konkret und im Detail die Rede wäre. Vor allem aber: Es kursieren über die Zwölftonkomposition allgemein und über bestimmte Werke nicht wenige irreführende, falsche und desorientierende Darstellungen. Auch Werke von Ursula Mamlok sind davon betroffen. Fehlerhaften Behauptungen lässt sich am besten mit zutreffenden Auskünften antworten, zu ihnen gehören auch klärende Anmerkungen zur Kompositionsweise. Im Übrigen mag es für Interessierte aufschlussreich sein, sich das komplexe Denken, aus dem musikalische Werke entstehen, wenigstens in groben Konturen zu vergegenwärtigen.

Die Hauptperson dieses Buches wird im Laufe der elf Kapitel mit vier verschiedenen Familiennamen genannt. Sie werden entsprechend den Lebensphasen verwendet, in denen sie galten. Von 1923 bis 1929 hieß die Porträtierte Ursula Meyer. Nachdem ihre Mutter 1929 wieder heiratete, nahm auch die Tochter den neuen Familiennamen Lewy an; in ihren Schulzeugnissen wird

---

1 Jabès, Edmond: Das Buch der Fragen. Aus dem Französischen von Henriette Beese. Frankfurt am Main 1989, S. 7 (unpaginiert)

sie bürokratisch penibel als »Ursula Meyer, genannt Lewy« geführt. Im Einwohnerverzeichnis von New York ließen sie und ihre Eltern sich 1941 mit dem amerikanisierten Zunamen »Lewis« registrieren. Seit ihrer Heirat mit Dwight G. Mamlok 1947 trägt sie den Namen, unter dem sie als Künstlerin bekannt wurde: Ursula Mamlok.

Gedankt sei in erster Linie der Porträtierten selbst, die den Entstehungsprozess des Buches in Wort, Tat und mit ihrem umfangreichen Archiv jederzeit unterstützte, auf die Darstellung selbst aber keinen Einfluss nahm. Es handelt sich bei diesem Buch nicht um ein Selbstporträt in geliehenen Worten. Bettina Brand, die Ursula Mamloks Archiv aufbaute und sich in zahlreichen Interviews, Rundfunkbeiträgen und Porträtkonzerten mit Leben und Wirken der Komponistin auseinandersetzte, stellte mir alle Materialien, die sie erarbeitete, bereitwillig zur Verfügung; sie war mir in inhaltlichen, technischen und kommunikativen Fragen stets eine große Hilfe. Dafür sei ihr herzlicher Dank gesagt. Albrecht Dümling, durch langjährige Forschung, Publikationen, Gründung und Leitung des Vereines *musica reanimata* mit den Zusammenhängen von Musik und Exil bestens vertraut, war mir als Lektor ein freundschaftlicher, kritischer und sachlich genauer Gesprächspartner und Ratgeber. Auch ihm sei an dieser Stelle herzlich gedankt. Geschrieben wurde das Buch, um das Interesse an Ursula Mamloks Leben und Werk zu wecken und zu unterstützen.

Ermöglicht wurde es durch die großzügige Unterstützung der Ludwig Sievers Stiftung – Stiftung zur Förderung der wissenschaftlichen Forschung über Wesen und Bedeutung der freien Berufe mit Sitz in Hannover. Dafür sei großer Dank gesagt. Den Verlagen von Ursula Mamlok, der C. F. Peters Corporation New York und dem Verlag Boosey & Hawkes • Bote und Bock Berlin sei für die freundliche Erlaubnis gedankt, Auszüge aus Kompositionen von Ursula Mamlok als Teil der Werkbesprechungen abzudrucken. Simon Berg danke ich für das Setzen der Notenbeispiele, die nicht aus den gedruckten Werken von Ursula Mamlok genommen werden konnten, dem Böhlau-Verlag und Johannes van Ooyen für Verständnis und Geduld bei der Verwirklichung des Projektes.

Jugend in Berlin

Ursula Mamlok wurde am 1. Februar 1923 als Ursula Meyer in Charlottenburg geboren, das damals erst seit Kurzem zu Groß-Berlin gehörte. Die Eltern ihres Vaters Hans Meyer, Emil und Fanny, geborene Rosenzweig, waren aus Hannover in die damals noch selbständige Stadt westlich von Berlin gezogen und eröffneten dort ein Möbelgeschäft. Der Ort war günstig gewählt, denn Charlottenburg galt zwischen 1871 und 1914 in der Region um Preußens Metropole als die aufstrebende, attraktive Gemeinde mit beinahe explosiver Entwicklung: In den vier Jahrzehnten nach dem deutsch-französischen Krieg wuchs die Bevölkerung von zwanzigtausend Einwohnern im Jahre 1871 auf mehr als das Fünfzehnfache im Jahre 1910. Hans Meyer aber stand der Sinn nicht unbedingt nach geschäftlichem Erfolg in der Möbel- und Einrichtungsbranche. Er wollte Musik studieren, doch seinen Wunsch konnte er sich nicht erfüllen, weil er im elterlichen Betrieb gebraucht wurde. Die Jahre der galoppierenden Inflation, die erst im November 1923 durch die Einführung der Rentenmark ein Ende fanden und langsam einer Konsolidierung wichen, belasteten kleinere Unternehmen besonders stark. Die Adresse der jungen Familie in der Galvanistraße, in der Nähe des alten Ortskerns zwischen Rathaus und Spree gelegen, deutet auf eher bescheidene Einkommensverhältnisse hin; das mondäne Charlottenburg, das vom unaufhaltsamen Zug der Berliner Geschäfte und Unterhaltungsetablissements Richtung Westen profitierte, erblühte weiter südlich, rund um den Kurfürstendamm.

Die Mutter, Thea geborene Goldberg, kam am 7. Oktober 1901 im pommerschen Greifenberg zur Welt, einer Kreisstadt von regionaler Bedeutung, neunzig Kilometer nordöstlich von Stettin gelegen; heute heißt der Ort in der polnischen Woiwodschaft Szczecin Gryfice. Ihre Eltern, Emanuel und Erika Goldberg geborene Hurwitz, zogen mit ihrer Familie nach Berlin und gründeten in der Wallstraße, unweit des heutigen Märkischen Museums am Rande des so genannten Konfektionsviertels um den Hausvogteiplatz, ein Geschäft für Zelluloidwaren, für Kämme und ähnliche Gebrauchsgegenstände, die sie zum Teil selbst anfertigten. Wohnung nahmen sie ganz in der Nähe, in der Neuen Jakobstraße 12.

Dort, in der großelterlichen Wohnung, wuchs Ursula Meyer ab ihrem dritten Lebensjahr auf. Am 19. Oktober 1924 starb ihr Vater, achtundzwanzig Jahre jung, an einer nicht oder falsch behandelten Darmverschlingung. Er wurde auf dem Jüdischen Friedhof in Berlin-Weißensee beigesetzt. Dort steht, wie Ursula Mamlok erst vor Kurzem erfuhr, noch der Grabstein, inzwischen wieder gereinigt und gut lesbar. Er nennt den 9. Januar 1896 als Hans Meyers Geburtstag. Die Mutter gab nach seinem Tod die Wohnung der Familie in der Schöneberger

Motzstraße 29 auf und zog zu ihren Eltern, um in deren Geschäft mitzuarbeiten. Am 11. Dezember 1928 heiratete Thea Meyer wieder. Ihren zweiten Mann, Hans Lewy, der am 12. Mai 1895 im brandenburgischen Wittenberge geboren war, lernte sie bei einer Cousine im Haus des Filmregisseurs Ernst Lubitsch kennen, mit dem die Goldbergs verwandt waren. Hans Lewy war Kaufmann von Beruf und arbeitete als Prokurist bei der Leineweberei Julius Bendix und Söhne. Der damalige Inhaber, Otto Bendix, führte die Berliner Geschäftszentrale mitten im Konfektionsviertel, am Neuen Markt 1-2. Der historische Platz, einst von Wohn- und Geschäfthäusern gesäumt, existiert heute nicht mehr. Die Reste, die den Zweiten Weltkrieg überdauerten, fielen der DDR-Stadtplanung zum Opfer. Vom einstigen Zentrum des Handels und Wandels steht nur noch die Marienkirche.

Obwohl Hans Lewy in Berlins Mitte arbeitete, nahm die Familie ihre Wohnung in Charlottenburg, in der Schillerstraße 12–13, Gartenhaus, Parterre. Ein Teil des Gebäudes steht noch, der hintere Trakt überlebte den Krieg und die West-Berliner Sanierungspolitik. Als Ursula Mamlok 1989 nach einem halben Jahrhundert zum ersten Mal wieder Berlin besuchte, erkannte sie an den Türen des Hauses die alten gusseisernen Gitter und als Begrenzung des Vorgartens zum Gehweg den Zaun mit der schmiedeeisernen Tür von ehedem – ein merkwürdiges Gefühl überkam sie damals. Nach der Heirat ihrer Mutter wurde auch die fünfjährige Ursula mit dem neuen Familiennamen genannt. Im Frühjahr 1929 wurde sie in der nahe gelegenen Zweiten Volksschule in der Pestalozzistraße eingeschult. Durch die Zeugnisse, die sie erhielt, ziehen sich bei allen Schwankungen zwei Konstanten: schlechte Zensuren in »Leibesübungen« samt Ermahnungen, sich auf diesem Gebiet doch mehr anzustrengen, und mäßige Noten in »Rechnen«. Sport war Ursula Lewys Sache nicht, bei einem Fach wie Mathematik müsste man wohl auch die damalige Pädagogik hinterfragen, um die Fähigkeiten des Kindes wirklich beurteilen zu können. An systematischem Denken mangelte es bei ihr nicht. Doch die Stärken und Interessen der jungen Schülerin lagen eindeutig in den musischen, schöngeistigen Fächern.

Musikalischer Wille, zögernd gefördert

Außer dem Wunsch ihres Vaters, einmal Musiker zu werden, scheint in Kindheit und familiärem Hintergrund von Ursula Lewy wenig für eine Laufbahn als Musikerin, gar als Komponistin zu sprechen. Man sollte allerdings nicht vergessen, dass noch bis zur Mitte des zwanzigsten Jahrhunderts das Amateurmusizieren, zum Teil auf hohem Niveau, weit verbreitet war. Das liberale Bürgertum jüdischer Herkunft legte auf Bildung den größten Wert, pflegte die Kultur der Hauskonzerte und des privaten Musizierens; den Kindern ließ man in aller Regel eine musikalische Ausbildung angedeihen. Musik war in den Familien präsent, selten durch Tonträger, meistens durch eigene Aktivität. Im Hause Lewy-Goldberg herrschten in dieser Hinsicht eher durchschnittliche Verhältnisse. Ursula erhielt erst relativ spät regelmäßigen und systematischen Klavierunterricht. Als wesentliche Anstöße für ihre Hinwendung zur Musik nennt die Komponistin heute zwei Erlebnisse. Das eine reicht in ihre frühe Kindheit zurück, in die Zeit, als sie mit ihrer Mutter bei den Großeltern in der Neuen Jakobstraße wohnte. Ihr Onkel setzte sich dort häufiger ans Klavier und spielte Schlager. »Das war nichts Besonderes, fand ich. Weil das Klavier in der Wohnung stand, ging ich hin und dachte: Gott, das kann ich auch!«[2] Sie spielte die Kinderlieder nach, die sie kannte, so, wie sie es gesehen hatte, mit zwei Händen, Melodie und Begleitung; spielend erfand sie die ersten eigenen Stücke. Das andere Erlebnis trug sich in der Wohnung des Filmregisseurs Ernst Lubitsch an der Schönhauser Allee am Prenzlauer Berg zu. Lubitsch war mit den Goldbergs entfernt verwandt; Ursula Lewys Mutter war eine Cousine der Nichte Lubitschs. Der Meister der Filmkomödie und später des Musikfilms arbeitete seit 1924 fast ausschließlich in den USA, doch er hielt seine Berliner Wohnung noch. Dort hörte die sechsjährige Ursula Lewy Mozarts *Kleine Nachtmusik* vom Grammophon und sie wusste: Das war ihre Musik, nicht die Schlager, die ihr Onkel spielte. »Ich habe sofort gemerkt: das ist eigentlich die Musik, die ich hören will«[3], auch wenn Mozart später nicht zu ihren bevorzugten Komponisten aus der Geschichte zählte.

Es wäre also an der Zeit gewesen, die musikalischen Talente des Mädchens durch Unterricht zu fördern. Die Eltern wären dazu auch bereit gewesen, doch der Hausarzt riet vom Klavierunterricht ab, weil das Kind zu unruhig sei. »So habe ich eben nach Gehör weitergespielt«[4], kommentiert Ursula Mamlok im Rückblick.

Das ärztlich verordnete Abwarten war wohl das erste Glied einer ganzen Kette von Hindernissen und unnötigen Verzögerungen, die Ursula Mamloks Laufbahn zur und als Komponistin kennzeichnen. Offenkundig aber festigte sich dadurch ihr Wille, die Musik zum Lebensinhalt zu machen, so stark, dass er sich auch durch die schwierigsten und widrigsten Erlebnisse von Nationalsozialismus und Emigration nicht brechen ließ. Den Wunsch, Komponistin zu werden, hätte sie schon unter friedlichen Verhältnissen gegen Widerstände durchkämpfen müssen – auf wie wenige Vorbilder aus der Geschichte hätte sie sich mit ihrer Berufswahl beziehen können, gegen wie viele Ratschläge, doch einen vernünftigen Beruf zu ergreifen, hätte sie sich behaupten müssen! In Situationen, in denen es zunächst um das pure Überleben ging, einen solchen Wunsch zu bewahren und nicht aufzugeben, zeugt von einer starken Persön-

---

2   Ursula Mamlok im Interview mit Bettina Brand, New York, März 2006
3   ebd.
4   ebd.

lichkeit, die sehr früh und sehr klar wusste, was sie wollte, und die alles tat, um ihr Ziel zu erreichen.

Mit neun Jahren erst wurde Ursula Lewy zum Klavierunterricht angemeldet, zu spät für eine Pianistinnenkarriere, die sie als Kind erträumte. Die Eltern wählten eine gute Lehrerin. Emilie Weißgerber stammte aus einer Musikerfamilie, die ursprünglich in der Bukowina nahe Czernowitz lebte, dann aber nach Volos in Griechenland und ins türkische Izmir zog, wo ihre Brüder, der Geiger Andreas und der Cellist Joseph Weißgerber, als Wunderkinder gefeiert wurden, noch ehe sie in Budapest und Berlin studierten. Emilie Weißgerber erteilte einen soliden, methodischen Unterricht: Anfangs unterstützte sie die kompositorischen Talente ihrer Schülerin dadurch, dass sie die Klavierstücke notierte, die Ursula Lewy ausgedacht hatte, aber selbst nicht aufzuschreiben vermochte. Bei der ersten »Weissgerber-Schüler-Aufführung«, bei der sie mitwirkte, spielte die Zehnjährige am 17. Juni 1933 neben Bearbeitungen von Mozart und Carl Maria von Weber auch drei eigene Stücke: einen *Ungarischen*, einen *Türkischen* und einen *Spanischen Tanz*. Zu lange habe sie sich danach ausschließlich mit der Musik Bachs und der frühen Klassik beschäftigen müssen, urteilt Ursula Mamlok. Emilie Weißgerber ließ alles perfekt durcharbeiten und achtete darauf, dass die technischen Anforderungen nicht zu hoch gestellt wurden. Damit blieb die aktive Repertoirekenntnis der Schüler zunächst zwangsläufig begrenzt; die ermutigenden Herausforderungen, die Kinder brauchen, das beflügelnde Aroma des großen Wurfs fehlten im Unterricht. Beim Vortragsabend zwei Jahre später, am 23. Juni 1935, spielte »Ulli Lewy«, wie sie auf dem Programmzettel genannt wurde, zwei Präludien von Johann Sebastian Bach. Sie selbst hätte sich mehr und Schwierigeres zugetraut. Es war das letzte Schülerkonzert, zu dem Emilie Weißgerber in die Giesebrechtstraße 6 einlud. Noch im selben Jahr folgte sie ihrem Bruder Andreas nach Palästina. Er war, wie der Cellist Joseph Weißgerber, von Bronislaw Huberman gebeten worden, am Aufbau des neuen Palestine (heute: Israel) Philharmonic Orchestra mitzuwirken und darin verantwortliche Positionen zu übernehmen. Joseph lebte bereits seit August 1933 in Palästina, die beiden Geschwister zogen 1935 nach.

1935: Suche nach neuen Musiklehrern

Ursula Lewy, inzwischen Gymnasiastin, musste also nach neuen Lehrern suchen. Klavierunterricht nahm sie zunächst bei einem Fräulein Flatow; diese forderte das musikalische Temperament der Schülerin noch weniger heraus als Emilie Weißgerber. Thea und Ursula Lewy fragten danach einen angeheirateten Verwandten, Karl August Neumann, um Rat. Neumann, Enkel von Angelo Neumann, zu Gustav Mahlers und Alexander Zemlinskys Zeit Intendant am Deutschen Landestheater in Prag, gehörte als Bariton zur ersten Sängergarnitur an der Staatsoper Unter den Linden. 1933 war er, wie der Regisseur Joseph Gielen, von Dresden in die Hauptstadt verpflichtet worden. Er war mit Irma Grawy, einer Cousine Hans Meyers, des Vaters von Ursula Mamlok, verheiratet. Wegen seiner »Mischehe« wurde er noch im selben Jahr von Hans Hinkel, SS-Oberführer und Staatskommissar im Preußischen Ministerium für Wissenschaft, Kunst und Volksbildung, auf die Liste der Ensemblemitglieder gesetzt, die entlassen werden sollten. Im Verhandlungsdreieck Heinz Tietjen (Generalintendant der Preußischen Bühnen), Hans Hinkel und Hermann Göring (Preußischer Ministerpräsident und damit oberster Dienstherr der Staatstheater) vereinbarte man für Neumann jedoch eine so genannte »Sondererlaubnis«. Sie wurde an der Staatsoper nur drei Mitgliedern erteilt, neben Neumann noch Max Lorenz und Frida Leider. Neumann konnte weiterhin auftreten, ohne dass man die Trennung von seiner Frau verlangte. Die Ausnahmegenehmigung galt bis 1944; Neumann sang nicht nur 1933 bei den Bayreuther Festspielen, sondern auch 1941 an der Grand Opéra im besetzten Paris (den Melot in Wagners *Tristan*). 1944 aber verurteilte ihn der Volksgerichtshof zu drei Jahren Haft, seine Frau wurde nach Auschwitz deportiert. Nach Kriegsende blieb Neumann bis zu seinem Tod am 18. September 1947 – er war ganze fünfzig Jahre alt – Mitglied der Staatsoper und ihres Ensembles.

Neumann hatte Ursula Lewy einen eigenen Text zur Vertonung gegeben und erkannte das kreative Talent, das in ihr schlummerte, er riet deshalb dringend zum Unterricht nicht nur in Klavier, sondern auch in Musiktheorie und Tonsatz. Er empfahl zunächst, Ursula Lewy bei Oskar Guttmann vorzustellen. Guttmann war ein erfahrener Komponist und Dirigent, Musikwissenschaftler und Kritiker. Als Mitarbeiter des Schlesischen Rundfunks machte er Komponisten wie Schönberg, Krenek und finnische Zeitgenossen im Südosten Deutschlands bekannt. 1930 zog er nach Berlin, neben seiner Position als Chordirektor an der Synagoge in der Oranienburger Straße arbeitete er weiterhin für Rundfunk und Zeitschriften, als Publizist ein Meister der treffenden, auch spitzen Formulierungen. »Guttmann prüfte mich. Aber ich war nicht sehr gut zu prüfen, denn ich wusste nichts über Intervalle, konnte auch das, was ich mir vorstellte, nicht sofort in Noten ausschreiben. Ich erlebte Oskar Guttmann als keinen sehr netten Mann, denn er sagte am Ende: ›Naja, die Mutter scheint Talent zu haben‹, worauf ich weinend mit meiner Mutter verschwand.« Irma Grawy empfahl daraufhin Adolf Daus als Theorielehrer. Er nahm Ursula Lewy als Schülerin an, die erste Unterrichtsstunde fand an ihrem dreizehnten Geburtstag, dem 1. Februar 1936 statt. Das Glück war nur von kurzer Dauer: Daus emigrierte mit seiner Frau im April 1936 nach Palästina. Dort änderte er aus verständlichem Grund seinen Vornamen in Avraham und widmete sich mehr als zwei Jahrzehnte der musikpädagogischen Arbeit in Kibbuzim. Ursula Lewy, die sich in ihren Lehrer verliebt hatte, und ihre Familie blieben mit Daus in brieflichem Kontakt.

Er war für kurze Zeit unterbrochen, doch als die Familie Hans, Thea und Ursula Lewy 1938 konkreter über eigene Auswanderungspläne nachdachte, nahm sie mit Daus noch einmal Verbindung auf. Die fünfzehnjährige Tochter notierte in dem Tagebuch, das ihr »Tante Irma« – nicht Karl August Neumanns Frau, sondern eine Verwandte ihrer Mutter – im Juni 1937 schenkte, und das sie seit August 1937 führte, unter dem Datum vom 14. Juli 1938 (sie war in den Sommerferien am Scharmützelsee):

»Vorgestern betrübt, heute vergnügt! Der Anlass war, dass heute von Mammi und Pappi Karte und Brief kam, worin sie schrieben, dass Edith mit Herrn Daus eine Unterredung meinetwegen hatte, und er sich viel von mir verspricht. Ich weiß natürlich, wie schwer das Rübergehen nach dort ist, aber ich habe doch Hoffnung und bin gespannt auf den Brief von Herrn Daus an mich. Wenn er mir die Sache wenigstens nicht ganz aussichtslos darstellt, so lerne ich natürlich sofort Hebräisch. Sollte es aber gar nicht zu machen sein, hat ja die Sprache keinen Zweck für mich. Hoffentlich habe ich Glück, denn Palästina, wenn ich erst dort bin, wird das einzig Gute für mich sein, und es war ja auch von früh an mein Wunsch, hin zu gehen.«

Der prägende Lehrer: Gustav Ernest

So weit waren die familiären Überlegungen im April 1936 noch nicht vorangeschritten. Zunächst wurde Karl August Neumann ein weiteres Mal für seine Nichte aktiv. Der Sänger kannte den Pianisten (Carl) Alexander Roediger (1897–1966) gut, der damals in Berlin lebte und regelmäßig konzertierte. Ursula Mamloks Dokumentensammlung enthält die Programme von vier Roediger-Konzerten, die sie am 5. Mai und 14. Dezember 1936, am 13. April 1937 und am 11. März 1938 besuchte, über das letzte gab sie in ihrem Tagebuch eine atmosphärische Beschreibung, verbunden mit Bemerkungen über die Werke von Mozart, Beethoven, Debussy, Ravel und Chopin, die Roediger interpretierte. Der Pianist, der über ein Thema der Musikforschung promovierte, hatte unter anderem bei Gustav Ernest (1858–1941) studiert. Dieser galt nicht zuletzt durch seine Bücher über Beethoven, Wagner und Brahms als Autorität im Berliner Musikleben. Als Gustav Seeligsohn wurde er im westpreußischen Marienwerder (jetzt Kwidzyn, Polen) 1858 geboren. Während seines Jurastudiums in Berlin nahm er Unterricht bei Theodor Kullak, einer anerkannten Koryphäe als Pianist und Pädagoge. Auf seinen Rat hin setzte Ernest seine Studien in Klavier bei Xaver Scharwenka und Moritz Moszkowski, in Komposition bei Albert Becker und Philipp Scharwenka fort. Ab 1883 lebte er als Pianist, Komponist, Dirigent und Pädagoge in London, die Philharmonische Gesellschaft verlieh ihm 1884 für eine Konzertouvertüre einen Kompositionspreis. 1909 kehrte er wieder nach Berlin zurück, 1910 wurde er dort als Dozent an die Humboldt-Akademie berufen. Mit der heutigen Humboldt-Universität hat diese Institution nichts zu tun. Sie wurde vielmehr 1878 als eine der ersten deutschen Volkshochschulen von Intellektuellen gegründet, die der Gewerkschaftsbewegung nahe standen und sich dem Ideal einer möglichst breiten und qualitätsvollen Volksbildung verpflichtet fühlten. 1915 fusionierte die Humboldt-Akademie mit der Freien Hochschule zur Humboldt-Hochschule. Sie bot zahlreiche Vorlesungen, Arbeitsgruppen und Veranstaltungen zur beruflichen Weiterbildung in den verschiedensten Fachrichtungen an. Besonders auf den Gebieten der Medizin, der Psychologie, Architektur, Kunst-, Literatur- und Musikwissenschaft lehrten anerkannte Größen ihres Fachs, die sich für eine Verbreitung der Bildungsangebote über den klassischen Universitäts- und Hochschulbereich hinaus einsetzten. Viele standen der Sozialdemokratie und ihrer bildungspolitischen Reformbewegung nahe, für die in Preußen vor allem der Name Leo Kestenberg, von 1919 bis 1932 Musikreferent im Kultusministerium, stand. An dieser offenen Volksbildungseinrichtung hatte Gustav Ernest also unterrichtet. Er nahm, selbst schon siebenundsiebzig Jahre alt, Ursula Lewy nach eingehenden Gesprächen und nach Durchsicht ihrer kompositorischen Arbeiten als Schülerin, richtiger müsste man sagen: als Privatstudentin an, denn er unterrichtete sie zwei Mal pro Woche je eine Stunde im Klavierspiel, eine Stunde in Musiktheorie und Tonsatz.

Von Gustav Ernest spricht Ursula Mamlok noch heute mit Hochachtung und Verehrung. Für die Jugendliche war er der richtige Lehrer zum richtigen Zeitpunkt, erfahren und einfühlsam genug, um zu wissen, dass man begabte junge Pianisten nicht in das vor-Beethovensche Repertoire einsperren darf. »Er hat gesehen, dass leichtere und dünn klingende Stücke wie Haydn-Sonaten nicht mehr angebracht waren. Kinder spielen gerne impressiv klingende Stücke, und so gab er mir gleich Werke von Chopin und Brahms zu spielen … Noch heute ist Brahms einer meiner Lieblingskomponisten.«[5] Ursula Mamloks musikalisches Denken, das sich nicht auf weitschweifige, sondern konzentrierte Darstellung ihrer Ideen richtet, ist dem Brahms'schen bei allen stilistischen Unterschieden im Grundsatz verwandt. Ernest wusste außerdem, dass Ursula Lewy ihre musikalischen Kenntnisse und Interessen sehr stark durch regelmäßige Konzertbesuche bildete; die Erinnerungen, Beobachtungen und kritischen Auseinandersetzungen, die sie ihrem Tagebuch anvertraute, zeugen von scharfer Wahrnehmung, erstaunlichem Gedächtnis und sicherer Urteilskraft. Ernest achtete darauf, dass Hörerfahrung und eigenes Musizieren insbesondere in der Stilkenntnis nicht allzu weit auseinander klafften. Sonst könnte das in Konzerten Aufgenommene für das eigene Klavierspiel und Komponieren nicht den möglichen Ansporn bieten. Ihm war es um die Erweiterung des musikalischen Horizonts, nicht allein um pianistisch-technische Systematik zu tun. Er un-

---

5   ebd.

terrichtete nicht nach Schema, sondern nach individueller Notwendigkeit des Schülers, wie er sie erkannte und sah.

Im Tonsatzunterricht mischte er Strenge in der Ausführung mit Großzügigkeit in den Aufgabenstellungen. Selbstverständlich musste Ursula Lewy den Kanon der Elementarlehre bewältigen: Harmonielehre von den einfachen Akkordbildungen über Kadenzen, Modulationen bis zu den komplexen Erweiterungen der Tonalität, die Regeln des mehrstimmigen Satzes in Zusammenklang und Stimmführung, sowie Formenlehre. Die Übungshefte, die Ursula Mamlok aufbewahrte und mit den Dokumenten ihrer Konzertbesuche durch alle Stationen ihres Exils und ihrer Emigrationen mit sich nahm, enthalten zahlreiche zwei- bis fünfstimmige Fugen. Die Themen dazu gab Ernest – anders als bei vielen anderen Tonsatzlehrern üblich – nicht vor; seine Schülerin sollte sie selbst finden oder erfinden und damit auch lernen, einen musikalischen Gedanken auf die Möglichkeiten seiner Ausarbeitung hin zu formulieren. Er ließ sie, ihrem eigenen Wunsch entsprechend, auch Sonaten komponieren, für Klavier, für Violine und für Violoncello mit Klavier.

Die Ausarbeitung der Aufgaben analysierte und korrigierte Gustav Ernest sehr streng. Was er nicht für gelungen oder für notwendig hielt, strich er aus. »Das hat mich später beim Komponieren manches Mal gehemmt«, erzählt Ursula Mamlok. »Oft strich ich Passagen und Ideen, noch ehe ich sie richtig zu Ende formuliert hatte, weil ich fürchtete, dass sie nicht gut genug seien.« Ernest erkannte die reiche musikalische Fantasie seiner Schülerin, die um Einfälle nicht verlegen war. Die kompositorische Disziplin, die er verlangte, diente letzten Endes dazu, den musikalischen Ideen verbindliche Gestalt zu verleihen, sie nach ihren Möglichkeiten zu entwickeln und auszuleuchten. Er lehrte die Kunst der Konzentration und der Beschränkung ganz im Brahms'schen Sinne, und er schärfte das Urteilsvermögen darüber, was mit einem Thema zu machen ist, und was nicht. Einfälle, aus denen sich reizvolle Intermezzi hervorzaubern lassen, taugen noch lange nicht für eine Sonate oder Symphonie. Wie schwer es fallen kann, musikalische Idee, Form und Genre in überzeugende Balance zu bringen, belegen historisch die musikalischen Nöte des jungen Johannes Brahms: Was einmal zu einer ersten Symphonie werden sollte, geriet schließlich zu einem Klavierkonzert und zu einem Requiems-Satz; sein Opus 34, als Sonate für zwei Klaviere und als Klavierquintett veröffentlicht, durchlief allerhand Metamorphosen, um am Ende keine eindeutige, sondern eine Doppelgestalt zu erreichen, hinter der man noch weitere Möglichkeiten ahnt. Gustav Ernest hatte ein ausführliches, sachkundiges Buch über Brahms geschrieben; er war selbst ein achtbarer Komponist, er wusste um diese Probleme. Dass er die Sensibilität seiner Schülerin für die Möglichkeiten und Grenzen eines bestimmten musikalischen Materials schärfte, spricht für seine pädagogische Weitsicht, auch die Tatsache, dass er sie dies durch eigene Erfahrung lernen ließ. Für die Fugen, die sie schrieb, wählte Ursula Lewy oft liedhaft geschlossene Themen, denen die kontrapunktische und imitierende Durcharbeitung abgerungen werden musste, oder solche, die sich in der Kontrastform der Sonate reicher und wirksamer hätten entwickeln lassen. Geht man ihre Übungsarbeiten durch, so entdeckt man, dass sie nicht nur in der Verarbeitung, sondern auch in der Formulierung der Themen zunehmendes Geschick entwickelte, und das binnen kurzer Zeit. Sie lernte ihr Metier, sie wollte es. Ihre raschen Fortschritte mussten Ernest in seiner Methodik bestärken. Bis heute zeichnet es Ursula Mamloks Komponieren aus, dass sie die Arbeitsschritte stets an der Klangvorstellung prüft, die sie sich vor Kompositionsbeginn von einem Werk machte. Wenn bestimmte Mittel, zum Beispiel eine Zwölftonreihe, die ursprüngliche Idee nicht konkretisieren und nicht sicher zum erwünschten Resultat führen, verwirft sie die Mittel, nicht die Idee. Das Handwerk des Komponisten bewährt sich, indem es die Fantasie präzisiert und in fassbare Gestalt verwandelt. Durch seine Strenge im Detail förderte Gustav Ernest bei seiner Studentin auch die Instanz der Selbstkritik, auf die kein Komponist verzichten kann.

Vielleicht unterschätzte er dabei, dass Ursula Lewy sich selbst an hohen Maßstäben maß. Ein Tagebucheintrag, am 29. Juli 1938 nach den Sommerferien am Scharmützelsee in trüber Stimmung geschrieben, veranschaulicht ihren Ernst: »Mit dem Üben ist es immer dasselbe. (...) Herr Ernest hat mir richtigerweise sehr viel aufgegeben, aber wie soll ich es jemals zu etwas bringen, wenn ich fortwährend vom Üben abgehalten werde. Es ist nicht nur jetzt so, sondern immer. (...) Dass ich arbeite, um etwas zu leisten, daran denkt keiner. Leider rächen sich alle Versäumnisse später an mir, und keinen kann ich verantwortlich machen, wenn ich nichts werde: ich muss viel leisten in der Musik, ich muss komponieren und Klavier spielen und noch viel mehr.« Gut denkbar, dass Ernest seine Strenge in Kenntnis dieser Gedanken gelockert hätte; aber Ursula Lewys Unterricht bei ihm fand Anfang Februar 1939, kurz nach ihrem sechzehnten Geburtstag, ein unvermitteltes Ende, denn beide emigrierten aus Deutschland, Ursula Lewy mit ihren Eltern nach Ecuador, Gustav Ernest ein halbes Jahr später, am 21. August 1939, nach Amsterdam.

Allgemeinbildung: Lyzeum und Relegation

Der wesentliche Teil von Ursula Lewys musikalischer Ausbildung fand privat, außerhalb der staatlichen Schulen und weitgehend außerhalb der politisch kontrollierten Institutionen statt. Ihre Lehrerinnen und Lehrer standen wie sie selbst und ihre Familie unter der ständigen Bedrohung durch politische Verfolgung. Die Musik bedeutete für sie alle ein vorübergehend exterritoriales Gebiet verlässlicher humaner Werte, einem Warteraum gleich, in dem man die hoffentlich kurze Zeit der NS-Herrschaft überstehen konnte. Viele Juden, die sich der deutschen Kultur verbunden fühlten, konnten sich nicht vorstellen, dass ein

Land, das solche Leistungen in den Künsten hervorbrachte, sich längere Zeit an Hitler und seinen Pöbel ausliefern könnte. Sie rechneten mit einem raschen Ende der NS-Regierung. Die allgemeinbildenden Schulen aber waren der NS-Politik direkt unterworfen; es war eine Frage der Zeit, wann die rassistische »Gleichschaltungspolitik« vollständig umgesetzt wurde.

Ursula Lewy hatte schließlich ihre Grundschulzeit so erfolgreich absolviert, dass sie für eine weiterführende Schule vorgeschlagen wurde. Ab April 1933 besuchte sie ein Lyzeum, wie man damals Gymnasien für Mädchen nannte, die Fürstin-Bismarck-Schule an der Sybelstraße 2–4, die heutige Sophie-Charlotte-Oberschule. Die Nationalsozialisten waren seit einem knappen Vierteljahr an der Macht. Am Tag vor ihrem zehnten Geburtstag hatte der greise Reichspräsident von Hindenburg den Nationalsozialisten Adolf Hitler zum Reichskanzler berufen; tags darauf löste er den Reichstag auf und berief Neuwahlen für den 5. März ein. Trotz Reichstagsbrand, trotz Verhaftung zahlloser linker Politiker und massiver Behinderung des Wahlkampfs demokratischer Parteien erreichte die NSDAP ihr Ziel, die absolute Mehrheit der abgegebenen Stimmen, nicht. Die Majorität im Parlament sicherte sie sich durch Ausschluss der KPD-Abgeordneten. Am 23. März 1933 verabschiedete der Reichstag gegen die Stimmen der SPD das *Gesetz zur Behebung der Not von Volk und Reich* (»Ermächtigungsgesetz«). Die Regierung erhielt damit gesetzgeberische Kompetenz, ohne sich an die Verfassung halten zu müssen; die Rechte des Parlaments waren so gut wie abgeschafft. Am 1. April 1933 organisierten SA und SS einen Boykott »jüdischer« Geschäfte, Warenhäuser, Arztpraxen und Anwaltskanzleien. Am 7. April erging das *Gesetz zur Wiederherstellung des Berufsbeamtentums*, das gegen Beamte »nicht arischer Abstammung« ein Berufsverbot verhängte. Ausgenommen waren »jüdische Frontkämpfer«, Männer, die im Ersten Weltkrieg für besondere »Verdienste um Volk und Vaterland« mit dem »Eisernen Kreuz« dekoriert wurden. Hans Lewy war es verliehen worden, das so genannte »Frontkämpferprivileg« galt für ihn und für seine Familie. – Bereits im März 1933 wurden entscheidende Positionen in der Berliner Schulverwaltung neu besetzt mit dem erklärten Ziel, das gesamte Schulwesen im Sinne des nationalsozialistischen Staates umzugestalten. In dieser Situation begann für Ursula Lewy die Gymnasialzeit.

Das Schuljahr erstreckte sich damals von Ostern des einen bis Ostern des nächsten Jahres. Die Feiertage lagen 1933 spät, sie fielen auf den 16. und 17. April, offizieller Schuljahresbeginn war demnach der 18. April. Obwohl die NS-Gesetze jüdischen Kindern den Zugang zu öffentlichen höheren Schulen nur noch über das »Frontkämpferprivileg« erlaubten, konnte Ursula Lewy an der Schule bleiben, denn sie war aufgenommen worden, ehe das Gesetz in Kraft trat, und ihr Vater war als »Frontkämpfer« ausgezeichnet. Die Fürstin-Bismarck-Schule galt als liberal. Sie entsprach dem geistigen Klima in der Gegend um den Olivaer Platz, in der viele Intellektuelle, Künstler und gebildete Bürger lebten, unter ihnen auch zahlreiche assimilierte Juden. Gustav Ernest wohnte in der Giesebrechtstraße 1, Emilie Weißgerber wenige Häuser weiter in der Giesebrechtstraße 6. Die jüdischen Familien einte, dass sie sich der deutschen Kultur zutiefst verbunden fühlten und teilweise eine ausgesprochen patriotische Einstellung pflegten. Ihre Töchter schickten sie zur Fürstin-Bismarck-Schule. Ursula Mamlok berichtet, dass in ihrer Klasse von dreißig Schülerinnen sechs bis sieben, Ruth Matsson, eine nach Schweden emigrierte ehemalige Schülerin, sogar, dass die Hälfte ihrer Mitschülerinnen aus jüdischen Familien stammte.

Die Fürstin-Bismarck-Schule konnte ihren liberalen Charakter noch einige Zeit wahren. Zwangsläufig musste man alles Zeremonielle einhalten, mit dem der NS-Staat die Jugend auf sich einzuschwören trachtete: ein »Führer«-Bild in jedem Unterrichtsraum, den Hitlergruß zu Beginn des Unterrichts. Doch selbst in dieser Hinsicht entschieden die Lehrer kontrovers: Die einen ließen ihn von allen beantworten, die anderen untersagten dies den jüdischen Schülerinnen. Die nationalsozialistisch verordneten Fest- und Feiertage mussten gestaltet werden, darunter der »Tag der deutschen Hausmusik« im November. Er wurde bereits 1933 von der Reichsmusikkammer angeordnet und sollte um den Tag der Heiligen Caecilie, der Schutzpatronin der Musik, begangen werden. Goebbels selbst übernahm die Schirmherrschaft. Die NS-Behörden versuchten damit, die Jugendmusik-Bewegung und die Ergebnisse der musikalischen Bildungsreformen, die vor allem auf die Initiative Leo Kestenbergs zurückgingen, für sich zu vereinnahmen und nutzbar zu machen. Vormittags übertrug der Reichssender propagandistisch aufgearbeitete Beispiele häuslichen Musizierens, nachmittags organisierten die Schulen Konzerte, in denen die Begabtesten der verschiedenen Klassen Kostproben ihres Könnens gaben. Am »Tag der deutschen Hausmusik« 1935 spielte Ursula Lewy eine ihrer frühen Kompositionen, den *Wüstenritt*[6], »ein anderes Kind hatte eine *Frühlingskahnfahrt auf der Havel* komponiert und spielte das Stück vor, das fanden wir alle sehr komisch«[7]. So machte die Schule aus dem Propagandatag eine Leistungsschau aller Kinder, ob »arisch« oder »nichtarisch«. Das war nicht im Sinne der NS-Administration.

Ursula Mamlok fasste ihre Erfahrungen an der Fürstin-Bismarck-Schule in der Erinnerung kurz und knapp zusammen: »eine sehr gute Schule, sehr nette Lehrer, ich hatte dort nichts zu leiden«[8]. Zur Klassenlehrerin ihrer ersten Jahre, Fräulein Ziehm, hatte sie ein gutes, vertrauensvoll offenes Verhältnis; ihr widmete sie Anfang 1936 eine Komposition für Klavier, eine *Valse*. Auch den

---

6   »Zur Frage nach dem Titel: Wenn ich nicht artig war, sagte mein Vater damals, als man mit der Auswanderung beschäftigt war: ›Du wirst sehen, wie es ist, wenn wir in die Wüste geschickt werden!‹ Das wäre ein guter Gedanke für ein Stück, fand ich.« (Die Komponistin im Interview mit Bettina Brand)

7   Ursula Mamlok im Interview mit Bettina Brand, New York, März 2006

8   ebd.

Schuldirektor, Dr. Küchling, schildert sie als großmütig und liberal. Er wurde im Frühjahr 1937 abgelöst. Der Unterrichtsstoff entsprach dem üblichen Gymnasialpensum: Zu den Fächern Deutsch, Geschichte, Erdkunde, Mathematik, Physik, Zeichnen und Kunstunterricht, Musik, Leibesübungen kamen – speziell für Mädchen – »Nadelarbeit« (die bei Ursula Lewy meist als »nicht genügend« bewertet wurde) und als Fremdsprachen Französisch, ab 1937 auch Englisch. Fünf der acht Schuljahre, die zum Abitur geführt hätten, absolvierte Ursula Lewy im Lyzeum an der Sybelstraße. Mit Datum vom 1. April 1938 stellte die »Fürstin-Bismarck-Schule – Oberschule für Mädchen; sprachliche Form; Berlin-Charlottenburg« »Ursula Meyer gen. Lewy« ein Abgangszeugnis aus. Es enthielt die Auskunft, dass sie in die nächste Klasse versetzt sei, aber »die Anstalt« verlasse, »um sich in Musik auszubilden«. Der wirkliche Grund der Relegation bleibt ungenannt: Mit dem Ende des Schuljahrs 1937/38 mussten alle jüdischen Jugendlichen die Schule verlassen, auch wenn sie kriegsdekorierte Väter hatten; das »Frontkämpferprivileg« zählte nicht mehr.

Unterricht an der Musikschule Hollaender

Nach ihrer Relegation vom Gymnasium musste Ursula Lewy eine Berufs- und Hauswirtschaftsschule besuchen. Sie lernte dort die Geschicklichkeiten, die man von Hausbediensteten erwartete: Wäsche bügeln und falten, Betten beziehen und dergleichen mehr. Anders gesagt: Sie musste sich in den Fertigkeiten üben, die sie in der Schule neben den »Leibesübungen« am wenigsten interessierten, und für die sie dementsprechend auch die schlechtesten Zensuren nach Hause brachte. Ihre Erinnerung an jenen kurzen Lehrgang in »Frauenberufen« verblasste schnell. Wie wenig ihr das alles bedeutete, offenbart ihr Tagebuch: Darin erwähnt sie weder den Ausschluss aus dem Gymnasium noch die weiten Fahrten quer durch Berlin in die Berufsschule. Nur das Ende blieb ihr präzise im Gedächtnis: Eines Tages wurde ihr eröffnet, dass auch in dieser Schule künftig keine jüdischen Kinder mehr unterrichtet würden. Ursula Lewy nahm die politisch alarmierende Nachricht mit persönlicher Erleichterung auf. Sie konnte sich nun ganz der Musik widmen, konnte üben und komponieren und musste ihre Zeit nicht mehr an Dinge verschwenden, für die sie nur Abneigung empfand. Am 15. September meldete sie sich an der *Jüdischen privaten Musikschule Hollaender* an, einem privat geführten Konservatorium in der Sybelstraße 9, in unmittelbarer Nachbarschaft der Fürstin-Bismarck-Oberschule.

Die Musikschule Hollaender hatten ehemalige Lehrkräfte des Stern'schen Konservatoriums gegründet, nachdem sie durch die »Arisierung« dieser privat geführten Hochschule ihre Stellung verloren hatten. Das Konservatorium bestand schon länger als die staatliche Berliner Musikhochschule; Julius Stern, Theodor Kullak und Adolph Bernhard Marx hatten es 1850 ins Leben gerufen. Gustav Hollaender, Bruder des Operetten- und Revuekomponisten Victor Holländer und Onkel Friedrich Holländers, übernahm es 1894 als Eigentümer und leitete es bis zum seinem Tod am 4. Dezember 1915. Unter seiner Ägide erlebte das Konservatorium seine Blütezeit. Seit 1899 war es im Gebäude der Philharmonie an der Bernburger Straße untergebracht. Jährlich wurden dort mehr als tausend angehende Musikerinnen und Musiker ausgebildet, viele von ihnen kamen aus dem Ausland. Am »Stern'schen« unterrichteten Künstler wie Hans von Bülow, Hans Pfitzner, Arnold Schönberg, Edwin Fischer und Claudio Arrau. Zu den Studenten zählten unter anderen Bruno Walter (noch vor der Ära Hollaender), Otto Klemperer, Trude Hesterberg und der japanische Musikologe Shohe Tanaka. Nach Gustav Hollaenders Tod übernahm – mitten im Ersten Weltkrieg – sein Sohn Kurt (1885–1941?) die Geschäftsführung, der Liedkomponist Alexander von Fielitz die künstlerische Leitung. Zum Lehrkörper gehörten auch die beiden Töchter Gustav Hollaenders, die Sängerin Susanne Landsberg-Hollaender (1892–1943?) und Melanie Herz-Hollaender (1880–?). Das Stern'sche Konservatorium wurde 1935 »arisiert«, die drei Kinder Gustav Hollaenders, als rechtmäßige Erben auch Eigentümer des Instituts, mussten es weit unter dem Schätzwert von 60.000,-- Reichsmark verkaufen. Treibende Kraft der nationalsozialistischen Gleichschaltung und der Reorganisation als *Konservatorium der Reichshauptstadt Berlin* war der Dirigent Bruno Kittel; sein Chor, 1902 gegründet, avancierte ab 1933 zum bevorzugten Partner des Berliner Philharmonischen Orchesters; Kittel wurde nach der »Gleichschaltung« des Konservatoriums dort als Rektor eingesetzt.

Die drei Geschwister Kurt Hollaender, Melanie Herz-Hollaender und Susanne Landsberg-Hollaender entschlossen sich, mit Käthe Meyersohn, Margarete Rosenstein, Paula Lindberg-Salomon und Kurt Salinger, alle ehemalige Stern-Dozenten und -Professoren, ein eigenes Konservatorium zu gründen. Im März 1936 genehmigten die NS-Behörden die *Jüdische private Musikschule Hollaender*, an der nur Juden unterrichten und unterrichtet werden durften. Am 15. April 1936 wurde das neue Konservatorium im ersten Stock der Sybelstraße 9 eingeweiht. »Innerhalb kürzester Zeit erreichte die Musikschule Hollaender zahlenmäßig nahezu zwei Drittel des Umfanges des früheren Konservatoriums. Wie der erste Jahresbericht 1936/37 belegt, unterrichteten dort 39 Lehrkräfte insgesamt 163 Schülerinnen und Schüler – gegenüber 70 Lehrkräften und 227 Schülern am Konservatorium der Reichshauptstadt.«[9]

Dort also meldete sich Ursula Lewy am 15. September 1938 an, am 19. September legte sie die Aufnahmeprüfung ab. Gustav Ernest gab seiner Schülerin

---

9   Fischer-Defoy, Christine: »Wir waren schließlich durch das Schicksal verbunden.« Die »Jüdische Private Musikschule Hollaender« in Berlin, in: musica reanimata, Mitteilungen Nr. 64, Juli 2008, S. 1 bis 7, hier S. 3

eine Empfehlung mit, in der er auch schon längerfristige Perspektiven mit bedachte:

»Der Bitte meiner Schülerin Ursula Lewy um ein Zeugnis komme ich um so bereitwilliger nach, als ich aus vollster Überzeugung sagen kann, dass mir in meiner langen Lehrlaufbahn in England und hier noch keine Schülerin von gleich starker Begabung besonders für die Komposition begegnet ist. Ihre letzten Arbeiten, eine viersätzige Klaviersonate und eine Anzahl Fugen, gehen weit über das hinaus, was man von einer Fünfzehnjährigen zu erwarten berechtigt ist.

Auch für das Klavierspiel hat U. Lewy entschiedene Begabung, und es ist bei ihrem Fleiß, ihrer Energie und Ausdauer auch hierin Beträchtliches von ihr zu erwarten. Es wäre sehr wünschens- und dankenswert, wenn U. L. die Unterstützung, die sie unbedingt verdient, erhielte und es ihr ermöglicht würde, unter günstigeren Umständen als hier ihre Studien zum Abschluss zu bringen und in die musikalische Laufbahn als Komponistin, Pianistin und Lehrerin einzutreten.

d. 18. 9. 1938   Gustav Ernest.«

Ursula Lewy bestand die Aufnahmeprüfung. Als Leiterin der *Jüdischen privaten Musikschule Hollaender* stellte ihr Susanne Landsberg-Hollaender mit Datum vom 19. September folgende Bescheinigung aus:

»Fräulein Ursula Lewy aus Berlin, Schillerstraße 13, ist heute hier von der unterzeichneten Leiterin der Jüdischen privaten Musikschule Hollaender auf Musikalität und Gehör geprüft worden. Das Ergebnis ist ein außerordentlich günstiges und kann dahin zusammengefasst werden, dass Frl. Lewy musikalisch in besonderem Maße befähigt ist. Ich kann daher Frl. Lewy für ein eventuelles Stipendium zur Fortsetzung und Vollendung ihres Studiums auf das Nachdrücklichste befürworten.«

In Tonsatz, Komposition und Klavier erhielt Ursula Lewy weiterhin Privatunterricht von Gustav Ernest. Als neues Instrument nahm sie am Konservatorium Klarinette hinzu; in diesem Fach unterrichtete Michael Balnemones, bis zu seiner Relegation aus rassistischen Gründen Soloklarinettist der Staatskapelle Berlin. Partitur- und Ensemblespielen lehrte Werner Fabian, ein Schüler von Gustav Ernest, der sich mit Julius Prüwer, dem ehemaligen Professor an der Musikhochschule, auch die Leitung des Hochschulorchesters teilte. Die Vorlesungen in Musikgeschichte hielt Oskar Guttmann, der Ursula Lewy drei Jahre zuvor als Kompositionsschülerin noch brüsk abgewiesen hatte. Als sie ihm nun ihre Klaviersonate g-Moll zeigte, die Ernest in seinem Zeugnis erwähnte, hatte er nichts auszusetzen und hätte sie gerne als Schülerin in Tonsatz und Komposition angenommen. Doch Ursula Lewy wollte den Unterricht bei Gustav Ernest nicht aufgeben.

Wohin? Die Not, zu emigrieren

Das Studium an der Musikschule Hollaender währte nur rund ein Semester lang. Zehn Tage nach Vollendung ihres sechzehnten Lebensjahrs verließ Ursula Lewy mit ihren Eltern Berlin und Deutschland. In Hamburg bestiegen sie den Überseedampfer *Cordillera*, den die HAPAG (Hamburg-Amerikanische Packetfahrt-Actien-Gesellschaft, gegründet 1847) betrieb. »Am 11. Februar abends 6 Uhr dröhnte furchtbar die Schiffssirene und dann gings ab von Deutschland, ein schrecklicher Moment«, notierte die Jugendliche in ihrem Tagebuch. Hans, Thea und Ursula Lewy nahmen Kurs auf Südamerika. Die Familie konnte für die lange Überfahrt Plätze in der ersten Klasse buchen. Hans Lewy hatte als Prokurist gut verdient; seine Rücklagen wären jedoch mit Ausnahme des geringen Betrages, den Emigranten außer Landes nehmen durften, an den deutschen Staat gefallen. Ziel der Reise war Guayaquil in Ecuador, für musikalisch Ambitionierte nicht eben das ideale Exil- oder Einwanderungsland. Doch große Auswahl blieb drei Monate nach der Reichspogromnacht und ein gutes halbes Jahr vor Beginn des Zweiten Weltkriegs nicht mehr. Für die USA konnten die Lewys nicht das erforderliche »Affidavit of Support« besorgen, die Versicherung eines oder mehrerer US-Bürger, notfalls für den Lebensunterhalt der Emigranten einzustehen, so dass diese keinesfalls staatliche Hilfe in Anspruch nehmen müssten. Selbst in Ländern wie Ecuador wurden Flüchtlinge aus Deutschland 1939 nur noch unter Ausnahmebedingungen aufgenommen. Das Informationsblatt der Reichsvertretung der Juden in Deutschland unterrichtete seine Leser bereits 1938 über eine »Einwanderungssperre für Juden nach Ecuador«[10]. Lewys konnten sie umgehen, denn in Guayaquil lebte seit den Zwanzigerjahren ein Cousin des Vaters, Roberto Leví nannte er sich seit seiner Naturalisierung. Er war nach Ecuador gezogen, um sich als ausgebildeter Chemiker und Pharmazeut im Kampf gegen die Malaria zu engagieren. Er tat es mit Erfolg. In der Hafenstadt Guayaquil führte er die größte Apotheke, aus Leidenschaft betrieb er nebenbei einen privaten Kurzwellensender, über den er vor allem Musik ausstrahlte. Er wollte 1938 seiner Schwester, die noch in Hamburg lebte, zur Emigration aus Deutschland verhelfen und erinnerte sich dabei seines Berliner Vetters, dessen Adresse er noch hatte. Roberto Leví durfte seine Verwandten »einladen«, denn er konnte für ihren Lebensunterhalt aufkommen. Er bot seinem Cousin Hans an, für ihn und seine Familie die erforderlichen Papiere zu besorgen und das nötige Geld zu hinterlegen. Anfang Dezember waren die Formalitäten erledigt, Lewys konnten die Überfahrt buchen.

---

10 Informationsblätter. Herausgegeben von der Reichsvertretung der Juden in Deutschland, Jhg. 1938, S. 39, zit. nach: Adler-Rudel, Scholem: Jüdische Selbsthilfe unter dem Naziregime 1933–1939, Tübingen 1974, S. 74

Gedanken an eine Auswanderung bewegten die Familie schon seit geraumer Zeit. Die Tochter verfolgte dabei trotz ihres jugendlichen Alters durchaus eigenständige Überlegungen. Sie waren ausschließlich auf ihr musikalisches Fortkommen gerichtet. Am 3. September 1937 notierte die Vierzehnjährige in der Mitte ihres letzten Schuljahrs am Fürstin-Bismarck-Lyzeum in ihrem Tagebuch: »Lange schon war es meine Absicht, ins Ausland aufs Konservatorium zu gehen. Als nun zum 2. Mal die Annonce im Gemeindeblatt[11] stand, wegen des Jerusalemer Konservatoriums, bewarb ich mich und wurde gestern in die Künstlerhilfe[12] zur Sprechstunde gebeten. … In der Zeitung stand, dass Schüler von 14–25 Jahren aufgenommen werden. Doch der Herr, mit dem wir dort über die Bedingungen sprachen, sagte, dass ich zu jung sei, weil man sich dort selbst ernähren muss oder bei Verwandten wohnen. Außerdem ist es teuer.

Wieder Pech! Bald bin ich zu jung, dann bin ich wieder zu alt. Überall hat man Bekannte und Verwandte, natürlich in Jerusalem nicht. Nur Pech habe ich jetzt mit der Musik erlebt. (…) Was soll ich beginnen? Ablassen werde ich nie von meiner Kunst. Das wäre ja, als ob ein Religiöser, der so von seiner Religion durchdrungen ist, dass er nicht ohne sie leben kann, statt Rabbiner Schuster werden würde. Die Kunst wird einem auch von Gott gegeben, und wer diese Gabe nicht ausnutzt, der ist ein Lump, ist eben nicht von der Kunst durchdrungen.« Das schrieb, wie gesagt, eine Vierzehnjährige. Nach Palästina zu emigrieren, erwog Ursula Lewy im Sommer 1938 erneut, als die Familie nach längerer Unterbrechung wieder Post von Ursulas ehemaligem Lehrer Adolf Daus erhielt. Doch auch diese Hoffnung zerschlug sich. Die Palästina-Pläne könnten im Übrigen auch den Besuch der Hauswirtschaftsschule nach der Relegation vom Gymnasium erklären. Für die Einwanderung in das britische Mandatsgebiet gab es im Grundsatz zwei Möglichkeiten: Wer einen gesellschaftlich nachgefragten Beruf, insbesondere einen handwerklichen, ausübte, konnte mit den entsprechenden Papieren einreisen; wer jedoch einer Berufsgruppe angehörte, für die nach dem Urteil der britischen Behörden kein Bedarf bestand (und Musiker gehörten zu dieser Gruppe), musste eintausend Pfund Sterling auf einer palästinensischen Bank deponieren – damals »ein kleines Vermögen, von dessen Zinsen eine Familie bequem einen Monat lang leben konnte«[13]. Ursula Lewy

---

11 ergänze: der Jüdischen Gemeinde zu Berlin
12 Die Künstlerhilfe wurde schon vor 1933 vom Wohlfahrtsamt der Jüdischen Gemeinde gegründet, denn schon in den Jahren zuvor waren besonders in den Theatern der Provinzstädte jüdische Künstler verdrängt worden. 1933 wurde die Künstlerhilfe in die Wirtschaftshilfsstelle der Jüdischen Gemeinde eingegliedert. Sie half u. a. entlassenen und stellungslosen jüdischen Künstlern durch Engagements für interne Veranstaltungen, durch Vermittlung in die Konzertreihen und Orchester des Jüdischen Kulturbundes und mehr und mehr auch bei der Sondierung von Möglichkeiten zur Emigration und konkreten Vorbereitungen dazu. Vgl. Adler-Rudel, Scholem: ebd. S. 144 f.
13 Tal, Josef: Der Sohn des Rabbiners, Berlin 1985, S. 134

hätte als Haus- oder Hotelangestellte einreisen und sich dann in Palästina für das Musikstudium anmelden können.

Die Entscheidung über Ziel und Weg der Auswanderung wurde für die Familie Lewy Ende 1938 aus mehreren Gründen dringlich. Aus allgemein politischen: Im März waren Hitler und sein Gefolge im Triumphzug nach Österreich einmarschiert und hatten seine Heimat ans Deutsche Reich »angeschlossen«. Im Münchener Abkommen vom 29. September 1938 besiegelten Chamberlain und Daladier gemeinsam mit Benito Mussolini und Hitler die Abtretung der sudetendeutschen Gebiete an das Deutsche Reich. Die Nationalsozialisten hatten ihre Macht innen- und außenpolitisch gefestigt; auf ein schnelles Ende der Regierung Hitler war nicht mehr zu hoffen. Mit der Reichspogromnacht eskalierte die Judenverfolgung zu öffentlich aufgepeitschter, lebensbedrohlicher Gewalt: »Das Verhängnis ist über uns gekommen. Mein Gott, in so jungen Jahren lerne ich die schlimmste Not kennen. Unser Leben ist bedroht«, schrieb Ursula Lewy in ihr Tagebuch. Nach und nach waren auch in der Charlottenburger Nachbarschaft immer mehr Leute von der Gestapo »abgeholt« worden; Familien flohen, um drohender Verhaftung zu entgehen. Oft konnten sie nur das Allernötigste mit sich nehmen. »Viele, auch Freunde von uns, wurden von den Nazis gesucht und mussten ihre Wohnungen einfach zurücklassen. Ich hatte eine Freundin, deren Eltern dies auch geschah, Thea Marcus. Ihr Vater, Erich Marcus, führte mit zwei Brüdern in der Friedrichstraße drei Herrenbekleidungsgeschäfte, *Andreasklub* hießen sie. Erich Marcus und seine Frau wurden von den Nazis gesucht. Sie flohen heimlich über die grüne Grenze nach Holland. Von dort wanderten sie dann nach Buenos Aires aus. Das Geld, das sie auf die Flucht mitgenommen hatten, vertrauten sie einem Treuhänder an, der es ihnen in Argentinien als Lebensgrundlage wieder geben sollte. Das tat er nicht. Familie Marcus lebte sehr ärmlich, musste sich mit Putzdiensten und ähnlichem den Lebensunterhalt verdienen. Thea blieb zunächst noch in Berlin und fuhr später mit einem Kindertransport nach Holland nach. Ich ging mit ihr heimlich noch mal durch die verlassene elterliche Wohnung, die Tür stand offen. Was wir taten, war sehr gefährlich, leicht hätte jemand nachkommen können, die Gestapo zum Beispiel… Wir gingen ins Wohnzimmer. Ich wusste, wo der Notenschrank stand. Aus ihm holte ich alles, was ich tragen konnte, zum Teil steht es noch heute in meiner Bibliothek. Meine Freundin wiederum hatte Geld in den Blumentöpfen versteckt, das nahm sie jetzt wieder an sich.« Die politische Entwicklung hatte auch bei Lewys direkte persönliche Konsequenzen. Am 12. November 1938, unmittelbar nach der Pogromnacht, untersagte Göring mit der *Verordnung zur Ausschaltung der Juden aus dem deutschen Wirtschaftsleben* die Beteiligung von Juden in allen Wirtschaftsbereichen. Ausnahmen wurden nur dann gestattet, wenn ohne die jüdischen Unternehmen und Unternehmer die allgemeine Versorgung mit Rohstoffen oder Produkten nicht sicher zu stellen war. Zum westlichen Teil des »Konfektionsviertels« wurde Juden ab dem 6. Dezember 1938 der Zutritt verboten[14]. Otto Bendix konnte nach diesen Verordnungen und Maßnahmen seinen Prokuristen Hans Lewy nicht mehr als Beschäftigten in der Firma halten. Er war selbst Jude, doch seine am 24. August 1925 geschlossene zweite Ehe mit der als »Arierin« anerkannten Gertrud Gurschke bewahrte die Firma vorerst vor einer »Arisierung«[15]. Damit, dass er Hans Lewy bis November 1938 im höchsten Angestelltenrang beschäftigte, hatte er seinen Handlungsspielraum ausgeschöpft. Am 22. November 1938 musste er Lewy entlassen. Aus dem Zeugnis, das Otto Bendix seinem Prokuristen ausstellte, spricht große Hochachtung für den langjährigen Mitarbeiter, der bis dahin seine ganze berufliche Karriere mit dem Hause Bendix verbunden hatte; er hatte dort, nach Abschluss der Schule, fünfzehn Jahre alt, als Lehrling angefangen und war bis in die Geschäftsführung des Unternehmens aufgestiegen.

»Zeugnis

Hans Lewy trat am 1. September 1910 als Lehrling bei uns ein. Er wurde von uns in allen Abteilungen unseres Hauses beschäftigt und war auch in einer unserer Webereien in Schlesien längere Zeit praktisch am Webstuhl und anderen Maschinen tätig. Dank dieser Grundlage, sowie seiner Tüchtigkeit und Fähigkeit, rückte Herr Lewy im Laufe der Jahre rasch in unserem Betriebe in leitende Stellung auf. Seit vielen Jahren bekleidete er den Posten eines Prokuristen und hat stets dazu beigetragen, durch Intelligenz und Weitblick die Firma als führendes Unternehmen Deutschlands zu erhalten. Durch seine einfallsreiche Gestaltung unseres Fabrikationsprogrammes waren wir in der Lage, unser Absatzgebiet im In- und Auslande ständig zu erweitern.

Herr Lewy unterstand in den letzten Jahren speziell der Ein- und Verkauf. Herr Lewy sicherte unserer Firma durch seine persönliche Beliebtheit langjährige Geschäftsverbindungen und das Vertrauen unserer in- und ausländischen Kunden.

Infolge der veränderten Verhältnisse verlässt Herr Lewy unser Haus und danken wir ihm für seine langjährige treue Mitarbeit und wünschen ihm für sein ferneres Leben nur das Beste.«

---

14 vgl. dazu: Westphal, Uwe: Berliner Konfektion und Mode 1836–1939. Die Zerstörung einer Tradition. 2. Auflage, Berlin 1992, S. 109

15 Otto Bendix, 1878 in (Berlin-)Wilmersdorf geboren, hatte sich am 24. Juli 1925 von seiner ersten Frau Gertrude geb. Stern scheiden lassen. Aus dieser ersten Ehe gingen drei Kinder hervor. Bendix' zweite Ehe blieb kinderlos. Am 8. Juli 1941 ließ er sich von seiner zweiten, »arischen« Frau scheiden, um sie vor Verfolgung zu bewahren. Am 3. Oktober 1942 wurde er mit einem so genannten »Altentransport« nach Theresienstadt deportiert. Dort starb er am 8. Januar 1943. Den Abschiedsbrief an seine Frau bewahrt die Wiener Library in London auf. Gertrud Bendix geb. Gurschke starb 1965 in Berlin.

Thailand, Niederlande oder Ecuador?

Mit Hans Lewys Entlassung hatte die Familie keine Einkünfte mehr. Sie zählte nun zu jenem jüdischen Mittelstand, dessen stetige Verarmung die Nationalsozialisten scharf beobachteten, und den sie mit allen denkbaren Methoden zur Auswanderung drängten. Doch die Aussichten auf eine legale Emigration schwanden. Bei der Flüchtlingskonferenz, zu welcher der amerikanische Präsident Roosevelt die Vertreter von zweiunddreißig Staaten und neununddreißig Hilfsorganisationen nach Evian am Genfer See eingeladen hatte[16], erklärte sich im Juli 1938 nur ein einziges Land bereit, mehr jüdische Flüchtlinge aufzunehmen: die Dominikanische Republik; der Diktator Rafael Trujillo wollte die Hautfarbe im Erscheinungsbild der Bevölkerung »aufhellen«; in NS-Deutschland sprach man von »Aufnorden« – eine zynische Asylbereitschaft. Am Ende wurden im Karibik-Staat nur einige hundert Flüchtlinge aufgenommen. Keines der anderen Länder war bereit, seine Einwanderungsbestimmungen so zu verändern, dass alle Verfolgten aus Deutschland, Österreich und den okkupierten Teilen der Tschechoslowakei eine Zuflucht finden könnten. Manche Länder verschärften die Immigrationsbedingungen sogar. Die Schweiz hatte nach dem »Anschluss« Österreichs auch für Emigranten aus Deutschland und Österreich wieder die Visumspflicht eingeführt; die niederländischen Behörden gaben am 1. März 1938 bekannt, dass sie alle Flüchtlinge als unerwünschte Ausländer behandeln würden. Die USA waren so wenig wie Frankreich und Großbritannien bereit, angesichts des Flüchtlingselends die Einreisequote zu erhöhen; davon war auch das britische Mandatsgebiet Palästina betroffen. Der *Völkische Beobachter* spottete nach der Evian-Konferenz zynisch: Deutschland biete der Welt seine Juden an, aber niemand wolle sie haben. Angesichts dieser Lage hätte die Familie Lewy jedes Exil akzeptiert, selbst Thailand war für kurze Zeit im Gespräch.

Als die Eltern bereits die Überfahrt nach Ecuador gebucht hatten, hoffte Ursula Lewy noch auf eine familienunabhängige Sonderlösung für sich und ihre musikalische Entwicklung. Ihr Lehrer Gustav Ernest hatte eine gute Bekannte in Holland, Frau Verhoop. Mit ihrer Hilfe plante er für sich und seine Frau eine »legale« Emigration in die Niederlande. Ernest und Frau Verhoop wären bereit gewesen, Ursula Lewy mitzunehmen, für ihr tägliches Leben und für eine gute musikalische Ausbildung zu sorgen. Hans und Thea Lewy hätten eingewilligt. Auch diese Möglichkeit zerschlug sich. Bereits in Guayaquil fasste Ursula Lewy die drei Monate zwischen Pogromnacht und Abschied von Deutschland in ihrem Tagebuch zusammen:

---

16 Die Konferenz tagte vom 6. bis 15. Juli 1938. Roosevelt hatte ursprünglich Genf, den Sitz des Völkerbundes, als Tagungsort vorgeschlagen. Die Schweiz verweigerte ihre Zustimmung, weil sie das Verhältnis zum deutschen Nachbarstaat nicht belasten wollte.

»Nach dem schrecklichen 9. November gingen Kindertransporte nach Holland und England, und wie es sich so traf, sprach ich Herrn Ernest davon, dessen Freundin Frl. Verhoop aus Amsterdam gerade bei ihm war. Sie wollte ihn und seine Frau nach Holland haben und er erzählte das nun Mammi und mir Ende November und wollte versuchen, mich auch dort hin zu bekommen. Wir wussten damals noch nichts von der Ecuador-Sache, aber ich ahnte, wenn das jetzt kommt, so wird es meine Eltern an der Entscheidung zögern lassen. Leider aber bedurfte es einer solchen noch gar nicht, denn das Komité verlangte erst Papiere und schließlich hieß es, die Kinder müssen ins Lager. Frl. Verhoop (…) setzte sich mit all ihren Kräften für mich ein und kam schon Weihnachten mit dem Bescheid, dass sie mich persönlich aufnehmen würde, und ich auf Kosten eines andern Herrn, den sie für mich interessiert hatte, das Konservatorium besuchen könnte. Herr Ernest stellte uns die Aussichten so wunderbar hin, dass ich vor Freude nicht wusste, wie mir geschah.«

Mit Datum vom 19. November schrieb Gustav Ernest das Zeugnis, das er seiner Schülerin zwei Monate zuvor für die Aufnahme in die Hollaender-Musikschule ausgestellt hatte, auch in englischer Sprache aus, damit sie es in Holland oder wo immer sonst es sich als günstig erweisen sollte, einsetzen könnte.

> „In complying with my pupil's
> Ursula Lewy (b. 11.[sic!] 2. 1923)
> wish, to receive a testimonial from me, I have much pleasure in saying, that I consider her the most talented young girl by far, whom I have come across in my long teaching career in England and Germany. Her last compositions – a Pianoforte Sonata and a number of fugues – of different kinds are greatly superior to anything, one might expect from a girl of fifteen and show creative gifts of an unusual order.
> For Pianoforte playing too Ursula Lewy shows distinct talent and knowing how conscientious and persevering a worker she is, I feel convinced, that she will become a first rate pianist in time.
> It would be most desirable that she should find the assistance she so fully deserves and that she should be given the opportunity to continue and finish her studies under more favourable conditions than it is possible here and to start later on her career as a composer, pianist and teacher.
> November 19th 1938   Gustav Ernest

Die Sondierungen, Verhandlungen, das Besorgen von Papieren, kurz, alle Formalitäten, die zur Vorbereitung einer Emigration notwendig waren, zogen sich lange hin. Holland nahm keine »Kindertransporte« mehr auf; Minderjährige konnten – wie Thea und Ursula Lewy Mitte Januar mitgeteilt wurde – dort nur Zuflucht finden, wenn sie von jemandem persönlich aufgenommen und versorgt würden. Frau Verhoop hätte die Garantie für Ursula Lewy gegeben. Am Sonntag, den 29. Januar 1939 aber erhielten Lewys einen Brief von Gustav Ernest: »Heute morgen kam unsere Freundin mit der Hiobsbotschaft, dass die Grenzen Hollands für uns gesperrt sind. Es ist kein schöner Trost für Ulla [Ursula Lewy, H. T.], dass es uns [Ernest und seine Frau, H. T.] genau so trifft.« Damit waren die Hollandhoffnungen begraben. Gustav Ernest konnte mit seiner Frau erst am 21. August 1939, keine zwei Wochen vor Kriegsbeginn, in die Niederlande emigrieren.

Gebrochene Laufbahn

Unter normalen Umständen wäre Ursula Lewy als Jungstudentin an die Hochschule aufgenommen worden, hätte dort als erstes Hauptfach Komposition, als zweites Klavier belegt. Ihre Werke wären bei internen Vortragsabenden und bei öffentlichen Hochschulkonzerten aufgeführt und diskutiert, hin und wieder auch in der Presse besprochen worden, die damals am Werdegang junger Künstler lebhafteren Anteil nahm als heute. Bei ihrer Konzentrationsfähigkeit, bei ihrer Zielstrebigkeit und dem Tempo ihrer Fortschritte hätte sie nach spätestens fünf Jahren ihre Examina abgelegt. Mit einundzwanzig, wenn andere am Anfang ihres Studiums stehen, hätte sie versucht, sich mit ihren Werken im öffentlichen Musikleben Gehör zu verschaffen. Die finanzielle Existenzgrundlage hätte sie sich durch Erteilen von Unterricht – privat, an einer Musikschule oder Musikhochschule – und durch Konzertieren verdient. Diese Prognose hätte man Ursula Lewy zu dem Zeitpunkt gestellt, an dem sie auswandern musste.

Sie war damals ein junges Mädchen am Ende der Pubertät. Deren typische Themen – Liebeleien und erstes Liebesleid, erwünschte Nähe und praktizierte Distanz zum anderen Geschlecht, das Verhältnis zu gleichaltrigen Freundinnen – füllen manche Seiten in ihrem Tagebuch, aber bei weitem nicht alle, nicht einmal die meisten. Im Zentrum ihrer Selbstreflexionen stand die Musik. Sie war für die Heranwachsende das Ureigene, das sie weder mit Eltern noch mit Freundinnen teilen musste. Die Musik bot ihr einen Schutzraum. Von ihm aus betrachtet, verloren die Dinge und Ereignisse außerhalb an Größe, Schrecken und bestürzender Dramatik. Mitten in den Vorbereitungen zur Auswanderung, während ihre Eltern sortierten und packten, was sie mitnehmen wollten, übte und komponierte Ursula Lewy. Von der Unruhe um sie her, erinnert sie sich, habe sie wenig wahrgenommen. Was bei anderen Jugendlichen seltsam bis befremdlich gewirkt hätte, bedeutete für sie wohl die mentale Rettung. Die Chronologie der letzten zwölf Tage vor ihrer Abreise nach Ecuador vermittelt einen Eindruck davon, wie Ursula Lewy das Verhältnis von Zeitgeschichte, persönlichem Schicksal und Musik erlebte:

Sonntag, 29. Januar 1939: Ursula Lewy und ihre Familie erhalten von Gustav Ernest den Brief, in dem er das Scheitern der Holland-Pläne mitteilt. Ursula bedankt sich bei Frau Verhoop für alle Bemühungen.

Montag, 30. Januar 1939: Unterricht bei Gustav Ernest. »Mit dem Worten: ›Na, Genossin meiner Schmach‹ empfing er mich sehr taktvoll und prüfte in den letzten Stunden nur noch den dritten Satz meiner Cello-Sonate.«[17]

Mittwoch, 1. Februar 1939: Ursula Lewy begeht ihren sechzehnten Geburtstag, »wohl den unglücklichsten meines bisherigen Lebens«[18]. Ihre Eltern schenken ihr Gustav Ernests Buch über Brahms, Ernest selbst sein »Wagner-Buch mit einer wunderschönen Widmung: ›Meiner lieben Ursula Meyer mit dem besten Wünschen ihres Lehrers und Freundes G. E.‹.«[19] Nachmittags Unterricht bei Gustav Ernest.

Freitag, 3. Februar 1939: Unterricht bei Ernest. Er »schrieb mir noch einige Bach-Fugen auf, die ich hier [in Ecuador, H. T.] arbeiten soll, und schenkte mir noch Haydn- und Mozart-Streichquartette.«[20]

Montag, 6. Februar 1939: Ursula Lewy schließt den dritten Satz ihrer Cello-Sonate ab. Letzte Unterrichtsstunde bei Gustav Ernest. »Ich ging weg, und auf seine Frage: ›Du kommst doch Mittwoch noch einmal?‹ sagte ich ›ja‹, obwohl ich mir es schon in der Stunde überlegte, ob ich wirklich richtig zum letzten Mal hingehen soll. Traurig und mit schwerem Herzen ging ich aus dem Haus und wusste, hier gehst Du zum letzten Mal lang.«[21]

Samstag, 11. Februar 1939: Von Hamburg aus Abreise nach Ecuador.

»In dieser Zeit voll Hoffnung, Zuversicht und Verzweiflung«, resümiert sie in ihrem Tagebuch, »entstand mein bis jetzt schönstes Werk, die Cello-Sonate in d-Moll, von der ich die ersten zwei Sätze mit Hans Löwe bei Telefunken auf Schallplatte gespielt habe.« Das Pionierunternehmen der Tonträgerindustrie bot Künstlern gegen ein nicht allzu hohes Honorar die Gelegenheit, in seinen Studios Aufnahmen zu machen und diese in kleiner Auflage für den eigenen Bedarf in Schellack pressen zu lassen. Ursula Lewy machte von dieser Möglichkeit Gebrauch, als sie längst wusste, dass sie in absehbarer Zeit Berlin und Deutschland verlassen müsste. Ihren musikalischen Partner, Hans Löwe, der nur wenig älter war als sie, hatte sie als Kommilitonen an der Musikschule Hollaender kennen gelernt. Er war, wie sie sich erinnert, ein ausgezeichneter Cellist, mit dem sie sehr gerne zusammenspielte, auch Werke des klassischen Repertoires wie Beethovens Sonaten op. 5. Hans Löwe emigrierte ebenfalls noch 1939; er

---

17 Tagebuch
18 ebd.
19 Ebd.
20 Ebd.
21 Ebd.

zog nach Chile, unterrichtete später in Santiago. Zu seinen Schülern zählte die Komponistin Leni Alexander Pollack (1924–2005), die aus Breslau stammte und wie Löwe 1939 von Deutschland nach Chile auswanderte, und der Cellist Roberto Gonzalez, der im Kulturleben Südamerikas hoch angesehen ist. Hans Löwe, erzählt Ursula Mamlok, sei, wie sie erfahren habe, in jungen Jahren in Chile gestorben. Sie habe nach ihrer Abreise aus Deutschland keinen Kontakt mehr zu ihm herstellen können.

Die *Sonate für Violoncell und Klavier* war Ursula Lewys Abschlussarbeit bei Gustav Ernest, auch wenn sie nach ihrer Emigration immer wieder Übungsstücke, Fugen und Sonaten aus Guayaquil zu ihrem Lehrer nach Amsterdam schickte, und Ernest die Arbeiten mit Korrekturen und Anmerkungen wieder zurücksandte. Dieser Kommunikationsweg war allerdings mühsam, unzuverlässig und langwierig; bis eine Korrektur zurückkam, vergingen bei normaler Post wenigstens sechs Wochen. Unterricht kann man ein solches Verfahren nicht nennen.

Mit der dreisätzigen Duosonate bewies Ursula Lewy ausgeprägten Formsinn. Sie orientierte sich an klassischen Modellen. Dem ruhigen mittleren Satz, serenadenartig mit expressiver, weiträumiger Harmonik gestaltet, verlieh sie eine dreiteilige Liedform. In den schnellen Ecksätzen folgte sie der Sonatenhauptsatzform, legte diese aber deutlich verschieden aus. Im ersten Satz – »maestoso«, also gewichtig und nicht zu schnell gedacht – unterscheiden sich die konstituierenden Themen durch Grundfarbe, Schwere und innere Bewegtheit. Im Finale dagegen verschärfte sie den Kontrast zwischen den Hauptgedanken: Beim zweiten Thema verzichtete sie nicht nur auf die lebhaften, an Schumann erinnernden Klavierfigurationen, welche die Anfangsidee auszeichnen, sondern verlangte ein ruhigeres Grundtempo (»Quasi adagio«). Der Satz als ganzer erscheint so als Ineinanderwirken zweier gegensätzlicher Charaktere. Als Vorbild könnten auch in der Form – einem Sonatensatz, bei dem die Durchführung in die Reprise eingezogen ist – Robert Schumanns *Kreisleriana* gedient haben, mit denen sich Ursula Lewy damals im Klavierunterricht auseinandersetzte. Auf die Übergänge zwischen den bestimmenden Themen verwandte sie besondere Sorgfalt; sie schuf sie teils durch freie, kadenzartige Cello-Soli, teils durch motivische Metamorphosen. Die Themen strukturierte sie in liedhaft periodischer Gliederung. Sie wirken sangbar und sind doch instrumentengerecht komponiert, beim Cello durch weit geführte Melodik quer durch die verschiedenen Lagen, beim Klavier durch parallele und akkordische Führung der Stimmen – und durch eine ausgesprochen »pianistische« Schreibweise: das Stück liegt gut »in der Hand«. Entwickelt und verarbeitet werden die musikalischen Gedanken durch motivische Feinarbeit: die Exerzitien im Fugenschreiben bewirkten hier die schönsten Resultate. In der Harmonik deuten sich mit modalen Wendungen und als Farbwerten eingesetzten Dissonanzen Bestrebungen an, dem eigenen Klangsinn über die geübte Harmonielehre hinaus spezifische Bereiche zu erschließen.

Im Vergleich zu anderen größeren Kompositionen aus den Lehrjahren bei Gustav Ernest, etwa der Klaviersonate in g-Moll, zeichnet sich die Duosonate durch prägnantere Themen, elegantere Verarbeitung, souveränere Übergänge und klarer abgegrenzte Charaktere zwischen und innerhalb der verschiedenen Sätze – und eine strengere emotionale Disposition aus. Die Sonate beginnt aus einem Lamento-Gestus, ihr erster Satz verschwindet in der Tiefe. Der zweite eröffnet danach eine vollkommen andere, gegensätzliche Szenerie. Harmonisch spielt sie intensiver noch als in früheren Werken mit dem Helldunkel von Dur und Moll. Die Cellosonate war nicht mehr nur eine Übungsarbeit. Hier äußerte sich eine junge Komponistin, die etwas mitzuteilen hatte. Mit diesem Werk erwarb sich Ursula Lewy gleichsam die musikalische »Matura«, ihr künstlerisches Reifezeugnis für die Hochschule. Doch statt auf ein akademisches Institut wurde sie ins Exil geschickt. Statt der dynamischen Entwicklung, die nun hätte einsetzen können und müssen, musste sich die junge Künstlerin im Erleben des Stillstandes und in der Bewegung des Auf-der-Stelle-Tretens üben. Das große Ritardando auf dem Weg zur eigenen musikalischen Sprache sollte für Ursula Lewy länger dauern als ihr bisheriger Lebensweg.

Schock und Hitze: Exil in Guayaquil

Im Februar 1939 ging es für die sechzehnjährige Ursula Lewy und ihre Familie schlicht ums Überleben. Als sie am Abend des 11. Februar an Bord der *Cordillera* den Hamburger Hafen Richtung Südamerika verließen, war dies eine der letzten Transatlantikfahrten des modernen Ozeanriesen, den die HAPAG im August 1933 in Betrieb genommen hatte. Das Schiff wurde nach Kriegsbeginn und nach einem »Freundschaftsbesuch« beim Pakt-Partner Sowjetunion für militärische Zwecke umgerüstet. Hans Lewy hatte für sich und seine Familie eine Überfahrt in der ersten Klasse gebucht, denn die nationalsozialistischen Gesetze erlaubten Emigranten lediglich, Devisen in Höhe von zehn Reichsmark pro Person mitzunehmen, Bank- und Wertpapierguthaben konnten nur gegen hohe Abschläge ins Ausland übertragen werden. Lewy investierte das, was nach den Transportkosten für das »Umzugsgut« und nach Abzug der »Reichsfluchtsteuer«[1] noch blieb, lieber in Reisekomfort, als es weitgehend dem deutschen Staat zu überlassen. In den Gepäck-Containern, die den Lewys ins Land ihrer Zuflucht folgten, befand sich neben Möbeln, Kleidung, Geschirr, Büchern, Noten und persönlichen Habseligkeiten auch Ursulas Manthey-Klavier. Ihr Vater hatte es tropenfest machen, die Verleimungen überprüfen, das Holz, die Hämmer und Filze imprägnieren lassen, damit sie in der feucht-heißen Luft der Äquatorregion nicht aufquollen.

Dreißig Tage dauerte die Fahrt nach Guayaquil. Am Abend des 13. März wurden sie dort von Roberto Leví und seiner Familie in Empfang genommen. Die letzte Strecke ab Cristobál, dem Eingangshafen zum Panamakanal auf der Atlantikseite, hatten sie in einem kleineren Dampfer, der *Cerigo* zurückgelegt, denn die *Cordillera* war für die Kanalpassage zu groß. Das Tagebuch, in dem Ursula Lewy seit zwei Jahren ihre Gedanken und Erfahrungen festhielt, blieb während der Überfahrt im Gepäck. Am 19. März, sechs Tage nach der An-

---

1 Die Reichsfluchtsteuer war als Folge der Wirtschaftskrise durch Notverordnung am 8. Dezember 1931 eingeführt worden. Sie sollte die Kapitalflucht aus Deutschland eindämmen. Alle, die am 31. März 1929 deutsche Staatsbürger waren, über ein Vermögen von mehr als 200.000 Reichsmark oder ein Jahreseinkommen ab 20.000 Reichsmark aufwärts verfügten und ins Ausland ziehen wollten, hatten sie zu entrichten. Sie betrug 25% des Vermögens und der Einkünfte. Die Regelung galt zunächst bis 31. Dezember 1932 befristet, wurde dann aber bis Ende 1934, schließlich unbefristet verlängert. Im Mai 1934 wurden die Vorschriften von der NS-Regierung so verändert, dass sie vor allem emigrationswillige jüdische Bürger trafen. So wurde die Bemessungsgrenze bei Vermögen auf 50.000 Reichsmark herabgesetzt. Insgesamt nahm das Deutsche Reich aus dieser Steuer eine Milliarde Reichsmark ein, 90% davon von rassisch verfolgten Emigranten.

kunft in Ecuador und einen Tag, nachdem die Familie aus dem Hotel in eine Stadtwohnung umgezogen war, nahm sie es wieder zur Hand, um gleichsam als Ich-Chronistin dort weiter zu erzählen, wo sie in Berlin hatte abbrechen müssen: von der gescheiterten Hoffnung, Gustav Ernest nach Holland folgen zu können, von der Vollendung der Cellosonate, von den letzten Begegnungen in Berlin. Einen weiteren Monat Pause legte sie ein, um das zu schildern, was sich hinter dem Terminus Emigration existenziell verbirgt: den Abschied und den Weg ins Ungewisse, der ja auch seinen Alltag hat. Die neun recht eng beschriebenen Albumseiten geben einen knappen, aber anschaulichen Bericht von den Stationen, welche die *Cordillera* auf der Fahrt über den Atlantik anlief, und vom gesellschaftlichen Leben an Bord, vom Schwebezustand zwischen einer nur äußerlich abgeschlossenen und einer noch ungewissen Existenz. Sie zeigen vor allem eine Heranwachsende, die sich einerseits mit dem auseinandersetzt, was zu ihrem Alter gehört, auf der anderen Seite aber gründlich reflektiert, was historisch geschieht und wie ihre Empfindungen darauf antworten. Man erhält einen lebendigen Eindruck von Ursula Lewys Persönlichkeit, von ihrer Direktheit und Spontaneität, von ihrer präzisen, illusionslosen Nachdenklichkeit, von ihrer Beharrlichkeit, sich durch äußere Umstände von Wünschen und Zielen nicht abbringen zu lassen, selbst wenn die konkrete Erfahrung jeder Hoffnung spottet. Der kindliche Wunsch, alles im Gedächtnis zu bewahren, was man erlebt, korrespondiert bei ihr mit einer scharf analysierenden Selbstreflexion, die vielen Erwachsenen schwer fällt. Selbstverständlich gehören zur inneren Zielstrebigkeit auch Zweifel und melancholische Verzagtheit, doch sie festigen am Ende den Willen zum eigenen Weg. Es muss, insbesondere für andere Jugendliche ihres Alters, schwer gewesen sein, das Zusammenspiel dieser verschiedenen Wesenszüge bei ihr zu begreifen. Immer wieder klagt sie in ihrem Tagebuch über das Unverständnis, dem sie begegnet, und – als Kehrseite des Prozesses – über ihre Schwierigkeit, sich verständlich zu machen. Mehr und mehr stärkt sich dabei aber auch das Bewusstsein, dass sie Künstlerin ist und Künstlerin sein will. Das erhebt sie ihrem Selbstverständnis nach nicht über andere, trennt sie aber doch von vielen, die einen geistigen Lebensentwurf nicht nachvollziehen können oder wollen.

Das Tagebuch als Spiegel des eigenen Erlebens

»Von Abschied und Schmerz«, schrieb sie am 30. April 1939 in ihr Tagebuch, »handelten die vorigen Kapitel, und was jetzt kommt – das Hinnehmen des Schicksals, Gleichgültigkeit und Bitterkeit – sind die Gefühle, die mich jetzt beherrschen. Von wahrer Freude und tiefem Schmerz fühle ich nichts mehr, höchstens noch Sehnsucht, aber nein, es ist vorbei, kein Klagen hilft mehr, ein neues, ödes Leben hat für uns begonnen, was hoffentlich schnell hingeht.

Nun die chronologische Folge unserer Reise und des Hierseins: Am 11. Februar abends sechs Uhr dröhnte furchtbar die Schiffssirene und dann gings ab von Deutschland, ein schrecklicher Moment. Aber die schöne Reise ließ uns für einige Zeit den Kummer vergessen. Wir hatten das Glück, nicht seekrank zu werden und konnten so alle landschaftlichen Schönheiten genießen. Als wir Ijmuiden, Antwerpen, Boulogne und Dover hinter uns hatten, wurde es zuerst langweilig, denn wir sahen acht Tage nur graues Meer und Himmel und es war ungemütlich kaltes Wetter. Das Schiff schwankte mächtig durch den Kanal, aber bis auf ein paar kleine Magenstörungen passierte nichts und ich lenkte mich besonders durch Klavierüben ab, wodurch ich mir auch Publikum, wie zum Beispiel Mädels aus Venezuela und den Schiffsarzt gewann. Die Kapelle war auch sehr nett.

In Dover, wo ich Brief und Karte von Herrn Ernest erhielt, stiegen viele Engländer zu, und es begann das steife Leben bei uns in der ersten Klasse. Jeden Abend Tanz oder Kino, ein Kostümfest, bei dem ich als Bulgare ging und einen Preis erhielt, und zum Schluss ein Abschiedsball, wo ich mein hellblaues Abendkleid anhatte […].

Das Wetter änderte sich schlagartig beim Durchqueren der Azoren. Vorher graues Meer und trübes Wetter und am Sonntag früh den 19. 2. plötzlich tiefblaues Meer, blauer Himmel und wunderbar die Inselgruppe vor uns. Dann wurde es schon am selben Tag immer wärmer und die Schiffsbesatzung samt einigen verrückten Passagieren erschienen in Weiß. Das Schwimmbad wurde eröffnet und das Leben an Bord begann. Nachts sah ich den sternklaren Himmel, der rund über das Meer gespannt war und wie im Planetarium aussah. Die landschaftlichen Eindrücke waren wirklich einzigartig, ich habe sie in Briefen an Herrn Ernest auch genau festgehalten. Die erste Station, nachdem wir zwölf Tage auf dem Meer fuhren, war Barbados, wo uns Neger mit kleinen Booten um Geld schreiend ihre Tauchkünste vorführten. In La Guaira (Venezuela) gingen wir das erste Mal an Land. Eine kleine bunte Hafenstadt, richtig südamerikanisch dreckig, aber dort hatten wir das interessante Erlebnis, ein Neger fuhr uns im Auto spazieren und zeigte uns die Umgebung. Vorher hatte ich (24. 2.) zwei junge Leute aus der zweiten Klasse kennengelernt. Mit dem einen ging ich abends nochmal an Land und wir fuhren am Meer mit dem Neger entlang, der plötzlich anhielt und uns zwei Mal zum Bier einlud. Was uns imponierte: er schimpfte auf Hitler und die ganze Bande.

Wir legten dann in den Häfen Puerto Cabello und Curaçao an, letztere eine schöne holländische Stadt. […] Puerto Colombia – Cartagena – Cristobál. In Cristobál verließen wir die *Cordillera* und als wir das kleine Dampferchen *Cerigo* sahen, auf der wir volle acht Tag bis Guayaquil fahren sollten, da waren wir uns erst bewusst, wie luxuriös wir gefahren sind. Aber so schlimm, wie wir es uns dachten, war es nicht. Die Kabinen waren zwar kleine heiße Löcher, und die glücklichen Männer aus der dritten und zweiten Klasse konnten an Deck schlafen, was ich lieber getan hätte. Wir lagen den ganzen Tag lesend im Liege-stuhl, glotzten abends aufs Meer und freuten uns, wenn ein Tag vorbei war, und trotzdem wünschte ich mir noch kein Ende der Reise, weil ich ahnte, was uns bevorsteht – und die schöne Zeit kehrt niemals wieder.«

An dieser Stelle setzt die Tagebuchschreiberin fort, was schon in der letzten gekürzten Passage ihr Thema war: die Bekanntschaft mit zwei jungen Männern ungefähr ihres Alters. Besonders einer von ihnen, Horst Abraham, muss sich in die junge Berlin-Emigrantin verliebt haben. Er holte sie zum Frühstück ab, begleitete sie bei den wenigen Landgängen und suchte so oft wie möglich Kon-takt zu ihr. Auch sie empfand Zuneigung zu ihm (»er meint es ehrlicher als alle die anderen Jungens«), aber dennoch wahrte sie Zurückhaltung, weil sie sich über die Intensität ihrer Gefühle nicht im Klaren war: keinen Kuss gewährte sie, nicht einmal beim Pfänderspiel, zu dem er doch eigentlich gehörte. Horst Abraham reiste später von Guayaquil weiter nach Quito, in die klimatisch an-genehmere Hauptstadt von Ecuador. Die beiden schrieben sich, und Ursula be-reitete ihm sogar eine besondere Überraschung. Doch das ist der Chronologie der Ereignisse vorgegriffen.

»Am 13. März«, heißt es im Tagebuch weiter, »abends bei Regen und Gewit-ter und drückender Schwüle kamen wir in Guayaquil an, und als ich die ersten Häuser sah, war ich ganz angenehm enttäuscht. Die Leute waren teils froh, teils wurden sie melancholisch wie Horst, der plötzlich ein ganz anderer war. Die Zollleute kamen aufs Schiff und dann die Besucher, unter denen Roberto Leví, Fiddi[2] und der Hardy Levy uns abholten. Wir kamen nicht zur Besinnung, so schnell ging alles. […] Wir kamen in das zweitbeste Hotel von Guayaquil (Ritz).

Wir unterhielten uns englisch mit [Robertos] Kindern und französisch mit Tante Piedad [Robertos Frau]. Die Villa [Roberto Levís] ist schön und wirkte zuerst wie im Film. Onkel Robert erlaubte mir, jeden Tag bei sich zu üben, was ich erst später ausnutzte. Am 18. bezogen wir eine Wohnung […] Unsere Möbel kamen am 1. April. Vorher übte ich – und auch da noch jeden Tag – in der Villa auf einem verstaubten Flügel mit stummen Tönen oben und unten, worüber ich mich noch heute ärgere, denn der Stimmer war vier Mal dort, und das Instrument ist noch im selben elenden Zustand.«

Roberto Leví, Chemiker und Pharmazeut, der die größte Apotheke in Guayaquil führte, leistete sich eine kulturelle Leidenschaft. Er baute einen pri-vaten Kurzwellensender auf, den er auf seine Weise als »Kulturradio« betrieb. Er spielte Schallplatten ab; deshalb hatte er sich auch gewünscht, dass sein Cousin

---

2   Kosename für Friderico Groepel, einen Neffen von Roberto Leví. Er war der Sohn des Hamburger Cousins von Ursulas Vater Hans Lewy. Dieser hatte seinen Bruder Roberto brieflich um Hilfe bei der Emigration gebeten, worauf Roberto auch Kontakt zu seinem Berliner Cousin aufnahm, den er zuvor nie getroffen hatte.

so viele Tonträger wie möglich aus Deutschland mitbringe. Dazwischen ließ er Künstler, die in Guayaquil lebten oder gastierten, Sänger, Geiger, Cellisten, Pianisten, live auftreten. Er engagierte seine Nichte als Klavierbegleiterin und verschaffte ihr, als ein Sänger ausfiel, sogar den ersten Soloauftritt im Radio. »Ich spielte«, so Ursula Lewy in ihrem Tagebuch, Chopins »cis-Moll-Polonaise, das einzige Stück das auf <u>dem</u> Flügel gut klingt, und er war sehr zufrieden.« Sie überredete ihren Onkel, ihre Cellosonate, die sie noch in Berlin eingespielt hatte, zu senden, Horst Abraham sollte sie in Quito am Radio hören können. »Zu meinem Pech legte er die zweite Seite zuerst auf, sodass kein Zusammenhang war und Robert [oder Horst?] nichts von dem Stück zu halten wusste.« Sein Versprechen, die ganze Sonate einmal richtig von Beginn an zu senden, hielt Roberto Leví dann nicht ein.

Die Tropenstadt Guayaquil, deren schwüle, drückende und lähmende Sommerhitze die Lewys bald erleben sollten, bedeutete für Ursula einen Kulturschock. Sie fand zunächst keinen Klavier- und Kompositionslehrer. Sie glich dies einerseits durch autodidaktische Disziplin und, soweit die Postverbindungen es zuließen, durch Briefwechsel mit Gustav Ernest aus. Ihm schickte sie ihre Kompositionen und Tonsatzübungen, er sandte ihr die Korrekturen. Er riet ihr außerdem, welche Klavierwerke sie studieren solle. Sie gab sich einen ziemlich festen Tagesablauf, in den vier Stunden Üben, zwei Stunden vormittags, zwei weitere am späten Nachmittag, eingeplant waren. Doch ein Fernstudium mit wochenlangen Postwegen konnte den persönlichen Unterricht nicht annähernd ersetzen. Zudem stockte der Briefwechsel bald, bedingt durch die Emigration Gustav Ernests nach Holland. Ende September, gut einen Monat, nachdem ihr Lehrer in den Niederlanden angekommen war, erhielt sie nach einem Vierteljahr Unterbrechung wieder den ersten Brief von ihm. Ursula Lewys Stimmung war auf dem Tiefpunkt; an diesem Eindruck lassen die Tagebucheintragungen keinen Zweifel. Keinen Freund, keine Freundin, mit denen sie sich hätte austauschen können, keinen Unterricht und so gut wie kein Kulturleben; das wenige, das stattfand, bewegte sich auf vergleichsweise dürftigem Niveau.

Ursula Lewy traf dies hart, denn das informelle Lernen, das nicht in Unterrichtsstunden und Akademien stattfand, das Lernen durch Hören, spielte in ihrer Entwicklung stets eine wichtige Rolle. Mit unbefangener Risikobereitschaft und ohne Rücksicht auf die Restriktionen, welche die Nazis gegen Juden verhängten, besuchte sie während ihrer letzten Berliner Jahre regelmäßig und häufig Konzerte in der Philharmonie und Vorstellungen in den Opernhäusern. In ihrem Tagebuch hielt sie ihre Eindrücke von Werken und Interpreten fest, zum Teil in kurzen Anmerkungen, zum Teil in ausführlichen Auseinandersetzungen. Die bisweilen überwältigende Erfahrung bedeutender Musik in maßstabsetzenden Interpretationen fehlte ihr in Guayaquil fast völlig. Wie groß sie diesen Verlust empfinden musste, mag ein kurzer Rückblick in die Berliner Zeit andeuten, wie Ursula Lewy ihn in den ersten Monaten ihres ecuadorianischen Exils manchmal in Gedanken Revue passieren ließ.

Ein kurzer Blick zurück

Für jeden, der sich mit Ursula Mamloks Werdegang beschäftigt, ist es ein großer Glücksfall, dass sie alles, was der Erinnerung wert schien, aufbewahrte und bei Umzügen mit sich nahm, darunter auch die Eintrittskarten und die Programmhefte der Konzerte und Opernvorstellungen, die sie besuchte. Es gibt keine Indizien dafür, dass davon irgendetwas verloren ging. Selbst wenn es so wäre, erzählte das dokumentarisch Vorhandene eine hinreichend deutliche und detaillierte Geschichte.

In den ersten vier Monaten des Jahres 1937 war sie neun, im Laufe der Saison 1937/38 zweiundzwanzig Mal in der Oper oder im Konzert, im Durchschnitt also mehr als zwei Mal pro Monat. Manchmal folgen die Termine, wie im März 1938, sogar im Abstand eines oder weniger Tage aufeinander. Man darf dabei nicht vergessen: Ursula Lewy zählte vierzehn respektive fünfzehn Jahre, nicht immer hatte sie Gesellschaft, zu manchen Veranstaltungen ging sie allein. Die Rassengesetze und -verordnungen der Nationalsozialisten ignorierte sie. Sie beschränkte ihren Besuch von kulturellen Veranstaltungen nicht auf solche, die von jüdischen Vereinigungen ausgerichtet wurden, und die nur Juden offenstanden. Sie besorgte sich Karten für die Staatsoper, die Volksoper, die Philharmonie, die Sing-Akademie. Ihr bester Schutz bestand wohl in der unbekümmerten Selbstverständlichkeit, mit der sie ihr Menschenrecht auf Kultur wahrnahm. In einem Fall grenzte dies an Wagemut. Am 26. März 1938 – zwei Tage zuvor hatte sie in der Philharmonie den siebzigjährigen Frederic Lamond mit einem reinen Beethoven-Programm gehört – besuchte sie mit ihrer Freundin Steffi[3] eine Vorstellung von Verdis *Troubadour* in der Volksoper, wie das Theater des Westens seit seiner Wiedereröffnung im Rahmen des NS-Programms »Kraft durch Freude« ab 1935 genannt wurde. Für diese Aufführung gab es zwar auch Karten im freien Verkauf, das größere Kontingent aber war an Mitglieder der »Deutschen Arbeitsfront« und der »Nationalsozialistischen Gemeinschaft ›Kraft durch Freude‹« vergeben. Da saßen also Kohorten von Nazis und hörten

---

3 Stefanie Brann, die am Viktoria-Luise-Platz 9 in Berlin-Schöneberg wohnte, war eine Klassenkameradin von Ursula Lewy. Zu ihrer Schwester Ursula Brann, die in London lebt, hat Ursula Mamlok bis heute Kontakt. Ulla Brann, Jahrgang 1924, kam als Fünfzehnjährige 1939 mit einem Kindertransport nach London. Für Steffi, die bereits sechzehn war, wurde dies verweigert. Sie wurde mit ihren Eltern nach Auschwitz deportiert und dort umgebracht.

sich unter anderem Visionen einer Zigeunerin an. Auf Ursula Lewy machten die Aufführung und die Musik Verdis »keinen tiefen Eindruck«.

Überwiegend besuchte sie Konzerte, Musiktheater-Vorstellungen blieben in der Unterzahl. In der Saison 1937/38 war sie gegen Ende vier Mal in der Oper, vor allem in der Staatsoper, um die »Klassiker« zu sehen: Mozarts *Entführung* und *Zauberflöte*, Beethovens *Fidelio*. Bei den Konzerten halten sich die Klavierabende (mit Alexander Roediger, Poldi Mildner, Frederic Lamond, Hans Erich Riebensahm, Claudio Arrau, Raoul Koczalski und anderen) und die Orchesterkonzerte des Berliner Philharmonischen Orchesters die Waage. Konzerte unter der Leitung Wilhelm Furtwänglers, des philharmonischen Chefdirigenten, besuchte sie nicht. Man musste bei ihnen immer mit dem Auftrieb von Nazi-Prominenz und entsprechend scharfer Überwachung im Vorfeld rechnen. Außerdem war es erheblich schwieriger als bei anderen Dirigenten, Karten zu bekommen. Dass sie mehrere Konzerte unter Carl Schurichts Leitung hörte, hing nicht mit einer Vorliebe für diesen Dirigenten zusammen, sondern war der Tatsache geschuldet, dass er einen Mozart-Beethoven-Zyklus auflegte, in dem die großen klassischen Werke zu hören waren, und über Beethoven hatte Ursula Lewy in ihren letzten Monaten am Fürstin-Bismarck-Lyzeum ein ausführliches Referat gehalten. Beethoven hielt überhaupt, was das gehörte Repertoire betraf, die einsame Spitze. Gewiss beeinflussten auch Unterricht und Ratschläge von Gustav Ernest die Entscheidungen seiner jungen Schülerin. Die Hörerfahrungen im Konzert ergänzte sie am Radio. Manchmal nutzte sie die Möglichkeit, ein selbst miterlebtes Konzert im Rundfunk ein zweites Mal zu hören.

Mit zwei philharmonischen Konzerten im Oktober 1938 enden Ursula Lewys Berliner Konzertbesuche. Wie ein schlechtes Omen tritt aus ihnen die nationalsozialistische Formierung des kulturellen Lebens hervor. Die Aufführung von Verdis *Requiem* am 10. Oktober dirigierte Bruno Kittel, der führende Kopf und Profiteur bei der »Arisierung« des Stern'schen Konservatoriums. Ein Teil der entlassenen Lehrkräfte unterrichtete danach an der Musikschule Hollaender, die Ursula Lewy besuchte. Am 31. Oktober dirigierte Karl Böhm. Ludwig Hoelscher war der Solist im Cellokonzert von Max Trapp. Den Fünfzigjährigen hatte die rassistische Kulturpolitik der Nationalsozialisten ebenfalls auf der Karrieretreppe kräftig nach oben gespült. Das Cellokonzert war wenige Monate zuvor im Rahmen der Reichsmusiktage in Düsseldorf uraufgeführt worden, bei denen auch die Ausstellung *Entartete Musik* gezeigt wurde. In Ursula Lewys Tagebuch wurden diese beiden Konzerte nicht mehr besprochen. Gedanken an Möglichkeiten und Ziele einer Emigration schoben sich in den Vordergrund. Nach der Reichspogromnacht besuchte sie überhaupt keine Konzerte mehr. In Guayaquil war sie dann in Freiheit. Aber das, was für sie die Freiheit ausgemacht hatte, der Zugang zu Musik und Bildung, schien ihr hier versperrt.

Kinder erleben das Milieu, in dem sie aufwachsen, als gegeben und selbstverständlich. Jugendliche hinterfragen das, womit sie in Konflikt geraten. Für Ursula Lewy gab die Berliner Musikszene die Umgebung ab, in die sie hineinwuchs und mit der sie sich identifizierte. Da Berlin für die Nationalsozialisten ein Ort symbolträchtiger Repräsentation war, achteten sie darauf, dass sich die Einbußen durch ihre Verfolgungs- und Vertreibungspolitik dort nicht allzu drastisch bemerkbar machten. Wer das Berliner Kulturleben als Tor zur Welt oder gar als diese selbst erfuhr, musste in einer Stadt wie Guayaquil zwangsläufig in einen Kulturschock geraten. Die Fremdheit wurde noch dadurch verstärkt, dass niemand in der Familie die Landessprache beherrschte, und man sich daher zunächst nicht ohne Mittelsleute verständigen konnte. Ursula Lewy befand sich außerdem in der Pubertät, die als Entwicklungsphase ihre eigenen Probleme stellt. Auch das familiäre Leben bot nicht mehr die Geborgenheit und Vertrautheit, die sie von Berlin her kannte, und die ihr auch bei der Überfahrt noch Rückhalt gaben. Die Eltern mussten in der fremden Stadt nach Möglichkeiten suchen, ihren Lebensunterhalt zu verdienen. Hans Lewy eröffnete im Juni 1939 in der Aguirre, einem Arbeiterbezirk von Guayaquil, ein Hemdengeschäft. Auch ihre Mutter musste mitarbeiten, »weil wegen des Klauens immer zwei im Laden sein müssen«. Die Hälfte der Einkünfte ging anfangs an einen Einheimischen, den sie der Verständigung wegen einstellen mussten. Ursula war also in ihrer Lebensgestaltung mehr als bisher in die eigene Verantwortung gestellt. So gut wie alle Umbrüche, mit denen ein Menschenleben konfrontiert werden kann, konzentrierten sich für Ursula Lewy in den knapp eineinhalb Jahren von Guayaquil. Gemessen an dieser Situation nehmen sich die Klagen und die Anflüge von Verzweiflung, die sich wie ein Leitmotiv durch die Tagebucheintragungen jener Zeit ziehen, sehr beherrscht und reflektiert aus. Ursula hatte eines, worauf sie ihr Leben und Denken fokussieren konnte: die Musik. Sie gab ihr Ziel und Halt.

Ließen sich die Verhältnisse auch nicht entfernt mit Berlin vergleichen, so blieb Ursula Lewy in Guayaquil auf die Dauer musikalisch doch nicht auf sich allein gestellt. Über ihren Onkel lernte sie Sänger und Instrumentalisten kennen, die zum Teil selbst aus Deutschland oder Österreich geflohen waren. Mit dem Cellisten Heinz Wilda traf sie sich öfter zu gemeinsamer Kammermusik. Ihm widmete sie ein Cellostück; das Thema entwickelte sie aus der Tonfolge H-E-D-A, denjenigen Buchstaben aus seinem Namen, die sich in Töne übersetzen lassen. Zu ihnen gesellte sich als Dritter im Bunde ein Geiger namens Steinberg, der auch an der Musikschule Hollaender in Berlin studiert hatte. Mit ihnen gemeinsam spielte sie Beethoven-Trios, »weil wir leider die für Klavier so viel leichteren Haydn- und Mozart-Trios nicht besitzen«.

Unterricht in Guayaquil: Angelo Negri

Auch die lehrerlose Zeit in Guayaquil hatte nach einem Vierteljahr ein Ende. In der Hafenstadt gab es ein Konservatorium, es befand sich in einem Haus, das auf Pfählen gebaut war. Geleitet wurde es von dem Dirigenten, Komponisten und Organisten Angelo Negri. Er war nicht nur der einzige hauptamtliche Lehrer an diesem Institut, er war das Musikleben von Guayaquil, baute dort ein Orchester und einen Chor auf, mit denen er Konzerte und Opernaufführungen bestritt. Ursula Lewys Urteil: »Ein so schlechtes Orchester würde nicht einmal in der Künstlerhilfe[4] aufgetreten sein, aber man muss schon anerkennen, dass es überhaupt eines gibt. Zumal vor wenigen Jahren noch keiner eine Ahnung von Musik hatte.« Sie besuchte eine Probe im Konservatorium, Angelo Negri bot ihr Unterricht an. »Da man das hier wie Schule betrachtet und kein Honorar zu bezahlen braucht, so konnte ich das ja ohne Überlegen annehmen.«

Negri war sechzig Jahre alt, als Ursula Lewy ihn kennen lernte, und er hatte ein bewegtes Musikerleben hinter sich, typisch für einen umtriebigen Künstler, der – aus welchen Gründen auch immer – nicht in die oberen Etagen des internationalen Kulturlebens aufsteigen konnte. Aufgewachsen in der Romagna, in einem Örtchen namens Castellazzo, studierte er in Mailand und Pesaro bei Pietro Mascagni und Ildebrando Pizzetti Komposition, bei Antonio Cicognani (1859–1934) Orgel und Dirigieren. Er leitete das Konservatorium in Recanati, der Heimatstadt Benjamino Giglis, und war dort auch am Dom San Flavio als Erster Organist beschäftigt. Mit Gigli begann für ihn das Reisen durch die große, weite Welt. Ihn begleitete Negri 1925 bis 1927 als Dirigent und Pianist auf einer großen Tournee durch die USA und Kanada. Danach übernahm er die Leitung eines Rundfunkorchesters in Buenos Aires, das wohl hauptsächlich Unterhaltungsmusik spielte, und ließ sich 1930 von der Sängerin und Tourneeagentin Lea Candini als Künstlerischer Leiter ihrer Opernkompanie verpflichten, die durch Brasilien, Uruguay, Argentinien, Chile und Peru tourte. 1932 gastierte sie in Guayaquil mit drei Vorstellungen im Theater Edén. Negri blieb in der Stadt. Wie wir aus einer Broschüre zu seinem fünfzehnten Todestag erfahren, bot sich das beständig warme Klima als wirksames Heilmittel gegen eine lange verschleppte Gefäßerkrankung an. Wie auch immer: Negri blieb in Guayaquil, und er verhielt sich dort keineswegs wie ein ruhebedürftiger Patient, sondern wie ein rühriger Musikunternehmer. Eine wohlhabende Familie überließ ihm Räume, in denen er Gesang, Klavier und Komposition unterrichten konnte. Er gewann eine Reihe von Notablen in der Stadt für weitergehende Projekte, unter ihnen wird María Piedad Castillo de Leví, die Gattin von Roberto Leví, an erster Stelle genannt; ihrem Vater gehörte der Verlag, der eine der großen Zeitungen der Stadt herausgab, *El telegrafo*. Einer aus diesem Kreis

---

4   Zur Jüdischen Künstlerhilfe in Berlin vgl. Fußnote 12, S. 26

bot ihm das Theater Edén für öffentliche Veranstaltungen an. Andere beriefen ihn zum Leiter der Musikschule der Philanthropischen Gesellschaft der Provinz Guaya, des *Conservatorio Nacional de Música Antonio Neumane*[5], wieder ein anderer gab ihm einen Text, zu dem er den Marsch *Mi Ciudad* komponierte, eines von mehreren Werken, die er »seiner Stadt« widmen sollte. Man könnte sagen: Nach langen Jahren des Reisens war Negri dort angekommen, wo er geschätzt und geachtet wurde, wo er gestalten konnte und wo man ihn in Ehren hielt. 1933 dirigierte er sein erstes Konzert mit dem Orchester des Musikvereins Guayaquil. Am 31. August 1938 führte er erstmals in Ecuador Giuseppe Verdis Oper *La Traviata* auf, die er in den folgenden Jahren mit respektabler Solistenbesetzung wiederholen sollte. Er stand für das Musikleben in Guayaquil, und als dessen eigentlicher Begründer wird er bis heute in Ehren gehalten. Daran änderten auch vorübergehende Irritationen nichts. Negri, der 1939 vier *Traviata*-Vorstellungen dirigierte, wurde nach Ausbruch des Zweiten Weltkriegs in der Presse als Mussolini-Anhänger und profaschistisch Eingestellter angegriffen. Wie weit die Vorwürfe begründet waren, lässt sich hier nicht klären. Negri war seit 1925 kaum mehr in Italien; und im Jahre 1935 empfand selbst ein Komponist wie Ernst Krenek das kulturelle Klima im Mussolini-regierten Staate als anregend. Negri legte, so erfahren wir aus der Gedenkbroschüre der Stadt Guayaquil, die Leitung des Konservatoriums nieder und baute mit seiner *Academia de Musica ›Santa Cecilia‹* eine eigene Alternative auf. Das aber war nach Ursula Lewys ecuadorianischer Zeit.

Ursula wurde also Negris Schülerin, die einzige im Fach Komposition. Den Kontakt und den Probenbesuch hatte Onkel Roberto vermittelt. Er kannte Negri. Der hatte in seiner Radiostation *Quinta Piedad* mehrfach »Kulturprogramme« gestaltet. »Wenn er auch mit Herrn Ernest nicht zu vergleichen ist, so bin ich doch schon froh, dass ich überhaupt eine Anleitung habe.« Negri unterrichtete sie im Kontrapunkt konsequent nach den Methoden des strengen Satzes, wie er ihn selbst in seiner Studienzeit erlernt hatte. Ein ganzes Notenheft, Format DIN A 4, ein »Cuaderno musicale«, ist voll von Übungen, die an das Lehrbuch von Knud Jeppesen erinnern, obwohl Negri ohne gedruckte »Hilfsmittel« unterrichtete. Die Fugen, die sie unter seiner Anleitung ausarbeitete, zeigen handwerkliche Sicherheit. Ihre technische Souveränität festigte sich. »Ich nehme jetzt auch Klavierunterricht bei Herrn Negri«, notierte sie am 2. Oktober 1939. »Da er aber alle Schülerinnen dasselbe spielen lässt, so

---

5   Das Konservatorium erhielt seinen Namen nach dem Komponisten, Pianisten und Dirigenten Antonio Neumann (1818–1871), der auf Korsika als Sohn deutscher Eltern geboren wurde, nach Studien in Mailand und Wien kurze Zeit in Chile und Peru arbeitete, 1841 nach Guayaquil zog und 1870 das Conservatorio Nacional de Música de Quito als erste Einrichtung dieser Art in Ecuador gründete. Ein Feuer in Guayaquil vernichtete 1896 alle seine Werke bis auf das eine, das ihn unsterblich machte: die Nationalhymne von Ecuador.

habe ich ihm gleich gesagt, was ich studieren will. Er lässt mich erst einige Cramer-Etüden spielen und dann die a-Moll-Suite von Bach. Dann habe ich ihn gebeten, die *Mondscheinsonate* studieren zu dürfen, womit er erst nicht ganz einverstanden war. Das Konzert [Mozarts Klavierkonzert c-Moll KV 491] werde ich ihm auch zeigen.« Vor allem aber erhielt sie bei Angelo Negri, dem Orchesterpraktiker, Unterricht im Instrumentieren. Er gab ihr Klavierstücke, die sie für Orchester einrichten sollte, und korrigierte sie danach mit ihr. Ursula Lewy konnte sich dabei auf zwei Grundlagen stützen: eine Instrumententabelle, die den Umfang, die Spielmöglichkeiten und die Klanglagen der Orchesterinstrumente beschrieb, und auf die Hörerfahrung ihrer Konzertbesuche. Negri stellte ihr Aufgaben aus verschiedenen Stilepochen: Stücke von Johann Sebastian Bach, von Mozart die c-Moll-Fantasie KV 475 und die berühmte *Alla turca* aus der Klaviersonate KV 331, Mendelssohns Scherzo e-Moll op. 16 und zwei *Lyrische Stücke* von Edvard Grieg, *Erotik* und *Åses Tod*, das in Griegs eigener Instrumentation Teil seiner *Peer-Gynt*-Musik ist. »Der Unterricht ist erstens durch die fremde Sprache, dann durch die allgemeine Abfertigung sehr unpersönlich«, merkt Ursula Lewy in ihrem Tagebuch an, »aber wie gesagt, besser als keiner.« Negri unterrichtete, obwohl er schon ein Jahrzehnt in Südamerika lebte und wirkte, in italienischer Sprache.

Kompositionen

Kompositorisch blieb die Zeit in Guayaquil ebenfalls nicht fruchtlos. Im Mai 1939 schickte Ursula den ersten Satz einer Klaviersonate a-Moll an Gustav Ernest. Dieses Allegro sei »so geworden, dass ich mir selbst so wenig ein Urteil erlauben kann wie noch nie an einem eigenen Stück«, notierte sie in ihrem Tagebuch. Solche Unsicherheiten können gute Zeichen sein, deuten sie doch darauf hin, dass die musikalische Kreativität schneller voranging als die kritische Reflexion folgen konnte – gerade die letztere hatte Ernest sehr gefördert. Im selben Monat entstand das erste einer ganzen Gruppe von Liedern. Thea Lewy gab ihrer Tochter Gedichte von Otto Julius Bierbaum (1865–1910) zu lesen, dem Lyriker und Herausgeber literarischer Zeitschriften, der sich bei der Nachwelt vor allem durch seine Verbindung zur Pioniergeneration des Berliner Kabaretts im Gedächtnis hielt. *Gigerlette* oder *Der lustige Ehemann* (von Arnold Schönberg in seinen *Brettl-Liedern* vertont) atmen den Geist des Überbrettl und seines Humors, der Zilles Genrebildern näher stand als den scharfen Pointen eines Frank Wedekind oder Karl Kraus. Im *Lied vom bisschen Sonnenschein* lässt Ursula Lewy in der Singstimme den Berliner Songstil durchklingen, gibt ihm durch weite Intervalle etwas Spannung und fängt im Helldunkel von Dur-Moll-Verschattungen das Wechselspiel von Heiterkeit und Melancholie ein, das viele Gedichte Bierbaums auszeichnet. Im Oktober komponierte sie ein zweites

Lied nach Bierbaum-Versen, *Das Lied von ferne*. Der Klaviersatz, den sie einmal gründlich revidierte, aber dann nicht mehr ins Reine schrieb, ist durch reichlich Chromatik in kräftigen Farben gehalten. Auch der Musik ist anzuhören, dass sich Bierbaums Poesie in stark stilisierender Form zwischen einer traditionellen Metaphorik, die Wachstum und Ernte als Allegorie für das Menschenleben nimmt, und dem Expressionismus des »fernen Klangs« (so der Titel einer Oper von Franz Schreker) bewegt.

Ab Dezember folgen Lieder in der Sprache ihres Zufluchtslandes. Ein Angestellter in der Apotheke Roberto Levís, ein sehr gebildeter Mann, schenkte der jungen Musikerin ein Bändchen mit Lyrik spanischer und südamerikanischer Autoren. Am 28. Dezember 1939 vertonte sie das Gedicht *Faro en la noche* von Alfonsina Storni (1892–1938), der Wegbereiterin der modernen lateinamerikanischen Frauenliteratur, am 31. Dezember ein Liebesgedicht des spanischen Nachromantikers Gustavo Adolfo Bécquer (1836–1870), *Tu pupila es azul*. Ursula Lewy gab ihrer Musik den Charakter einer bewegten Barkarole. Für *Postal* wählte sie im Mai 1940 Verse ihrer Tante Piedad, die sich neben ihren Verpflichtungen bei der Zeitung *El telegrafo* auch der Dichtkunst widmete. Als Lyrikerin war sie, erinnert sich ihre Nichte, in Ecuador gut angesehen. Die spanischen Lieder sind in einem deutlich anderen Tonfall gehalten als die Bierbaum-Stücke. Ursula Lewys Klangfantasie wurde durch die Sprachunterschiede hörbar angeregt.

Bereits im November 1939 komponierte Ursula Lewy das, was sie ihr pianistisches Bravourstück nennt, die dreisätzige Suite *Recuerdos del mar*. Dem *Preludio*, einem Stück von wogender Chopinscher Virtuosität, folgt ein klangversonnenes *Nocturne*. Im Finale, *Festival orientale* überschrieben, arbeitet die Komponistin mit Ostinatotechniken; die besondere Klangatmosphäre erzielt sie durch die Verwendung »exotischer« Skalen, einer Mischung aus Phrygischem und Lydischem, dadurch entstehen reizvolle Akkordformen und -folgen. Mit der Suite demonstrierte sie einmal mehr ihre musikalische Charakterisierungskunst, auf die sie auch in späteren Werken großen Wert legte, ganz unabhängig von möglichen Suggestionen eines Titels. Sie spielte die Suite unter anderem am 26. Januar 1940 bei einem Vortragsabend im Neumann-Conservatorio, bei dem Angelo Negris beste Schülerinnen und Schüler auftraten; sie schloss den Abend mit Chopins Polonaise cis-Moll ab.

Ein Klavierstück in A-Dur, das Ursula im Dezember 1939 schrieb, hielt Gustav Ernest für ihre bisher beste Arbeit. Expressive Harmonik und feine motivische Arbeit wusste sie darin souverän zu verbinden. Als Titel gab sie dem Werk ein Fragezeichen. Die Reihe der ecuadorianischen Kompositionen schloss das Duo für Violoncello und Klavier ab, das sie für Heinz Wilda schrieb, ein Lied ohne Worte in symmetrischer Dreiteiligkeit. Sie komponierte es am 14. Mai 1940. Damals hatte sie bereits die Aussicht, Guayaquil als Zwischenstation ihres Lebens hinter sich lassen zu können.

Auch als sie schon bei Angelo Negri Unterricht nahm, suchte sie weiterhin den Rat und das Urteil von Gustav Ernest. Zu den Kostbarkeiten, die Ursula Mamlok mit ihren Tagebuchaufzeichnungen aufbewahrt, gehört eine Postkarte, die mit Stempel vom 28. März 1940 in Amsterdam per Luftpost Richtung Guayaquil ging. Sie erreichte die Adressatin kurz vor einer guten Nachricht aus den USA. Aus ihr spricht Ernests klare, freundlich bestimmte Art. Kurz und knapp beurteilt er die neuen Lieder und das Klavierstück seiner einstigen Schülerin.

»Liebe Ulla! Es ist alles hier und ich habe alles eingesehen, durchgelesen und gespielt. Mein Urteil ist offen wie immer. Die Lieder sind hübsch, die Sängerin wird *Tu pupila* am wirksamsten finden. *Faro* hat Stimmung – aber beide sind nicht sehr gewählt in der Melodik. Der Anfang von *Tu pupila* klingt einem ganz bekannt in die Ohren und manches in *Faro* auch. Vor allem aber musst Du das Arbeiten mit den Tremoli aufgeben, darüber sind wir heute hinaus, nur zu ganz besonderen Wirkungen könnte man sie noch für einige Takte anwenden, ganz abgesehen davon, dass sie, wenn nicht sehr gut gespielt, gewöhnlich gräulich klingen. Das Bierbaumlied [vom bisschen Sonnenschein] reicht nicht an die Poesie der Worte heran, das ›vom Winde hergeweht‹ wirkt im Gedicht schöner als in der Musik.

Das kleine Stück [für Klavier] gefällt mir sehr, es scheint mir das reifste von allen. Als Titel ist *?* angebracht, oder *Einst* oder *Dämmerung*. Lieder sollen keine langen Nachspiele haben, wenn nicht durch die Stimmung unbedingt verlangt. In *Tu pupila* können die letzten zwei Takte wegfallen. In *Faro*, neunter und zehnter Takt besser As statt Gis.«

Nach einigen persönlichen Worten schließt die Karte mit Grüßen an seine ehemalige Schülerin und ihre Eltern.

Wie lange noch?

Gemessen an den Verhältnissen – den Lebensumständen, der Unterrichtssituation, dem Klima und den emotionalen Belastungen – fällt Ursula Lewys kompositorische Bilanz in Guayaquil beachtlich aus. Sie selbst hatte zwar den Eindruck, dass sie in ihrer Entwicklung stagniere. Für dieses Gefühl sorgten vor allem die starken Erinnerungen an den Unterricht bei Gustav Ernest, bei dem sie eine ganz andere persönliche Förderung genoss als bei Negri. Eine genauere Betrachtung ihrer Werke aber bestätigt den Eindruck des Stillstands nicht – ganz unabhängig davon, was man für sehr gut und was für weniger gelungen hält. Sie nutzte die Zeit, um ihre Kenntnisse zu sichern, mit erlernten Kompositionsverfahren freier und souveräner umzugehen, Richtungen eigenen Komponierens zu erproben. Guayaquil war sicher keine Phase des energischen Vorankommens, das verhinderten allein die äußeren Bedingungen. Aber es war eine Zeit der Festigung und der vorsichtigen Ausblicke.

Kurz: Guayaquil war eine Übergangsphase, und das nicht nur im Rückblick aus der Kenntnis ihrer späteren Biographie. Sie wollte dort nicht bleiben. Die Klagen über ihre gedrückte Stimmung formulieren im Grunde das eine Anliegen: »Ich will hier weg!« Ursula Lewys Wunschland, auch das ihrer Eltern, waren die USA. Bei allen notwendigen Versuchen, in Guayaquil wenigstens so weit Fuß zu fassen, dass man sich versorgen und am öffentlichen Leben teilhaben konnte, verlor sie dieses Ziel nie aus den Augen. Eine Chance, ihm näher zu kommen, mochte sich aus einer Bekanntschaft ergeben, die ihre Mutter drei Jahre zuvor geschlossen hatte. Thea Lewy fuhr im Sommer 1936 mit dem Zug nach Prag, um Freunde zu besuchen, die sich dorthin, wie sie hofften, in Sicherheit gebracht hatten. Mit in ihrem Abteil saß ein junger Mann, wie sie ungefähr Mitte dreißig, der unentwegt fotografierte. Ein deutscher Kontrollbeamter machte ihn darauf aufmerksam, dass dies verboten sei. Der Reisende kümmerte sich nicht um die Anweisung, denn er hatte den Uniformierten nicht verstanden. Thea Lewy sah am Gepäck des Fremden einen Anhänger, auf dem groß »USA« stand. Sie nahm ihr ganzes Schulenglisch zusammen, sprach den amerikanischen Fahrgast an und erklärte ihm, was der Deutsche ihm gesagt habe. Im Laufe der Unterhaltung stellte sich heraus, dass Mr. Harwood Simmons[6] die Band der Columbia University in New York leitete und gerade auf Europareise war. Eigentlich wollte er bis Budapest durchfahren, aber weil er keine festen Termine und Verabredungen hatte, legte er in Prag eine Zwischenstation ein. Thea Lewy erzählte von ihrer Tochter, die Komponistin werden wolle und sehr gut Klavier spiele. Er riet, die junge Künstlerin solle wie er Klarinette lernen; Auftritte und Beschäftigungen erhielte man mit diesem Instrument viel besser als mit dem Klavier, das viele gut spielen könnten. Ein Jahr später belegte Ursula Lewy an der Musikschule Hollaender dann auch das Fach Klarinette. Simmons gab der Mutter seine Adresse und bot ihr Hilfe für den Fall an, dass sie und ihre Familie sie bräuchten. An ihn schrieb Thea Lewy im Herbst 1939.

Simmons antwortete rasch. Er selbst könne für Ursula unmittelbar nichts tun, aber er nannte drei Musikhochschulen, an die sie sich wenden könne und solle: das Curtis Institute in Philadelphia, die Juilliard School und die Mannes Music School in New York. Da keiner in der Familie die englische Sprache so gut beherrschte, dass er sich eine korrekte Korrespondenz zutraute, wandte sich Thea Lewy an den amerikanischen Konsul in Guayaquil, der dann bei der Abfassung der Briefe an die jeweiligen Direktorien auch behilflich war. Das Curtis Institute und die Juilliard School verlangten, dass sich Ursula persönlich vorstelle und eine Aufnahmeprüfung ablege. Das konnten sich die Lewys nicht

---

6 Harwood Simmons (1902–1994) war ein bekannter Bandleader und Virtuose auf verschiedenen Blasinstrumenten. An der Columbia University arbeitete er bis 1946, dann wechselte er, wiederum als Bandleader, an die Syracuse University ebenfalls im Bundesstaat New York.

Schock und Hitze: Exil in Guayaquil

leisten. Die Leiterin der Mannes School, Clara Mannes, die jüngere Schwester des Dirigenten Walter Damrosch, brachte größere Sensibilität für die Lage der Exilanten aus Europa auf und erbat sich mit dem Datum vom 19. Februar 1940 einige Kompositionen der Bewerberin, da ihr eine persönliche Vorstellung und Prüfung sicher nicht möglich sei.

Clara Mannes' Aufmerksamkeit für Künstler, die von den Nationalsozialisten aus Europa vertrieben wurden, hing mit ihrer persönlichen und mit der Geschichte des Institutes zusammen, das sie leitete. Sie stammte selbst aus einer deutsch-jüdischen Familie. Ihr Vater, Leopold Damrosch, 1832 in Posen geboren, wirkte lange als Dirigent und Kapellmeister in Breslau. Dort wurde Clara als jüngstes dreier Kinder 1869 geboren. 1872 zog Leopold Damrosch mit seiner Familie nach New York, gründete dort unter anderem die New York Symphony Society und das zugehörige Orchester, das New York Symphony Orchestra. Clara war damals drei Jahre alt. Sie wuchs in der amerikanischen Metropole auf, wurde dort zur Pianistin ausgebildet, setzte Mitte der achtzehnhundertneunziger Jahre ihre Studien jedoch in Leipzig und 1897 bei Ferruccio Busoni in Berlin fort. Nach ihrer Rückkehr in die USA heiratete sie 1898 David Mannes, den Konzertmeister im Orchester ihres Vaters. Als Mannes Duo gab das Ehepaar bis in die neunzehnhundertzwanziger Jahre Kammermusikabende. 1916 entschlossen sie sich, ähnlich wie Claras Bruder Frank elf Jahre zuvor, ein Konservatorium zu gründen, das eine Musikausbildung von den Anfängen bis zum professionellen Niveau anbot. Der Schwerpunkt lag auf der Förderung der Spitzenleistungen. Trotz Antonín Dvořáks pädagogischem Gastspiel am New York Conservatory ließen sich die musikalischen Bildungsmöglichkeiten mit denjenigen in Europa, insbesondere in Deutschland, nicht vergleichen. Ihr Konservatorium begriff Clara Mannes als einen konkreten Schritt zur Abhilfe. Wie viele Emigranten wollte sie das, was sie an Europa schätzte, in die neue Heimat transplantieren und dort gedeihen und aufblühen lassen. Das Schlechte, Unangenehme konnte zurückbleiben. Als Cellolehrer gewann sie Gerald Warburg; er stammte aus einer Bankiersfamilie, die ihr Haupthaus in Hamburg hatte und wesentlich im Europa-Amerika-Geschäft tätig war. Exponenten dieses Hauses setzten sich nach 1933 für die Schaffung einer deutschlandweiten Vertretung der Juden ein und unterstützten finanziell und institutionell die Auswanderung der Juden aus Deutschland.[7] Die Warburgs sind heute im Sinne guter transatlantischer Beziehungen aktiv, und sie fördern das kulturelle Gedächtnis auf beiden Seiten des Ozeans. Gerald Warburg gehörte nach seiner aktiven Zeit weiterhin zum Board of Trustees für die Mannes School.

Er regte wohl auch an, dass zur Stärkung der musiktheoretischen Ausbildung 1931 der gebürtige Wiener Hans Weisse verpflichtet würde. Er war ein Schü-

---

7   Vgl. Adler-Rudel, Scholem: Jüdische Selbsthilfe unter dem Nazi-Regime 1933–1939, Tübingen 1974, S. 13, 179, 193

ler Heinrich Schenkers, der über die herkömmlichen Kategorien der Harmonie-, Kontrapunkt- und Formenlehre hinaus eine Analysemethode entwickelte, die das Spezifische eines Kunstwerks auch in theoretischen Begriffen erfassbar macht. Weisse betrachtete diese Methode – ganz im Sinne seines Lehrers – in enger Beziehung zu einer modernen Kompositionslehre und als Grundlage verantwortungsbewusster Interpretation. Die Idee, dass Komposition, Aufführungskultur und Theorie im geistigen Verbund gelehrt werden sollten, fand an der Mannes School stärkere Resonanz als an anderen Hochschulen. Schenkers Arbeit wurde von den nationalsozialistischen Musikologen heftig angegriffen. Das *Lexikon der Juden in der Musik* nennt ihn den »Hauptvertreter der abstrakten Musiktheorie der jüdischen Philosophie, die einen seelischen Inhalt im Tonwerk ableugnet und sich darauf beschränkt, durch willkürliche Kombination aus dem Zusammenhang einzelner Sonatensätze Tonreihen zu bilden, aus denen eine ›Urlinie‹ (›Substanzgemeinschaft‹) gelesen wird. Schenkers Grundbegriffe waren weit verbreitet; mathematische Spielereien der voraussetzungslosen Musikästhetik der Nachkriegsjahre kamen dieser Theorie entgegen.«[8] Schenker starb 1935 in Wien noch vor dem »Anschluss« Österreichs an das Deutsche Reich. Sein Denken fand Zuflucht unter anderem in der Mannes School of Music. Sie war damit – von der Musik der Moderne abgesehen – ein Refugium für die Hochkultur, die nach dem Willen der Nationalsozialisten aus dem Gedächtnis der Menschheit hätte gelöscht werden sollen.

Von diesen Zusammenhängen wusste Ursula Lewy nichts, als sie im Februar 1940 die Nachricht aus New York las. Sie stellte, wie von Clara Mannes gewünscht, ausgewählte Kompositionen in sauberer Reinschrift zusammen, unter anderem die Lieder, die sie in Guayaquil komponiert hatte, *Recuerdos del mar* sowie einige frühere Stücke, und sandte sie nach New York. Mit dem Absendedatum vom 4. April 1940 erhielt ihre Mutter die Nachricht, dass die Leitung der Schule nach Prüfung der Kompositionen die Begabung ihrer Tochter so hoch einschätze, dass sie ihr für das folgende Schuljahr ein komplettes Stipendium für das Fach Komposition anbieten wolle.

»Ich machte einen Luftsprung, als ich das erfuhr – in New York angenommen!«, erinnert sich Ursula Mamlok. Doch die Euphorie wurde rasch durch die Realität eingeholt. Wie sollte sie nach New York kommen? Allein? Mit ihren Eltern? Sie war minderjährig. Wer in die USA reisen und dort bleiben wollte, brauchte entweder eine Greencard oder ein »Affidavit of Support«, die Bürgschaft eines oder mehrerer US-Staatsangehöriger, dass sie für die Versorgung der Immigranten aufkämen, falls diese selbst nicht dazu in der Lage sein sollten. Ursula Mamlok erzählt, dass sie manchmal der Verzweiflung nahe war, weil sie

---

8 Stengel, Theo und Gerigk, Herbert: Lexikon der Juden in der Musik, Berlin 1940, Spalte 240 und 241

The Mannes Music School

DAVID AND CLARA MANNES, DIRECTORS

157 East Seventy-Fourth Street

New York

April 4th, 1940

My dear Mrs. Meyer-Lewy,

After examining your daughter's compositions we find sufficient creative talent and promise to give her a complete composition scholarship for next season. In regard to her piano lessons, we offer the following suggestion: that she take an hour every other week with one of our artist teachers, which would cost you $180 for the season of 30 weeks, with our promise that if her work and progress warrant it we would add some extra hours without cost to you.

If you accept these conditions it would be necessary for your daughter to come to New York the end of September.

Hoping that we may have the pleasure of having Ursula in our School,

Yours sincerely,

Mrs. Thea Meyer-Lewy
Casilla 759
Guayaquil, Ecuador

P.S. We are returning the manuscripts under separate cover.

Schreiben der Mannes School vom 4. April 1940

fürchtete, dass ihre einmalige, unerwartete Chance an Formalitäten und administrativen Hürden scheitern könnte. In der kurzen Zeit Affidavits zu besorgen, war bei den üblichen bürokratischen Prozeduren, die dies kostete, ganz unrealistisch. Fahrkarten für die Schiffspassage waren auch nicht mehr zu bekommen, sie mussten sehr lange im Voraus gebucht werden. Ursula Lewy konnte sich nur auf eine Warteliste setzen lassen und hoffen.

Sie hatte Glück. Eines Tages ließ der amerikanische Konsul Thea Lewy in einer wichtigen Angelegenheit zu sich bitten. Er eröffnete ihr, dass eine Frau, die alle erforderlichen Einwanderungspapiere für die USA einschließlich einer Fahrkarte für die Schiffsreise dorthin besitze, erkrankt sei. Sie werde auf keinen Fall fahren können. Es sei ihm möglich, die Papiere und die Fahrkarte auf Ursula Lewy zu übertragen. Sie müsse allerdings allein reisen, und es müsse gewährleistet sein, dass sie als Minderjährige in New York von einer erwachsenen Person abgeholt werde. Ursula Mamlok bezeichnet diese Nachricht bis heute als ein Wunder. Es gab ihrem Leben tatsächlich eine neue Wendung. Am 23. August 1940 nahm sie im Hafen von Guayaquil von ihren Eltern und Verwandten Abschied. Ein Kleinboot brachte sie mit ihrem Handgepäck zur *Aconcagua*, die in den tieferen Gewässern vor Anker lag. Nach acht Tagen Fahrt kam sie am Abend des 31. August 1940 im Hafen von New York an der Südspitze von Manhattan an, rund vier Wochen vor dem Stichtag, bis zu dem sie sich in der Mannes Music School vorgestellt haben musste.

Ankunft in den USA

In Ursula Mamloks Lebenslauf bilden die eineinhalb Jahre in Guayaquil die eigentliche Zeit des Exils. In der ecuadorianischen Hafenstadt fand sie Zuflucht, doch betrachtete sie den Ort von Anfang an als einen vorübergehenden Aufenthalt. Solches Exil, ein Stadium der Ungewissheit, verlangt neben äußerer Neuorientierung immer auch Selbstreflexion. Ursula Lewy leistete beides – in ihrem Tagebuch und ansatzweise auch in ihren Kompositionen, die das Niveau von Schülerarbeiten deutlich hinter sich ließen. Als sie am Abend des 31. August 1940, einem Samstag, dem wegen des *Labor Day* zwei arbeitsfreie Tage folgten, die Insel Manhattan betrat, begann für sie ein neues Leben. Es bot Perspektiven, die ihr in Ecuador verschlossen schienen.

An der Hafenabfertigung wurde sie erwartet. Sie kannte allerdings den Herrn nicht, der sie abholte, und er kannte sie nicht. Morris, ursprünglich Moritz, Goldberg war ein Onkel ihrer Mutter. Er lebte schon seit langem in New York; fast auf den Tag genau achtundvierzig Jahre zuvor, am 29. August 1892, erreichte er an Bord der *Sorrento*, von Hamburg kommend, den New Yorker Einwandererhafen Ellis Island. Aufgewachsen war er in Kempen, einer Stadt zwischen Duisburg und Venlo im damals preußischen Rheinland. Ursula Mamlok erinnert sich, dass ihre Mutter öfter von Ferienaufenthalten beim Großvater in Kempen erzählte. Von den Brüdern ihres Vaters Emanuel Goldberg wanderten die meisten in jungen Jahren nach Amerika aus. Moritz war, als er in der Neuen Welt ankam, nach Auskunft des Immigrations-Registers zweiundzwanzig Jahre alt.

Thea Lewy hatte ihrer Tochter vor der Abreise eingeschärft: »Wenn du einen groß gewachsenen Mann siehst, der deinem Großvater ähnelt, dann gehe auf ihn zu und frage: ›Are you my uncle Morris?‹« Tatsächlich erblickte sie unter den Wartenden einen Herrn, auf den die Beschreibung passte, ging auf ihn zu, nannte das Erkennungswort. Es war Morris Goldberg. Er brachte sie zu seiner Tochter, die mit ihrer Familie ein Apartment im Stadtteil Washington Heights bewohnte. Augusta war Amerikanerin durch und durch, in den USA geboren und aufgewachsen. Sie sprach nur englisch, und Ursulas Schulkenntnisse der Weltsprache reichten, wie sie fand, kaum zur Verständigung. Im Flur der Wohnung stand ein Klavier, und die Cousine der Mutter bat die Musikstudentin in spe, doch etwas vorzuspielen. Dieser Schicksalsfrage entkommt man als angehender Musiker bei Verwandtenbesuchen wohl kaum. Ursula entschied sich für Chopin – in dieser Situation keine gute Wahl, wie sich herausstellte, denn Augusta kommentierte den Vortrag barsch: »I hate classical music!« Ursula wusste: Hier konnte sie nicht bleiben, sie musste so schnell wie möglich eine andere Unterkunft finden.

Ihr Vater kannte aus der Zeit, in der er bei Otto Bendix arbeitete, einen Geschäftspartner namens Hans Abramson. Dieser lebte inzwischen mit seiner strenggläubigen Frau, die alle Speise- und Feiertagsgebote strikt achtete, in New York, in einer kleinen Zweizimmerwohnung in der East Bronx. Viele Emigranten aus Europa ließen sich dort nieder, denn die Mieten waren im Vergleich zu den »besseren« Stadtvierteln erschwinglich. Abramsons nahmen Ursula auf, ihr Vater hatte ihr zwanzig Dollar mit auf die Reise gegeben, die sie ihnen für vorübergehende Kost und Logis überlassen sollte. Sie erhielt eines der beiden Zimmer zu ihrer Verfügung, das andere teilten sich ihre Gastgeber. Freunde von ihnen gaben der jungen Immigrantin Englischunterricht nach der Methode »learning by doing«.

Die Mannes Music School

Im Laufe der zweiten Septemberhälfte musste sich Ursula Lewy in der Mannes School vorstellen. Sie wurde von Clara Mannes empfangen, in die Grundsätze und den Betrieb der Hochschule eingewiesen und geprüft. Für Komposition war sie mit einem Stipendium angenommen. Offen war noch, welche Art von Klavierunterricht sie erhalten würde. Das Institut beschäftigte so genannte »artist's teacher«, die Hauptfachunterricht erteilten, und die »normalen« Lehrkräfte, die den pianistischen Pflichtunterricht im Nebenfach erteilten. Ob sie in eine der »Künstlerklassen« aufgenommen oder, wie es zum Kompositionsstudium zählte, nur im Nebenfach unterrichtet würde, machte Frau Mannes von einem Vorspiel abhängig. Ursula Lewy hatte seit Wochen keine Gelegenheit mehr zum Üben gehabt. Entsprechend unsicher fühlte sie sich. Sie trug ihr eigenes Klavierstück in A und eine Beethoven-Sonate vor. Ihre wirkliche Leistungsfähigkeit konnte sie in dieser Situation nicht zeigen. Es blieb daher beim Nebenfachunterricht. Sie wurde Julia Fox zugewiesen.

Komposition und Musiktheorie hatte bisher Hans Weisse gelehrt. Er starb am 10. Februar 1940 im Alter von knapp achtundvierzig Jahren. An seiner Stelle wurden Felix Salzer, wie Weisse ein Schüler Heinrich Schenkers, und mit geringem Unterrichtsdeputat George Szell berufen. Den gebürtigen Budapester, der in Wien aufwuchs und studierte, kennt man heute nur noch als Dirigenten, doch war er in seinen jungen Jahren auch als Komponist und Pianist überaus erfolgreich. Sein Debüt beim Berliner Philharmonischen Orchester gab er 1914 als Siebzehnjähriger in der Doppelrolle als Komponist und Dirigent. Er war Schüler von Eusebius Mandyczewski, dem Freund von Johannes Brahms, kurzzeitig auch von Max Reger, und erhielt bereits als Vierzehnjähriger einen Zehnjahresvertrag für die Veröffentlichung aller Kompositionen von der Universal Edition in Wien. Erst in den zwanziger Jahren entschied er sich endgültig gegen eine Komponisten- und für eine Dirigentenkarriere. 1939 – er hatte eben

wieder die Leitung der Prager Oper übernommen – wollte er von einer Austra-
lientournee über die USA nach Europa zurückkehren. Als er vom Ausbruch des
Zweiten Weltkriegs hörte, blieb er in den USA, unterrichtete, wurde 1941 zur
Leitung von vier Konzerten des NBC Orchestra (Chefdirigent: Arturo Toscanini) eingeladen, gab 1942 sein Debüt an der Metropolitan Opera, 1943 bei den
New Yorker Philharmonikern. 1946 übernahm er die Leitung des Cleveland
Orchestra und prägte dessen Qualität und Interpretationskultur so nachhaltig,
dass sein Nach-Nachfolger Christoph von Dohnányi noch in den späten acht-
ziger Jahren in dem ihm eigenen Humor anmerkte: »Wir geben ein sehr gutes
Konzert, und Szell erhält eine sehr gute Kritik.« Ihm also wurde Ursula Lewy
für den Unterricht in Tonsatz und Komposition zugewiesen.

Im Einführungsgespräch mit Clara Mannes äußerte sie in ihrer ehrlichen,
offenen Art, dass sie über kein Geld verfüge und nicht wisse, wovon sie leben
solle. Ihre Eltern könnten ihr keine Unterstützung zukommen lassen, solange
sie in Ecuador wohnten. Frau Mannes antwortete brüsk und klar: »Wir sind
kein Wohltätigkeitsverein!« Dabei wollte Ursula gar nicht um materielle Unterstützung bitten, sondern hoffte auf Hinweise, wie sie vielleicht Klavierschüler
bekommen und durch Unterrichten das nötige Geld für ihr Studium verdienen
könnte. Einstweilen gelang ihr dies nicht. Sie musste weiterhin bei Abramsons
wohnen und essen, was ihr je länger, desto unangenehmer war, denn sie wollte
deren Gastfreundschaft nicht über Gebühr ausnutzen. Ihre ersten Studien-
wochen waren daher von Sorgen und Bemühungen um Lebensunterhalt und
Wohnung, zusätzlich auch noch durch das Kümmern um Affidavits für ihre
Eltern überschattet. Es blieb auch den Lehrkräften an der Mannes School nicht
verborgen, dass ihre Konzentration unter den Belastungen litt. Frau Mannes
rief die junge Studentin zu sich. Die Schulleiterin verkörperte, wie sich Ursula
Mamlok erinnert, das genaue Gegenteil dessen, was man sich landläufig unter
einer smarten, nach außen stets freundlichen amerikanischen Lady vorstellt.
Clara Mannes gab sich streng, klar, sachlich, nüchtern. Ihre Härte war aber wohl
von der Art, die junge Leute auf die Probe stellt, um herauszufinden, wie ernst
und unbedingt sie ihre künstlerischen Leidenschaften verfolgen. Sie wusste nur
zu genau, dass sich im Musikbetrieb nur diejenigen behaupten können, die ihren Beruf mit uneingeschränktem Willen verfolgen. Ursula Lewy brachte ihrer
Meinung nach diese Voraussetzungen mit. Clara Mannes eröffnete ihr noch
im Oktober, dem ersten Studienmonat, dass sich zwei Mäzeninnen gefunden
hätten, die Ursula mit jeweils zwanzig Dollar pro Monat unterstützen wollten.
Sie könne sich zu jedem Monatsanfang vierzig Dollar im Sekretariat abholen.
Am 28. Oktober 1940, mehr als ein Jahr nach ihrem letzten Eintrag in Ecuador, fasst Ursula Lewy das Erlebte wieder in ihrem Tagebuch zusammen: »Mit
Energie und Glück habe ich in Ecuador alles versucht, um wieder in kultivier-
tere Verhältnisse zu kommen, meinem Ziel näher zu kommen. Wir leben im
Krieg, d. h. hier ist Gott sei Dank noch Frieden und Freiheit und wird hof-

fentlich bleiben. An Herrn Ernest habe ich seit Mai nicht geschrieben, da ich nicht konnte in dem Gedanken, dass ihn doch nichts erreichen wird. Jetzt werde ich aber von hier aus schreiben. [...] Wie glücklich wäre er, wenn er wüsste, dass ich wieder unter guten Lehrern an einer so herrlichen Schule studiere. Mit $ 50 bin ich angekommen und Abramsons haben mich aufgenommen, doch konnte ich nicht bezahlen. Die Cousine hat mich ausgenutzt und ich habe einen schrecklichen Existenzkampf bis jetzt gehabt, wo die Schule Gönner für mich gefunden hat und ich $ 10 die Woche kriege. Wie dankbar ich bin! Zwei Stipendien und Geld zum Leben. Tante Piedad und Titi[1] sind in New York und sie hilft mir mit 4 $. Sie sind so nett zu mir, wie ich nie glaubte, und ich hoffe, sie bleiben noch etwas hier. Für die Eltern besorge ich die Affidavits, und wenn sie nur bald kommen möchten, und Pappi sich ernähren kann, so wären wir alle glücklich.« María Piedad Castillo de Leví und ihre Tochter, die ebenfalls Piedad mit Vornamen hieß, hielten sich als Touristinnen in New York auf. Die Tante, die nach Ursulas Erinnerung oft kränkelte, brauchte hin und wieder einen Tapetenwechsel. New York, die große Stadt mit ihrem pulsierenden Leben und ihren kulturellen Angeboten, ließ die Dichterin, die unter anderem an der Pariser Sorbonne studiert hatte, aufleben. Mutter und Tochter logierten im vornehmen Park Central Hotel, an der Seventh Avenue nicht weit vom Central Park entfernt gelegen. Die Tante unterstützte Ursula nicht nur mit den genannten vier Dollar, sondern bezahlte ihr auch Konzertbesuche bei den New Yorker Philharmonikern.

Es gehörte zu den Grundsätzen von Clara Mannes, dass die Namen der Gönnerinnen unbekannt blieben. Ursula Mamlok vermutet jedoch im Rückblick, dass eine von ihnen eine Frau Loewenstein gewesen sein könnte, die in ihrem geräumigen Appartement in der Nähe des Central Parks auch einen ziemlich neuen Flügel der Marke »Knabe« stehen hatte. Das Instrument, meinte sie, müsse von kompetenter Hand gespielt werden. Sie wandte sich daher an Frau Mannes, die wiederum nannte ihr Ursula Lewy. So die offizielle Version. In Wirklichkeit gehörte Frau Loewenstein wohl zu einem Kreis von Freunden, die Clara Mannes, unter New Yorker Musikkennern und -liebhabern eine bekannte und geachtete Persönlichkeit, um Unterstützung begabter und bedürftiger Studierender ansprechen konnte. Ursula Lewy besuchte Frau Loewenstein, konnte bei ihr üben, hin und wieder nahm die Dame sie beiseite, gemeinsam lasen und diskutierten sie die *New York Times* – eine wirksame Art der Sprachförderung. Das alles lief informell. Clara Mannes' Herzlichkeit äußerte sich nicht in vordergründigen Freundlichkeiten, sondern in wirksamen Taten.

---

1   Kosename für die Tochter von Piedad und Roberto Leví. Sie hieß mit richtigem Namen wie ihre Mutter Piedad.

Ankunft der Eltern

Als nächstes konnte sich die siebzehnjährige Studentin nun um ein eigenes Zimmer möglichst in der Nähe der Hochschule kümmern. Sie fand schließlich eine bezahlbare Unterkunft als Untermieterin bei russisch-jüdischen Einwanderern in der Bronx, die nur jiddisch sprachen. Für die geringe Miete und für ein sparsames Leben reichte das Geld, das Ursula aus den Stipendien erhielt. Sie wirtschaftete sorgsam und hatte am Ende ihres ersten Studienjahres sogar achtzig Dollar als Erspartes zurückgelegt. Kurz nach ihrem Einzug kamen dann die ersten Umzugskisten aus Guayaquil, die Vorboten der Eltern. Es war Ursula nämlich gelungen, für deren Einreise die notwendigen Affidavits zu beschaffen.

Eines davon gab Adolf C. Robison, der sich hebraisiert auch Abraham Cohn Robison nannte. Er und seine Frau Anne, die in New Jersey in der County Bergen wohnten, engagierten sich in zahlreichen jüdischen Hilfsorganisationen, in regionalen wie in internationalen. Adolf C. Robison war Künstler und Geschäftsmann. Als Musiker tat er sich durch einige Kompositionen hervor, die der Gebrauchsmusik zuzurechnen sind. Fünfundzwanzig Jahre lang, von 1941 bis 1966, spielte er als Solofagottist im Teaneck Symphony Orchestra, das sich später in Bergen Philharmonic Orchestra umbenannte. Außerdem schrieb er einige Filmdrehbücher. Geschäftlich war er vor allem als Miteigentümer verschiedener Produktions- und Handelsgesellschaften in der Textilbranche tätig. Seine Frau Anne, Lehrerin, arbeitete nach ihrer Heirat in den Robison-Unternehmen mit, war darüber hinaus aber gesellschaftlich und politisch sehr aktiv. So nahm sie zum Beispiel 1975 als Berichterstatterin für eine jüdische Zeitung an der KSZE (Konferenz für Sicherheit und Zusammenarbeit in Europa) in Helsinki teil. Beide Robisons engagierten sich für den Aufbau und die Entwicklung des Staates Israel. Im Unabhängigkeitskrieg von 1948 unterstützte er die Hagana durch Beschaffung von Waffen. Frau Robison war unter anderem Vertreterin des Council of Jewish Women bei den Vereinten Nationen.[2]

Ursula Lewy lernte Familie Robison über Harwood Simmons kennen, den Klarinettisten und Bandleader, den ihre Mutter vier Jahre zuvor im Zug nach Prag getroffen hatte, und der sie unter anderem auf die Mannes School hingewiesen hatte. In New York angekommen, nahm sie mit ihm Kontakt auf. Sie sprachen dabei auch über die Affidavits, die ihre Eltern brauchten, um nach New York nachziehen zu können. Er nannte die Familie aus New Jersey und führte Ursula Lewy bei den Robisons ein. Die Eheleute, beide Jahrgang 1904, gehörten altersmäßig ungefähr der Generation ihrer Eltern an. Sie hatten zwei Söhne, die einige Jahre jünger waren als Ursula. Bei der Robison-Familie hätte sie unterkommen und wohnen können, doch der tägliche Weg von New Jersey

---

2   Vgl. dazu: Guide to the Papers of the Robison Family (1904–1995), American Jewish Historical Society, Newton Centre, MA and New York, NY, P-678

zur Mannes School hätte mit öffentlichen Verkehrsmitteln, auf die sie angewiesen war, viel zu viel Zeit in Anspruch genommen. Als ihre Eltern schließlich in New York angekommen waren, luden die Robisons die ganze Familie Lewy zu sich ein, unterstützten sie auch mit Wohnzimmermöbeln für ihr New Yorker Appartement.

Das andere Affidavit gab Sigmar Saft, ein Vetter von Thea Lewy, dem Dokument nach als »Sohn eines amerikanischen Vaters« in der polnischen Kreisstadt Ostrowo geboren, die, nord-nordöstlich von Danzig unweit der Ostseeküste gelegen, bis 1918 zu Deutschland gehörte. Sein Affidavit zertifizierte eine Notarin namens Shirley Lowenstein am 18. September, das der Robisons ist vom 19. November 1940 datiert. Es dauerte noch bis März 1941, bis auch die Eltern aus Ecuador nach New York ziehen konnten. Sie wurden zunächst vom Council of Jewish People in einem Haus untergebracht, in dem mehrere Familien zusammen lebten. Von dort aus begaben sie sich auf Wohnungssuche. Ursula bestand darauf, dass sie vom neuen Lebensmittelpunkt der Familie nicht allzu weit zu ihrer Schule in der vierundsiebzigsten Straße in der Upper East Side habe. Mit leichter Selbstironie merkt sie heute an, dass die Eltern wegen ihrer Hartnäckigkeit eine schöne und geräumige Wohnung in den Washington Heights ausschlagen mussten und stattdessen ein sehr einfaches kleines Häuschen an der sechsundsiebzigsten Straße mieteten, das ihnen dennoch nach den Erfahrungen in Guayaquil geradezu paradiesisch vorkam.

Im ersten Halbjahr ihres Studiums war Ursula Lewy jedoch noch auf sich allein gestellt. Der Klavierunterricht bei Julia Fox gestaltete sich so, wie man es von Pflichtnebenfächern kennt: wenig inspirierend, eher schematisch, aber doch wohl gründlich, auf Leute abgestimmt, denen die wöchentlichen Stunden eher als lästige Pflicht erscheinen. Die individuelle Förderung, die Ursula gebraucht hätte, bot er nicht. Aber auch dafür fand sich bald eine Lösung. Carl Bamberger, gebürtiger Wiener, ebenfalls ein Schenker-Schüler, aber seit 1924 hauptsächlich als Dirigent tätig, leitete an der Mannes School die Opernabteilung, die Kapellmeisterklasse, das Orchester, den Chor und damit auch die jährlichen Aufführungen der Schule. 1940/41 wurde Mozarts *Requiem* erarbeitet. Ursula sang im Chor mit. Eine kleine Gruppe ging nach den wöchentlichen Proben noch in ein Café, Bamberger war meist mit dabei. So kam Ursula mit ihm ins Gespräch, er fragte, woher sie komme, wo sie jetzt wohne; sie erzählte ihm auch davon, dass sie sich im Klavierunterricht zu niedrig eingestuft fände. Bamberger wusste Abhilfe. Er hatte, wie er sagte, einem guten Freund, Max Lanner (eigentlich Max Lam), einem sehr gefragten Klavierbegleiter, der unter anderem mit Nathan Milstein und Erica Morini auftrat, vor längerer Zeit einen Gefallen erwiesen und Lanner wollte sich gern dafür erkenntlich zeigen. Zu ihm schickte er Ursula Lewy, er erteilte ihr jeden Sonntag früh um zehn Uhr kostenlos zusätzlichen Klavierunterricht, sodass sie auch in diesem Fach wirkliche Fortschritte machte.

Es war ihr zwar damals schon klar, dass eine Karriere als Pianistin mit Soloauftritten für sie nicht mehr in Frage kam. Dazu hatte sie durch die Emigration viel zu viel Zeit verloren. Dennoch wollte sie ihr Instrument so gut wie möglich beherrschen, um mit anderen als Begleiterin oder Kammermusikpartnerin spielen zu können; nicht zuletzt hängt von den pianistischen Fähigkeiten auch ab, wie man sich Musik, die für Ensembles oder gar für Orchester komponiert ist, am Klavier vergegenwärtigen kann. 1940, als Tonträger noch eine Kostbarkeit bedeuteten und das Repertoire nur lückenhaft eingespielt vorlag, war diese Fähigkeit für jeden Komponisten, Theoretiker oder Dirigenten eine conditio sine qua non. Ursula Lewy musste sie erst noch erwerben.

George Szell

An ihre erste Unterrichtsstunde bei George Szell erinnert sich Ursula Mamlok noch sehr genau. Sie kam in die Mannes School, eine große Villa mit hellen Räumen; in jedem von ihnen standen ein oder zwei Steinway-Flügel in bestem Zustand. Sie begab sich zu Raum E, in dem Szell unterrichtete. Als sie eintrat, war er gerade dabei, seinen Schüler George Rochberg zu verabschieden. Szell wandte ihr den Rücken zu, sie hörte seine Stimme, und die klang ihr angenehm. Sie wurde von ihrem Professor freundlich begrüßt. Zunächst fragte er sie nach ihren Lieblingskomponisten. Sie nannte Brahms. »Und Mozart?«, warf er ein. Gefalle ihr auch, sei ihr aber nicht so nahe wie Brahms. »Szell nannte Brahms einen Manieristen, Mozart dagegen sei echt und unmittelbar. Irgendwann entdecke das jeder Musiker.« Er ließ sich von seiner künftigen Studentin die *Ricuerdos del mar* vorspielen, die dreisätzige Suite, die sie in Guayaquil komponiert hatte. Dann legte er ihr Partituren in alten Schlüsseln vor. »Damit war ich nun überhaupt nicht vertraut. Ich hatte bisher nie nach C-Schlüsseln spielen müssen und stellte mich deshalb wie eine Anfängerin an. Ich musste sie erst lernen.« Ein Teil des Unterrichts bei Szell bestand daher in Partiturspiel. Als erste Aufgabe stellte er ihr Mozarts Streichquartett d-Moll KV 421. Wenn man es gut spielen will, bereitet es etliche Schwierigkeiten, denn der Quartettsatz ist bisweilen so weit durch den Tonraum verteilt, dass er sich so, wie er geschrieben steht, nicht in zwei Pianistenhänden unterbringen lässt; Hauptstimmen, die zueinander gehören, sind in der Tonlage oft so weit voneinander entfernt, dass sie sich nicht von der einen Hand spielen lassen, während die andere die Begleitfiguren übernimmt. Man muss also Ausschnitte aus manchen Parts um eine Oktave versetzen, damit das Stück auf dem Klavier nicht nur zu realisieren ist, sondern auch klingt. Kurz: Man muss sich mit dem Werk in seiner musikalischen Struktur gründlich auseinandersetzen. Damit schult man zugleich auch kompositorische Einsichten und Fähigkeiten. Ein Künstler wie Ernst Toch begann so sein Komponieren.

Hauptsächlich aber unterrichtete Szell zunächst »das, was ich schon konnte«, so Ursula Mamlok, »Harmonielehre, bezifferten Bass, Kontrapunkt und Formenlehre.« Als erste freie Komposition verlangte er von seiner Studentin ein Stück für Streichquartett. Sie tat sich mit dieser Aufgabe recht schwer, wie ihr Tagebuch bezeugt: »Mein erster Streichquartettsatz, einfache Form, war unklar in den Harmonien, das kam daher, dass ich nicht bedachte, nicht fürs vertraute Klavier, sondern für vier Instrumente zu schreiben, außerdem bemüht war, persönlich zu sein, und so kam Unsinn, besser gesagt: unklarer Satz heraus. Ich machte es mir also bequemer und nahm den ersten konventionellen Einfall aus meinem Kopf, skizzierte ihn für Klavier und schrieb dann den Streichquartettsatz, ein Menuett, mit dem Herr Szell sehr zufrieden war und beabsichtigt, es nach Ausarbeitung vom Streichquartett der Schule spielen zu lassen, damit ich höre, wie das klingt. « Szell hielt Wort. Ursula Lewys Menuett für Streichquartett wurde von Kommilitonen gespielt und mit ihr diskutiert.

Nach dem Streichquartettsatz komponierte Ursula Lewy in ihrem ersten Studienjahr noch Variationen und eine Sonate für Klavier, ein Werk, das ihr Lehrer für so gelungen hielt, dass sie es beim Vortragsabend zum Semesterabschluss selbst spielen sollte. Pianistisch stellt diese *Dritte Sonate* (die erste schrieb sie noch in Berlin, die zweite, zumindest ein Kopfsatz dazu, entstand in Guayaquil) hohe Ansprüche; auch die Komponistin selbst musste gründlich üben und arbeitete ihr neues Opus in den sonntäglichen Klavierstunden bei Max Lanner systematisch durch. Ein eigenes Werk wie ein fremdes unter der Anleitung eines Lehrers zu studieren, bedeutete für Ursula eine zunächst irritierende, dann aber äußerst nützliche Erfahrung. Der Vortrag im Mai 1941 bescherte ihr noch einen weiteren Vorteil: Im Auditorium saß Felix Salzer, der an der Mannes School Musiktheorie, Musikgeschichte und musikalische Analyse unterrichtete. Seine Kurse, die er streng nach der Methode Heinrich Schenkers aufbaute, besuchte Ursula als Gasthörerin. Eigene Analysen erarbeitete sie nicht, sie stand Schenkers Methode reserviert gegenüber. Salzer war von ihrer Sonate sehr angetan, und da Frau und Herr Mannes auf sein Urteil viel gaben, verlängerten sie Ursulas Stipendium um ein weiteres Jahr.

Zu Szells Lehrgebiet gehörte auch die Instrumentation. Er erläuterte sie an Werken, die er durchsprach, erarbeitete mit seinen Studenten auch Modelle, wie etwa eine gut ausgearbeitete Fagottstimme auszusehen hätte, oder wie man einen Harfenpart so setzt, dass er auch gut klingt. In seinem Unterrichtsraum stand ein solches Instrument, Szell setzte sich selbst an die Harfe und demonstrierte, was er meinte. Er konnte wohl alle einschlägigen Orchesterinstrumente spielen, nicht immer virtuos, aber stets mit solider Grundkenntnis. Die Nutzanwendung aus dieser Unterweisung konnte Ursula an der Mannes School nicht mehr ziehen. Sie schrieb bei Szell nie ein Werk für Orchester.

Das lag auch an der abnehmenden Intensität des Unterrichts. Im ersten Jahr als Nachfolger von Hans Weisse konnte Szell sein Lehrdeputat regelmäßig,

Woche für Woche erfüllen, denn er hatte dafür die Zeit. Alle Engagements in Europa hatte er abgesagt, die Gastdirigate ebenso wie die festen Engagements beim Scottish Orchestra und beim Residentie Orkest in Den Haag. Auftritte in den USA kamen nach und nach. Sie kollidierten mit seinen Lehrverpflichtungen vor allem ab 1942, als er auf Toscaninis Einladung etliche Konzerte des NBC Orchestra, außerdem das Boston Symphony Orchestra und die New Yorker Philharmoniker dirigierte, mehr und mehr auch Einstudierungen und Vorstellungen an der Metropolitan Opera übernahm. Schon in Ursulas zweitem Studienjahr fielen einige Unterrichtsstunden aus, im dritten Jahr häuften sich die Fälle, sodass Leopold Mannes, Claras und Davids Sohn, einen Teil kommissarisch übernahm. Ursula Mamlok schildert Mannes Jr. als begabten Musiker und begnadeten Pianisten, der selbst Kammermusikwerke auswendig spielte. Er hatte vor allem während eines Aufenthalts in Italien Komposition studiert, hinterließ allerdings ähnlich wie Szell ein sehr überschaubares Œuvre. Doch verhalf er gemeinsam mit Leopold Godowsky Jr., dem Sohn des gleichnamigen Pianisten, der als Geiger Mannes' Duopartner war, einer anderen Kunstrichtung zu bedeutsamen Fortschritten. Die beiden entwickelten Verfahren zur Farbfotografie, die sie dann in Zusammenarbeit mit Kodak-Technikern so weit perfektionierten, dass Farbfilme in Serienproduktion gehen konnten. Nach dieser epochemachenden Erfindung wandte er sich 1936 wieder ganz der Musik zu und übernahm schließlich die Direktion der Mannes School, nachdem sich seine Eltern von den Leitungsaufgaben zurückzogen. Ein kontinuierliches Unterrichtsverhältnis zu den Szell-Schülern entstand nicht. Mit Ursula ging er eine Reihe von Liedern durch, die sie für eine Kommilitonin, Stephanie Scourby, schrieb und ihr auch widmete. Stephanie war die Cousine des bekannten Schauspielers und Rezitators Alexander Scourby und strebte ebenfalls eine Bühnenkarriere an, es war ihr allerdings weit geringerer Erfolg beschieden als ihrem Vetter. Neben Helga Bodenheimer, Tochter aus einer Bankiersfamilie, war sie die einzige festere Freundin Ursulas während ihrer Studienzeit an der Mannes Music School. Helga Bodenheimer, rund zweieinhalb Jahre älter als Ursula, stammte übrigens wie sie aus Berlin-Charlottenburg, geboren wurde sie in der Meineke-Straße, aufgewachsen war sie im Grunewald, in der Jagowstraße 29 bis 33. Die Familie war 1934 in die Schweiz, von dort aus 1936 in die USA emigriert. Helga heiratete im Juni 1943 den gut doppelt so alten ungarischen Pianisten Arpád Sándor, den Sohn des Bartók-Freundes György Sándor.

Vier Jahre studierte Ursula Lewis an der privaten Hochschule, dann machte sie dort ihren Abschluss, der nicht mit einem Zertifikat besonders beglaubigt wurde. Die Studiengänge waren weder durch staatliche Gesetze und Vorschriften noch durch die Hochschulordnung normativ geregelt. Das Direktorium entschied im Einvernehmen mit den Lehrkräften, wann Studierende zureichend auf ihren Beruf vorbereitet waren. Als Pianistin hatte Ursula ihre Technik verbessert, ihr Repertoire deutlich erweitert, auch wenn der Zusatzunterricht bei Max Lanner zeitlich begrenzt blieb, weil dieser zum Militärdienst in der einheimischen Truppenbetreuung einberufen wurde. Als Komponistin gewann sie größere handwerkliche Sicherheit. Das »informelle Lernen«, das sie in Guayaquil so sehr vermisst hatte, konnte sie in New York fortsetzen. Szell selbst riet seinen Schülern, so oft sie könnten, mit Partituren ausgerüstet Proben, Konzerte und Vorstellungen zu besuchen, und er schuf, wenn nötig, auch die Voraussetzungen dafür, dass sie dies tun konnten. Dadurch vertiefte Ursula ihre Repertoirekenntnisse und gewann zusätzliche Einsichten in kompositorische Strukturen und Verfahren. Allerdings deckten die großen Veranstalter wie die New Yorker Philharmoniker zwar das traditionelle Repertoire, das zeitgenössische aber nur zum Teil ab. Die französische Moderne endete bei Debussy, Ravel und Milhaud, hin und wieder wurde ein Stück von Hindemith gespielt, auch Werke von Vaughan Williams oder Arthur Bliss. Im politischen Sinne der Anti-Hitler-Koalition legte Artur Rodzinski, 1943 bis 1947 Chefdirigent des Orchesters, Konzerte mit Werken polnischer oder tschechischer Komponisten auf, unter ihnen Bohuslav Martinů (*Memorial für Lidice*, 2. Symphonie), Karol Szymanowski und Alexandre Tansman. Auch der relativ hohe Anteil von Schostakowitsch-Symphonien (die Nummern eins und fünf bis acht) war als künstlerischer Ausdruck und als Unterstützung der Bündnispartnerschaft der USA und der UdSSR gedacht. An amerikanischen Zeitgenossen wurden Roy Harris, George Gershwin, Aaron Copland und Leonard Bernstein berücksichtigt. Richard Strauss und Richard Wagner waren sehr gut vertreten, die (verfolgten) Komponisten der Wiener Schule dagegen überhaupt nicht.

So vermisste Ursula Lewis vor allem eines: Anregungen, durch die sie gelernt hätte, die Fesseln der Tradition abzustreifen und Bereiche des musikalischen Denkens und Gestaltens zu entdecken, denen die Grenzen nicht durch Hindemith oder Bartók vorgezeichnet waren. Szell konnte dies nicht vermitteln, selbst wenn er seine Lehrverpflichtungen uneingeschränkt erfüllt hätte. Seine eigenen Kompositionen gingen stilistisch über Reger und den Richard Strauss der Symphonischen Dichtungen kaum hinaus. Dass er das Komponieren in den zwanziger Jahren aufgab, hing auch damit zusammen, dass er der Moderne in seinem eigenen Schaffen nicht zu folgen vermochte, aber auch keine konservative Gegenposition gegen sie beziehen wollte. Außerdem hing er, ähnlich wie Arnold Schönberg, einem pädagogischen Ideal an, das sagte: Lehrbar ist das Traditionsfundament in der Vielfalt seiner Techniken und Formen. Die Individualität des Komponisten beginnt, wenn er sich auf diesem Fundament auskennt und darüber das eigene Œuvre aufbaut. Dann aber ist die systematische akademische Lehre am Ende, der Komponist kann Rat und Diskussion suchen, seinen Weg aber muss er selbst finden und allein gehen. Diese Auffassung von Lernen und schöpferischem Gestalten setzt letztlich voraus, dass es in der Musik ein allgemein gültiges Sprachsystem mit bestimmten Regeln der Konjugation oder Deklination, der Grammatik, der Syntax und mit tradierten Idiomen gäbe, die sich mit festen Redewendungen vergleichen ließen. Die Moderne baute ihre Ästhetik auf der Erkenntnis auf, dass sich dieses System, wenn es denn überhaupt existierte, um die Wende zum zwanzigsten Jahrhundert aufgelöst und seine Geltung verloren habe. Als allgemein verbindliches war es dahin, war – durchaus der Einstein'schen Entdeckung auf dem Gebiet der Physik vergleichbar – relativiert, aber nicht durch ein anderes, übergreifendes ersetzt. Die Individuation eines Komponisten vollzog sich nicht länger innerhalb eines allgemein akzeptierten Rahmens, sondern im Verlassen approbierter Ausdrucksgebiete. Solchen Gedanken stellte sich George Szell in den neunzehnhundertvierziger Jahren nicht. Darin lagen jenseits aller Probleme mit der Termingestaltung die Grenzen seines Unterrichts. Seine Möglichkeiten waren für Ursula Lewis 1944 tatsächlich erschöpft.

Black Mountain College

In dieser Situation setzte die angehende Komponistin 1944 große Hoffnungen auf einen Sommerkurs, dessen Besuch ihr durch ein Stipendium ermöglicht wurde. Seit 1933 existierte im malerischen Bergland von North Carolina unweit der Stadt Asheville das Black Mountain College, das in Lehrplan und Verfassung nach radikal reformpädagogischen Grundsätzen arbeitete. Zum Teil nahmen die Initiatoren Überlegungen auf, die in der europäischen Diskussion um eine Revolutionierung der Erziehung seit ungefähr 1900 parallel zur Herausbildung der Psychoanalyse entwickelt wurden, zum Teil folgten sie Prinzipen einer ästhetisch fundierten (Menschen-)Bildung, wie sie im Umkreis des Bauhauses vertreten wurden. Einige von dessen Exponenten emigrierten nach der Schließung durch die Nationalsozialisten in die USA und lehrten am Black Mountain College, zum Beispiel der Architekt Walter Gropius und der Komponist Stefan Wolpe. Die Künste standen im Zentrum des Lehrplans. Sie wurden so weit wie möglich interdisziplinär unterrichtet. Lernen und Leben sollten außerdem als Modell einer demokratischen Gesellschaft, die nicht auf Privilegien setzt, miteinander verbunden werden. Die Studenten in diesem Internat beteiligten sich auch an den Arbeiten, die zur Aufrechterhaltung des Betriebs notwendig waren: Sie kochten, putzten, arbeiteten im Garten und auf dem Feld.

1944, drei Jahre nachdem das College in sein neues Haus am Lake Eden umgezogen war, begann man, in der unterrichtsfreien Zeit während des Sommers Kurse anzubieten, die auch externen Teilnehmern offen standen, und für die renommierte Gastdozenten eingeladen wurden. Die Neuerung initiierte Heinrich Jalowetz (1882–1946), zwischen 1904 und 1908 einer der ersten Kompositionsschüler von Arnold Schönberg in Wien. Obwohl er mit seinen Werken im Schatten von Alban Berg und Anton Webern blieb und sich ab 1909 vor allem als Dirigent einen Namen machte, hielt sein Lehrer große Stück auf ihn.

Jalowetz emigrierte 1938 nach dem »Anschluss« Österreichs in die USA und übernahm 1939 die Leitung der Musikausbildung am Black Mountain College bis zu seinem Tod am 2. Februar 1946. Er kam auf die Idee, im Sommer Seminare für Komposition und musikalische Interpretation anzubieten. Das erste sollte 1944 Arnold Schönberg, seiner Musik und seiner Kompositionsweise gewidmet sein. Die Planung sah eine ungewöhnlich lange Dauer des Kurses vor, der Abschluss sollte mit dem siebzigsten Geburtstag Schönbergs am 13. September zusammenfallen. Um Teilnehmer zu gewinnen, inserierte Jalowetz in verschiedenen Zeitungen, unter anderem in der Sonntagsausgabe der *New York Times*. Dort las Ursula Lewis die Annonce und meldete sich an. Als Dozent engagierte sich neben Jalowetz auch Ernst Krenek, der, 1937 aus Österreich in die USA emigriert, seit 1942 als Direktor die School of Fine Arts an der Hamline University in St. Paul (Minnesota) und zugleich deren Musikabteilung leitete. Er gab einen kurzen Kurs in Komposition. Roger Sessions, damals ein aufstrebender Komponist im amerikanischen Musikleben, »schaute kurz vorbei«, wie sich Ursula Mamlok erinnert. Als Pianist unterrichtete Eduard Steuermann, der alle Klavierwerke Schönbergs, einige davon zum ersten Mal, aufführte, und der selbst ein respektabler Komponist der Moderne war, von dem man viel zu wenig weiß. Rudolf Kolisch und sein Quartett gaben eines ihrer legendären Interpretationsseminare, bei denen die genaue Analyse des jeweiligen Werkes die unverzichtbare Grundlage bildete. Kolisch wählte Schönbergs Erstes Streichquartett d-Moll op. 7 für seinen Kurs, ein Werk, das noch tonal komponiert ist, aber in seiner thematischen und motivischen Durchorganisation und in seinem Formkonzept bereits die Perspektiven eröffnete, in denen sich die weitere Entwicklung dieses Tonkünstlers vollziehen sollte. Das Werk, das wie kurz darauf die Erste Kammersymphonie einsätzige und mehrsätzige Form ineinander blendet, enthält die Moderne gleichsam in ihrer Möglichkeitsform. Ursula Lewis hätte sie allerdings lieber in ihrer Wirklichkeitsform, etwa in den zwölftönigen Quartetten drei und vier kennen gelernt, aber Kolisch zog es vor, in der schwierigen Exilsituation Schönberg vor allem als einen Komponisten darzustellen, der die klassische Tradition weiterführe und ihr eine neue Perspektive wies. Das Revolutionäre an Schönberg bestehe, so könnte man verkürzt sagen, in der Erfüllung der klassischen Überlieferung im Sinne des Beethoven'schen Satzes, dass es in der Kunst immer nur ein Weitergehen geben könne. Dennoch bedeutete die erste Begegnung mit Schönbergs Œuvre für Ursula eine entscheidende Erweiterung ihrer Kenntnisse des Repertoires und von Formen des musikalischen Denkens.

Am Black Mountain College komponierte sie eine *3 part Fugue in a minor* für Klavier, am 26. August 1944 war das Werk in Reinschrift vollendet. Die Tonart a-Moll gibt dabei eher den Hintergrund als Zentrum und Ziel der musikalischen Bewegung an. Das Stück ist in der freien Tonalität geschrieben, die Bartók und Hindemith praktizierten. Das Thema stellte sich Ursula selbst.

Es ist knapp und konzentriert gefasst, mit resolutem Beginn in Sprüngen, die linear abgefangen werden.

Die Komponistin verarbeitet es nach allen Regeln und Möglichkeiten der Fugenkunst, verwendet es in der Grundgestalt, der Umkehrung, in der Vergrößerung und Verkleinerung, lässt es die verschiedensten Arten von Engführungen durchlaufen, und erreicht durch Variantentechnik und Dichte der thematischen Arbeit das Ideal, das Schönberg nach eigenen Angaben schließlich zur Reihenkomposition brachte: eine Musik, in der jeder Ton auf den primären Gedanken, das Thema, bezogen ist. Ursula Lewis erfand das ihre so, dass es sich – wiederum ganz im Sinne Schönbergs – selbst begleiten konnte. Das Thema gibt gleichsam die Weltformel, nach welcher der kleine Kosmos des musikalischen Werkes geformt ist. Mit untrüglichem Klangsinn meistert sie die freie Dissonanzbehandlung so, dass das Stück auch harmonisch konsequent und überzeugend wirkt. Für den Schluss wählt sie eine Lösung, die von der Fugentradition abweicht: Sie lässt das Stück auslaufen, sich entfernen, ins Offene verklingen, setzt ihm kein definitives, bestätigendes Ende. Krenek war von diesem Stück sehr angetan. Auch Hindemith hätte seinen Wohlgefallen daran finden müssen, denn diese Fuge ist seinen Musterstücken aus dem *Ludus tonalis* mehr als ebenbürtig.

Roger Session aber, der nach seiner kurzen Visite von 1944 in den beiden Folgejahren die sommerlichen Kompositionskurse am Black Mountain College leitete, musste Ursula Mamlok beim damaligen Stand ihrer Entwicklung als nahezu idealer Lehrer erscheinen. Ende 1896 geboren, gehörte er altersmäßig, wenn auch nicht ästhetisch, zur Generation von Hindemith und Prokofjew. Seine Laufbahn begann er als künstlerisches und intellektuelles Wunderkind: Als Vierzehnjähriger wurde er in die Harvard University aufgenommen. Die Jahre zwischen 1925 und 1933 brachte er vorwiegend in Europa zu, vor allem in Rom und Paris, wo er bei Nadia Boulanger Unterricht nahm. Durch seine Studien wurde er zum unübertrefflichen Vermittler zwischen der Moderne diesseits und jenseits des Atlantiks. Als Komponist fand er einen eigenen Weg zwischen den verschiedenen Richtungen, die sich in den zwanziger Jahren herausbildeten. Ähnlich wie die Zwölftonkomponisten begann für ihn die Ausarbeitung eines Werkes mit einer Eingrenzung des musikalischen Materials. Doch verwendete er dafür keine Reihen, sondern – darin Wolpe vergleichbar – Skalenausschnitte und deren Transpositionen. Anders als die Serialisten widmete er der harmonischen Organisation eines Werkes systematische Überlegungen. Er war ein brillanter Theoretiker und warnte vielleicht eben deshalb vor einer Übertheoretisierung der Kompositionslehre, weil sie die kreativen Spielräume einzuengen drohe. Als Ursula Lewis ihn 1944 kennenlernte, lehrte er regulär an der Princeton University, die etwas südwestlich von New York im Bundesstaat New Jersey liegt. Er vereinte in sich alles, was sie in diesem Stadium ihrer künstlerischen Entwicklung brauchte: den Überblick über die Tendenzen zeitgenössischen Komponierens, aber auch die Fähigkeit, aus deren Kenntnis und Analyse individuelle Konsequenzen zu ziehen. Sessions gab ihr Unterricht, doch die Studienzeit bei ihm war zu kurz. Bereits 1945 nahm er eine Professur in Berkeley an. Ursula war damals nach der erneuten Rekapitulation der traditionellen Tonsatz-Grundlagen wieder dort angelangt, wo die Beschäftigung mit zeitgenössischen Werken und Verfahren ihrem eigenen Komponieren entscheidende Impulse hätte geben können. Aber auch der Unterricht bei Sessions brach in diesem entscheidenden Stadium ab.

Alternativen zu Sessions hatte Ursula nach ihrem Abschluss an der Mannes Music School durchaus erwogen. George Szell empfahl ihr, bei Hindemith weiter zu studieren. Hindemith aber unterrichtete an der Yale University in Boston, und Ursula fühlte sich an New York gebunden. Einen Umzug, eine eigene Wohnung und den Lebensunterhalt in Boston hätten ihre Eltern 1944 nicht finanzieren können. Ihr Vater konnte und wollte es in den kritischen Kriegszeiten nicht riskieren, seine Arbeit in New York aufzugeben und in Boston nach neuer zu suchen, damit die ganze Familie dorthin hätte umziehen können. Ursula selbst aber hatte keinerlei Verbindungen, die ihr zum Beispiel Unterrichten ermöglicht hätten. Das Wagnis war zu groß, und sie hätte einmal mehr in ihrem Leben allein gestanden. Ob ihr Hindemith auf der Suche nach ihrer musikalischen Sprache wirklich hätte helfen können, darf ohnehin bezweifelt werden. Bei Eduard Steuermann nahm sie nach ihrem ersten Sommer im Black Mountain College Klavierunterricht; er war jedoch eher daran interessiert, sie in der Kunst des Komponierens zu unterweisen. Dies aber kollidierte dann wiederum mit dem Unterricht bei Sessions.

Für Ursula begann eine Zeit, in der sie »in der Luft hing«. Als Komponistin hatte sie noch nicht zu der eigenen Tonsprache gefunden, nach der sie strebte, sondern sich viel zu lang bei Lektionen und Repetitorien der traditionellen Grundlagen aufhalten müssen. Auch fehlten ihr die Perspektiven, wo und wie ihre Werke das Publikum erreichen sollten. Zur beruflichen Unsicherheit kamen altersgemäße Probleme. Immer wieder äußerte sie in ihrem Tagebuch den Wunsch, einen Partner kennenzulernen, der sie mit ihren künstlerischen Anliegen nicht nur akzeptiert, sondern wirklich versteht. Für sie wäre dies ein wichtiger Schritt in die Selbständigkeit gewesen, in Lebensverhältnisse, die sie mit einem Menschen ihres Vertrauens hätte gestalten können, und die ihr nicht wie die Beziehung zu den Eltern vorgegeben gewesen wären. An der Mannes School lernte sie einen Kommilitonen näher kennen, mit dem sie dann auch eine engere Beziehung einging. Die Geschichte: Auch in ihrem zweiten Studienjahr sang sie im Chor mit. Vorbereitet wurde Bachs *Matthäuspassion*, die Bamberger gegen Ende des Unterrichtsjahrs aufführte. Zur Hauptprobe kam erstmals das Orchester hinzu. Unter den Kontrabassisten erkannte sie einen, der auch schon an der Musikschule Hollaender in Berlin studiert hatte. Sie sprach ihn an, und im Laufe der Zeit entstand eine enge Freundschaft; die beiden »gingen miteinander«, wie man früher formulierte. Er wollte am liebsten bald heiraten und eine Familie gründen, sie wollte sich nicht so rasch festlegen. Die Beziehung geriet nach vier Jahren in eine ernsthafte Krise. Ursula sah keine Perspektive mehr, brachte aber die Kraft zu einer Trennung nicht auf. Die Eltern, die von ihrer Partnerwahl ohnehin nicht überzeugt waren, meinten, dass ihr eine Luftveränderung gut bekäme. Auch Ursula wollte sich aus den Verstrickungen ihrer unglücklichen Liebe befreien; von der heilsamen Wirkung eines Ortswechsels war sie ebenfalls überzeugt.

Verschiedene Möglichkeiten taten sich auf. Eine davon bot, wie es schien, außerdem die Gelegenheit, ihre künstlerischen Probleme zu lösen. Für Max Lanner, der ihr im ersten Studienjahr an der Mannes Music School privaten Unterricht gegeben hatte, war mit dem Krieg auch der kulturelle Wehrdienst vorüber. Er zog wieder nach New York und ließ sich, um Geld zu verdienen, für das Musical *Song of Norway* engagieren. Er musste darin Teile aus Edvard Griegs berühmtem Klavierkonzert a-Moll auf der Bühne spielen. Künstlerisch erfüllte ihn diese Aufgabe, wie man sich leicht denken kann, nicht. Er sann auf Abhilfe. Ab Herbst 1946 erhielt er eine Professur für Klavier am Colorado College in Colorado Springs. Er ermutigte Ursula Lewis, sich dort um einen Studienplatz zu bewerben. Er werde sie auf jeden Fall in seine Klavierklasse aufnehmen. Komposition lehrte dort Roy Harris, der unter anderem – wie Aaron Copland – drei Jahre in Paris bei Nadia Boulanger studiert hatte. Zur Pioniergruppe der Moderne in den USA kann man ihn gewiss nicht zählen. Ihm schwebte als Ideal eine amerikanische Musik vor, in der die Traditionen der verschiedenen Einwanderergruppen zur Geltung kämen. Er selbst war am besten mit den anglo-amerikanischen Überlieferungen vertraut. Im Rückblick kann man sich schwer vorstellen, dass er Ursula Lewis die Perspektiven hätte eröffnen können, die sie brauchte. Ihre Eltern erwogen damals sogar, ihr den Start in ein Studium außerhalb New Yorks zu finanzieren. Doch die Unwägbarkeiten, ob die Lösung Colorado Springs die richtige wäre, schienen allen Beteiligten zu groß. Einmal mehr wäre Ursula in schwieriger Situation allein in eine fremde Umgebung gestellt worden. Familie Lewis entschied sich einmütig für die kleinere, risikoärmere Variante: einen ausgedehnten Besuch bei Verwandten, die am anderen Ende der USA, in San Francisco wohnten. Es war, wie sich schon bald zeigen sollte, der beste Entschluss, den sie fassen konnten.

Luftveränderung und neuer Aufbruch

Den Sommer 1947 verbrachte Ursula Lewis überwiegend in San Francisco. Ihrer musikalischen Entwicklung fehlten drei Jahre nach Abschluss der Mannes School die erstrebte und ersehnte Dynamik und Perspektive. Das persönliche Glück schleppte sich in der Depression der Unentschiedenheit dahin. Ursula durchmaß am Anfang ihres fünfundzwanzigsten Lebensjahres eine existenzielle Senke, ohne genau zu sehen, wo sich ein Ausweg auftat. Der Aufenthalt bei Verwandten in San Francisco bot die Chance einer klärenden Distanz.

Im angenehmeren Klima, als es die feuchtheißen Sommer in New York boten, erlebte sie in der Bay Area im Norden Kaliforniens eine unbeschwerte Zeit. Sie traf sich oft mit Freunden, man verbrachte die Abende zusammen, fuhr zu gemeinsamen Unternehmungen hinaus aufs Land. Bei einem Ausflug, zu dem sie ihr Cousin einlud, lernte sie im August 1947 einen jungen Mann kennen, der aus Hamburg stammte, gleichen Alters wie sie. »Wir unterhielten uns gut und verstanden uns sofort.« Dwight Mamlok, unter dem Datum des 16. Dezember 1923 als Dieter Gerhard Mamlok in das Geburtenregister der Freien und Hansestadt Hamburg eingetragen, arbeitete in der Handelsgesellschaft seines Vaters in San Francisco. Doch im Herzen war er, wie Ursula Lewis, ein Künstlermensch. In den eigenen Äußerungen zog es ihn zur Literatur, vor allem zum Genre der Kurzgeschichten. Musikalisch zeichnete ihn eine ausgesprochene Hörbegabung aus, wie man sie nur selten antrifft. Obwohl er selbst kein Instrument erlernt und keine systematische Musikausbildung über den Schulunterricht hinaus genossen hatte, interessierte und engagierte er sich für neue, nicht für konventionelle Musik.

Sein Vater, der aus einer weit verzweigten Familie aus dem bis 1919 preußischen, dann polnischen Koschmin, einer Stadt der Tuchmacher, stammte, führte vor dem Machtantritt der Nationalsozialisten eine gut gehende Exportfirma für Chemikalien. Schwerpunkt war der Handel mit Südamerika. Eine seiner Mitarbeiterinnen und Firmenpartnerinnen war überzeugte Nationalsozialistin. Als Reinhold Mamlok seine Geschäftsbeziehungen nach Südamerika so ausbauen wollte, dass er selbst dort hinziehen und von dort aus die Firma hätte leiten können, denunzierte sie ihn und betrieb seine Verhaftung. Reinhold Mamlok kam ins Gefängnis. Da er in Kalifornien Verwandte hatte, die für ihn und seine Frau mit einem Affidavit bürgten, konnte er ziemlich im letzten Moment in die USA emigrieren, dort einige seiner Geschäftsbeziehungen wieder aufnehmen und in San Francisco erneut ein – wenn auch bescheidenes – Handelskontor eröffnen.

Dieter Mamlok gelang während der Haft seines Vaters mit einem der letzten Kindertransporte die Emigration nach Schweden, das nach Kriegsbeginn am 1. September 1939 die Einreise für Kinder und Jugendliche aus Deutschland vollkommen sperrte.[1] Er hatte das Glück, gerade noch zur zweithöchsten und noch nicht zur höchsten Altersgruppe der Sechzehn- bis Achtzehnjährigen zu gehören, die von den europäischen Zufluchtsländern ausgesprochen ungern aufgenommen wurden. Sechs Jahre lebte und jobbte Dieter Mamlok in Schweden. Nach Kriegsende konnte er auf ziemlich langem und umständlichem Weg über Großbritannien in die USA emigrieren und dort nach San Francisco zu seinen Eltern ziehen.

Aus gegenseitigem Verständnis zwischen ihm und Ursula Lewis entwickelte sich rasch eine Liebe, derer sich beide völlig sicher waren. Ursula reiste nach dem Ende dieses Sommers nicht mehr nach New York zurück. Am 27. November 1947 heirateten Dwight und Ursula Mamlok in San Francisco. Sie bezogen eine gemeinsame Wohnung in der Nähe seiner Eltern. »Das ging nicht gut. Dwights Verhältnis zu seinen Eltern war gespannt. Sechs entscheidende Jahre seines Lebens hatte er sich ohne sie durchschlagen müssen. In dieser Zeit war er zu einem eigenständigen Menschen gereift, der seine Entscheidungen selbstverantwortlich traf. Das konnten seine Eltern wohl nie ganz akzeptieren. Ich konnte mich mit ihrer Art und ihrem Verhalten auch nicht anfreunden.« Ursula und Dwight Mamlok entschlossen sich, im März 1949 nach New York zu ziehen. Dwight baute dort eine Dependance der väterlichen Firma auf. Er musste dies allein, ohne die Hilfe von Bürokräften leisten. In der Gründungsphase warf das Geschäft wenig ab. Das junge Paar war dringend auf die Einnahmen angewiesen, die Ursula durch Unterrichten erzielte.

Wieder in New York

Ursula Mamlok wollte aber vor allem als Komponistin weiterkommen und sah sich daher nach neuen Lehrern um. An Bohuslav Martinů wurde sie empfohlen, der 1940 auf abenteuerlichen Wegen aus seiner Wahlheimat Frankreich in die USA fliehen konnte. Er unterrichtete nach kurzem Europaaufenthalt seit Herbst 1948 an der Mannes School und an der Princeton University. Doch sein angeschlagener Gesundheitszustand (er erholte sich nur langsam von einem schweren Sturz im Sommer 1946 in Tanglewood) und die Ungewissheit, ob er nicht doch wieder nach Europa zurückkehren wollte, hinderten ihn daran, private Schüler anzunehmen. Außerdem wollte Ursula nicht ein weiteres Mal an die Schule, die sie fünf Jahre zuvor bereits absolviert hatte. Sie wandte sich daraufhin an Jerzy Fitelberg. Den Kontakt hatte Martin Boykan vermittelt. Im Kreis der Szell-Schüler an der Mannes Music School war er nach George Rochberg und Ursula Lewis

---

1   Vgl. dazu: Adler-Rudel, S.: Jüdische Selbsthilfe unter dem Naziregime 1933–1939, Tübingen 1974, S. 119

der dritte, ein gebürtiger New Yorker, ein Wunderkind. Als Zehnjähriger spielte er die späten Beethoven-Sonaten und wurde deshalb als jüngster Student von Clara und David Mannes an ihre Schule aufgenommen. »Damals war er ein Kind, und ich konnte als Achtzehnjährige natürlich persönlich wenig mit ihm anfangen. Aber später entwickelten wir einen guten, freundschaftlichen Kontakt, der bis heute anhält. Martin Boykan besuchte mich 2008 hier in Berlin«, resümiert Ursula Mamlok. Boykan studierte später unter anderem an der Harvard und Yale University. Wie Ursula nahm er bei Eduard Steuermann Klavierunterricht. Seit 1957 lehrte er bis zu seiner Emeritierung an der Brandeis University.

Nach Abschluss der Mannes School hatte er einige Jahre Kompositionsunterricht bei Jerzy Fitelberg genommen. Als Ursula Mamlok Boykans Mutter anrief, konnte diese nur bestätigen, dass ihr Sohn sehr gerne bei jenem studiert hatte. Fitelberg war ein Mann der Moderne; er stammte aus Polen, hatte seinen ersten Unterricht bei seinem Vater, dem Komponisten, Dirigenten und musikalischen Protagonisten der Künstlerbewegung ›Junges Polen‹, Grzegorz Fitelberg, erhalten. 1922 ging er nach Berlin, studierte dort als Kommilitone von Ernst Krenek, Karol Rathaus und Berthold Goldschmidt bei Franz Schreker, dem Direktor der damals wohl fortschrittlichsten Musikhochschule. In der Szene der musikalischen Moderne genoss er hohes Ansehen. Seine *Serenade für Rundfunk* wurde 1929 bei den Donaueschinger Musiktagen, die sich dem Thema »Musik für den Rundfunk« widmeten, neben Brecht/Hindemith/ Weills *Lindberghflug* aufgeführt – als Beispiel für Kompositionen, welche die besonderen Chancen des neuen Mediums für eine aktuelle Musik(ästhetik) erkundeten. 1933 wählte Fitelberg Paris als Exil. Wie andere aus der lose organisierten polnischen Musikerkolonie in der französischen Hauptstadt – Alexandre Tansman und Szymon Laks waren wohl die bekanntesten unter ihnen – nahm er in manchen Exilkompositionen wieder stärkeren Bezug auf polnische Musiktraditionen, setzte sich aber auch mit dem Jazz auseinander. Ästhetisches Vorbild dürfte für ihn, wie später für Witold Lutoslawski, vor allem Béla Bartók gewesen sein. In ihrer Studienzeit bei Fitelberg schloss Ursula Mamlok die Komposition eines *Concerto for String Orchestra* ab. Über die tonsetzerische Souveränität hinaus zeigt es die intensive Auseinandersetzung der Komponistin mit Bartóks Orchesterwerken, insbesondere mit dessen *Konzert für Orchester* und – vielleicht wichtiger noch – mit der *Musik für Saiteninstrumente, Schlagzeug und Celesta*. René Leibowitz würdigte Bartók einmal durchaus kritisch als den »Kompromiss« zwischen entschiedener und »gemäßigter« Moderne.[2] Für Ursula Mamlok schlug die Beschäftigung mit seiner Musik die Brücke vom freien tonalen Denken zu einem exponiert modernen Stil, auf den ihre

---

2 Leibowitz, René: Béla Bartók oder Die Möglichkeit des Kompromisses, in: Metzger, Heinz-Klaus und Riehn, Rainer (Hrg.): Béla Bartók. Musik-Konzepte 22, München 1981, S. 11–36

Entwicklung folgerichtig, wenn auch mit vielen erzwungenen Verzögerungen hinsteuerte. Mit dem *Concerto for String Orchestra* tat sie einen großen Schritt auf diesem Weg.[3] Er ließe sich mit René Leibowitz so charakterisieren: »Man kann auf diesem Weg kaum weiter vorankommen, ohne mit der Notwendigkeit konfrontiert zu werden, den Kompositionsakt auf die völlig bewusste und strenge Anwendung einer umfassenden Disziplin zu gründen, die alle Möglichkeiten der chromatischen Polyphonie einschließt. Eine solche Disziplin wäre derzeit […] außerhalb der Zwölftontechnik nicht zu finden.«[4] Vielleicht hätte sie Jerzy Fitelberg auf diesem Weg ein gutes Stück weiter bringen können. Doch auch der Unterricht bei ihm dauerte, wie zuvor bei Roger Sessions, nur kurze Zeit. Fitelberg starb am 25. April 1951, noch keine achtundvierzig Jahre alt, in New York.

Erich Itor Kahn

Nach Fitelbergs Tod fragte Ursula Mamlok bei Erich Itor Kahn an, ob er ihr Kompositionsunterricht gebe. Kahn stammte aus dem hessischen Rimbach, wuchs in Königstein am Taunus auf, studierte erst am Würzburger, dann am Hoch'schen Konservatorium in Frankfurt und leistete in der Mainmetropole als Kodirektor und Abteilungsleiter beim Rundfunk medienpolitische und medienästhetische Pionierarbeit. Er verankerte Sendungen mit und über anspruchsvolle Musik im Programm der Radiostation, sorgte für eine gute Repräsentanz der neuen Musik und kümmerte sich ähnlich wie die Komponisten- und Musikerkreise um die Berliner *Novembergruppe* und die Rundfunkversuchsstelle an der hauptstädtischen Musikhochschule um neue Werke und eine neue Ästhetik, welche die besonderen Bedingungen und Möglichkeiten des jungen Mediums nutzten. Nach seiner Entlassung am 1. April 1933 emigrierte er wie Fitelberg und viele andere nach Paris; dort setzte er vor allem seine konzertierende Tätigkeit fort, er war ein ausgezeichneter Pianist. Nach der Kriegserklärung Deutschlands an Frankreich wurde er als deutscher Staatsbürger interniert, durchlitt wie sein Freund Siegfried Kracauer, wie Walter Benjamin und andere exilierte Künstler und Intellektuelle eine wahre Odyssee durch mehrere Lager, ehe er am 10. Mai 1941 mit seiner Frau Frida in Marseille einen Frachter Richtung New York besteigen konnte, wo er nach einem siebenwöchigen Zwangsaufenthalt in Marokko schließlich am 5. August ankam, ein knappes Jahr nach Ursula Lewy. Kahn konnte und musste den Lebensunterhalt für sich und seine Familie durch Konzertieren und Unterrichten erarbeiten. Dass er bereits in frü-

---

3 Näheres zum *Concerto for Strings* im Kapitel über Orchesterwerke in diesem Buch S. 203–207
4 Leibowitz ebd. S. 31

heren Jahren mit dem Geiger und Strawinsky-Freund Samuel Duschkin und dem Cellisten Pablo Casals zusammengespielt und größere Tourneen unternommen hatte, kam ihm dabei zugute. Mit dem Geiger Alexander Schneider und dem Cellisten Benar Heifetz, Jascha Heifetz' Bruder, gründete er 1944 das Albeneri-Trio, genannt nach den Anfangsbuchstaben in den Vornamen der drei Künstler. Es war nicht nur für seine Interpretationen neuer Werke hoch angesehen. Damit, dass Kahn 1948 die Coolidge-Medaille für seine Verdienste um die Kammermusik erhielt, wurden auch das Trio und sein geistiger, kreativer Kopf ausgezeichnet. 1951 berief ihn William H. Scheide als Pianisten in die New Yorker *Bach Aria Group*, die er 1946 gegründet hatte, um das Kantatenwerk Bachs, vor allem aber seine Arien als den kammermusikalischen Stücken einem größeren Publikum bekannt zu machen.

Als Komponist blieb Kahn demgegenüber recht unbekannt. In seiner zurückhaltenden Art war er ein schlechter Selbst-Promoter.[5] Diese Fähigkeit wäre in der immer enger werdenden Szene der Gegenwartsmusik in den USA jedoch dringend geboten gewesen. Kahn kam zu einer Zeit in die Vereinigten Staaten, als bereits viele Emigranten aus Europa hier Zuflucht gesucht und gefunden hatten. Die Plätze, an denen Künstler eine feste Anstellung erhalten konnten, waren längst vergeben, und die Konkurrenz auf dem »freien Markt« war hart und groß.

In den Unterricht bei ihm setzte Ursula Mamlok große Hoffnungen, denn er komponierte nicht nur Neue Musik, sondern kannte sich als Interpret und durch seine beständigen Kontakte zu anderen Musikern im zeitgenössischen Musikschaffen und Musikdenken beidseits des Atlantik gut aus. Zudem war er an keine Schule gebunden, weder im institutionellen noch im ideologischen Sinn. Für die besonderen Talente seiner Privatstudenten war er daher – so durfte man erwarten – offener als andere. Die erste Unterrichtsphase bestätigte, was Ursula Mamlok sich versprach. Sie schrieb bei Kahn 1952 ein Klavierstück, dessen energisches Hauptthema und dessen Formumrisse an Hindemiths Sonaten seit den späten dreißiger Jahren erinnern. Bei genauerer Betrachtung bleiben die Analogien allerdings äußerlich; die Unterschiede fallen dagegen stärker ins Gewicht. Das erste Thema wächst durch eine ständige Weitung des mottoartigen Anfangstaktes.

Der gesangliche Kontrastgedanke beginnt dagegen ruhig und steigert seine Bewegung so, dass sie wieder in die Gestik der Anfangsthemas zurückführt. Dieser Prozess geht, auf einen bedeutend längeren Zeitraum ausgedehnt, danach erneut von einem kantablen Thema aus und erreicht immer höhere Grade der Virtuosität. Das Stück ist ein Kunstwerk der Verwandlungen und Übergänge; in seiner Verlaufsdynamik kommt es Alban Berg wesentlich näher als

---

5   Ausführlich dargestellt und dokumentiert in: Allende-Blin, Juan: Erich Itor Kahn. Musik-Konzepte 85, hrg. von Heinz-Klaus Metzger und Rainer Riehn, München 1994

PIANO PIECE
1952

Ursula Lewis-Mamlok

Allegro energico ♩=112

MUSIC REPRODUCED—STANDARD-HOFFMAN CO.
509 MISSION

Paul Hindemith. Die Form entsteht als zweimalige Öffnung einer Perspektive. Solche Arten der Zeitgestaltung finden sich bei Hindemith nirgends, eher bei Béla Bartók. Der Harmonik verleiht Ursula Mamlok durch gezielt eingesetzte Dissonanzen differenzierte Farben. Von Hindemith unterscheidet sich das Stück aber vor allem durch seine lebhafte Rhythmik mit ihren häufigen Wechseln von Taktarten und Bewegungsformen. Auch auf dieser Ebene der Komposition praktiziert Ursula Mamlok die Kunst der Entwicklung und der

Metamorphose, die Elementartugend aller Reihenkomposition. Die freie Behandlung des Rhythmus, seine Lösung aus dem Schema deutet eine weitere Kerneigenschaft ihrer späteren Kompositionen an.

Als nächstes stellte ihr Kahn eine Aufgabe, über die sie weniger glücklich war. Sie sollte einen Psalm für mehrstimmigen gemischten Chor schreiben, »so in der Tradition Mendelssohns«, wie Ursula Mamlok rückblickend nicht ohne Ironie anmerkt. Deutet man den Geschichtsbezug nur als Hinweis auf den Stil der Komposition, so muss Kahns Aufgabe Erstaunen auslösen. Sieht man ihn in historischem Kontext, ergibt sich ein etwas anderer Sinn. In der kirchenmusikalischen Reformbewegung im Deutschland der zwanziger und dreißiger Jahre wurde die Devise ausgegeben, die Alten Meister des 16. bis 18. Jahrhunderts wieder zu entdecken und aufzuführen, sich außerdem an ihnen zu orientieren und ihre Kompositionsweise zum Vorbild zu nehmen. Bei dieser versuchten Revitalisierung des alten Stils entstanden Werke, kontrapunktisch bisweilen bis zur Kanonmanie getrieben, harmonisch aber zum Teil von asketischer Sprödigkeit. Stilistisch bewegten sich die Kreationen, wenn es hoch kam, im Vorfeld des gemäßigten Hindemith der dreißiger Jahre. Verpönt war alles Romantische, man schimpfte es epigonal und diskreditierte es als subjektivistisch. Es fällt auf, dass die von den Nazis angefeindeten und auf ihr Geheiß entlassenen »nichtarischen« Kirchenmusiker wie Julio Goslar, Evaristo Glaßner oder Ernst Matzke zu den gescholtenen »Romantikern« gehörten und den reformerischen Purismus ablehnten. Kahn, der durch sein Elternhaus in das Leben und die Musik der jüdischen Gemeinde eingebunden war (sein Vater war Kantor), kannte gleichwohl auch die musikalische Praxis der christlichen Gemeinden und wusste, dass die Reformbestrebungen in der Synagogenmusik sich stilistisch oft an der evangelischen Kirchenmusik orientierten. Dies war auch bei Lewandowskys Berliner Reformen im 19. Jahrhundert der Fall. Er hielt sich an die Art von Historismus, die Mendelssohn in seine geistlichen Werke integrierte, ohne damit seinen eigenen Stil zu verlassen oder aufzugeben. Die Mendelssohn-Tradition bewusst und erklärtermaßen zu kultivieren, konnte als Opposition gegen die systemkonforme Kirchenmusik unterm Nationalsozialismus ausgelegt werden. Wie viel mehr musste die Musik für die Synagogen an ihnen festhalten.

Kahn war im Übrigen ohnehin kein Freund jener Sachlichkeit, deren blassen Widerschein der kirchenmusikalische Objektivismus abgab. Berg, Schönberg, Webern und Béla Bartók (vor allem dessen Fünftes und Sechstes Streichquartett sowie die *Musik für Saiteninstrumente, Schlagzeug und Celesta*) fühlte er sich nahe, wie er in einem Brief vom Mai 1942 bezeugt.[6] Vor diesem Hintergrund sind auch seine eigenen Psalmvertonungen zu betrachten, in denen er den avancierten Stil seiner Instrumentalwerke zurücknahm, allerdings nicht zur Uni-

---

6   vgl. Allende-Blin ebd. S. 66

formität jener geistlichen Gebrauchsmusik, für die Hindemith die äußerste Grenze bedeutete. Kahn wollte die Aufmerksamkeit seiner Studentin auf die andere Traditionslinie lenken, bei der etwa Bach, den er hoch schätzte, nicht durch die Brille des neusachlichen Neobarock ausgekargt wird. Ursula Mamloks Lösung ließ den Stilhorizont Mendelssohns weit hinter sich. Sie komponierte ein Werk, das im kleinen Ensemble ihrer Chorkompositionen fast wie ein Äquivalent zum *Concerto for String Orchestra* erscheint, eine a-cappella-Motette über den dreizehnten Psalm.[7]

Dennoch hätte Ursula Mamlok mit einer neuen Komposition lieber eine andere Richtung eingeschlagen. Sie wusste, dass Erich Itor Kahn mit Reihen komponierte, sie kannte seine Wertschätzung für Schönberg, und sie wusste, dass er dem Kompositionsverfahren mit zwölf nur aufeinander bezogenen Tönen eigene Aspekte abgewann. Er hätte ihr die schöpferischen Möglichkeiten im Reihendenken vorführen können; bewies er doch durch seine eigene Praxis und Erfahrung, dass die Dodekaphonie nicht zwangsläufig Einengung oder Mechanisierung des Komponierens bedeutete. Doch statt Anregungen zur Reihenmethode zu vermitteln, lenkte er die Aufmerksamkeit seiner Schülerin wieder in Richtung Vergangenheit. Kahn verfolgte damit aus seiner Sicht eine folgerichtige Linie, denn für Chor hatte Ursula bislang noch nichts komponiert. Ursula Mamlok aber hatte für ihr Empfinden schon genügend Umwege gehen müssen. Sie wollte weiter. Leider kam sie auch bei Kahn nicht mehr zur Analyse und Ausarbeitung von Reihenkompositionen. Auch bei ihm blieb die Studienzeit begrenzt. Unter seinen vielfältigen Konzertverpflichtungen, die ihn unter anderem wieder nach Europa führten, litt die Regelmäßigkeit des Unterrichts. Nach einem schweren Verkehrsunfall in Frankreich 1954 musste er seine Aktivitäten erheblich reduzieren. Kurz danach verlangte das beginnende Leiden an einem unerkannten Gehirntumor weitere Einschränkungen von ihm. Am 7. Dezember 1955 brach er nach einem Klavierabend, bei dem er außer eigenen Kompositionen auch Werke von Mozart, Schubert, Schumann, Busoni und Steuermann spielte, zusammen und erlangte das Bewusstsein bis zu seinem Tode am 5. März 1956 nicht wieder.[8]

Ursulas Unterricht bei ihm endete noch vor seiner Frankreichreise 1954. Sie befand sich erneut in der Lage, dass das Studienverhältnis auslief, kurz bevor die entscheidende Phase erreicht war. Sie stand, einunddreißig Jahre alt, vor einer doppelten Entscheidung: Wie sollte es mit ihr als Komponistin weitergehen? Wie könnte sie einen Lehrer finden, der sie auf dem letzten entscheidenden Schritt methodisch unterstützen könnte? Und: Wie konnte sie ihr Berufsbild so gestalten, dass sie und ihr Mann von ihren gemeinsamen Einkünften leben konnten? Kaum ein Komponist neuer Musik ernährt sich von seinen Werken,

---

7   vgl. S. 154 f. in diesem Buch
8   vgl. Allende-Blin, ebd. S. 83

in jungen Jahren erst recht nicht. Den Grundstock sicherten in der Regel entweder Lehrtätigkeiten oder Konzerthonorare. Letzteres schied für sie aus; als Pianistin hätte sie sich nicht mehr in der internationalen Spitzengruppe etablieren können. Blieb das Unterrichten. Mit ihrer bisherigen Ausbildung aber konnte sie nur Privatstunden geben. Diese beschränkten sich zwangsläufig auf den Klavierunterricht, und das hieß: viele Anfänger, Unbegabte, auch Unwillige, dagegen ganz wenig Hochbegabte und weit Fortgeschrittene zu unterrichten, denn die wirklich guten Leute besuchten Konservatorien und Hochschulen. Sie beschloss daher, selbst noch einmal zur Schule zu gehen und ein Zertifikat zu erwerben, das ihr auch Lehraufträge an Colleges, Konservatorien und Universitäten ermöglichte. Die Suche nach einem Institut, an dem sie das geplante Studium absolvieren konnte, gestaltete sich nicht einfach, denn Ursula hatte keinen amerikanischen Schulabschluss, der ihr freien Zugang zu den Hochschulen ermöglicht hätte. Schließlich aber konnte sie sich an der Manhattan School of Music einschreiben. Dort nahm sie im Herbst 1955 ihr Studium auf.

Die Kommilitonen, die mit ihr studierten, waren wesentlich jünger als sie, und so tat sie, was Künstlern seit je und bis zum heutigen Tag erlaubt ist: Sie änderte ihr Geburtsdatum; die letzte Ziffer der Jahreszahl 1923 rundete sie zur Acht. Die kleine Änderung hielt sich rund fünfzig Jahre lang. Noch in der Ausgabe des *New Grove Dictionary of Music and Musicians*, erschienen 2001, wird sie mit dem Geburtsdatum vom 1. Februar 1928 geführt. In allen neueren Publikationen ließ die Komponistin die Angaben wieder richtigstellen.

Manhattan School of Music

Was die Zertifikate und die damit erworbene Lehrbefugnis angeht, erreichte Ursula Mamlok durch ihr Studium an der Manhattan School of Music, was sie erstrebte. 1957 legte sie ihr Examen für den Bachelor, 1958 dasjenige für den Master of Music im Hauptfach Komposition ab. Für die erste Prüfung reichte sie als Abschlussarbeit ein Bläserquintett ein, das sie inzwischen zu ihren »gültigen« Werken rechnet, obwohl es noch nicht mit den Möglichkeiten der Reihenkomposition ausgearbeitet ist. Der Mastergrad wurde ihr für ein symphonisches Scherzo und Finale für großes Orchester verliehen; zuvor hatte sie bereits ein brillantes Orchester-Capriccio komponiert. Die Instrumentierung aller Stücke wirkt sicher und souverän, sie ist aus der Kenntnis der instrumentalen Möglichkeiten und aus einem klaren Bewusstsein für Klangfarben und ihre Mischungen gewählt. In dieser Hinsicht brachte sie der Unterricht bei Vittorio Giannini (1903–1966) tatsächlich weiter.

Für die Entwicklung ihrer musikalischen Sprache aber empfand sie die Jahre an der Manhattan School eher als Stillstand. Giannini, Sohn eines italienischen Tenors, in Philadelphia geboren, am Konservatorium in Mailand als Jungstudent, danach an der Juilliard School in New York ausgebildet, »übernahm die Techniken und das Ethos der Spätromantik, seine frühen Werke offenbaren eine gründliche Meisterschaft im Vokalstil italienischer Tradition, angereichert mit Wagnerscher Chromatik. In den späten vierziger Jahren entwickelte er eine gewisse Abneigung gegen sentimentalen Ausdruck und bewegte sich auf einen leichteren neoklassischen Stil zu.«[9] Wenn er Opern komponierte, war er in seinem Element; Nicolas Slonimsky charakterisierte ihn als einen späten Meister des Belcanto, der seinen Weg neben den Hauptrichtungen des zwanzigsten Jahrhunderts ging.[10] Innerhalb seiner ästhetischen Grenzen war er wohl ein solider und anregender Lehrer. Sein Schüler John Corigliano, Sohn des langjährigen Konzertmeisters bei den New Yorker Philharmonikern, fand auf dem neoklassisch aufgelockerten Bypass zur Moderne direkt in die Ära der Postmoderne; im heutigen Konzertleben ist er nicht nur in den USA mit seinen Werken gut vertreten. Ursula Mamlok aber war Gianninis Stil- und Lehrgebiet zu eng. Sie suchte nach wie vor eine »Unterweisung im Tonsatz«[11] und in der Analyse, die ihr kompositionstechnische Einsichten und Zugänge zu einer neuen Musik eröffneten, in der die Ansätze der Reihenkomposition und die Befreiung des Rhythmus aus schematischer Organisation weiter entwickelt wurden. Dieser Wunsch blieb auch nach der Erlangung akademischer Grade unerfüllt. Die Lücke zwischen Vorstellung und Metier empfand sie zunehmend als schmerzlich.

Dennoch entstanden in ihrer Studienzeit an der Manhattan School of Music einige bemerkenswerte Kompositionen. Sie gehören zwar noch einem anderen Stilgebiet an als der Hauptteil ihres Œuvres; vom späteren, »eigentlichen« Werk unterscheiden sie sich auch in der Kompositionstechnik, denn Ursula Mamlok verwendet noch keine Zwölftonreihen, wie dies ab den frühen sechziger Jahren bei ihr die Regel wird. Gleichwohl sind sie klar und mit beeindruckender Konsequenz und Souveränität durchgebildet. Die *Grasshoppers. Six Humoresques for Piano* wirken wie mit leichter Hand zu Papier gebracht, ähnlich wie manche Stücke aus Bartóks *Mikrokosmos* oder Prokofjews *Visions fugitives*. Die Überschriften der einzelnen Stücke – auf Deutsch etwa *Sonntagsspaziergang, Nächtliche Serenade, Im Regen*, Menuett, *In der Armee* und *Schnell nach Hause!* – lassen sich in ihrem Humor ohne Weiteres nachvollziehen. Zugleich sind sie mit einer konstruktiven Konsequenz durchgestaltet, die in Bachs *Inventionen* ihr Pendant findet. Das Material, aus dem Ursula Mamlok die sechs Stücke entstehen lässt, ist knapp gefasst, knapper als eine Zwölftonreihe: Quarten und Sekunden, zwei

---

9   Simmons, Walter G.: Artikel »Gianinni, Vittorio« in: Sadie, Stanley (Hrg.): The New Grove Dictionary of Music and Musicians, London 2001, Band 9, S. 325. Übersetzung H. T.

10 Slonimsky, Nicolas (Hrg.): Baker's Biographical Dictionary of Musicians. Seventh Edition, New York 1984, S. 823 f.

11 Titel des Lehrbuchs von Paul Hindemith.

elementare Intervalle. Daraus gewinnt sie resolute, mottoartige Motive und »Klangschrauben« (Nr. 1), schwingende Begleitfiguren und imaginäre Duette zwischen einer hohen und einer tiefen Stimme mit einem heiteren Hin und Her der Repliken (Nr. 2 und 4), brillantes Fliehen, Hüpfen und Verschwinden (Nr. 3 und 6). *Minuet* und *In the Army* wirken wie Summaries Mahlerscher Symphonie- und Liedsätze; das eine wie die stichwortartige Verdichtung der Stücke, die sich zwischen Menuett, Ländler und Scherzo bewegen und hinter ihrer einfachen Fassade ein hintergründiges Spiel veranstalten; das andere wie ein Konzentrat der Märsche, die Zeichen der »gepressten Existenz«[12] aussenden. Das Tempo soll etwas schneller als Marschnorm gewählt werden, die Signale drücken am Ende den Satz mit einem mehrfachen »Passus duriusculus« nach unten. Wer die Stücke im Unterricht verwendet – und dafür eignen sie sich wie die meisten von Ursula Mamloks Klavierwerken –, kann an ihnen anschaulich demonstrieren, was man aus geringem musikalischem Material machen kann, wenn man Fantasie mitbringt und sein Handwerk beherrscht.

Ursula Mamlok instrumentierte die *Grasshoppers* für ein Orchester von klassischer Größe. In dieser Version wirken die Charakterstücke farbiger, kontrastreicher, räumlich plastischer. Unter den Orchesterkompositionen aus ihrer Manhattan-School-Zeit (zu dem erwähnten Scherzo und Capriccio kommt ein Andante, dessen Partitur sie nicht vollständig ausführte) ließ sie die *Grasshoppers*-Partitur als einzige verlegen. In Ursulas Laufbahn bestätigt sie die wichtige Rolle, welche die Instrumentationskunde im Unterricht bei Giannini spielte: das konnte sie bei ihm am ehesten lernen.

Zählt man die Werke mit, die 1958 zum Teil auch nach ihrem Masterabschluss entstanden, so ergibt sich das Bild einer ziemlich produktiven Zeit. Das kreative Ritardando, von dem mehrfach die Rede war, bezog sich auf ihr stilistisches Weiterkommen, lähmte aber ihre schöpferische Fantasie nicht. Diese wurde durch konkrete Anlässe, Interpreten, Aufträge am stärksten herausgefordert. Ursula Mamlok war und ist keine Komponistin, die für die Schublade schreibt. Neben einer Sonatine und *Eight Easy Duets* für zwei Klarinetten entstanden *Four German Songs* nach Gedichten von Hermann Hesse für eine mittlere Stimme; Mamlok arbeitete sie in einer Fassung mit Klavier und einer mit Streichorchester aus. Als das Referenzstück dieser Periode aber wertet sie selbst das Bläserquintett, für das sie den Bachelor of Music erhielt. Das dreisätzige Werk wäre als Vorstufe zu Späterem ebenso missverstanden, wie wenn man in Schönbergs *Verklärter Nacht* nur ein Prélude zum musikalischen Expressionismus sähe. Das *Woodwind Quintet* ist, wie die *Grasshoppers*, ein Werk von eigener Geltung. Neben den Kompositionen eines Milhaud, Françaix, Ibert oder Pavel Haas darf es in seinem Genre einen gleichwertigen Platz beanspruchen.

---

12 Vgl. Adorno, Theodor W.: Mahler. Eine musikalische Physiognomik, Frankfurt am Main 1960, S. 67

Mamlok nutzt die dynamischen und farblichen Abstufungen, die dem Ensemble möglich sind, fordert die Instrumente auch in extremen Lagen heraus. Das Werk ist polyphon so durchgearbeitet, dass die einzelnen Instrumente keine ausgedehnten Soli brauchen, um sich und anderen ihren Stellenwert zu beweisen. Kontraste in Charakter und Gestik sind innerhalb der Sätze und vor allem in ihrem Verhältnis zueinander deutlich profiliert. Mamloks Quintett verfällt nicht in die Geschwätzigkeit, die manch anderer Komponist mit der Tradition des Divertissements verband. Sie bleibt bei dem konzentrierten Stil, der sie auszeichnet, ohne Verlust musikantischer Qualitäten. Gedankliche, konstruktive Konsequenz und Spielfreude stehen sich bei ihr nicht als Gegensätze gegenüber. Beim Hören gewinnt man den Eindruck, als habe die Musik viel mehr Zeit erfüllt als tatsächlich verstrichen ist. Es müsste seltsam zugehen, wenn sich dieses Werk, nachdem es nun endlich verlegt ist, bei den Bläserensembles, die immer wieder auf der Suche nach neuer Literatur sind, nicht durchsetzen würde.

Schule des Hörens

Die Defizite des akademischen Studiums konnte Ursula Mamlok wenigstens teilweise durch das »informelle Lernen« ausgleichen, das seit früher Jugend wesentlich zu ihrer musikalischen Bildung gehörte. So oft wie möglich besuchte sie, nicht selten gemeinsam mit ihrer Mutter, Proben und Konzerte der New Yorker Philharmoniker, der Metropolitan Opera, aber auch kleiner Kammermusikvereinigungen. Als sie 1949 aus San Francisco nach New York zurückkam, begann sich dort im Konzertleben einiges zu ändern. Im Herbst übernahm Dimitri Mitropoulos die künstlerische Leitung des New York Philharmonic Orchestra von Bruno Walter. Er schlug von Anfang an eine Programmstrategie ein, in der die avancierte Neue Musik einen wichtigen Platz einnehmen sollte. Zwar waren auch vorher schon regelmäßig Werke zeitgenössischer Komponisten gespielt worden. Die stilistischen Außengrenzen des Repertoires waren allerdings durch Namen wie Aaron Copland, Igor Strawinsky, Béla Bartók, Paul Hindemith, William Walton und Ralph Vaughan Williams relativ eng gezogen. Die Zweite Wiener Schule, ihre exilierten Exponenten und diejenigen, die sich an ihnen orientierten, kamen kaum vor. Mitropoulos änderte das. Der gebürtige Grieche, der in Athen, Brüssel und Wien studiert und Erich Kleiber an der Berliner Staatsoper assistiert hatte, als dort unter anderem Bergs *Wozzeck* erstmals inszeniert wurde, führte bereits in seinem ersten Amtsjahr Bergs Violinkonzert mit dem Bartókfreund Jozsef Szigeti, außerdem Anton Weberns Symphonie op. 21 und Schönbergs *Survivor from Warsaw* auf. Als exponiertes Werk eines jüngeren Komponisten nahm er Roger Sessions' Zweite Symphonie ins Programm. Die starke Präsenz russischer Gegenwartskomponisten, seit den vierziger Jahren ein Merkmal der New Yorker Philharmoniker, setzte er mit Schostakowitschs

Fünfter fort. In der darauffolgenden Saison dirigierte er Schönbergs Orchestervariationen. Zum Markstein aber wurde die New Yorker Erstaufführung von Alban Bergs *Wozzeck* (in konzertanter Form). Die Aufzeichnung, die damals in der Carnegie Hall gemacht wurde, gilt noch heute als eine Referenzaufnahme des Werkes. Ursula Mamlok erinnert sich noch gut an jene Tage in der ersten Aprilhälfte 1951. Sie besorgte sich eine Partitur, verfolgte mit ihr die Proben, die Mitropoulos, seiner Gewohnheit entsprechend, auswendig leitete. »Er hatte ein fotografisches Gedächtnis und ein unbestechliches Ohr, probte konzentriert und sehr effektiv, und er verhielt sich stets wie ein Gentleman, auch in den schwierigsten Situationen. Manche Musiker kritisierten, dass er nicht entschieden genug auftrete. Sie unterwarfen sich dem Despotismus eines Toscanini, aber die feinen Umgangsformen von Mitropoulos würdigten sie nicht. *Wozzeck* war ihnen außerdem in ihrer Mehrheit zu modern, sie lehnten das Stück ab. Was Mitropoulos trotz dieser Schwierigkeiten aus der Situation gemacht hat, verdient Bewunderung. Seine Interpretation blieb noch Jahre lang in aller Munde – zumindest bei denjenigen, die Berg und seine Musik schätzten. Das änderte sich auch nicht, nachdem Karl Böhm 1959 an der Metropolitan Opera die erste *Wozzeck*-Inszenierung in New York dirigierte. Für mich waren die Proben und die Aufführungen von Mitropoulos ein sehr eindrucksvolles Erlebnis. Dadurch, dass ich sie besuchen konnte, lernte ich die Oper sehr genau kennen, bis hin zur Instrumentation.« Noch heute lässt sie sich keine Möglichkeit entgehen, gute Aufführungen des *Wozzeck* zu besuchen.

Wozzeck polarisierte das New Yorker Publikum. Viele lehnten damals Musik dieser Art generell ab. Heute gelten die drei Aufführungen am 12., 13. und 14. April 1951 als Marksteine in der Kulturgeschichte der Weltstadt. Das nicht selten verletzende Missfallen von Teilen des Publikums und der Medien ist das Opfer, das den Pionieren des Musiklebens von ihrer eigenen Generation zugemutet wird. Mitropoulos blieb dennoch bei seiner Linie, auch wenn er die Zahl der avancierten Werke verringerte. In seiner dritten Saison dirigierte er Schönbergs expressionistisches Monodram *Erwartung*, auch dies in einer Maßstäbe setzenden Interpretation, außerdem die erste Suite, die Stefan Wolpe aus seiner Ballettmusik *Der Mann von Midian* zusammengestellt hatte, einem Werk, das in seiner komplexen Variationstechnik zum Teil auch Reihenverfahren verwendet. In der Spielzeit 1952/53, seiner vierten, wagte er sich aus dem Œuvre der Zweiten Wiener Schule an die drei kühnen Orchesterstücke von Alban Berg, die der Komposition des *Wozzeck* unmittelbar vorhergingen, und an die beiden großen Exilwerke Schönbergs, das Violin- und das Klavierkonzert, außerdem dirigierte er Skrjabins *Prometheus* und *Poème de l'extase*. Diese »Klassiker der Moderne« waren im akademischen Lehrbetrieb weder Gegenstand des Instrumental- oder Dirigierunterrichts noch Thema von Analysekursen; sie bedeuteten also auch für Musikstudenten Neuland, von dem sie sich zunächst vor allem über Proben- und Konzertbesuche eine Ahnung verschaffen konnten. In den Seminaren, die Ursula Mamlok später gab, standen diese oder entstehungsgeschichtlich benachbarte und verwandte Werke oft im Zentrum. Für das Verständnis der Gegenwartsmusik bildeten nach ihrer Auffassung die Kompositionen, die den Kokon der Tradition sprengten, die notwendige Voraussetzung.

Die Szene außerhalb der großen Konzertsäle

Dennoch: Mitropoulos' Vorstoß, so umstritten er auch war, betraf die klassische Moderne, das Vorfeld des damals aktuellen Komponierens. Zum Teil belebte er Tendenzen neu, die sich schwach schon in den frühen vierziger Jahren andeuteten. Schönbergs Klavierkonzert war am 6. Februar 1944 mit Eduard Steuermann als Solisten in New York durch das NBC Orchestra unter Leopold Stokowski uraufgeführt worden. Damit sind Mut und Leistung von Mitropoulos nicht geschmälert; er ging in seinen Programmen wesentlich weiter als Bruno Walter, der einstige Assistent Gustav Mahlers an der Wiener Hofoper. Doch die entschieden neue Musik spielte ab Mitte der fünfziger Jahre nicht mehr in den großen Konzertsälen, und sie lag kaum mehr in den Händen der großen Symphonieorchester. Sie wurde meist von kleineren Interpretengruppen aufgeführt – die Ensemblekultur geriet neben der elektronischen Musik nachgerade zur Signatur der musikalischen Nachkriegsmoderne. Die Konzerte fanden überwiegend in kleineren Räumen statt, zum Teil an Universitäten, Hochschulen und Colleges, zum Teil an Orten, die wie *92nd Street Y* zum Synonym aktueller Musikvermittlung wurden. Ähnlich wie in Deutschland die Kranichsteiner, später Darmstädter Ferienkurse für Neue Musik gegründet wurden, initiierten in den USA Komponisten und Interpreten, die der avancierten, experimentierfreudigen Musik zugetan waren, Sommerkurse, bei denen sich Komponisten, Interpreten und Studenten zu gemeinsamer Arbeit trafen.

Serge Kussewitzky hatte in den vierziger Jahren durch den Kauf des Gutes Tanglewood in der Nähe von Pittsfield (Massachusetts) und den Ausbau zu einer Sommerresidenz des Boston Symphony Orchestra ein erstes Zeichen gesetzt. Tanglewood entwickelte sich rasch zum Ort der Begegnung zwischen komponierenden und ausübenden, erfahrenen und noch studierenden Musikern. Für jeden frisch Graduierten mit Interesse für die Gegenwartsmusik, wolle er nun Komponist, Sänger, Instrumentalist oder Dirigent werden, bedeutete Tanglewood ein Muss. In kleinerem Rahmen, dem Trend zur Ensemblekultur und zur interdisziplinären Zusammenarbeit der Künste entsprechend, entwickelte das Black Mountain College mit seinen Sommerangeboten eine Initiative, die danach auch von anderen kunstorientierten Colleges aufgegriffen wurde. Ursula Mamlok besuchte einige von ihnen, nach dem Black Mountain 1945 das Kenyon College im US-Bundesstaat Ohio.

In den fünfziger Jahren gewann diese akademische Off-Szene für sie wie für viele andere zunehmend an Bedeutung. Einer der Pioniere der neuen Trends in New York war der Geiger Max Pollikoff (1902–1984). Er gründete 1954 in New York die Reihe *Music in Our Time*. Mit ausgebildeten, guten Interpreten, die am Gegenwartsschaffen in seiner Breite und in seiner Radikalität interessiert waren, vermittelte er Einblicke in das Spektrum zeitgenössischen Komponierens von Roger Sessions über John Cage bis zu den jungen Kreativen, die am Anfang ihrer Laufbahn standen. Seine Initiative, seine Art der Programmzusammenstellung und seine Arbeitsweise nahmen sich etliche andere Gruppen zum Vorbild, die in den sechziger Jahren entstanden. Seine Konzerte ließ er in den ersten Jahren im *92nd Street Y* stattfinden, in dem Kulturzentrum, das an der Kreuzung von Lexington Avenue und zweiundneunzigster Straße in der Upper East Side von Manhattan liegt. Das Kürzel Y steht für »Young Men's and Young Women's Hebrew Association«, die 1874 von deutsch-jüdischen Einwanderern gegründet wurde. Die Organisation für vielfältige Kultur- und Sozialarbeit zeichnete sich durch eine offene, keineswegs religiös oder konfessionell eingeschränkte Arbeit aus. Ihr Haus bietet mehrere Räume verschiedener Größe, unter anderem die Kaufmann Concert Hall, die gut 900 Zuhörer fasst. Später zog Pollikoff mit seiner Konzertreihe in die Town Hall um.

Pollikoff engagierte sich auch bei einer Sommerakademie des Bennington College im Bundestaat Vermont, dem Bennington Composers' Conference and Chamber Music Center, das 1946 von Alan Carter (1904–1975) ins Leben gerufen wurde.[13] Für zwei Wochen im August wurde jungen Komponisten die Möglichkeit gegeben, eigene Werke professionell aufgeführt zu hören und Aufnahmen von ihnen zu erhalten. Carter, der das Vermont Symphony Orchestra gegründet hatte, sorgte dafür, dass auch größer besetzte Kompositionen gespielt werden konnten. Der Konzertmeister seines Composers' Conference Orchestra war Max Pollikoff, der sich seinerseits wieder an den Kammermusikkursen beteiligte. Häufig übernahm er Werke, die bei der Sommerakademie vorgestellt worden waren, auch in das Programm seiner New Yorker Reihe *Music in Our Time*. Die beiden Urheberrechtsorganisationen der USA, die ASCAP (American Society of Composers, Authors and Publishers) und die BMI (Broadcast Music Incorporated), unterstützten die Initiative durch Vergabe von Stipendien an junge Komponisten. Auf Max Pollikoffs Vorschlag wurde Ursula Mamlok 1958 erstmals zur Composers' Conference nach Bennington eingeladen. Das malerisch gelegene College im Hügelland des nördlichsten Neuengland-Staates nahm 1932 nach langer Konzeptions-, Planungs- und Bauphase den reform-

---

13 Angaben nach: Alan Carter and the Vermont State Orchestra Collection, Special Collections, University of Vermont Library. John J. Duffy, Samuel B. Hand, Ralph H. Orth (Hrg.): The Vermont Encyclopedia, Lebanon NH 2003, S. 92 nennt 1955 als Gründungsjahr. Diese Datierung widerspricht jedoch auch anderen Quellen.

pädagogisch orientierten Lehrbetrieb als Mädcheninternat mit künstlerischem Schwerpunkt auf. Ab 1964 stand es Studierenden beiderlei Geschlechts offen. Im Bennington College wurde 1958 ihr Bläserquintett aufgeführt, das Pollikoff bereits am 4. Mai in seiner New Yorker Reihe vorgestellt hatte. Die Pianistin Ada Kopetz spielte dort drei Wochen später die *Grasshoppers* in der Klavierversion. Eigentlich wollte sie das Klavierstück ins Programm nehmen, das Ursula Mamlok 1952 während ihrer Studienzeit bei Erich Itor Kahn komponiert hatte; doch es war der Pianistin zu schwer und sie ersetzte es durch die leichtere Suite. Die sechs Humoresken waren neben dem Bläserquintett Ursulas Erfolgsstücke jener Jahre. Sie wurden am 27. Februar 1957 im Rahmen eines Vortragsabends an der Manhattan School vorgestellt. Carl Bamberger, der väterliche Freund aus den Zeiten der Mannes Music School, inzwischen fester Gastdirigent beim Südfunk-Orchester in Stuttgart, führte die Orchesterfassung am 24. Juli 1957 im Sendesaal des Süddeutschen Rundfunks in der baden-württembergischen Landeshauptstadt auf. Es war zum ersten Mal, dass ein Werk von Ursula Mamlok in einem öffentlichen Konzert in Deutschland gespielt wurde.

Die Composers' Conference aber schlug für die Komponistin eine der Brücken, die von den fünfziger Jahren, der Zeit ihres stilistischen Ritardando, in die sechziger Jahre, die Ära des »eigenen Stils«, hinüberführten. 1963 dirigierte Arthur Bloom am 24. August ihr Ensemblestück *For Seven*, in dem starke Anregungen durch den Avantgardismus von Edgard Varèse nachwirkten. Im Benningtoner Reformjahr 1964 leitete Bloom am Samstag, den 29. August Ursula Mamloks *Concert Piece for Four*, dessen Uraufführung er bereits am 8. März in der New Yorker Kaufmann Hall innerhalb der Konzertreihe *Music in Our Time* dirigiert hatte. 1965 gehörten Ursula Mamloks *Stray Birds*, der Liederzyklus nach Gedichten von Rabindranath Tagore, zum Programm der zwanzigsten Composers' Conference. Seit ihrer ersten Kursteilnahme hatte die Komponistin eine enorme Stilentwicklung durchlaufen, und sie war durch vermehrte Aufführungen ihrer Werke in den Neue-Musik-Kreisen längst keine Unbekannte mehr.

Der eigene Stil

Noch 2006, als sie von New York nach Berlin umzog, vertrat Ursula Mamlok in Gesprächen die Auffassung, das Komponieren im eigenen Stil habe bei ihr mit dem Unterricht bei Ralph Shapey in den frühen sechziger Jahren begonnen. Alles andere seien Vorstufen und Vorübungen gewesen, gleichsam der Wartesaal ihrer Laufbahn, in dem sie sich reichlich zwei Jahrzehnte aufhalten musste. Sie hat ihn allerdings, wie die Betrachtung ihrer frühen Werke zeigt, höchst individuell und ansprechend ausgestaltet. Inzwischen modifizierte die Komponistin ihre Selbsteinschätzung in mancherlei Hinsicht. Die zwei *Bagatellen für Streichquartett*, die sie bis vor kurzem noch zu den Studienarbeiten zählte, anerkennt sie als gültiges Werk. Auch beim *Bläserquintett*, ihrer Examensarbeit für den Bachelor an der Manhattan School of Music, macht sie eine Ausnahme. Werke dieses Genres kann man nicht allein nach Kriterien eines stilistischen Avantgardismus beurteilen, denn sie tragen die Tradition des Divertimento, des leichten Musizierens bis heute in sich. Es gibt nur wenige Arbeiten dieser Gattung, mit denen sich ihre Autoren an die Spitze des musikalischen Fortschritts komponieren wollten. Schönbergs Opus 25 – gewiss nicht eine von des Meisters besten Schöpfungen – steht mit diesem Anspruch vielleicht sogar allein; allenfalls Oedoen Partos' *Nebulae* wären ihm als besser gelungenes Beispiel an die Seite zu stellen. Auch das *Concerto for String Orchestra* lässt Ursula Mamlok gelten.

Die Kriterien der Selbstbeurteilung wandeln sich notwendigerweise im Laufe eines Künstlerlebens, und mit der Position im Musikbetrieb verändert sich auch die Sicht auf das eigene Schaffen. Als moderne Komponistin musste sich Ursula Mamlok zunächst darum kümmern, dass ihre avancierten Werke aufgeführt und dass sie an diesen beurteilt wurde. Deshalb bezog sie zu früheren Arbeiten, die konzilianter wirken, eine gewisse Distanz. Inzwischen hat sie als Komponistin jedoch eine Anerkennung erreicht, die es ihr ermöglicht, auch ältere Stücke wieder an die Öffentlichkeit zu geben, denn sie enthalten in nuce viele charakteristische Eigenschaften, die sich durch den Unterricht bei Shapey klarer, schärfer, radikaler entfalten konnten.

Die Neubewertung früher Werke resultiert auch aus einer veränderten Einstellung zu ihrer Lebensgeschichte. Der Schmerz über die gewaltsam zerstörten Hoffnungen, die sie in ihren Berliner Jahren aufgebaut hatte, erhielt durch die Phase des gebremsten Vorankommens stetig neue Nahrung. Ihn zu überwinden, brauchte Zeit, verlangte Erfolg, forderte so etwas wie die Trauerarbeit des Exils. Schließlich hatten sich Ursulas kompositorische Talente sehr früh gezeigt. Als Sechzehnjährige hätte sie ein Hochschulstudium aufnehmen müssen. Dann aber war die Familie zur Emigration gezwungen. Dass Ursula Mamlok danach zwei Jahrzehnte des Suchens, des Erprobens, Prüfens und Verwerfens, auch des wenig erfreulichen Wiederholens von längst Bekanntem zu durchlaufen hatte, musste auf sie wie eine Tragödie wirken, als Hemmung der kreativen Entfaltung durch die Nachwirkungen der erzwungenen Flucht aus Deutschland. Erst der Blick aus einer gewissen Distanz relativiert diese Einschätzung. In den Jahren bis 1960 entstand zwar nicht das, was sie bei einer früheren Stilfindung hätte komponieren können. Vergeblich aber blieben die Zeiten der wechselnden Lehrer, Ausbildungsideale und -methoden nicht. Ursula Mamlok eignete sich eine breite Kenntnis, handwerkliche Sicherheit, klare Urteilskraft und ein zielstrebiges Lerntempo an, das ihr im Unterricht bei Ralph Shapey zugute kam. Beim Suchen nach dem eigenen Stil klären sich die Vorstellungen auch dann, wenn sie nicht auf direktem Weg erfüllt werden. Der Prozess verläuft mühseliger, wirkt aber gewiss auch nachhaltiger.

Mit dem Unterricht bei Ralph Shapey gewann sie mehr und mehr den Eindruck, dass sie endlich den Stil und die Methoden gefunden habe, die sie lange suchte, dass ihr endlich der Durchbruch gelinge, auf den sie einst im Unterricht bei Gustav Ernest hingearbeitet hatte. Für ihr eigenes Empfinden setzten die Jahre 1961 und 1962 in ihrer künstlerischen Entwicklung die letzte, entscheidende Zäsur. Die Werke, die danach geschrieben wurden, klingen anders als die früheren. Genres, die sie zuvor nie heranzog, treten kurzzeitig in den Vordergrund, zum Beispiel Kompositionen für ein Instrument allein; in ihnen zog sie die radikale Konsequenz ihres linearen Denkens und ihrer Tendenz zu konzentrierter Reduktion.

Fast alle Werke seit 1960 komponierte Ursula Mamlok mit Hilfe von Zwölftonreihen. Das sagt zunächst einmal weniger, als man gemeinhin annimmt, denn Zwölftonkomposition ist kein Stil, sondern eine Methode, keine Ausdrucks-, sondern eine Organisationsform der Musik. Ursula Mamlok wählte sie aus eigener Initiative und mit eigenem Verständnis, sie folgte keinem Lehrer, der ihr dies nahe gelegt hätte. Shapey komponierte nicht mit Reihen. Stefan Wolpe, bei dem sie kurze Zeit Unterricht nahm, hatte in den dreißiger Jahren zwölftönig geschrieben, inzwischen experimentierte er mit anderen Möglichkeiten, musikalische Werke aus begrenztem Urmaterial hervorgehen zu lassen. Ein unmittelbares Vorbild hatte Ursula Mamlok nicht.

Variations für Flöte allein

Das erste Werk, dem sie eine Zwölftonreihe zugrunde legte, waren Variationen für Flöte allein. Sophie und Harvey Sollberger hatten ihr den Auftrag für diese Komposition erteilt. Die Beschränkung auf ein Melodieinstrument legt nahe, dass die Reihe linear, als Basis und Fundus für Melodiebildungen verwendet wird. Aber warum »Variationen«? Besteht nicht das Komponieren mit Reihen dem Wesen nach aus unentwegtem Variieren eines Modells? Die Reihenkomposition sei eine Konsequenz der »entwickelnden Variation«, die er als Verfahren besonders ausgeprägt bei Johannes Brahms gefunden habe, betonte Arnold Schönberg. Musikalisch sinnvoll und aussagekräftig wird der Werktitel nur, wenn sich das Variieren in einer Dimension abspielt, die zwar in der Reihe verankert, aber nicht restlos durch sie vorherbestimmt ist. Dann wird die Reihe ihrerseits zum Hilfsmittel für die logische und fassliche Darstellung einer musikalischen Idee.

Die Lösung, die Ursula Mamlok für ihr Werk fand, zeigt einerseits, dass sie sich der Zwölftonkomposition von Anfang an mit sicherer Souveränität bediente. Sie demonstriert auf der anderen Seite ihre Fähigkeit, komplexe Vorgänge und Konstruktionen transparent und klar, einleuchtend und einfach wirken zu lassen. Der logische Aufbau der Reihe ist nicht identisch mit der Gliederung in melodische Abschnitte, in denen sie zum Thema wird. Zwischen Struktur und Erscheinung bleibt eine Spannung, die Ursula Mamlok für den Fortgang der Komposition nutzt. Die Reihe organisiert Tonräume, die sie linear ausgestaltet.

Jeder Abschnitt der Reihe verwendet Töne aus einem bestimmten Segment der chromatischen Tonleiter. Diese Ausschnitte schließen sich unmittelbar aneinander an. Sie sind jedoch ungleich lang (4 + 5 + 3 Töne). Das einfache Prinzip wird durch Unregelmäßigkeit vor der Gefahr des Mechanischen und Leiernden bewahrt, der Schönberg in seinen ersten Reihenkompositionen phasenweise erlag.

Fasslichkeit äußert sich im Thema. Es läuft ab seiner Mitte im genauen Spiegelbild rückwärts ab, bringt die Töne der Reihe einmal in der Grund-, dann in der Krebsgestalt. Im Gegensatz zu Werken wie Alban Bergs *Kammerkonzert* aber lässt sich diese Spiegelform hörend nachvollziehen. Mamlok verlangt ein ruhiges Tempo. Sie lässt dem Hörenden Zeit, sich das Wahrgenommene einzuprägen. Das Thema baut sie aus drei gestisch deutlich unterschiedenen Motiven auf, einem öffnenden Anfang (Reihentöne 1 und 2), einer weit ausholenden Melodie, die ein schönes Beispiel instrumentaler Intensität gibt (Reihenton 3 bis 8), und einer ausschwingenden Schlusswendung (Reihenton 9 bis 12), die bruchlos in ihr Spiegelbild übergeht und so den Prozess einleitet, der im gespiegelten Anfangsmodus endet.

Der eigene Stil

Fasslichkeit ermöglicht Ursula Mamlok aber auch durch die Gesamtkonzeption. Sie legt das Werk in Bogenform an. Die zwölfte Variation ist in Tempo, Rhythmik, Dynamik und innerer Symmetrie ein Ebenbild des Themas, allerdings mit versetzter Anordnung der Reihentöne und dadurch in der Wirkung intensiviert.

Variation 12

Dazwischen stellt sie eine Balance zwischen lebhaften Charakterwechseln und strukturellen Querbeziehungen her. Die erste und zweite Variation, schneller und kürzer als das Thema, behalten die Symmetrie bei, verbreitern aber kaum merklich die Spiegelachse. Die dritte Variation kehrt zum Anfangstempo zurück, lässt aber die Spiegelverhältnisse nur noch in ihren Außenteilen erkennen.

Eine nähere Betrachtung verdienen die Variationen fünf, neun und elf. Die fünfte entsteht durch eine eigenwillige Kompositionstechnik: Ursula Mamlok schneidet Töne aus der Reihe aus und schüttelt die verbleibenden durcheinander. Nicht minder eigenwillig gerät die Form: Je zwei ihrer vier Teile verhalten sich wie horizontale Spiegelungen zueinander. Vor allem aber lässt die Komponistin in dieser Variation eine latente Harmonik entstehen. Sie muss schnell gespielt werden. Das angegebene Tempo darf auf keinen Fall unterschritten werden. Hinter der Staccato-Virtuosität tun sich Andeutungen von Klangfeldern auf. Sie bilden sich aus den Reihentönen drei bis sechs, die zusammen einen Ganztonakkord ergeben. Diese Töne werden häufig wiederholt, sie wirken dadurch wie ein gebrochener Vierklang, um den herum und vor dessen Hintergrund die anderen Töne flattern und sich gruppieren. Verschiebungen in den Reihenstrukturen werden als harmonische Rückungen hörbar. Gerade diese am heftigsten bewegte Variation bietet ein eindrucksvolles Beispiel dafür, wie Ursula Mamlok aus Klangvorstellungen heraus komponiert.

Variation 5, erste Hälfte

Die Variationen neun und elf sind Glanzstücke komponierender Reduktion. Variation neun besteht im Kern aus zwei Tönen, die in gewissen Zeitabständen wiederholt werden. Sie werden durch ornamental-virtuoses Figurenwerk angesteuert. In den Ornamenten spielt sich die dodekaphonische Kunst ab.

Variation elf hebt wieder die harmoniebildenden Töne heraus und formt sie zum Rufgestus, der erst zögernd, dann immer ausgiebiger Antworten erhält. Für einen kurzen Moment scheinen beide Gesten zu verschmelzen. Mamlok macht aus dieser Variation ein imaginäres Zweipersonenstück vor dem Abgesang der zwölften Variation.

Der eigene Stil

Variation 9
♪ = 116

Was aber bedeutet nun der Titel *Variationen*, worin besteht das Variieren über die Tatsache einer Reihenentfaltung durch permanente Verwandlung hinaus? Im großen Äußeren folgt Ursula Mamlok einer klassischen (und keineswegs nur in der Musik relevanten) geistigen Bewegung: Durch das Bedenken und Überdenken eines Themas entfernt man sich erst immer weiter von ihm, um sich ihm dann allmählich wieder anzunähern. Doch das, was man am Ende dieser Rückkehr erreicht, ist nicht mehr genau dasjenige, bei dem man begann. Darüber hinaus lassen sich aber auch einige spezifische Merkmale von Ursula Mamloks Variationsweise benennen:

1. Ein bestimmtes Schema (die Symmetrie des Themas) wird abgewandelt, auf kleinere Einheiten verteilt, durchbrochen und wiederhergestellt.
2. Eigenschaften eines Grundgedankens (Thema aus einem Reihenverlauf und seiner Spiegelung) werden entfaltet in struktureller, zeitlicher (Tempo und Länge der Variation), gestischer und harmonischer Hinsicht, durch Gedankenbewegungen der Expansion und Reduktion.
3. Die kontrastierenden Teile fügen sich durch Dramaturgie und Querbeziehung (ähnliche Tempi der Variationen 5, 8 und 10; generell einheitliche »Grundschwingung« knapp unter sechzig Impulsen pro Minute, modifiziert nur in Variation sieben) zu einem stimmigen Ganzen zusammen, das durch die Bogenform, die Wiederkehr des Themas in veränderten Konturen am Ende, noch verstärkt wird.

Der Einfluss Stefan Wolpes

Die Flötenvariationen arbeitete Ursula Mamlok im Januar 1961 aus. Auf dem Skizzenblatt mit dem Thema und der ersten Variation notierte sie den 2. Januar 1961, am Ende der Variation zwölf den 19. Januar. Die Skizzen gewähren Einblick in die Arbeitsmethode im Endstadium der Komposition. Mit Rotstift sind die verwendeten Reihenformen auf einem eigenen System festgehalten; gestrichene Zeilen oder Seiten deuten Überlegungen an, die wieder verworfen wurden – im nachfolgenden Beispiel den vereinfachten Tonhöhenverlauf ohne weiträumige Oktavtranspositionen, an anderer Stelle wurden ganze Variationen ausgestrichen.

Über den Prozess, in dem die musikalischen Gedanken ihre definitive Form annehmen, sagen die Skizzen einiges aus. Von Anfang an folgt die Komponistin einer klaren Disposition; die ersten Seiten enthalten wenige Korrekturen. Nur an einzelnen Stellen und in weit fortgeschrittenem Stadium der Arbeit (bei Variation 10) werden Alternativen erprobt. Das erste Blatt der Variationen belegt außerdem, dass sie ursprünglich als zweiter Satz eines größeren, mehrteiligen Werkes gedacht waren. Fertig ausgeführt ist ein erster Satz, er wurde inzwischen separat als *Arabesque* veröffentlicht. Der Idee nach kann er sowohl als Vorspiel wie als Alternative zu den Variationen aufgefasst werden. Seine Basis bildet eine Dreitongruppe, eine Kombination von Ganz- und Halbton, mit der auch die Reihe der Variationen beginnt. Dort lautet die initiale Tonfolge cis–dis–d, in der *Arabesque* c–h–cis, das entspricht der Krebsumkehrung des Reihenbeginns. Mithilfe dieses Motivs, seiner Transpositionen und Spiegelungen erreicht Ursula Mamlok nach und nach alle Töne des Chromas in verschiedenen Lagen. Da die Einzelmotive öfter wiederholt werden, bilden sich Tonfelder, die in ihrer Funktion den Harmonien im tonalen Plan eines traditionellen Werkes gleichen. Die fünfte Variation führt diesen Ansatz weiter und baut ihn zu latenter Mehrschichtigkeit aus. Weil die Dreitonfolge die Keimzelle der Reihe bildet, handelt es sich bei ihr um eine Vorstufe. Zugleich aber wird das Ziel der Reihenkomposition, das Strukturieren und Erfahren eines musikalischen Ereignisraums, auf nicht seriellem Weg erreicht, insofern muss man von einer Alternative zum Reihendenken sprechen.

In ihren Flötenstücken kam Ursula Mamlok dem sehr nahe, was Eric Salzman 1963 in Gesprächen mit Stefan Wolpe über dessen neuere Werke das »Betrachten und Wiederbetrachten des Materials unter wechselnden Gesichtspunkten, auf vielen verschiedenen Ebenen und in unterschiedlichen Verbindungen« nannte[1]. Mamlok wählte ihr Material – Halb- und Ganzton – elementar und denkbar knapp, die Aspekte, unter denen sie es inspiziert, geraten desto vielfältiger; die Komponistin erprobt Möglichkeiten einer freien, rhythmisch vielgestaltigen instrumentalen Deklamation. Den Zeitverlauf regelt nicht eine vorgeordnete serielle Organisation, sondern eine expressive Dramaturgie, welche die Wirkungen einer Dreitonfolge in einem bestimmten musikalischen Raum und Klangspektrum zur Geltung bringt und lenkt.

Wolpe waren damals sowohl die Ökonomie des musikalischen Materials als auch die Bedeutung der »schöpferischen Fantasie« wichtig, die ihn das, was ein musikalisches Material an Möglichkeiten birgt, »entdecken« ließ wie mit »Kerzen, die man vor seinen eigenen Vorstellungen herträgt, und die nicht immer hell genug sind für das, was man entdeckt.«[2] Komponieren als Freilegen der Tendenzen in einem bestimmten musikalischen Material – mit dieser Auffassung grenzte er sich ähnlich wie Theodor W. Adorno mit seiner Kranichsteiner Vorlesung vom September 1961[3] vom deterministischen Denken des europäischen Serialismus ab.

Ursula Mamlok war von Herbst 1960 bis Ende Januar 1961 Wolpes Schülerin. Der Widerspruch zwischen dem, woran sie ihr Handwerk bislang geübt hatte, und dem, was sie in Konzerten Neuer Musik beeindruckte und was sie selbst erstrebte, belastete sie. Doch warum schloss sie die empfundene Kluft nicht aus eigenen Kräften, durch den eigenen, kühnen Gegenentwurf? Seit ihrem Unterricht bei Gustav Ernest hatte sie eine hohe Meinung vom Metier, von der Beherrschung der kompositionstechnischen Mittel. Sie fallen einem nicht von selbst zu. Auf diesem Gebiet musste sie sich ihrer eigenen Einschätzung nach von den Engen der Tradition noch befreien. Stefan Wolpe gehörte zu den Komponisten, die sich durch Reflexion eigener und fremder Musik weiterentwickelten; seine Analysen vermittelten prägnante Einsichten in die Art, wie Musik gemacht ist. Er konnte, was er meinte, erklären, das machte seinen Unterricht attraktiv. Außerdem stammte er wie Ursula Mamlok aus Deutschland, aus demselben Stadtteil Berlins, in dem auch sie aufgewachsen war, die

---

1   Stefan Wolpe in Conversation with Eric Salzman. Edited and with a Preface by Austin Clarkson, in: The Musical Quarterly, Jahrgang 83, Heft 3, S. 378–412, hier S. 404 f.

2   ebd. S. 391

3   Adorno, Theodor W.: Vers une musique informelle, in Adorno: Quasi una fantasia, Frankfurt am Main 1963, S. 365–437

kulturellen Ideale beider glichen sich. Seit 1957, dem Ende eines einjährigen Deutschlandaufenthaltes, den ihm ein Fulbright-Stipendium ermöglichte, lebte Wolpe wieder in New York. Der permanente Außenseiter erhielt damals, in der zweiten Hälfte seines sechsten Lebensjahrzehnts, zunehmende Anerkennung. In der Neue-Musik-Szene achtete man ihn als Autorität. Als die New Yorker Group of Contemporary Music, die Harvey Sollberger und Charles Wuorinen an der Columbia University gründeten, am 22. Oktober 1962 ihr erstes Konzert gab, war Wolpe mit seinem 1960 komponierten *Piece in Two Parts for Flute and Piano* vertreten[4]. Ursula Mamlok kam zu Wolpe in einer von dessen dynamischen Phasen.

Bei ihren Entwürfen zu den Flötenstücken finden sich auch einige flüchtige Notizen Stefan Wolpes, rasch hingeworfene Skizzen über rhythmische Kontraste und über die Entwicklung von Texturen aus Dreitonzellen; eingerahmt vermerkte er: »the progressive character of the material«. Nach seiner Auffassung birgt das musikalische Material in sich Tendenzen, die man durch Komponieren entdeckt, herausarbeitet und in eine überzeugende Form bringt. Alles, was er skizzierte, betraf gestalterische Fragen, die Ursula Mamlok in ihren Flötenstücken beschäftigten. Von Wolpe gingen starke Impulse auf ihr Schaffen aus. Zu starke vielleicht. Die Flötenvariationen blieben das letzte Werk, das sie im Unterricht bei ihm abschloss. Dass sie wenig später ihre Studien bei ihm abbrach, begründete sie mit Wolpes bestimmender Persönlichkeit, die auf seine Schüler stilprägend einwirkte. Ähnlich wie Schönberg erwartete er, dass sie seiner Ästhetik und Methodik folgten. Ursula Mamlok gewann zumindest diesen Eindruck. Die *Variationen für Flöte* markieren wohl die Grenze dessen, was sie an direkten Einflüssen ihres Mentors für die Ausprägung ihres eigenen Stils als zuträglich empfand. Durch eine ästhetisch engere Verbindung mit Wolpe hätte sie sich ihrer eigenen Befürchtung nach in die Problemzone des Epigonalen manövrieren können. Das wollte sie vermeiden. Die gefühlte Gefahr, dass die Schülerin schließlich zur Jüngerin mutieren könnte, wurde gewiss durch die Nähe der ästhetischen Auffassungen und Prägungen verstärkt. Denn beide, Wolpe und Mamlok, reflektierten den zeitgenössischen Stand des seriellen und postseriellen Komponierens Anfang der sechziger Jahre an der Aufbruchszeit der Moderne: Ursula Mamlok am Expressionismus, Stefan Wolpe am Bauhaus in seiner Frühphase. Beide setzen sich dadurch mit ihrem europäischen Erbe auseinander, das für sie Ideal und verlassene Lebensepoche in einem war. Die Spannung, die in diesem widersprüchlichen Verhältnis liegt, wirkte sich bei Ursula Mamlok nicht nur auf die Kunst, sondern auch auf Überlegungen

---

4 Angaben nach Clarkson, a.a.O. S. 378. Susanne E. Deaver erwähnt in ihrer Dissertation über die Group of Contemporary Music (Deaver, Susanne Elizabeth: The Group of Contemporary Music 1962 to 1992, New York 1993) Wolpes Werk als Teil des ersten Programms nicht.

zur Lebensplanung aus. Ein Brief, den ihr Mann im Sommer 1962 von einer seiner Geschäftsreisen aus Hamburg an sie schrieb, belegt, dass der Gedanke, vielleicht doch nach Europa zu ziehen, zwischen den beiden Ehepartnern seit ihrer zweiten gemeinsamen Transatlantikreise 1961 häufiger diskutiert wurde. Dwight erklärte am 18. August 1962:

»Inzwischen bin [ich] […] erneut zur Überzeugung gekommen, dass wir dort bleiben, wo wir sind, d. h. in New York, auch wenn es gewisse Probleme hat, aber es gibt nichts Problemloses! […] Ich will nirgends anders leben, auch in der Schweiz nicht. Wir müssen nun auch einmal konsequent bleiben und nicht beide immer gleich beim ersten besten Problem davonlaufen wollen. Wir haben noch ca. 20 creative years. Das ist nicht so viel, die Zeit geht schnell. Diese 20 Jahre zu benutzen, um von einem Land zum anderen zu rennen, immer wieder 5 Jahre zu benötigen, um sich einzuleben, ist ein Wahnsinn! Wozu? Ist gar nicht so schön woanders, glaube es mir. Ich urteile nicht von der Hamburg-Warte aus, wo es mir sogar diesmal besser denn je gefällt. Ich sehe es im Allgemeinen. Europa hat sich gedreht, dreht sich wieder, es ist absolut und in keiner Weise dermaßen erstrebenswert, gerade in Europa zu leben. Wir sind mit Amerika verbunden, oder mit New York, mehr als Du ahnst, und Du würdest nach einer gewissen Zeit bittere Tränen weinen.«

Ursula und Dwight Mamlok blieben in New York. Ihre materiellen Bedingungen besserten sich, denn sein Geschäft expandierte, sie fand durch ihre Lehrtätigkeit ein regelmäßiges Einkommen, und ihre Werke erhielten in Konzerten neuer Musik mehr und mehr Beachtung. Bei der jährlichen Composers' Conference in Bennington lernte sie Komponistenkollegen und engagierte Interpreten kennen, die sich für die Gegenwartsmusik einsetzten. Kompositionen wie das Erste Streichquartett und der Zyklus *Stray Birds* wurden von Kritikern als »Höhepunkte der Weekend-Konzerte«[5] hervorgehoben. Der Besuch von Analysekursen bei Harvey Sollberger brachte sie mit einem wichtigen Exponenten der Neuen Musik in Kontakt. Aus der Group for Contemporary Music, die er mit Charles Wuorinen gründete, bildete sich 1969 der Kern der Da Capo Chamber Players; Joan Tower, Pianistin und später auch Komponistin, bei der »Group« als Schlagzeugerin tätig, ergriff zusammen mit der Flötistin Patricia Spencer die Initiative zu der Gruppe, die ihrem Namen dadurch gerecht wurde, dass sie nach Vorbild von Arnold Schönbergs Verein für musikalische Privataufführungen neue Werke in einem Konzertprogramm zwei Mal spielte. Felix Greissle, Schönbergs Schwiegersohn, der 1938 aus Wien in die USA emigriert war, spielte als Interpret, Organisator und Vermittler Neuer Musik in den Neuenglandstaaten eine wichtige Rolle. Lange leitete er als Executive Secretary die US-Sektion der Internationalen Gesellschaft für Neue Musik, produzierte

---

5   Breuer, Robert: Drei Mahlzeiten täglich mit Neuer Musik. Basler Nachrichten vom 31. August 1962, S. 7; ähnlich in Aufbau vom 24. August 1962, S. 11

Rundfunksendungen mit neuen Werken, organisierte Konzerte und bearbeitete wichtige Werke aus der Geschichte der Neuen Musik für Kammerensembles. 1961/62 veranstaltete er an der New School for Social Research in New York eine Seminarreihe »Courses for New Music«, bei der in jeder Woche ein Komponist in sein Schaffen einführte und Ensemblewerke in einem Konzert vorstellte. Bei diesen Kursen lernte Ursula Mamlok Ralph Shapey kennen, der damals Werke seines Lehrers Stefan Wolpe dirigierte. Kurze Zeit danach nahm sie bei ihm Unterricht.

Joan Franks Williams (1930–2003), aus Brooklyn gebürtig, war wie Ursula Mamlok Absolventin der Manhattan School of Music und Privatstudentin von Wolpe und Shapey. 1962 zog mit ihrem Mann Irving Williams nach Seattle und rief dort die Reihe »New Dimensions in Music« ins Leben. Zehn Spielzeiten betreute sie die Initiative zur Aufführung und Vermittlung Neuer Musik, ehe sie 1971 nach Israel emigrierte, um dort eine Position am Staatlichen Rundfunk anzunehmen. Von Ursula Mamlok ließ sie unter anderem am 5. Dezember 1963 die *Designs* für Violine und Klavier aufführen, ein Jahr darauf, am 7. Dezember 1964, standen die *Five Songs from Stray Birds* auf dem Programm, und zwar in durchaus illustrer Umgebung: der erste Konzertteil war ausschließlich Werken von Stefan Wolpe gewidmet, im zweiten Teil folgten den *Stray Birds* eine elektronische Komposition des Norditalieners Niccolò Castiglioni (1932–1996) und Karlheinz Stockhausens *Kreuzspiel*, das Franks Williams dirigierte. Ursula Mamlok fand sich in der Szene Neuer Musik immer besser vernetzt. Europa war für die nächsten Jahrzehnte kein Thema mehr.

Composition für Viola oder Violoncello allein

Den Flötenvariationen von 1961 folgten weitere Werke für ein Instrument allein, 1962 *Composition* für Violoncello oder Viola, 1968 *Polyphony I* für Klarinette, 1972 *Polyphony II* für Oboe oder Englischhorn. Die *Composition* von 1962 ist, obwohl nach den Flötenvariationen entstanden, nicht zwölftönig geschrieben. In dem viersätzigen Werk erprobt Ursula Mamlok Möglichkeiten, im freien Fluss der »Klangrede« Motive und Themen auszuprägen, Varianten zu bilden, Phrasen zu bauen, Kontraste und Zusammenhänge herzustellen und jedem Stück seinen eigenen »Atem« zu geben. Kurz: Sie erkundet Wege zu einer Diktion, die sich nicht am Regelmaß von Versbildungen, sondern am ungleichmäßigen, gleichwohl rhythmisch überzeugenden Sprachfluss der Prosa orientiert. Man kann von einer musikalischen Prosodie sprechen. Sie untersucht damit auch neue Möglichkeiten einer musikalischen Syntax. Folgerichtig notiert sie in dem Werk für ein tiefes Streichinstrument allein weder Taktarten noch Taktstriche. Die Gliederung schaffen die musikalischen Sinneinheiten selbst. Ursula Mamlok versetzt sich mit der Hörerfahrung von 1962 – also in

Der eigene Stil

Kenntnis zwölftöniger, serieller und postserieller Kompositionen – in den Stand der freien Atonalität zurück. Es gibt kein Regel- und Gesetzessystem, das im konkreten Werk befolgt werden müsste, auch nicht die eigene Vorgabe einer Reihe. Ein Stück Musik muss sich ganz allein aus seinem Verlauf begründen und rechtfertigen. Einen guten Einblick in das »Experimentalstudio« der Komponistin gewährt der dritte Teil der *Composition*. Nach dem Modell der klassischen Viersätzigkeit, seinem Charakter und Grundtempo nach, entspricht er dem langsamen Satz.

Er ist aus drei Elementen komponiert. Sie werden zu Beginn nacheinander eingeführt.

Ein Terzklang [a] übernimmt, Satzzeichen in literarischen Texten vergleichbar, interpunktierende Funktion. Er steht am Anfang, man mag sich dabei an Sprachen wie das Spanische erinnert fühlen, in denen etwa Ausrufezeichen nicht nur an das Ende, sondern auch an den Beginn eines Satzes gestellt werden. Dem gliedernden Motiv folgen zwei kurze Themen, Varianten einer gestischen Auflösung. Sie verwirklichen zwei verschiedene Arten, einen motivischen Aufschwung durch eine fallende Bewegung abzufangen. Im ersten Thema [b] erscheint die stürzende Geste doppelt, verlangsamt, im zweiten [c] noch ruhiger, gemessener, zu einem größeren Bogen gezogen, als sammelte sich in ihr die Energie der Phrase. In der Fortsetzung zieht Ursula Mamlok daraus die Konsequenzen: Sie kombiniert die beiden Themen auf doppelte Weise zu einem neuen Energieverlauf. Der erste Teil verbindet den Anfang von Thema [b] und das Ende von Thema [c] zu einer aufwärts drängenden Geste, die durch eine dezent fallende, dynamisch kräftige beantwortet wird. Es handelt sich dabei um eine komprimierte Variante von [c].

Beide Themenvarianten zusammen bilden quasi als Superstruktur die Grundgeste Aufschwung – Ausschwingen in neuer, weiter gedehnter Zeitform aus.

Den gesamten Satz kann man in sieben Phasen des »Betrachtens und Wiederbetrachtens«, in sieben Reflexionsstufen seiner Thematik einteilen. Dabei werden in der mittleren die Interpunktionen, die den musikalischen Verlauf ursprünglich gliederten, in diesen selbst einbezogen, gleichsam aufgesogen – in Sprachtexten wäre ein solcher Vorgang undenkbar. Die fünfte Phase erscheint nach dieser »Durchführung« wie eine variierte Reprise des Anfangs. Sie wird dadurch neu gewichtet, dass Phase sechs in ihren Tonfolgen weitgehend dem Krebs aus dem ersten Teil der zweiten und der gesamten ersten Phase entspricht. Wir begegnen hier erneut auch außerhalb der Reihenkomposition, jedoch durch sie angeregt, Ursula Mamloks Neigung zu gespiegelten Formen. Das Stück kehrt jedoch nicht in seinen Anfang zurück. Es schließt mit einer dekonstruktiven Coda, welche die wesentlichen Grunderfahrungen, auf denen dieser Satz aufbaut, nämlich Geste und Interpunktion, noch einmal in Erinnerung ruft. Beides sind musikalisch-rhetorische Elemente. Verwirklicht werden sie auf einer klaren, einfachen Basis. Zieht man die expressiv-expansiven Gesten von Thema [b] und [c] in einen Oktavraum zusammen, so ergeben sich unterschiedliche Kombinationen dreier Halbtonfolgen.

Der langsame dritte Satz wird in *Composition* von zwei deutlich schnelleren umgeben, nach herkömmlicher Terminologie von einem Scherzo und einem Finale. Im Scherzo wechseln sich zwei gegensätzliche Schichten mehrmals ab, eine sehr rasche, die einem perpetuum mobile gleicht, und eine ruhigere, die sich vom beredt gestischen Charakter zum Melos hin entwickelt. Auch hier wirkt der Schluss eher dekonstruierend. Das Finale verbindet Charakteristika der anderen Sätze miteinander. Zwei Komplexe, gegensätzlich in Ausdruck, Tempo und Motivstruktur, lösen sich ab und durchdringen sich. Wiederkehrende (Terz-)Klänge, die im dritten Satz der Interpunktion dienten, werden hier zu Strukturkernen des musikalischen Verlaufs. Auf sie kann man beim Hören die umgebenden Elemente beziehen wie auf Koordinaten einer nichttonalen Harmonik. Auch dieser Eigenheit begegnen wir bei Ursula Mamlok noch häufiger. Bedeutsamer als diese Momente eines musikalischen Vokabulars aber erscheint in der geschichtlichen Situation um 1960 der geistige Horizont des Werkes:

• Als Studie über musikalische Kurzprosa reflektiert Ursula Mamlok – ganz ohne Worte – das Verhältnis von Musik und Sprache, vor allem die Auffassung von Musik als einer besonderen Art der Rede, die eigenen rhetorischen Regeln und Möglichkeiten folgt. Ohne sich ausdrücklich darauf zu beziehen, wohl auch weitgehend ohne Kenntnis der einschlägigen Schriften und Verlautbarungen, nimmt Ursula Mamlok mit *Composition* Stellung und antwortet musikalisch konkret auf eine Diskussion, die damals in der europäischen Avantgarde mit einiger Intensität geführt wurde. Erinnert sei an Karlheinz Stockhausens Vortrag *Musik und Sprache* bei den Darmstädter Ferienkursen 1959. Er wurde im sechsten Heft der Zeitschrift *die Reihe*, einem Forum des modernen Musikdenkens, abgedruckt. Die ganze Nummer war dem uralten, doch immer wieder neuen und brisanten Thema gewidmet. Dadurch, dass sie sich dem rhetorischen Moment in der Instrumentalmusik zuwandte, bezog Ursula Mamlok eine prononcierte Gegenposition zu den europäischen Diskussionen.

- In den Fragestellungen, welche die Herausbildungen ihres eigenen Stils begleiten, geht Ursula Mamlok auf die Anfänge der Moderne zurück, auf jene Zeit, in der sich Schönberg und sein Kreis aus der überlieferten Klanggrammatik der Musik lösten und nach neuen Wegen suchten, ohne zu wissen, wohin diese führen würden. Sie begibt sich mit den Erfahrungen von 1962 noch einmal in das Stadium der Ungewissheit und entdeckt bei dessen erneutem Überdenken manches, was die klassische Moderne unbeachtet und ungenutzt an ihrem Weg liegen ließ, insbesondere die Möglichkeiten rhythmischer Vielfalt. Sie ermöglichen ihr in *Composition* nicht nur eine überzeugende Art musikalischer Prosa, sondern auch eine Verlaufsform, die selbst bei raschem Wechsel kontrastierender Elemente und Schichten stets im Fließen bleibt. Das unterscheidet sie ebenfalls von ihren europäischen Altersgenossen wie Karlheinz Stockhausen. Der hatte für die vollkommen durchorganisierte serielle Musik und damit für sein eigenes Œuvre die Gefahr erkannt, dass sie in ihrem Pointillismus statisch wirken müsse.

- In *Composition* setzt sich Ursula Mamlok auch mit den klassischen »dialektischen« Formen wie dem Sonatenhauptsatz auseinander, denn die Sätze zwei bis vier sind auf unterschiedliche Weise aus konträren Bausteinen, der Affinität und Abstoßung ihrer Klangfelder entwickelt. Dabei folgt keiner der vier Sätze einem überlieferten Schema; in jedem aber verwirklicht die Komponistin eine andere Art der Dynamisierung musikalischer Verläufe durch Variation und Kontrast.

Polyphony II

Der Titel irritiert. Manchen mag er an die Fuge und die Chaconne erinnern, die Johann Sebastian Bach für Violine allein schrieb: Formen, die ihrem Wesen nach mehrstimmig sind, übertrug er einem einzelnen Melodieinstrument. Für Streichinstrumente wie Violine, Viola oder Violoncello lässt sich dies noch nachvollziehen. Sie können insbesondere dann, wenn sie mit dem zu Bachs Zeit üblichen Barockbogen gespielt werden, in gewissem Umfang Zweistimmigkeit, auch Akkorde erzeugen. In *Composition*, besonders in deren zweitem und viertem Satz, nutzte Ursula Mamlok die polyphonen Möglichkeiten des Streichinstruments. Blasinstrumente wie Klarinette, Oboe oder Englischhorn sind zu solcher Mehrstimmigkeit – von den multiphonics abgesehen – nicht in der Lage. Was also kann Polyphonie für sie bedeuten?

Polyphonie ist eine Musizier- und Denkform, bei der Unterschiedliches weitgehend in Gleichzeitigkeit stimmig zusammengebracht wird. Sie entsteht dadurch, dass man zwei oder mehr grundsätzlich selbständige und für sich logische Verläufe ineinander wirken lässt. Dies kann auf sehr verschiedene Weise geschehen, nicht nur nach den alten Regeln des Kontrapunkts und deren Modifikationen durch freie Tonalität[6] und Zwölftonkomposition[7]. Dabei ist zwischen offenbaren Ereignissen und konstruktiven Verhältnissen zu unterscheiden. Wie praktisch immer in komponierter Musik, hängen Klang- und Schriftbild, Hörwirkung und Denkform aufs Engste miteinander zusammen, sind aber für die Wahrnehmung nicht identisch. Man hört bei einer gelungenen Aufführung stets mehr, als man sich beim Lesen einer Partitur auch mit der größten Imaginationskraft vorstellen kann. Im Schriftbild wiederum erkennt man manchen Zusammenhang, der sich beim Hören nicht oder zumindest nicht unmittelbar offenbart. So gibt es stets jenseits der Aktualität des Hörens oder Lesens eine Potenzialität, neben der Wirklichkeits- eine Möglichkeitsform der Musik, deren Erkenntnis das Verstehen fördert und vertieft.

Ursula Mamloks *Polyphony II* ist eine Zwölftonkomposition. Wie in anderen Werken weist die Reihe, die ihr zugrunde liegt, besondere Eigenschaften auf. Sie besteht in diesem Fall aus drei Viertongruppen. Die zweite ist die Umkehrung der ersten. Die letzte verschränkt zwei Halbtonpaare ineinander. Die Töne sieben bis neun bilden außerdem den Krebsgang der Töne zwei bis vier.

Wesentliche Transformationen der Reihe – nämlich Krebs und Umkehrung – sind bereits in ihr selbst enthalten. In ihrer Gestalt ist angelegt, was danach mit ihr geschieht. Die Anwendung immanenter Konstruktionsprinzipien auf die Arbeit mit der Reihe erscheint damit als eine Übertragung innerer Gestaltmerkmale auf die Metamorphosen des Ganzen, die Kompositionsmethode als eine Entfaltung der Reiheneigenschaften auf verschiedenen Ebenen. Man mag darin schon eine Art abstrakter Polyphonie erkennen, nämlich unterschiedliche

---

6   Vgl. Hindemith, Paul: Unterweisung im Tonsatz, Mainz 1940
7   Vgl. Krenek, Ernst: Studies in Counterpoint, New York 1940; dt.: Zwölftonkontrapunkt, Mainz 1952

Der eigene Stil

Gedankenbewegungen in Gleichzeitigkeit. Sie bleibt allerdings in der musikalischen Konstruktion verborgen, erschließt sich der Analyse zwingend, dem Hören nicht unbedingt.

Das Werk beginnt mit einem ruhigen langsamen Abschnitt. In seinen Tonverläufen werden nacheinander die vier Gestalten der Reihe eingeführt: Grundform, Umkehrung, Krebs und Krebsumkehrung. Der Endton jeder durchlaufenen Gestalt bildet zugleich den Anfangston der nächsten. Rhythmik und Dynamik erzeugen den Eindruck von freiem Fluss und von einer versartigen Gliederung, wie sie expressionistischen Gedichten eigen ist. Der zweite Abschnitt, schnell, staccato, mit Repetitionen der einzelnen Töne, gleicht einem Scherzo. Die Tonfolge entwickelt Ursula Mamlok wie im Kinder-Sprachspiel mit dem »Kapuziner«[8]. Wie dort immer ein Buchstabe mehr wegbleibt, so verkürzt Mamlok die Reihe immer um einen Ton, um den ersten zunächst, dann um die ersten beiden, dann fallen nach und nach auch der dritte, vierte, fünfte etc. weg, bis am Ende nur noch die beiden letzten bleiben. In diesem Abschnitt verwendet die Komponistin nur die Grundreihe, diese aber in verschiedenen Transpositionen. Fügt man die Töne hintereinander, mit denen die Reihen bei vollständiger Verwendung beginnen würden, so erhält man ihre Umkehrgestalt (ohne ihren ersten und letzten Ton). Versteht man Polyphonie als Zusammenwirken unterschiedlicher bis widerstreitender Kräfte, so ist sie hier in zweierlei Hinsicht verwirklicht. Als Polyphonie zwischen erklingenden und verborgenen Verläufen nimmt sie das dialektische Spiel zwischen Écriture und Déscriture vorweg, das für die neuere Musik in Frankreich so wichtig wurde. Das Verhältnis der virtuellen Reihenanfangstöne zum tatsächlich Gespielten gleicht der Beziehung eines Cantus firmus in langen Notenwerten zu bewegten Gegenstimmen in der alten Musik. In beider Hinsicht handelt es sich um eine konstruktive Polyphonie, die den Ablauf zwar bestimmt, aus ihm jedoch hörend kaum zu abstrahieren ist.

Im dritten Abschnitt werden schneller und langsamer Teil wie in der Durchführung eines Sonatenhauptsatzes miteinander verwoben. Was Polyphonie heißen kann, lässt sich hier unmittelbar nachvollziehen. Die langsamen Passagen sind in die schnellen eingeschoben. Sie währen nur kurz, in dieser Zeit sind die raschen Gesten und ihr Grundpuls nicht vergessen, sondern wirken als latente Bezugsgröße weiter. Man nimmt bei konzentriertem Hören zwei Schichten wahr, die wechselweise an die Oberfläche dringen, aber auch dann, wenn sie nicht »an der Reihe« sind, weiterwirken. Dasselbe Prinzip wendet Ursula Mamlok für die Mikroorganisation an. Die schnellen Abschnitte sind latent zweistimmig komponiert. Sie bestehen aus zwei Schichten, die sich deutlich unterscheiden lassen. Die Töne der einen werden anfangs fortissimo mit Tril-

---

8 vgl. Adorno, Theodor W.: Berg. Der Meister des kleinsten Übergangs, Frankfurt/Main 1995, S. 19

lern gespielt, die anderen dagegen kurz und pianissimo. Die ersteren folgen der Krebsumkehrung, die letzteren der Grundreihe.

Es handelt sich um besten Zwölftonkontrapunkt. Ernst Krenek hätte die Passage in sein Lehrbuch aufnehmen können. Die langsamen Einschübe bewegen sich dagegen jeweils in einer Reihenform (Grundgestalt und Umkehrung). Sie beginnen immer vom selben gedehnten Ton aus. Er erhält dadurch Signalwirkung, denn er leitet den musikalischen Charakterwechsel ein, und er schafft eine Bezugsgröße, aus der die räumliche, zeitliche, gestische und expressive Weite des Melos entsteht und verständlich wird.

Das Ineinander verschiedener Reihenformen wird in Teil vier (ab Takt 105) fortgesetzt – mit scharf akzentuierten Einzeltönen für die eine (Umkehrung), leisen Staccato-Repetitionen für die andere Reihenform (Krebs). Im Gestus gleicht dieser Teil einer beschleunigten Variation des zweiten Abschnitts. Auch in diesem Werk steuert die Komponistin eine Bogenform an, deren Charaktere symmetrisch angeordnet sind. Das Stück endet leise, wie es begann, im ruhigen Anfangstempo mit der Krebsumkehrung der Reihe, die in den Anfangston führt. Er ist allerdings zwei Oktaven nach oben versetzt und entspricht damit genau demjenigen, aus dem sich die langsamen Einblendungen in Teil zwei lösten. Doch der fünfte und letzte Teil bringt nicht einfach eine gespiegelte Reprise des ersten. In den ruhigen Abschnitt werden rasche Bewegungen eingestreut. Wir erleben gewissermaßen die Umkehrverhältnisse des dritten Abschnitts. Der musikalische Prozess kann nicht einfach in seinen Anfang zurückkehren und vergessen, was dazwischen lag. Die symmetrische Bogenform wird gleichsam kontrapunktiert durch einen Prozess fortschreitender Integration der musikalischen Denkvorgänge. Damit ist auch die formale Konzeption des Werkes als Polyphonie verwirklicht.

Der eigene Stil

Passagen, in denen die erklingende Musik Dimensionen hinter den vordergründigen Ereignissen in die Wahrnehmung rückt, finden sich bereits in den harmonischen Feldern der Flötenvariationen. In *Polyphony II* erscheint die Spannung zwischen Faktum und Wirkung erheblich weiter ausgebaut. Zehn Jahre Erfahrungen mit der Reihenkomposition liegen zwischen den beiden Werken. In dieser Zeit erweiterte und differenzierte sich das gestalterische Repertoire der Komponistin. Der ungewöhnlich hohe Anteil, den Werke für ein Melodieinstrument allein in ihrem Œuvre einnehmen, verweist auf eine generelle Eigenart ihres Komponierens: auf die genaue Durchformung der individuellen Gestalt, zugleich aber auch auf ihre Fähigkeit zur Verdichtung, aus der Klarheit und Deutlichkeit resultieren; ein wesentliches Kennzeichen ihrer Werke für ein Instrument ist die latente Polyphonie, wie sie etwa in der fünften der Flötenvariationen als Zusammenspiel einer Klang- und einer Melodieebene verwirklicht ist. Im Zusammenhang mit den *Stray Birds*, einer Komposition für Singstimme, Flöte(n) und Violoncello, wird auf die Profilierung der individuellen Gestalt in realer Polyphonie einzugehen sein. Doch zunächst soll Ursula Mamloks künstlerische Entwicklung unmittelbar nach den Flötenvariationen genauer betrachtet werden. Sie vollzog sich selbstverständlich nicht wie im Lehrbuch, bei dem den einstimmigen die zwei-, drei- und vierstimmigen Übungen folgen, sondern in Schritten kreativer Expansion und Konzentration.

Bagatellen für Streichquartett

Nicht alle Werke, die Ursula Mamlok Anfang der sechziger Jahre komponierte, wollte sie an die Öffentlichkeit geben. Einige betrachtete sie als Versuchsanordnungen, die nur für sie selbst von Bedeutung waren. 1961, kurz nach den Flötenvariationen, schrieb sie zwei *Bagatellen* für Streichquartett, eindreiviertel Minuten lang die eine, rund vierzig Sekunden die andere. Besetzung, Titel und Kürze drängen den Vergleich mit Anton Weberns Opus 9 auf, das Ursula Mamlok damals der eigenen Erinnerung nach nicht kannte. Wo die Unterschiede liegen, verdeutlicht eine genauere Untersuchung der Stücke. Wie schon beim historischen Vorbild Beethoven entfaltet jedes Stück eine gestisch-klangliche Idee oder einen Charakter von programmatischer Kürze, deutet ihn also nicht in aller Breite aus. Mamloks *Bagatellen* sind, anders als die Weberns, mit Hilfe von Zwölftonreihen ausgearbeitet. So wie Ursula Mamlok hätte der Schönbergschüler sie nie eingesetzt, nämlich als Organisationsmodell für Klänge, als harmonisches Prinzip. Wie bei den Flötenvariationen baut Ursula Mamlok zwischen Struktur und kompositorischer Darstellung der Reihe eine Spannung auf, Inkongruenz schließt auch hier jede Gefahr des Mechanischen aus.[9]

9   Die Reihen der *Variations for Solo Flute* und der *Bagatellen* gleichen sich. Sie bestehen

Ursula Mamlok bildet daraus drei Klänge, deren einzelne Töne nacheinander einsetzen, und in die durch Tonrepetitionen und Akzente rhythmische Muster eingetragen werden

Klang eins enthält die ersten drei Töne der Reihe, Klang zwei die Töne vier bis sieben, Klang drei die restlichen fünf Reihentöne in einer Art Abphrasierung. In ihr wird angedeutet, was den nächsten Abschnitt auffällig bestimmt: melodische Gesten, die sich vergrößern und von einem Instrument in ein anderes übergreifen. Melodie erscheint als Resultat des Zusammenwirkens von Klang und Zeit, nicht als primäre Gegebenheit, wie man es bei einer Reihenkomposition vielleicht erwartete. Mamlok scheint erst dem Reihenaufbau zu folgen, gliedert dann aber die musikalischen Einheiten anders.

Die zweite *Bagatelle*, ein kurzes Scherzo, steigert sich ebenfalls zur Mitte hin und verklingt am Ende. Sie erhielt nicht die »wörtliche« Symmetrieform der ersten. Sie ist ebenfalls aus einer Zwölftonreihe, aber vielleicht noch deutlicher als die erste als Klangspiel komponiert. Seine vielfältigen, nuancenreichen Schattierungen entstehen aus einer wiegenden Bewegung, die unterschiedlich gespielt (gestrichen, gezupft), unterschiedlich in das Zeitmaß eingefügt und zweistimmig variierend verwoben wird; dann aus Haltetönen und kurzen, fast sprechenden Gesten. Als *Vision fugitive* könnte man das Stück mit einem Titel des jungen Prokofjew bezeichnen. Auch hier wirkt die Reihe nicht primär melodiestiftend, sondern klangbildend und -modifizierend.

Als Ursula Mamlok die beiden *Bagatellen* komponierte, nahm sie, nach dem »Abschied« von Wolpe, Unterricht bei Gunther Schuller. Der stammte aus ei-

---

jeweils aus vier Dreitongruppen. Drei von ihnen kombinieren einen unterschiedlich gerichteten Ganz- und Halbtonschritt, die vierte ergänzt den Tonvorrat durch einen gebrochenen übermäßigen Dreiklang. Dieser steht im Falle der *Bagatellen* am Ende, im Falle der Flötenvariationen an zweiter Stelle der vier Gruppen. Die Anfangstöne der Halb- und Ganzton-Gruppen bilden in beiden Fällen eine Quartenkette. Es handelt sich um dieselbe Reihe, bei der die beiden Hälften in ihrer Folge vertauscht sind.

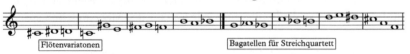

Der eigene Stil

ner Musikerfamilie, die aus Deutschland in die USA gezogen war und früher Schüler hieß. Der Vater war Stimmführer der Zweiten Violinen beim New York Philharmonic Orchestra. Schuller selbst spielte 1941 als Sechzehnjähriger in der Horngruppe des NBC unter Arturo Toscanini die amerikanische Erstaufnahme von Dmitri Schostakowitschs Leningrader Symphonie mit; als Zwanzigjähriger wurde er vom Orchester der Metropolitan Opera als Solohornist engagiert. Ursula Mamlok kannte seine Frau, die Sängerin Marjorie Schuller, eine Schülerin von Lotte Lehmann, die öfter in Bennington sang und auch am Black Mountain und Kenyon College auftrat, seit 1945. Gemeinsam hatten sie Robert Schumanns *Dichterliebe* erarbeitet. »Unterricht kann man die Stunden bei Schuller eigentlich nicht nennen. Sie fanden in seiner Wohnung in der 86. Straße statt, die Kinder fuhren mit ihren Spielzeugautos herum, das Radio lief nebenbei. Ihn störte das nicht. Aber meine Konzentration war doch sehr strapaziert.«

Die »Lehrzeit« bei Schuller währte nicht lange. Im Sommer 1961 fuhr Ursula Mamlok mit ihrem Mann zum ersten Mal seit ihrer Emigration wieder nach Deutschland. Als sie zurückkam, hatte Schuller eine Stelle im Berkshire Music Center in Tanglewood angenommen. Das einstige Summer camp des Boston Symphony Orchestra war inzwischen zu einer wichtigen Begegnungsstätte für ausübende Musiker, fortgeschrittene Studenten und Komponisten ausgebaut worden. Da ihm ab 1964 auch eine Position an der Yale University angeboten wurde, gab er seine Lehrtätigkeit an der Manhattan School of Music auf und verließ New York.

An den Zwölfton-Bagatellen seiner Schülerin, die zwei Jahre älter war als er, hatte er nichts auszusetzen. In Ursula Mamloks Manuskripten finden sich keine Anmerkungen oder Korrektureintragungen ihres damaligen Lehrers. Die Komponistin ließ die Stücke zwar aufnehmen, der Kontrolle halber, aber sie verstand sie als Übungsstücke. Öffentlich wurden sie nicht aufgeführt. Erst der amerikanische Musikologe Barry Wiener, der zahlreiche Analysen und Einführungstexte zu Mamloks Kompositionen schrieb, riet ihr 2005 zu einer Aufführung, die dann 2006 in Philadelphia stattfand. »Ich war selbst verwundert. Die Stücke erschienen mir schwerer zu hören, als ich damals dachte.«

Designs

Die *Designs*, eine zweisätzige Komposition für Violine und Klavier, sind Ralph Shapey gewidmet. Sie markieren als Komposition und durch Begleitumstände bei ihrer Uraufführung zwei entscheidende Stationen in der Zusammenarbeit Ursula Mamloks mit dem Komponisten, der auf ihrem Weg zum eigenen Stil zum wichtigsten Lehrer wurde. Die Stücke entstanden zu Beginn des Unterrichts, den sie bei Shapey nahm; sie wurden als erstes Werk unter seiner Anleitung, besser gesagt: unter der Ermutigung durch seine Anregungen, geschrieben. Das Drum und Dran einer Aufführung aber verursachte einen Bruch im Verhältnis der beiden fast gleichaltrigen Komponisten (Shapey war Jahrgang 1921). Am 15. Februar 1964 veranstaltete das Composers' Forum in New York ein Konzert mit Werken von Ursula Mamlok und dem dreizehn Jahre jüngeren Carman Moore, der nach Studien an der Ohio State University und kurzer Tätigkeit als Englischhornist im Columbus Symphony Orchestra in New York privat bei Hall Overton, an der Juilliard School bei Luciano Berio und Vincent Persichetti studierte. Die Chance zu einem Porträtkonzert im Rahmen dieser Reihe bekam jeder Komponist nur einmal im Leben. Am Ende des Konzerts hatte das interessierte Publikum die Möglichkeit, mit den Autoren der vorgestellten Werke ins Gespräch zu kommen. Fragen konnten auf der Rückseite des Programms notiert und bei dem Moderator – in diesem Fall Carman Moore selbst, ursprünglich war sein Lehrer Hall Overton vorgesehen – eingereicht werden. Von Ursula Mamlok wollte jemand wissen, wer sie denn in ihrer künstlerischen Entwicklung am stärksten beeinflusst habe. Die Befragte geriet in große Verlegenheit. Im Auditorium befanden sich außer der jeweiligen »Verwandtschaft« auch die Exponenten und Freunde der Neue-Musik-Szene, man kannte sich und man pflegte seine Sensibilitäten. »Was sollte ich in dieser Situation antworten?« rekapituliert Ursula Mamlok. »Shapey und Wolpe saßen im Publikum. Hätte ich Shapey erwähnt, der für mich damals der Wichtigste war, dann wäre Wolpe verärgert gewesen. Er verwand es ohnehin schlecht, dass ich lieber bei seinem ehemaligen Schüler Unterricht nahm. Auch den leisesten öffentlichen Hinweis darauf hätte er nicht ertragen. Shapey konnte ich also nicht nennen. Wolpe zu erwähnen, hätte selbstverständlich Shapey gekränkt; außerdem hätte es nicht gestimmt. Auch Wuorinen wäre nicht erfreut gewesen, wenn er gehört hätte, dass sein Name nicht fiel. Was tun? Ich zog mich auf die Geschichte zurück und nannte Schönberg und Strawinsky. Shapey fühlte sich natürlich gekränkt. Er nahm mir diese Antwort übel, gab mir zwar noch eine Zeitlang Unterricht, führte aber nie wieder ein Stück von mir auf, auch nicht in Chicago, wohin er im Laufe des Jahres 1964 wechselte.« Die Fragestellerin war ihre Mutter. »Ich hätte sie an diesem Abend verwünschen können, obwohl sie ihre Frage gewiss gut meinte.« Neben *Designs* wurden an jenem 15. Februar auch die Flötenvariationen und das Erste Streichquartett aufgeführt.

Exkurs: der Unterricht bei Ralph Shapey

In Ursula Mamloks Manuskripten finden sich einige Seiten mit Übungen aus dem Unterricht bei Shapey. Sie enthalten Studien zu der Art rhythmischer Polyphonie, die für ihr Komponieren bis in die neueste Zeit bestimmend blieb.

Der eigene Stil

Grundmuster: Die Taktzeiten werden für die verschiedenen Stimmen unterschiedlich unterteilt, in zwei, drei, fünf, sieben oder noch mehr Werte. Damit gibt es für alle ein gemeinsames Zeitmaß, und doch erhält jeder Part sein eigenes »inneres Tempo«. In der Gesamtwirkung kann so der Eindruck eines freien Zeitflusses erzeugt werden, immer aber entsteht eine Spannung zwischen den Einzelstimmen, die nie völlig im Gesamteindruck aufgehen. Auch in den einzelnen Parts bildet sich eine fließende Bewegung in der Zeit, denn die Unterteilung des Grundzeitmaßes kann auch innerhalb einer Stimme mehr oder weniger rasch wechseln. Die Übungen zeigen, wie die Komponistin immer prägnanter vom Prinzip zur konkreten Gestaltung fand.

In anderen Übungen entwarf Ursula Mamlok Folgen dissonanter Akkorde, die für sie überzeugende Fortschreitungen und Zusammenhänge ergaben. Geleitet wurde sie nur von ihrer Vorstellung und ihrem Gehör. Nirgends in ihren Skizzenbüchern findet sich eine Korrektur Shapeys, obwohl die Übungen im Unterricht genau analysiert und beredet wurden. Der Lehrer bestätigte seiner Schülerin damit unausgesprochen, dass sie sich auf ihre Klangintuition verlassen könne. Die Vorstellung vom Eigenklang eines Stückes stand in der Regel am Anfang, wenn sie es zu konzipieren begann. Latente Harmonik wirkt als ungenannter Hintergrund nicht nur in den Flötenvariationen und den Quartett-Bagatellen, sondern auch in vielen, wenn nicht sogar in den meisten ihrer anderen Werke.

Shapey verlangte keine Übungen mit Zwölftonreihen. Er selbst benutzte sie nicht, hielt sie für verzichtbare »Krücken«, wandte sich aber auch nicht grundsätzlich dagegen. Der Komponist, der sich »strukturell einen Klassizisten, emotional einen Romantiker und harmonisch einen Modernen«[10] nannte, bevorzugte damals bestimmte »Techniken der Tonhöhenorganisation. Eine locker angeordnete Auswahl von Tönen wird fortwährend in unzähligen Konfigurationen präsentiert, bei ständiger Veränderung von Rhythmus, Texturen und Register.«[11]

Durch dieses Verfahren wird ein deutlich umgrenztes Ausgangsmaterial klangräumlich entfaltet, es beruht demnach auf einer primär harmonischen Konzeption. Bei der Komposition des ersten *Designs*-Satzes orientierte sich Ursula Mamlok an dieser Methode. Man mag darin wie Neil W. Levin ein Nachwirken der Tonalität[12] oder eine erneuerte Art tonalen Denkens sehen, das nicht mehr unbedingt die Schwerkraft einer Grundtonart benötigt. Doch scheint daraus auch die Erkenntnis zu sprechen, die Ulrich Dibelius so be-

---

10 The New Grove Dictionary of Music and Musicians. Second Edition, London 2001, Band 23, S. 213
11 Wiener, Barry: Booklet zu *Music of Ursula Mamlok*, Vol. 1, Bridge Records 9291; dt. von Albrecht Dümling
12 Levin, Neil W. in: Booklet zu der CD Naxos 8.559445 *Psalms of Joy and Sorrow*, S. 16

schrieb: »Solange die Komponisten den Klang vorab als einen Kreuzungspunkt von verschiedenen Parametern, von Tonhöhe, Intensität und Farbe, auffassten, hatte das Phänomen an sich in seiner ursprünglichen, ungeteilten Faszinationskraft kaum eine Chance, wirklich beachtet und als solches begriffen zu werden. Der Klang führte deshalb ein subversives Dasein, kompositionstechnisch verleugnet oder durch den analytischen Blick aufs Detail weg-›serialisiert‹, aber als geheime musikalische Wirkungsmacht dennoch vorhanden und eben wegen dieser Verdrängung doppelt virulent.«[13] Die Wirkungsmacht setzte sich in der Tendenz durch, die man als »Klangkomposition« bezeichnete und die in Werken wie György Ligetis *Atmosphères* Anfang der sechziger Jahre beispielhafte, aber durchaus nicht die einzig denkbare Gestalt fand. Ursula Mamlok hat an der »Wiederentdeckung« des Klangs nach seiner seriellen Destruktion ihren eigenen, sehr persönlichen Anteil.

Noch einmal: *Designs*

Die *Designs* sind keine, zumindest keine »reine« Zwölftonkomposition. In ihrem ersten Satz erscheint ein Ton, der Kammerton a, nur ein einziges Mal für den winzigen Bruchteil einer Sekunde, sonst nie. Auch sein Nachbarton gis kommt höchst selten vor, zunächst nicht als Eigenwert, sondern als gewollte Abweichung von g. Erst in der Mitte des Stücks erhält er mit einem tiefen *fortissimo*-Einsatz der Violine einmal bestimmende, danach wieder nur sporadisch-flüchtige Präsenz. Das ursprüngliche Anliegen der Dodekaphonie, mit einer konkret austarierten Balance zwischen allen zwölf Tönen des Chromas die Schwerkraftbildung der Tonalität aufzuheben, wird nicht im vollen Sinn erfüllt. Für Ursula Mamlok war dies vier Jahrzehnte nach den ersten Zwölftonkompositionen kein vordergründiges historisches Anliegen mehr.

Die beiden Sätze der *Designs* sind dadurch miteinander verklammert, dass am Ende des zweiten an die Anfangs- und Schlusstakte des ersten erinnert wird. So entsteht insgesamt eine Art Rondoform, denn der erste Satz ist seinerseits nach dem klassischen Muster A–B–A' dreiteilig ausgeformt.[14] In den ruhigen Rahmenteilen wird das Melos der Violine, das in freien Kurzversen phrasiert ist, von einer polyphon durchbrochenen, gleichfalls versartig gebauten Textur des Klaviers begleitet. Der rhythmische Fluss der beiden Parts ist nicht

---

13 Dibelius, Ulrich: Moderne Musik II, München 1988, S. 33f.

14 Der Zeitverlauf der *Designs* stellt sich den Tempoangaben der Komponistin entsprechend ungefähr so dar: I. Satz: (A) 45 sec – (B) 70 sec – (A') 80 sec – II. Satz: (C) 80 sec – (A'') 40 sec. Dabei entfallen im Formteil (A'), der den Abschluss des ersten Satzes enthält, fast 30 sec auf die Ausgestaltung des Verklingens, nach überlieferten Kategorien: auf die Coda. Das heißt: Die Episoden sind in dieser Rondoform stärker und länger ausgebaut als die Ritornelle.

Der eigene Stil

synchronisiert, die Spannung, die dadurch entsteht, wird durch motivische und akkordische Einwürfe noch verstärkt.

Der zweite Teil (B) ist seinerseits wieder in zwei Abschnitte untergliedert. Im ersten brilliert die Violine mit schnellen, virtuosen Figurationen, das Klavier setzt teils flächige, teils hart akzentuierte Akkorde und stilisierte melodisch-rhetorische Gesten dagegen. Das Tonmaterial der Geige besteht im Wesentlichen aus zwei dissonanten Dreiklängen, einem Septimen- und einem Nonenakkord (d–f–cis und fis–dis–g), ihre Tonfolgen verhalten sich wie vertikale Spiegelungen zueinander. Das Akkordmaterial des Klaviers setzt sich aus einem tiefen, clusterartig verdickten, flächig gedehnten und einem kurzen harten Klang in hoher Mittellage zusammen. In der Hauptsubstanz handelt es sich hier also um ein Spiel mit unterschiedlichen Akkordgestalten und -konstellationen. Quasi melodische Gesten des Klaviers und vereinzelte, ver-rückte Violinklänge treiben den Abschnitt gedanklich weiter. Danach übernimmt das Klavier die virtuosen Figurationen, die Violine spielt weit ausladende Gesten dagegen. Der erste Satz schließt mit einer verwandelten, beruhigten, in beiden Parts stark variierten Wiederaufnahme des Anfangsteils. Sie klingt in halbtönig gegeneinander versetzten Terzklängen aus, mit dem leicht nach unten gerückten Intervall, mit dem die Violine das Stück eröffnete.

Musikalisch-rhetorisch betrachtet beginnt der zweite Satz als rascher, bisweilen launiger Dialog, in dem die beiden Partner blitzschnell und unterschiedlich ausführlich aufeinander reagieren. Violine und Klavier wechseln sich ab. Wenn sie zusammen spielen, hält meist einer von beiden einen längeren Ton oder Klang, als ließe er eine Phrase ausklingen oder wartete den Einwurf des anderen ab, um danach seinen eigenen Gedanken fortzusetzen. Über Tonrepetitionen mündet der Dialog schließlich in ein instrumentales Rezitativ, die Musik verliert an Dichte, bis sich beide Instrumente in großer Höhe treffen und von dort aus in den Epilog, die Erinnerung an den ersten Satz, übergehen. Kompositionstechnisch gesehen fängt der Satz mit einer Zwölftonfolge, einer Reihe, an. Sie kann als Auseinanderfaltung eines Septimen-, eines Nonen- und zweier Ganzton-Dreiklänge gedeutet werden. Man könnte von einer harmonisch konzipierten Reihe sprechen.

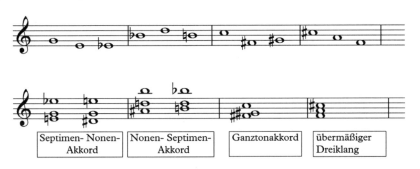

Im weiteren Verlauf des Satzes verwendet Ursula Mamlok Segmente aus verschiedenen Reihenformen zum Teil auch in transponierter Form. Doch sie komponiert keine Reihendurchführung im Sinne von Schönberg oder von Ernst Kreneks Lehrbuch der Zwölftonkomposition. Sie benutzt die Reihe als gestisches und harmonisches Reservoir.

Einmal mehr folgt die Komponistin ihrem Bestreben nach einer klaren, überzeugend geschlossenen Form. Dies widerspricht komplexem Denken und Gestalten nicht. Die *Designs* bestehen aus zwei Sätzen; die Zäsur zwischen ihnen erhält durch das lange Verklingen des ersten deutlichen Nachdruck. Beide werden zugleich rondoartig zu einer Einheit überformt.

Ästhetisch sind die *Designs* trotz ihrer epigrammatischen Kürze dem abstrakten Expressionismus verwandt, einer bedeutsamen Strömung in der damals zeitgenössischen amerikanischen Malerei. Expressiv sind die Stücke vor allem in ihren intensiven rhetorisch-poetischen Qualitäten, abstrakt deshalb, weil sie weder in konkrete Bildlichkeit noch in verbale Ausdrucksbeschreibungen zu übersetzen sind oder auch nur in Analogien darauf Bezug nehmen. In die Kontexte der amerikanischen Moderne aber sind sie nicht nur durch die Nähe zu Ralph Shapeys musikalischem Denken, sondern auch im Sinne einer die einzelnen Künste übergreifenden Ästhetik eingelassen.

Zwölftonkomposition – was ist das?

Die *Designs* deuten den Übergang zu Ursula Mamloks spezifischer Art der Zwölftonkomposition an. Beinahe alle Werke danach entstanden mit Hilfe einer Zwölftonreihe. Erst in jüngster Zeit verzichtete sie wieder auf dieses Mittel, das ihr fast ein halbes Jahrhundert lang selbstverständlich war, einer gestaltenden Sprache oder einer angewandten Wissenschaft vergleichbar. Aber was bedeutet das eigentlich, »Reihenkomposition«? Sie geht zumindest in der Form, in der sie geschichtlich wirksam wurde, auf Arnold Schönberg zurück. Dessen Streit mit Joseph Matthias Hauer um das Erstanspruchsrecht an der neuen Methode oder Technik kann außer Acht bleiben, geschichtlich hat Hauer nicht allzu viel bewegt. Schönberg selbst sprach von der »Komposition mit zwölf nur aufeinander bezogenen Tönen«. Das heißt: Es gibt keine Bezugsgröße außerhalb ihrer selbst, auch kein regulierendes Zentrum wie etwa eine Grundtonart. Komponieren findet danach nicht mehr in einem gestützten, sondern in einem selbsttragenden System statt. Die Konsequenzen betreffen nicht nur die Ton- und Klangorganisation, Melos und Akkordik eines Werkes, sondern auch seine Form und Gestalt. Darauf machte Schönberg unter anderem durch den Titel seines zweiten Lehrbuchs über Harmonielehre aufmerksam; er nannte es *Die*

formbildenden Tendenzen der Harmonie[15]. Mit der tradierten Harmonik mussten auch alle Formprinzipien, die mit ihr zusammenhingen, fallen. In seiner
einzigen theoretischen Schrift über die *Komposition mit zwölf Tönen*, kurz nach
seiner Emigration aus Deutschland entworfen, erklärte Schönberg die geistigen
Grundlagen dieser Methode unter Hinweis auf den musikalischen Raum und
seine Strukturierung.

»Musik ist nicht bloß eine andere Art von Unterhaltung, sondern die Darstellung musikalischer Gedanken eines Musik-Dichters, eines Musik-Denkers;
diese musikalischen Gedanken müssen den Gesetzen der menschlichen Logik
entsprechen; sie sind Teil dessen, was der Mensch geistig wahrnehmen, durch-
denken und ausdrücken kann. Von diesen Voraussetzungen ausgehend, kam ich
zu folgenden Schlüssen:
    Der zwei- oder mehrdimensionale Raum, in dem musikalische Gedanken
dargestellt werden, ist ein Einheit. Obwohl die Elemente dieser Gedanken dem
Auge und Ohr einzeln und unabhängig voneinander erscheinen, enthüllen sie
ihre wahre Bedeutung nur durch ihr Zusammenwirken, ebenso wie kein ein-
zelnes Wort allein ohne Beziehung zu anderen Wörtern einen Gedanken ausdrücken kann. Alles, was an irgendeinem Punkt dieses musikalischen Raumes
geschieht, hat mehr als örtliche Bedeutung. Es hat nicht nur auf seiner eigenen
Ebene eine Funktion, sondern in allen anderen Richtungen und Ebenen und ist
selbst an entfernter gelegenen Punkten nicht ohne Einfluss. [...]
    Demnach ist der musikalische Gedanke, obwohl er aus Melodie, Rhythmus
und Harmonie besteht, weder das eine noch das andere allein, sondern alles
zusammen. Die Elemente eines musikalischen Gedankens sind zum Teil in der
Horizontalen als aufeinander folgende Klänge und zum Teil in der Vertikalen
als gleichzeitige Klänge enthalten. Die gegenseitige Beziehung der Töne regelt
die Tonfolge ebenso wie die Aufeinanderfolge der Harmonien und organisiert
die Phrasierung. [...]
    Die Einheit des musikalischen Raumes erfordert eine absolute und ein-
heitliche Wahrnehmung. In diesem Raum gibt es wie in Swedenborgs Himmel (beschrieben in Balzacs *Seraphita*) kein absolutes Unten, kein Rechts oder
Links, Vor- oder Rückwärts. Jede musikalische Konfiguration, jede Bewegung
von Tönen muss vor allem verstanden werden als wechselseitige Beziehung von
Klängen, von oszillierenden Schwingungen, die an verschiedenen Stellen und
zu verschiedenen Zeiten auftreten.«[16]

---

15 Schönberg, Arnold: Die formbildenden Tendenzen der Harmonie. Aus dem Engli-
    schen übertragen von Erwin Stein, Mainz 1957
16 Schönberg, Arnold: Komposition mit zwölf Tönen, in: Schönberg, Arnold: Stil und
    Gedanke, hrg. Frank Schneider, Leipzig 1989, S. 146–176, hier S. 153 f u. S. 156

Eine Zwölftonreihe bietet demnach die Möglichkeit, aus dem unendlichen und unstrukturierten Raum aller möglichen und denkbaren Töne eine bestimmte Konstellation mit bestimmten internen Kraftverhältnissen auszuwählen und damit den konkreten musikalischen Aktionsraum eines Werkes zu umschreiben, durch eine Art von Koordinaten und Kraftfelder genauer zu definieren und so allmählich das Stück in seiner konkreten Gestalt als Ereignisfolge im vorgezeichneten Raum auszuformulieren. Für den kreativen Prozess geht Schönberg offenkundig von einer initialen Werkidee, einer – wie immer auch noch unklaren – ganzheitlichen Vorstellung aus. Komponieren bedeutet dann, dieser Vorstellung die detailliert ausgearbeitete Gestalt einer Partitur zu geben. Sie wiederum bildet die Grundlage für die vielfältigen Interpretationen durch (möglichst zahlreiche) Aufführungen des Werkes.

Ursula Mamloks Komponieren realisiert sich sehr nahe an der Schönbergschen Auffassung, wenngleich unter anderen persönlichen und geschichtlichen Voraussetzungen. Das bestätigen nicht nur Gespräche mit der Komponistin, sondern auch ihre Werke selbst. Sie sind aus einer primären Klangvorstellung heraus entworfen. Diese wird durch den Vorgang des Komponierens präzisiert, verändert sich dabei selbstverständlich auch, verliert ihre Bedeutung als initiierende Idee jedoch nicht. Reihen sind Hilfsmittel auf diesem Weg der ästhetischen Konkretisierung. Erfüllt eine Reihe diesen Zweck nicht, geraten ihre Formen und Metamorphosen in Widerspruch zur Grundidee, dann wird die Reihe verändert oder durch andere ersetzt. Die Reihe ist für Ursula Mamlok kein Gesetz, das sie erfüllen muss, sondern ganz im Schönbergschen Sinne ein Mittel zur Darstellung ihrer musikalischen Gedanken. Es kann durch andere ersetzt werden, wenn diese sich als entsprechend tauglich erweisen. Nur wird ein Komponist sein Handwerkszeug, seine Darstellungsmittel niemals auswechseln, wenn dazu keine Notwendigkeit besteht. Die Reihenkomposition aber birgt sehr viele Möglichkeiten, sie stehen denjenigen des tonalen Komponierens nicht nach. Ursula Mamloks Werke geben dafür eindrückliche Beispiele.

Eine grundsätzliche Differenz aber unterscheidet Ursula Mamloks Komponieren von Arnold Schönbergs Musikdenken; sie ist geschichtlicher Natur. Schönberg wandte sich energisch und bestimmt gegen (verfrühte) Wiederholungen eines Tones, denn sie könnten »ihn in den Rang einer Tonika erheben«[17] und damit das selbsttragende zugunsten eines tonartzentrierten Systems gefährden oder gar außer Kraft setzen. Denn letzteres sei noch so stark in der Gewohnheit der Hörer verankert, dass es sich bei der geringsten Gelegenheit durchsetzen und damit eine angemessene Wahrnehmung des Werkes durchkreuzen würde. Diese Neigung aber könne nur durch eine möglichst gleichwertige Präsenz aller zwölf Töne abgefangen und konterkariert werden.

---

17 Ebd. S. 280

Ursula Mamlok begann rund vier Jahrzehnte nach Schönberg mit dem zwölftönigen Komponieren. Die geschichtlichen Bedingungen hatten sich seitdem gründlich geändert. Das Komponieren ohne Tonart war längst selbstverständlich geworden, auch wenn es sich im Mehrheitsgebiet des Musiklebens und des Musikkonsums noch nicht einmal andeutungsweise durchgesetzt hatte. Außerdem hatte nicht nur Schönbergs Schüler Alban Berg, sondern nach ihm etliche andere Komponisten, die sich der Dodekaphonie bedienten, einen unversöhnlichen Gegensatz zwischen Tonalität und Reihenkomposition nicht in derselben Strenge gesehen wie Arnold Schönberg selbst. Die aufkommende elektronische Musik begann schließlich das Klangbewusstsein anders als in den herkömmlichen Bezugssystemen zu orientieren, ein Phänomen, das auch auf die Massenmusik übergriff. Ursula Mamlok und ihre Generation – in Europa gehören zu ihr vom Lebensalter her György Ligeti, Luigi Nono, Karlheinz Stockhausen, Pierre Boulez und Hans Werner Henze, vom Eingreifen in das Musikleben eher so gegensätzliche Künstler wie Helmut Lachenmann, Alfred Schnittke, Arvo Pärt, Sofia Gubaidulina – waren nicht mehr, wie Schönberg, im negativen, abgrenzenden Sinne auf das tonale Denken fixiert. Sie konnten sich wesentlich größere Freiheit auch mit der beschränkten Dominanz einzelner Töne nehmen und daher auch mit Reihensegmenten und mit Elementen arbeiten, die ihre Umgebung auf sich fokussieren. In Mamloks Kompositionen finden sich häufig Töne und Figurationen, die wie strukturierende Linien oder wie Strukturgitter wirken und dem Werk dadurch Charakteristik und Fasslichkeit verleihen. Die Befreiung von Vermeidungsstrategien gegenüber tonalen Inseln und die raumorganisierende Auffassung der Reihe ermöglichen es der Komponistin auch, mit einer bestimmten Darstellungsart der verschiedenen Reihenformen zu arbeiten und aus ihr weitere Organisationsmuster ihrer Musik zu gewinnen. Das »magische Quadrat«, das Ursula Mamlok erstmals in einem Hüllentext fand, den Milton Babbitt zu einer Langspielplatte mit einer Aufnahme von Arnold Schönbergs Orchestervariationen verfasst hatte, enthält alle vier Formen einer Reihe – Grundform, Umkehrung, Krebs und Krebsumkehrung – von allen zwölf Tönen der chromatischen Skala aus.

Wiedergegeben wird auf der folgenden Seite die Reihe, die Ursula Mamlok 1977 für die Komposition ihres Sextetts verwendete. Waagrecht von links nach rechts sind die zwölf Transpositionen der Grundreihe zu lesen, von rechts nach links die zwölf Krebsformen. Senkrecht von oben nach unten sind die zwölf Tonfolgen der Umkehrung, von unten nach oben die Krebsumkehrungen notiert. Die obere und die linke Zahlenreihe geben den Abstand des jeweiligen Reihentones vom Anfangston an, das Maß gibt der herkömmliche Halbton, die untere und die rechte Zahlenkolumne nennen die Position in der Reihe, wobei die Zählung ebenfalls mit Null beginnt.

	Ursula Mamlok, Sextett – Reihenquadrat													
	∪∨													∪∨	
G>		0	1	11	10	2	9	7	5	3	4	6	8		<K
	0	G	As	Ges	F	A	E	D	C	B	H	Cis	Dis	0	
	11	Ges	G	F	E	As	Es	Des	H	A	B	C	D	1	
	1	As	A	G	Ges	B	F	Es	Cis	H	C	D	E	2	
	2	A	B	As	G	H	Fis	E	D	C	Cis	Dis	F	3	
	10	F	Fis	E	Es	G	D	C	B	As	A	H	Cis	4	
	3	B	H	A	As	C	G	F	Es	Des	D	E	Fis	5	
	5	C	Cis	H	B	D	A	G	F	Es	E	Fis	Gis	6	
	7	D	Es	Des	C	E	H	A	G	F	Ges	As	B	7	
	9	E	F	Es	D	Fis	Cis	H	A	G	As	B	C	8	
	8	Dis	E	D	Cis	F	C	B	As	Ges	G	A	H	9	
	6	Cis	D	C	H	Es	B	As	Ges	E	F	G	A	10	
	4	H	C	B	A	Cis	Gis	Fis	E	D	Es	F	G	11	
G>		0	1	2	3	4	5	6	7	8	9	10	11		<K
	KU>													KU>	

Diese Darstellungsform ist nicht nur einfacher und ökonomischer als die Notation aller achtundvierzig Reihenformen auf jeweils eigenen Notensystemen. Sie birgt darüber hinaus eigene, zusätzliche Qualitäten. Sie enthält – ohne Festlegung der Oktavlagen und der Zeitmuster – in zwei Dimensionen zusammengefasst die Vorstrukturierung des musikalischen Raumes durch die Reihe. Das Modell lässt sich räumlich zum Würfel erweitert denken, der dann auch in die acht Oktaven, in denen unser Gehör erkenntnisfähig ist, multipliziert werden könnte. In diesem Raum aber sind unterschiedliche Bewegungen denkbar, nicht nur in Richtung der drei Grundachsen, sondern auch diagonal oder spiralförmig von innen her. Damit werden Tonfolgen erreicht, die so zwar nicht in der Reihe, aber in dem von ihr definierten Raum vorhanden sind. Ursula Mamlok machte von diesen Möglichkeiten regen Gebrauch. Sie sind nicht nur in Schönbergs Denkansatz von der Strukturierung des musikalischen Raums angelegt, sie erweisen sich auch als sehr effiziente Übersetzungsmittel einer allgemeinen Klangvorstellung in eine konkrete Werkgestalt.

Der eigene Stil

Wandlungen eines klassischen Genres –
Die Quartettkompositionen

Die Auseinandersetzung von Komponisten mit der Tradition trägt sich zwischen lernender Aneignung und individualisierender Distanzierung zu. Sie beschränkt sich nicht auf Formen und Verfahren, sondern schließt exemplarische Gattungen und deren Geschichte mit ein. Zu ihnen gehört aus mehreren Gründen das Streichquartett. Als Genre bildete es sich in der Frühzeit der klassischen Periode heraus, löste sich von der Praxis des »Divertissements«, gewann durch Haydn und Mozart Selbständigkeit und verband sich seit Beethovens Spätwerk mit dem Nimbus, durch Reduktion auf vier Spieler das ideale Medium zu bieten, um Letztgültiges auszusprechen; und dies in einer Konzentration und Vollendung, die sich dem breiten Publikum nicht unmittelbar offenbart, sondern verständiges Bemühen verlangt. Verkürzt gesagt: Das Streichquartett tritt mit seiner Historie sinnbildlich für den Kunstanspruch der Musik ein. Dies unterstrichen die Komponisten der Zweiten Wiener Schule in der für sie typischen Doppelstrategie: durch Transformation und Opposition. Sie hielten nach Adornos Worten der Tradition die Treue nicht nur dadurch, dass sie sie verwandelnd weiterführten, sondern auch, indem sie sie brachen wie Webern mit seinen *Bagatellen*. Wer Streichquartette komponierte, stellte sich höchsten Maßstäben.

Pädagogisch und satztechnisch stand die Gattung mindestens bis zu Ursula Mamloks Lehrergeneration im Ruf des exemplarischen Prüfsteins: Wer ein Streichquartett schreiben konnte, beherrschte sein Metier, vor den großen Formen und Besetzungen musste ihr oder ihm nicht bange sein. In diesem Geiste ließ George Szell seine Studentin als eine der ersten Arbeiten einen Streichquartettsatz schreiben. – Die bedeutenden Quartette waren als Musterbeispiele hoher Kompositionskunst darüber hinaus immer wieder bevorzugter Gegenstand scharfsinniger musikalischer Analysen. Für diese Gattung bestand in der Tradition des europäischen Tonsatzunterrichts ein besonders enger Zusammenhang zwischen Analysieren und Komponieren. Ursula Mamlok arbeitete ihre *Bagatellen* für Streichquartett in zeitlicher Nachbarschaft zu einer Analyse aus, der sie Gunther Schullers Zweites Quartett unterzog. Schuller war damals für kurze Zeit ihr Lehrer.

Das Streichquartett, dem sie selbst die Nummer eins gab, widmete sie Milton Babbitt. Von ihm hatte sie immer wieder Ermutigung und Unterstützung erfahren. Sie lernte ihn 1945 über Roger Sessions kennen, bei dem auch Babbitt studiert hatte, und sie hätte in der Zeit ihrer Suche, in den späten vierziger oder frühen fünfziger Jahren seine Schülerin werden können, aber sie scheute die brillante Intellektualität des Komponisten und die Komplexität seiner Werke ebenso sehr wie sie beides bewunderte.

to Milton Babbitt

STRING QUARTET No. 1

I

Ursula Mamlok

With intensity ♩ = 48

Violin I

Violin II

Viola

Violoncello

corr. 02/04

Copyright © 1962 by Ursula Mamlok

Babbitts Werke, auch seine pädagogischen, zog sie danach immer wieder für ihre Seminare heran. Mathematiker und Musiker in ähnlich produktiver Spannung wie der neun Jahre jüngere Pierre Boulez, entwickelte er 1946 in einer Studie über Schönberg die Set-Theorie und in ihr auch das Quadrat aller Reihenformen, das für Ursula Mamlok später zum selbstverständlichen Hilfsmittel beim Komponieren wurde. Ihr Erstes Streichquartett ist eine Hommage an Milton Babbitt. Die Widmung steht nicht nur über der Komposition. Sie ist auch in ihr ausgeführt.

Der erste, komplexeste Satz enthält einige auffällige Gesten und Konstellationen, deren ähnliche Wiederkehr auch dann wahrzunehmen ist, wenn man das Werk noch nicht kennt. Sie deuten ein Netz von Querbeziehungen an, die Struktur und Sinn der Komposition tragen. Man wird es bei häufigerem Hören immer besser, klarer und detaillierter erkennen. Vier Elemente fallen auf:

1. Violine I, Anfang

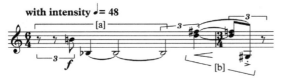

Zwei fallende Motive, das erste [a] führt auftaktig in den langen Ton, das zweite [b] entspricht einer Abphrasierung. Aus dieser Konstellation lassen sich unzählige Varianten bilden: durch Veränderung der Dynamik und der Intervallabstände (Viola Takt 5), durch Ausstufung, Multiplikation und Erweiterung der Gesten (Violine I, Takt 3 mit Auftakt und Takt 4).

2. Viola, Takt 2

Eine Schattenbewegung im Klanghintergrund pianissimo gegenüber forte und fortissimo der anderen Instrumenten: Spielen am Steg, das einen gleichsam verschleierten Ton mit hohem Geräuschanteil erzeugt.

3. Violoncello Takt 6 und 7

Deklamierende, beschleunigte Repetitionen eines Tones.

4. Violine II und Viola Takt 14/15

Ein fallendes Halbtonmotiv (Violine II) wird durch beschleunigte Bewegung, Wiederholung und durch Auseinanderziehen in zwei Oktavlagen intensiviert.

Ursula Mamlok entwickelt den ersten Satz vor allem aus Varianten und Spiegelungen des Anfangsgestus. Dem Material nach läuft das Stück aus seiner Mitte krebsgängig in seinen Anfang zurück, darin dem Thema der Flötenvariationen vergleichbar. Ursula Mamlok komponierte jedoch keine exakte Vertikalspiegelung, sondern veränderte das Verhältnis von Gestus, Tonzuteilung und Zuordnung der Ereignisse zu den Stimmen des Streichersatzes. Erkennbar werden beim Hören vor allem die Gesten drei und vier, auch die zweite, doch sie, die am Anfang die Spannung zwischen Vorder- und Hintergrund und damit die räumliche Wirkung schafft, spielt im zweiten Teil eine untergeordnete Rolle. Gestus eins organisiert und bestimmt den (objektiven) Verlauf, die Gesten zwei bis vier dagegen die (subjektive) Wahrnehmung des Zusammenhangs. Die Varianten des ersten Gestus und seine innere Dynamik wird man bei wiederholtem Hören immer genauer erkennen.

In einer kurzen Werkeinführung nannte die Komponistin den ersten Satz »fantasieartig«. Tatsächlich mag man anfangs den Eindruck gewinnen, als reagierten die vier Spieler aufeinander, indem sie sich imitierend oder kontrastierend antworten. Verstärkt wird der Anschein des quasi Improvisatorischen durch die Tatsache, dass jede Stimme auch in der Geschwindigkeit einem eigenen Bewegungstypus folgt. Im Partiturbild wird dies daran sichtbar, dass das äußerst langsame Grundzeitmaß (ein Puls von ♩ = 48 pro Minute) unterschiedlich unterteilt wird: zwei-, drei-, vier-, fünf- oder sechsfach. Doch was als Fantasie erscheint, ist genauestens disponiert. Zum ersten Mal, so schreibt Ursula Mamlok im Einführungstext zu einem Konzert im Jahre 1963, habe sie nicht nur die Zwölftonmethode angewandt wie in den Flötenvariationen. »Zusätzlich versuchte ich mich von der rhythmischen Gleichförmigkeit meiner früheren Werke zu lösen. Das Interesse, auf mehreren Ebenen der Zeitorganisation polyphon zu arbeiten, blieb das wichtigste Kennzeichen meiner Musik. Während ich diese Verfahren in den ersten beiden Sätzen meines Streichquartetts anwandte [der zweite ist ein Scherzo mit Trio und Coda], entschied ich mich, den letzten Satz aus Einzeltönen entstehen zu lassen, die nicht nur hinsichtlich der Tonhöhen, sondern auch hinsichtlich der Tondauern nach dem Reihenprinzip angeordnet sind. Dies sorgt für eine besondere Art der Spannung, die dadurch gelöst wird, dass ich am Ende zu Motiven aus dem ersten Satz zurückkehre.«

Der dritte Satz unterscheidet sich von den beiden ersten vollkommen. Er ist wie eine Klangfarbenmelodie komponiert, deren Töne nicht nur von einem Instrument zum anderen wandern, sondern auch auf verschiedene Weise gespielt werden, gestrichen, gezupft, ohne oder mit viel Vibrato, am Steg oder normal gestrichen etc. Die versartige Gliederung wird durch eine feste, siebeneinhalb Mal wiederkehrende Schlusswendung markiert: durch den einzigen Takt mit einer halbierten Zählzeit und einen anschließenden Flageolettklang aus den Tönen a und b.

Ab dem zweiten Vers – er verlängert den ersten deutlich – wird jeder folgende um zwei Takte verkürzt (am Ende des Prozesses nur noch um einen). So entsteht je nach Darstellungsweise eine trichter- oder halbtrichterartige Form.

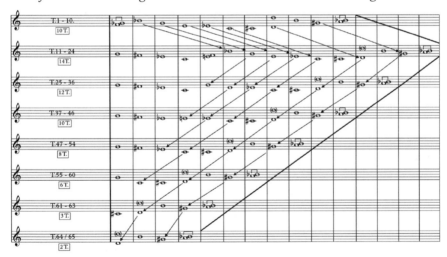

Es handelt sich bei diesem ruhigen Finale um ein einstimmiges Stück, dessen Melos auf vier Instrumente einer Familie und auf sieben verschiedene Spielweisen verteilt ist. In mancher Hinsicht kann man darin ein Gegenstück zu der zehn Jahre später komponierten *Polyphony II* erblicken. Dort verwirklicht Mamlok die Konstellation mehrerer Ereignisschichten, vereinfacht gesagt: die virtuelle Mehrstimmigkeit, mit einem Instrument. Im dritten Satz des Ersten Streichquartetts dagegen fächert sie ein Melos, eine Stimme auf mehrere Instrumente und Klangfarben auf. Zusätzlich organisiert sie auch den Zeitverlauf nach einer Art Reihenprinzip. Sie übernimmt dabei allerdings nicht die Methoden der seriellen Komposition, denen zufolge Tonhöhe, Tondauer, Tonstärke und Tonfarbe durch ein und dieselbe Reihe geregelt werden, sie arbeitet vielmehr mit sukzessiver Addition und Subtraktion von Zeiteinheiten. Die Längenverläufe beziehungsweise die Tonabstände stellen sich, in Vielfachen des angegebenen Grundpulses ($\downarrow$ = 108) ausgedrückt, so dar:

Vers 1					8	7	6	5	4	3	2	[2,5	2	3]
Vers 2	4	5	6	7	8	7	6	5	4	3	2	[2,5	2	3]
Vers 3	4	5	6	7			6	5	4	3	2	[2,5	2	3]
Vers 4	4	5	6					5	4	3	2	[2,5	2	3]
Vers 5	4	5							4	3	2	[2,5	2	3]
Vers 6	4									3	2	[2,5	2	3]
Vers 7											2	[2,5	2	...]
Vers 8												[2,5	...	...]

Die drei Takte in eckigen Klammern bilden die Schlussformel der Verse. Ihr erster Takt mit der »irregulären« Länge 2,5 leitet nicht nur diese »Finalis« ein, sondern bildet für den Verlauf zugleich die Symmetrieachse; bis zu ihr nehmen die Taktlängen ab, nach ihr nehmen sie wieder zu. Daher lässt sich der Zeitablauf des dritten Satzes auch so darstellen:

Phase 1	8	7	6	5	4	3	2	[2,5]	2	3	4	5	6	7
Phase 2	8	7	6	5	4	3	2	[2,5]	2	3	4	5	6	7
Phase 3			6	5	4	3	2	[2,5]	2	3	4	5		
Phase 4					4	3	2	[2,5]	2	3				
Phase 5							2	[2,5]	2					
Phase 6								[2,5]						

Ursula Mamlok schließt eine Gefahr, mit der sich ihre europäischen Altersgenossen aus der »Darmstädter Avantgarde« auseinandersetzen mussten, von vornherein aus: dass nämlich mit der Festlegung einer Reihe und eines Moduls für die Folge ihrer Transformationen ein musikalisches Werk im Wesentlichen vorherbestimmt ist. Der Komponist müsste die Konsequenz seiner Konstruktion nur noch ausschreiben, er würde zum Vollstrecker seines Materials, zum Objekt seiner eigenen Erfindung. Für Ursula Mamlok blieb dagegen die Reihe stets ein Mittel zur Darstellung einer Werkidee, sie wurde nie in die Rolle eines Gesetzes erhoben. Auch in einem weiteren Gesichtspunkt unterschied sich Ursula Mamlok deutlich von den Komponisten der Serialität und Postserialität. Sie strebte immer eine sinnvoll und überzeugend geschlossene Form ihrer Kompositionen an. Im ersten Satz erreicht sie diese auch konstruktiv durch die gespiegelte Anlage; im zweiten durch die dreiteilige Form, die eine wörtliche Reprise des Anfangsteils einschließt; im dritten Satz durch die trichterförmig-spiralartige Verlaufsform; für das ganze Werk aber dadurch, dass der letzte Satz zunächst in eine Variante, dann in eine fast wörtliche Übernahme der Schlussphase aus dem ersten Satz führt – übrigens eine formale Entscheidung, die eine gewisse Parallele zu Brahms' Dritter Symphonie aufweist.

Ursula Mamloks Erstes Streichquartett ist auch für erfahrene professionelle Interpreten ein schweres Stück. Um die fantasieartige Wirkung und den Eindruck eines freien, aber kommunikativ reagierenden Musizierens im ersten Satz zu erzeugen, müssen Einzelparts und Zusammenspiel genauestens studiert und den Musikern selbstverständlich geworden sein. Man muss sich in dieses Stück nicht nur einlesen und es einüben, man muss sich auch einhören. Ähnliches gilt für das Scherzo, seine Zeitschichtungen und Bewegungskontraste, seine Wechsel zwischen rhythmisch gebundenem und kadenzartig freiem Spiel. Es muss mit der Behändigkeit, der Leichtigkeit, Selbstverständlichkeit und Deutlichkeit etwa eines Mendelssohnschen Scherzos vorgetragen werden, obwohl es sich von dessen Ästhetik in jeder Hinsicht unterscheidet. Ein solcher Prozess erfordert Zeit – Zeit zum Üben, aber auch Zeit dafür, dass sich das Studierte im Gedächtnis setzen und zur abrufbaren Einsicht verwandeln kann. Die entsprechende Mühe und Geduld bringen nicht alle Musiker, auch nicht alle erfahrenen Interpreten Neuer Musik auf. Ihr Zweites Streichquartett gestaltete Ursula Mamlok, wie sie selbst betonte, »leichter«. Sie schrieb es mehr als drei Jahrzehnte nach dem Ersten.

Das Zweite Streichquartett

Leichter erscheint das Zweite Quartett für Interpreten vor allem in rhythmischer Hinsicht. Die vielen verschiedenen Unterteilungen, die das Grundzeitmaß als Orientierungsgröße belassen, aber seine betonende und gliedernde Wirkung zugunsten eines freien Fließens weitgehend aufheben, gibt Ursula Mamlok zugunsten einer stärker gebundenen Klangrede auf. Ihre Themenformulierungen nähern sich wieder dem klassischen Ideal, das der Versbildung in der Poesie verwandt ist. Auch Häufigkeit und Art der Taktwechsel sind gegenüber dem früheren Werk deutlich zurückgenommen. Gegliedert ist das Zweite Streichquartett in drei deutlich unterschiedene und voneinander abgegrenzte Sätze. Ihre Tempofolge: bewegt – langsam – schnell entspricht äußerlich dem frühklassischen Muster der Instrumentalmusik. Barry Wiener nannte das Werk daher »fundamentally neoclassical in character«.[18]

Den Kompositionsauftrag erhielt Ursula Mamlok im Januar 1994 von der Fromm-Stiftung an der Harvard University in Boston. Bestimmt war er für das Cassatt Quartet, zu dem sich 1985 vier junge Musikerinnen zusammengeschlossen hatten. Sie nahmen sich vor, neuer Quartettliteratur öffentliche Foren und breiteres Verständnis zu schaffen. Ihre stilistisch konsequente, programmatisch kreative Arbeit wurde bereits nach einem Jahr durch den Ersten Preis im Coleman-Wettbewerb belohnt.[19] Außerdem wurden sie in das erste Young Artists Program der New Yorker Juilliard School of Music aufgenommen. 1989 gewannen sie beim Kammermusikwettbewerb im kanadischen Banff gleich zwei Preise für sich. Das Ensemble nannte sich nach Mary Cassatt (1844–1926), einer Bankierstochter aus Pittsburgh (Pennsylvania), die gegen den Willen ihres Vaters Kunst studierte, als Dreißigjährige nach Paris zog, sich der Bewegung der Impressionisten anschloss und dafür sorgte, dass deren Werke in den USA bekannt gemacht und von Kunstsammlerinnen erworben wurden. Ihr Name steht für die schöpferische Auseinandersetzung mit dem Neuen, für dessen Förderung, für interkontinentale Zusammenarbeit und für die Offenheit der Künste zueinander und zur Lebenswirklichkeit. 1996 musste das Quartett einen harten Schicksalsschlag überwinden. Die Cellistin Anna Cholakian, Tochter armenischer Einwanderer, Gründungsmitglied und treibende Kraft der Musikergemeinschaft, starb an Krebs. Ihrem Andenken widmete Ursula Mamlok ihr Zweites Streichquartett, dessen Komposition sie 1998 abschloss.

Wie zahlreiche andere Kammermusikwerke schrieb sie es mit einer konkreten Vorstellung von den Interpreten, die es als erste aufführen sollten. Das Cassatt Quartet spielte das Werk nach der Konzertpremiere für elektronische Tonträger ein. Die Aufzeichnung[20] lässt die strukturellen Merkmale und die expressiven Kontraste der Komposition plastisch hervortreten. Eine wesentliche Eigenschaft des Werkes kann man dadurch unmittelbar nachvollziehen: den logisch zwingenden Zusammenhang zwischen Ausdruck, struktureller Komplexität und zeitlicher Ausdehnung. Die fünfundsiebzigjährige Komponistin gab damit implizit eine Antwort auf das serielle Denken, das zur Zeit ihrer Stilfindung bis zu ihrem Ersten Streichquartett die internationale Szene der Avant-

---

18 Barry Wiener in: Booklet zur CD CRI 806 *Music of Ursula Mamlok*, New York 1999, S. 9
19 Der Wettbewerb, 1982 in Coleman Chamber Ensemble Competition umbenannt, wurde 1947 als Wettbewerb für junge Künstler gegründet, die noch nicht im Berufsleben standen. Heute steht er Ensembles vom Trio bis zum Sextett offen. Als Juroren wirkten in der Vergangenheit unter anderen Artur Rubinstein, Jascha Heifetz, das Beaux Arts Trio und das Amadeus Quartett. Zu den Preisträgern zählt u. a. das Tokyo String Quartet.
20 Enthalten auf der CD CRI (Composers Recordings Inc.) 806, New York 1999, Track 18 bis 20

garde und der musikalischen Theoriebildung stark beherrschte. Parameter eines Klangkunstwerks liegen für Ursula Mamlok nicht nur in seinem Material, der Dauer, Höhe, Stärke und Farbe der Töne, sondern auch in seinen Wirkungsdimensionen: in der Gestaltung der Zeit, die nicht nur nach Sekundenmaß empfunden wird, im expressiven Gehalt, dessen Wahrnehmung und deutendes Verständnis sich in einer langen Geschichte gebildet hat, sowie in den Graden und Merkmalen der strukturellen Komplexität. Auch wenn diesen drei Wahrnehmungsbereichen keine regulierenden Zahlenverhältnisse vorgegeben werden, können sie sich logisch und überzeugend aufeinander beziehen. Ursula Mamlok gab der Neuen Musik zurück, was sie in bestimmten Phasen ihrer Entwicklung an Komponisten wie Alban Berg verdrängt hatte. Als exponierte Wortmeldung in dieser Hinsicht nehme man die teilweise harsche Kritik, die Pierre Boulez, zwei Jahre jünger als Ursula Mamlok, an Alban Bergs Musik und ihrer Kompromissbereitschaft gegenüber der Vergangenheit übte[21], und als Kontrast dazu die respektvolle Genauigkeit, mit der er wenig später dessen Kammerkonzert samt seinen vielen symbolischen Verschlüsselungen analysierte.[22]

Der erste Satz des Zweiten Quartetts ist fünfgliedrig nach dem Schema A – B – A' – B' – A" aufgebaut. Die zeitlichen Proportionen errechnen sich nach den Metronomangaben der Komponistin so:

Teil	Takte	Dauer ca.
A	1–30	45 sec
B	31–59	75 sec
A'	60–88	45 sec
B'	89–99	30 sec
A"	100–113	25 sec

Nach überlieferten Modellen lässt sich die Abfolge der fünf Teile als Rondo- oder Concertoform mit A als Refrain oder Ritornell und B als Episode deuten. Hört man etwas genauer und konkreter, so stellt man fest, dass A und B als deutlich verschiedene Charaktere, gleichsam als in sich relativ geschlossene Stücke im Stück komponiert und durch Übergangstakte miteinander verknüpft sind. Ihr Verhältnis gleicht demjenigen von Haupt- und Seitensatz in der klassischen Sonatenform. Danach könnte man das Gegensatzpaar A – B als Exposition, A' und B' als Durchführung und A" als Coda mit partieller Reprisenfunktion kennzeichnen. Der Verzicht auf eine vollständige Reprise trüge dann der Diskussion über Sinn und Crux dieses Formteils Rechnung, wie sie im Umkreis der Moderne und der Neuen Musik immer wieder geführt wurde. Schon an

---

21 vgl. Boulez, Pierre: Incidentes actuelles de Berg, in: Polyphonie, Heft 2, Paris 1948
22 vgl. Boulez, Pierre: Vorwort zur Studienpartitur von Bergs Kammerkonzert, Philharmonia 437

dieser Stelle zeigt die – noch ziemlich äußerliche – Betrachtung, dass die traditionellen Formen Ursula Mamlok nicht hauptsächlich als Muster dienen, denen der konkrete Fluss des Gedankens folgt, sondern dass sie selbst zum Gegenstand kompositorischer Bearbeitung und Verwandlung werden.

Ein genauerer Blick auf Verlauf und innere Verhältnisse des ersten Satzes bestätigt dies. Teil A ist aus einem Thema komponiert. Es besteht aus zwei kontrastierenden Charakteren oder Gesten: einem energischen, weit ausgreifenden Anruf der Viola (Motiv a) und einer leisen *misterioso*-Antwort der drei Mitspieler, einer Figur in pendelnden Akkorden (Motiv b)

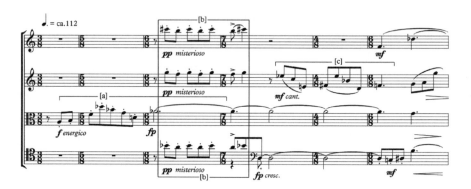

Streichquartett Nr. 2, Takt 1 bis 6

Motiv c ist Antwort und Variation in einem: dem Tonhöhenverlauf nach wandelt es das Motiv a ab, im gegensätzlichen Ausdruckscharakter antwortet es zugleich auf dessen auffordernde Gestik.

Die ersten dreißig Takte drehen sich ausschließlich um diese gegensätzlichen Themenbestandteile. Für eine durchführungsartige Entwicklung, Veränderung und kontrapunktische Verdichtung eignet sich dabei vor allem das Viola-Signal, die Antwort der drei Anderen behält weitgehend den Charakter eines Einwurfs oder einer stehenden Wendung als Entgegnung. Dennoch kann man insgesamt von einem Durchführungsprozess sprechen. Alles geschieht dabei sehr komprimiert, in enormer zeitlicher Dichte.

Für den B-Teil schreibt die Komponistin das halbe Tempo des Abschnitts A vor. Kleine, kurze Motive lösen einander ab wie in expressiven Sätzen Anton Weberns. Was Ursula Mamlok hier entwarf, könnte man eine »räumliche Melodie« nennen. Sie zieht sich von Instrument zu Instrument, entsteht aus der engen und sensiblen Kooperation aller vier Musiker. Selbst das, was man nach dem Schriftbild als Begleitung oder Nebenstimme bezeichnen möchte, wirkt im Höreindruck wie eine Verästelung der Hauptstimme. Die Integration von durchlaufendem Melos und Kontrapunkten (im wörtlichen Sinn) geht über Webern weit hinaus – als quasi gesangliche Radikalisierung. Was zunächst wie

Wandlungen eines klassischen Genres – Die Quartettkompositionen ein durchbrochener Satz erscheint, entpuppt sich immer mehr als Auffächerung eines Melos. Der Eindruck vom »Stück im Stück« wird nicht nur durch das ruhigere Zeitmaß und die größere Ausdehnung (75 sec im Vergleich zu 45 sec für Abschnitt A), sondern auch durch die kompositionstechnische Struktur unterstrichen: Der Abschnitt ist – wie übrigens auch schon Teil A – in sich rückläufig symmetrisch, ab Takt 44 bewegt er sich, anders auf die vier Instrumente verteilt, rückwärts und öffnet sich schließlich einer Überleitung zum Abschnitt A'.

Wenn im Teil A das thematische Material bereits durchgeführt wurde, was kann dann Abschnitt A' nach der Logik des Sonatensatzes Neues bringen? Er bringt Neues im Sinne der Benjaminschen Theorie von der Ähnlichkeit, der Kongruenz von Nachahmung und Abwandlung.[23] Man wird, nunmehr von allen im kräftigen Legato gespielt, den initialen Anruf der Viola wieder erkennen, danach, extrem leise, auch die akkordische Spielfigur als Antwort. Das Anfangsmotiv ausgenommen, bildet A' technisch gesehen die horizontale Spiegelung von A (eine signifikante Abweichung im Notentext dürfte wohl ein Druckfehler sein[24]). Damit verschieben sich vor allem die melodischen Ausdrucksvaleurs. Figuren, die sich im Anfangsteil nach oben öffneten, stürzen nun in die Tiefe. Der Verlauf von Zeit und Dynamik aber gleicht erkennbar dem ersten Teil. Ursula Mamloks Entscheidung für die Spiegelform hat nicht primär konstruktive, sondern vor allem expressive Gründe. Von der horizontalen Spiegelung ganzer Formteile macht sie ungleich selteneren Gebrauch als von vertikalen Symmetrien. Die Ähnlichkeit aber macht die beiden Teile aufeinander beziehbar, auch wenn man die Umkehrungsverhältnisse nur an bestimmten Stellen oder überhaupt nicht hörend identifiziert.

Entsprechend ist B' als Umkehrung von B komponiert, allerdings ohne die interne krebsgängige Spiegelung. Teil A'' fungiert als Coda, als »Nachbemerkung«, denn hier dominiert das Antwortmotiv aus dem ersten Teil. Melodische Konturen sind zugunsten von Klangflächen zurückgenommen. So wird das Ende des Satzes als Sich-Auslaufen vorbereitet.

Der zweite Satz ist der Trauermusik aus dem Oboenkonzert an die Seite zu stellen. Er beginnt, doppelt sinnbildlich, ohne Violoncello. Ursula Mamlok erinnert damit einerseits an den Tod von Anna Cholakian, andererseits bezieht sie sich auf eine alte Tradition, nach der Gedenkmusiken häufig ohne Bass komponiert wurden.[25] Das Cello blendet sich nach kurzer Zeit ein – mit pizzicati, die es von der Bratsche übernimmt, dann mit einem Halteton im Flageolett, mit dem es die erste Violine fortführt. Anna Cholakians Instrument ist erst gar nicht, dann als Substitut anderer beteiligt; erst danach wird es in die Hauptsa-

---

23 vgl. dazu Benjamin, Walter: passim, grundlegend: Theologisch-politisches Fragment, in: Benjamin, Walter: Gesammelte Schriften II, 1, Frankfurt / Main 1980, S. 203–213
24 Takt 68 im Violoncello müsste statt Dis-A wohl Dis-H lauten.
25 Vgl. etwa die Arie *Aus Liebe* in Bachs *Matthäuspassion*

che des Satzes einbezogen: in den elegischen Gesang ohne Worte. Die Zweite Violine stimmt ihn an, begleitet von pizzicati der Bratsche und einem Halteton der Ersten Violine. Diese führt ihn fort – als Umkehrung. Die Melodie der Trauer zieht sich durch den ganzen Satz, wechselt von einem Instrument zum anderen (doch nur selten zum Violoncello). Für kurze Zeit wird er durch rasche »Agitato«-Einwürfe unterbrochen. Sie werden entweder *misterioso* mit hohem Geräuschanteil am Steg, oder laut und *furioso* in normaler Bogenposition gespielt. Sie formen keinen Seitengedanken, sondern brechen von außen in den instrumentalen Gesang ein und gefährden ihn. Ihre Rolle ist destruktiv.

Joyful überschrieb Ursula Mamlok das Finale in pointiertem Gegensatz zur Trauermusik des Mittelstücks. Die Hörwirkung des Satzes entsteht aus einem Dualismus: der Tendenz zum perpetuum mobile einerseits, zum weiten melodischen Bogen, der sich von unruhigerem Hintergrund abhebt, andererseits. Der Drang zur unablässigen Bewegung wird durch eine Art der Rotation erzeugt, die ihren historischen Ursprung in der isorhythmischen Motette des späten Mittelalters hat, aber auch danach immer wieder angewandt wurde. Dabei werden inkommensurable Gliederungsmuster kombiniert. Ursula Mamlok schreibt einen Sechsachteltakt vor, die Figur der Ersten Violine, die mehrfach wiederholt und verkürzt an die anderen Instrumente durchgereicht wird, umfasst sieben Achtel. Werden die Taktbetonungen eingehalten, dann fallen die Akzente immer auf einen anderen Ton der Figur.

In einem zweiten Schritt wird die Bewegung ab Takt 11 als Zweier- gegen Dreiergliederung differenziert. Über die Kombination beider Texturen, der Rotation und der widersprüchlichen Gliederungen, erhebt sich *cantando* das ruhig und großräumig gespannte Melos, »die Reihe als lange, lyrische Melodie«[26]. Der Abschnitt mündet schließlich *calmo* in einen stilisierten gemeinsamen Instrumentalgesang. Die Charakterisierung als Choral ginge wohl etwas zu weit. Insgesamt haben wir es bei diesem Prozess mit einer Auffächerung und Entfaltung (Anfangsbewegung, zweiter Bewegungstyp, Melodie über kombinierter Textur) einerseits, mit einer Metamorphose vom Motorischen zum Kantablen andererseits zu tun.

---

26 Analyse-Notizen von Ursula Mamlok

Im Großen gleicht die Struktur derjenigen des ersten Satzes, denn dieser ersten »Verwandlung« schließt sich ein zweiter Durchlauf wiederum in der Umkehrung an. Er mündet in eine Reminiszenz an den zweiten, dann auch kurz an den ersten Satz. Mit stichwortartigem Erinnern beschließt Ursula Mamlok ihr Zweites Streichquartett. Bei Analysen für Vorträge und Konzerteinführungen legte sie meist die Strukturen von der zugrunde liegenden Reihe her dar. Diese ist so aufgebaut, dass der Ton A im Quadrat mit allen Reihenformen die Diagonale von links oben nach rechts unten bildet.

Ursula Mamlok, Streichquartett II – Reihenquadrat

	U∨															U∨		
G >			0	1	2	3	4	5	6	7	8	9	10	11			< K
			0	2	8	4	1	10	5	11	6	3	7	9			
	0	0	A	H	F	Des	B	G	D	As	Es	C	E	Fis	0	0	
	1	10	G	A	Es	H	As	F	C	Fis	Des	B	D	E	10	1	
	2	4	Des	Es	A	F	D	H	Fis	C	G	E	As	B	4	2	
	3	8	F	G	Des	A	Fis	Es	B	E	H	As	C	D	8	3	
	4	11	As	B	E	C	A	Fis	Cis	G	D	H	Es	F	11	4	
	5	2	H	Cis	G	Es	C	A	E	B	F	D	Fis	As	2	5	
	6	7	E	Fis	C	As	F	D	A	Es	B	G	H	Cis	7	6	
	7	1	B	C	Fis	D	H	As	Es	A	E	Cis	F	G	1	7	
	8	6	Es	F	H	G	E	Des	As	D	A	Ges	B	C	6	8	
	9	9	Fis	As	D	B	G	E	H	F	C	A	Des	Es	9	9	
	10	5	D	E	B	Ges	Es	C	G	Des	As	F	A	H	5	10	
	11	3	C	D	Gis	E	Cis	B	F	H	Fis	Es	G	A	3	11	
G >			0	2	8	4	1	10	5	11	6	3	7	9			< K
			0	1	2	3	4	5	6	7	8	9	10	11			
	KU>															KU>		

Die Zwölftonfolge ist also bereits im Hinblick auf eine besondere Eigenschaft dieses Quadrats konzipiert. Bereits früher hatte sie ähnliche Reihenstrukturen zur Grundlage einer Komposition gewählt: Im *Concert Piece for Four* bildet der Ton E, im Oboenkonzert der Ton D die Diagonale von links oben nach rechts unten, im Reihenquadrat für das Sextett ist es der Ton G, bei den *Haiku Settings* und den *Variations and Interludes* wiederum der Ton A; die andere Diagonale wird dort zunächst von G, dann von H gebildet. Diese Töne können im Ganzen des Reihensets zentrierend wirken und damit die Festigkeit oder Losigkeit der Harmonie- und Zeitstruktur in einem Stück bestimmen.

Das andere Quartett: *Variations and Interludes*

In Ursula Mamloks Œuvre überwiegen die Kammermusikwerke, unter ihnen wiederum diejenigen für gemischte Besetzungen, wie es der Ensemblekultur in der Neuen Musik entsprach. Kompositionen für homogene Besetzungen, etwa ausschließlich für Streicher oder Bläser, bilden eine Minderheit. Mit den beiden Streichquartetten, den *Bagatellen* und den beiden Bläserquintetten bleibt ihre Anzahl sehr übersichtlich. Die *Variations and Interludes* stehen zwischen den beiden Besetzungsarten. Die vier Musiker spielen in diesem Schlagzeugstück gleiches Instrumentarium in unterschiedlichen Größen. Die Gruppen der Instrumente, die sie bedienen, sind jedoch heterogen zusammengesetzt: aus Stabspielen (Xylophon, Glockenspiel, Vibraphon, Marimba und Röhrenglocken), aus Fellinstrumenten (Pauken, kleine Trommel, Tomtoms und Bongos), aus Holz- (Temple und Wood Blocks) und Metallinstrumenten (antike Zimbeln, Triangel, Kuhglocken). Einige verfügen über exakte, andere über ungefähre, wiederum andere über undefinierte Tonhöhen. Die Instrumente des ersten Spielers haben die geringsten, der Set des vierten Spielers dagegen die größten Abmessungen. So entstehen Unterschiede in der Tonlage. Sie fallen jedoch nicht so groß aus wie zwischen Violinen und Violoncello im Streichquartett, der klangliche Überschneidungsbereich bleibt größer.

Das Werk besteht aus fünf Variationen und vier Zwischenspielen. In den ersteren schaffen die Fellinstrumente, zunächst die Pauken, danach auch die Bongos und Tomtoms das klangliche Fundament und Kontinuum, die Interludien sind dagegen den Stabspielen als Instrumenten mit präzisen Tonhöhen vorbehalten. Das ganze Werk legte Ursula Mamlok in der von ihr geschätzten Bogenform an: Die letzte Variation ist die Spiegelform der ersten, die vorletzte gibt dem Krebsgang der zweiten leicht veränderte Klanglichkeit. Dieser Aufbau lässt sich hörend gut mitverfolgen, denn er verwirklicht sich nicht nur in den kompositorischen Details, sondern auch in der Regie der Klangfarben und -dichte. »Die Klangbilder bewegen sich von Dunkel (grollende Paukenwirbel in der ersten Variation) zu Hell (der aktiven dritten, zentralen und längsten Variation)«[27] und entsprechend der Bogenform wieder zum Dunklen zurück. Das hörende Erfassen der Gesamtkonzeption wird durch die gedrängte Kürze des Werkes und durch die bestimmende Stellung des mittleren Satzes zusätz-

---

27 Mamlok, Ursula: Program Note, handschriftlich, Übersetzung H. T.

lich erleichtert: Die anderen Variationen wirken dadurch wie Prolog und Epilog und treten deswegen in ihrer Symmetrie noch deutlicher hervor.

Das mittlere Stück, Variation III, komponierte Ursula Mamlok als ein perpetuum mobile ganz eigener Art. Den durchlaufenden Puls artikulieren Akzente sowie kurzräumig an- und abschwellende Verläufe, die Bewegungen springen von einer Stelle des musikalischen Raums zur anderen, wechseln in rascher Folge aus einem Ensemble ins nächste. Das Klangbild bestimmen die Instrumente ohne fixierte Tonhöhe; nur ein Ton wird immer wieder in größeren Abständen von den Stabinstrumenten eingeworfen. Die Pauken wirken mit ihren Glissandi wie ein Kontrapunkt mit eigener Zeit- und Klangorganisation. Die anderen Instrumente lösen sich unregelmäßig, aber doch in bestimmten Proportionen ab. Vom ersten bis zum letzten Ton wird die Aufmerksamkeit gebunden. Man merkt, dass die rhythmische Freiheit nicht durch Improvisation, sondern durch genau organisierte Abläufe gewonnen ist, auch wenn man ihr inneres Gesetz nicht kennt.

Die *Variations und Interludes* sind aus einer Zwölftonreihe komponiert. Ihre zweite Hälfte ist die Krebsumkehrung der ersten, um einen Ton nach oben versetzt. Drei Halbtonschritte sind in ihnen durch zwei kleine Terzen verbunden. Eine strenge Struktur verleiht der Reihe ihre spezifischen Eigenschaften. Im ganzen Umfang erkennt man diese, wenn man alle Reihenformen im bekannten Übersichtsquadrat zusammenfasst:

Ursula Mamlok, *Variations and Interludes* – Reihenquadrat

	CV	0	1	4	5	8	9	11	10	7	6	3	2		CV	
G >		0	1	4	5	8	9	11	10	7	6	3	2			< K
	0	A	Ais	Cis	D	F	Fis	Gis	G	E	Dis	C	H			0
	11	Gis	A	C	Cis	E	F	G	Fis	Dis	D	H	Ais			11
	8	F	Fis	A	Ais	Cis	D	E	Dis	C	H	Gis	G			8
	7	E	F	Gis	A	C	Cis	Dis	D	H	Ais	G	Fis			7
	4	Cis	D	F	Fis	A	Ais	C	H	Gis	G	E	Dis			4
	3	C	Cis	E	F	Gis	A	H	Ais	G	Fis	Dis	D			3
	1	Ais	H	D	Dis	Fis	G	A	Gis	F	E	Cis	C			1
	2	H	C	Dis	E	G	Gis	Ais	A	Fis	F	D	Cis			2
	5	D	Dis	Fis	G	Ais	H	Cis	C	A	Gis	F	E			5
	6	Dis	E	G	Gis	H	C	D	Cis	Ais	A	Fis	F			6
	9	Fis	G	Ais	H	D	Dis	F	E	Cis	C	A	Gis			9
	10	G	Gis	H	C	Dis	E	Fis	F	D	Cis	Ais	A			10
G >		0	1	4	5	8	9	11	10	7	6	3	2			< K
	KU >														KU >	

Man sieht: Die eine Diagonale besteht nur aus dem Ton A, die andere je zur Hälfte aus H und G. Diese drei Töne bilden außerdem die Mitte, das innere, kleinstmögliche Quadrat. Sie fungieren als Referenzpunkte und -linien in der räumlichen Konzeption der Reihe. Die ganze Tabelle kann als ein System konzentrischer Quadrate von innen nach außen gelesen werden. Genau dies tat Ursula Mamlok in ihrer dritten Variation. In einem Brief an Fein McArthur, der eine Erläuterung und Aufführung des Werkes vorbereitete, schrieb sie 1981: »Im dritten Satz, in dem es als einzig feststehende Tonhöhe das A gibt, werden die Tonnummern als Figuren von einem bis elf Anschlägen gedeutet. A erhält dabei die Zahl 0, danach wird chromatisch aufsteigend durchnummeriert, so dass Ais=B die Zahl 1, Gis die Zahl 11, H die Zahl 2, G die Zahl 10 erhält. Die Verwendung des Quadrats ist unorthodox, vielleicht allein meine Idee. Ich benutze nicht durchgängig ganze Zwölftonreihen, sondern beginne im mittleren Quadrat mit A, durchfahre es im Uhrzeigersinn.« Es entsteht die Tonfolge A–H–A–G und die Zahlenfolge 0–2–0–10. Wenn A wieder erreicht wäre, wechselt sie in die nächste Umlaufbahn. Jedes Mal vermehrt sich die Menge der Töne und ihrer Zahlen-Äquivalente um acht. So vergrößert sie „kontinuierlich die Quadrate, bis sich beim äußeren Umlauf vier miteinander verzahnte Zwölftonreihen ergeben. Die Tonhöhenzahlen, von A=0 aus gerechnet, ergeben das rhythmische Material des Satzes. Wie die Graphik (die Sie vielleicht für Ihre Klasse kopieren wollen) zeigt, übernehmen immer bestimmte Instrumente bestimmte Figuren. [Die Zuordnung wird durchgängig beibehalten.] Wenn das Muster einmal durchlaufen wurde, endet das Stück.

Dieser Satz ist in Wirklichkeit ein einstimmiges (monophones) Stück. Indem ich jedoch die Figuren auf die vier Spieler gleichmäßig verteilte, die Motive ineinander greifen ließ und in den Pauken eine unabhängige Stimme hinzufügte, erhielt er polyphone Wirkung. Den Paukenpart komponierte ich nachträglich, nachdem das andere bereits fertig war. […] Man kann diesen Satz eine ›Prozesskomposition‹ nennen: Wenn die Idee erst einmal gefunden ist, komponiert er sich von selbst. (Bei anderen Kompositionen hatte ich dieses Glück nie. Mit derselben Methode gelang es mir nie sonst, ein Stück Musik zu schreiben.)«[28]

Die Nachbemerkung in der Klammer ist bedeutsam, denn sie belegt erneut: Ursula Mamlok komponierte nicht nach dem Prinzip »Du stellst die Regel auf und folgst ihr dann«, sonst hätten ihr Prozessstücke in Serie gelingen können wie einst Josef Matthias Hauer seine Zwölftonspiele. Die »Regel«, das musikalische Verfahren einschließlich der Mechanismen, die es enthalten oder ermöglichen kann, dient immer der Ausarbeitung und Darstellung einer Idee. Wenn Technik und Imagination nicht zusammenstimmen, entscheidet Ursula Mam-

---

28 Brief vom 23. Oktober 1981 an Fein McArthur, handschriftlich auf Briefpapier der Manhattan School of Music.

lok stets zugunsten der letzteren. Sie kam mit dem Mittelsatz der *Variations and Interludes* den mathematischen und später statistischen Kompositionsweisen eines Iannis Xenakis so nahe wie in keinem anderen Werk. Doch anders als jener blieb sie allem Mechanischen in der Musik gegenüber skeptisch.

Ursula Mamlok hat auch dieses Werk öfter analysiert und als Beispiel in Referaten und Lehrveranstaltungen herangezogen und sich dabei vor allem auf den dritten Satz bezogen. Dies hatte den Sinn, angehenden Komponisten ein Stück des Handwerks zu erklären, Aufführenden durch Kenntnis der Zusammenhänge tieferes Verständnis und größere Sicherheit zu vermitteln, den Hörern aber einen Einblick zu geben, wie ein Klangerlebnis gedanklich-kompositorisch zustande kommt. Es gehört zur sachlichen Zurückhaltung der Komponistin, dass sie dort, wo das Werk selbst durch seine Wirkung zu überzeugen hat, keine Worte macht. Sie strebt im Gegensatz zu manchen Zeitgenossen nicht die Hoheit über die Deutung ihrer Kompositionen an. Diese bleibt jedem Einzelnen, vor allem aber dem Hören in seiner Unmittelbarkeit überlassen.

Deshalb äußerte sie sich selten zum Gesamteindruck eines Werkes, obwohl dessen Idee für sie am Anfang eines Kompositionsvorhabens steht. Bei ihrem Schlagzeugstück erläuterte sie die Interludien meist nur kursorisch, obwohl sie in ihrer alternativen Klanglichkeit im Werkganzen so etwas wie ein zweites Thema, einen Kontraststrang, bilden. Wie die rhythmisch antreibenden Teile in Strawinskys *Sacre du printemps* durch ihre verhaltenen und lyrischen Kontraste an Profil gewinnen, so wird in Ursula Mamloks *Variations and Interludes* der rhythmische Sog insbesondere der dritten Variation durch die Interludien als Gegenkräfte verstärkt. Auch sie bieten Modelle für den Zusammenhang zwischen Expression und Konstruktion. Die Wirkung des dritten etwa entsteht daraus, dass sie das untere Teildreieck des Reihenquadrats, den Ausschnitt zwischen den Teildiagonalen G und A, von der Mitte aus nach unten instrumentiert. Die Notennamen stehen in ihrem ursprünglichen Sinn für Töne, sie werden nicht in rhythmische Impulszahlen übersetzt; alle erhalten dieselbe Dauer von einem Sechzehntel. Dabei liegen die Töne G und A, die stets von der Marimba in der vierten Gruppe gespielt werden, zunächst direkt nebeneinander, danach schieben sich erst zwei, dann vier, sechs, acht, schließlich zehn Töne dazwischen, bis ein vollständiger Reihendurchlauf erreicht ist. Ereigniszeit wird gedehnt und kontrastierend ausgefüllt. Damit antwortet das Interludium strukturell wie ein komprimiertes Echo auf Variation III, aber auch als Gegenstimme: durch das Klangbild und durch die Tatsache, dass sich im Zwischenspiel die Abstände zwischen den Marimbatönen vergrößern, während in der Variation die Abstände zwischen den Paukentönen immer kürzer wurden.

Der Vorzug dieses Werkes ist wohl zugleich sein Nachteil. Die gedrängte Kürze erleichtert das hörende Mitverfolgen. Sie steht aber zugleich einer Programmierung in den ohnehin nicht häufigen Aufführungen von Schlagzeuggruppen entgegen. Das Stück verträgt es durchaus, zwei Mal innerhalb eines Konzerts gespielt zu werden, denn es »bereichert die nicht eben überquellende Sololiteratur für Schlagwerk um sechs Minuten von bemerkenswerter kompositorischer Klarheit.«[29]

Quartette in gemischter Besetzung

Zwischen dem Streichquartett Nr. 1 und den *Variations and Interludes* komponierte Ursula Mamlok zwei Quartette für gemischte Besetzungen, in denen alle drei Instrumentenfamilien vertreten sind, die Streicher, die Bläser und das Schlagwerk. 1964 schrieb sie das *Concert Piece for Four*, es verlangt Flöte alternierend mit Piccolo, Oboe, Viola und Schlagzeug (Holzblock, Tempelblocks, Tomtoms, kleine Trommel, hängendes Becken); zwei Jahre danach entstanden die *Movements* für Flöte / Altflöte, Kontrabass, Vibraphon und Schlagzeug, das ähnlich besetzt ist wie im *Concert Piece*. Beide sind in der Satzfolge schnell – langsam – schnell gehalten, deren Tradition mindestens bis in die Urzeiten des Concerto in der Barockära zurückreicht. In beiden ist das Finale deutlich lebhafter, ausgelassener zu nehmen als das Eröffnungsstück. Beide schließen mit Reminiszenzen, das *Concert Piece* in einem theatralisch inspirierten Gestus, die *Movements* mit einer Rückbesinnung auf ihren Anfang. Das Tonmaterial ist in beiden Fällen durch Zwölftonreihen mit besonderen Eigenheiten vorstrukturiert. Für das *Concert Piece* verwendete Ursula Mamlok folgende Reihe:

Die Reihentöne eins bis sechs und sieben bis zwölf ergeben jeweils in der Summe eine Hälfte der chromatischen Tonleiter. Wie in den *Variations and Interludes* ist die Reihe aber auch in Hinblick auf den »Set« aller Reihenformen mit besonderen Eigenschaften ausgestattet. Im Reihenquadrat wird eine Diagonale wiederum von einem bestimmten Ton gebildet:

---

29 Prihoda, Kurt: Rezension in *Das Orchester* 4/1980

	∨C												∨C	
G >		0	3	11	4	1	2	10	8	5	9	7	6		< K
0	E	G	Es	As	F	Fis	D	C	A	Cis	H	B	0
9	Cis	E	C	F	D	Dis	H	A	Fis	B	As	G	1
1	F	Gis	E	A	Fis	G	Es	Des	B	D	C	H	2
8	C	Es	H	E	Cis	D	B	As	F	A	G	Fis	3
11	Dis	Fis	D	G	E	F	Cis	H	As	C	B	A	4
10	D	F	Des	Ges	Es	E	C	B	G	H	A	Gis	5
2	Fis	A	F	B	G	As	E	D	H	Es	Des	C	6
4	Gis	H	G	C	A	B	Fis	E	Cis	F	Es	D	7
7	H	D	B	Es	C	Des	A	G	E	As	Ges	F	8
3	G	B	Fis	H	Gis	A	F	Es	C	E	D	Cis	9
5	A	C	As	Des	B	H	G	F	D	Fis	E	Dis	10
6	B	Cis	A	D	H	C	As	Ges	Es	G	F	E	11
G >		0	1	2	3	4	5	6	7	8	9	10	11		< K
	KU∨												KU∨	

Auf eine der ersten Aufführungen des Werkes bereitete Ursula Mamlok das Auditorium mit einigen einleitenden Anmerkungen vor:

»Mit dem Titel *Concert Piece for Four* wollte ich darauf hinweisen, dass keiner der vier Mitwirkenden in diesem Werk eine untergeordnete Rolle spielt. Es gibt darin Elemente, die an Kompositionsweisen früherer Jahrhunderte erinnern, zum Beispiel die Einteilung in drei kontrastierende Sätze. Dem ersten, kapriziösen, folgt ein zweites, langsames, ruhiges Stück, das einem Trauergesang ähnelt. Eine Überleitung verbindet es mit einem ausgelassenen Satz, der ›In Hochstimmung‹ [original: ›in high spirits‹] überschrieben ist.

Um Ihre erste Hörerfahrung zu erleichtern, möchte ich Sie anhand einiger Beispiele an einigen Geheimnissen teilhaben lassen. Der erste Satz ist aus acht verschiedenen Unterteilungen eines Grundtempos aufgebaut. Die Zeitteilungen fügte ich nicht nach einem vorgefassten Plan, sondern spontan aneinander. Ich bringe diese Muster in ständig wechselnden Kombinationen und gebe der Musik so die Wirkung einer rasch vorwärtsdrängenden Bewegung, die plötzlich zurückgehalten wird. Manchmal schließen sich die Motive linear zu einer Melodie aneinander, an anderer Stelle erscheinen sie gleichzeitig. Ein Beispiel für die lineare Entfaltung gibt der Anfang des Stücks: Die Flöte spielt nacheinander zwei Fünfergruppen, dann eine Dreiergruppe. Die Viola markiert den Beginn des vollen Takts, ein kräftiger Schlag von Woodblocks und Tempelblocks gibt den Auftakt, gleichsam das Signal dazu.

Concert Piece for Four, 1. Satz, Takt 1–4

Ein Beispiel für die Gleichzeitigkeit verschiedener Unterteilungen des Grundschlages nehme ich aus der Schlussphase des ersten Satzes.

Concert Piece for Four, 1. Satz, Takt 48–51

In Takt 50 stehen Duolen gegen Triolen, Quartolen und Quintolen. Die beiden Beispiele zeigen auch die drei Typen melodischer Figuren, die ich verwende: schnelle Folgen von Tönen, die eng beisammen liegen (kleine Intervalle), weite Sprünge (große Intervalle) und Tonrepetitionen. Im ersten Beispiel erschienen zwei davon, während das zweite alle drei Arten enthält.

Der zweite Satz – sehr ruhig – ist aus einzelnen langen Tönen komponiert, die von leisen Figuren auf einer tiefen, gedämpften Trommel und einem sanften Beckenschlag bestehen. Die Gesamtform gleicht Strophen in der Poesie, die Musik der Trommel und des Beckens bildet den Refrain. Nach der Lebhaftigkeit des vorhergehenden Satzes verspürte ich das Bedürfnis nach Ruhe. Diese Musik mag die Erinnerung an einen Choral, an einen Trauerzug oder einfach Entspannung heraufbeschwören. Noch eine technische Anmerkung: Die langen Noten, die aufeinander folgen, haben nie dieselbe Länge. Dadurch entsteht die Wirkung von Dehnen und Komprimieren der Zeit. Die Schlagzeugrefrains scheinen immer die gleichen zu sein, aber ich verändere sie, indem ich ihre Elemente umstelle und sie verlängere oder – im Übergang zum dritten Satz – verkürze.

Der letzte Satz besteht aus einer Art von Variationenfolge, er geht von einer Form aus, die in der Barockmusik häufig verwendet wurde, der Passacaglia. Sie wird hier stark modifiziert und schließt Kadenzen für jedes Instrument mit ein. In diesem Satz erreiche ich eine vorwärtsdrängende Bewegung dadurch, dass ich Gruppen desselben Bewegungsmusters hintereinanderhänge [im Partiturbild sind sie mit ›scherzando‹ bezeichnet, dabei werden die rotierenden ›Patterns‹ anfangs verkürzt; in den Takten 4 bis 6 bestehen die Figuren der Viola erst aus zwei vollständigen Quintolen, beim zweiten Mal wird die erste, beim dritten Mal auch die zweite Note weggelassen; entsprechend in Takt 7 und 8 der Oboe: die erste Gruppe beginnt mit einer, die zweite mit zwei, die dritte mit drei Pausen, H.T.].

Vgl. Notenbeispiel auf Seite 134

Eine Anmerkung zum Schlagzeugpart mag von Interesse sein: Von den Eröffnungstakten der Bratsche bis zu dem Zeitpunkt, an dem auch Oboe und Flöte ihren Auftritt hatten, wirft das Schlagzeug nur eine Note ein und markiert damit das Phrasenende. Im weiteren Verlauf des Satzes fügt der Perkussionist seine eigenen Figuren ein, bis er den anderen ebenbürtig ist. Von da an tritt sein Part in den Vordergrund, während sich die Gesamttextur sukzessive ausdünnt; und wenn sich schließlich jeder aus der Szene zurückgezogen hat, klingt seine Rolle in einem Solo nach.

Ich betrachtete meine Musik ein wenig so wie Elliott Carter die seine, nämlich als ein theatralisches Ereignis, bei dem die Akteure auf der Bühne einen Disput führen, und ich stellte mir dabei vor, dass das Schauspiel mit dem Schlagzeugsolo ende, und dass wir danach die Akteure hinter den geschlossenen Vorhang gehen sehen und dabei erst jeder einzeln, dann alle zusammen sich verbeugen, bis der laute Eröffnungsschlag des Perkussionisten wieder zu hören ist und dem Stück genauso energisch ein Ende setzt, wie er es zu Beginn aufrief.«[30]

---

30 Englisches Typoskript im Archiv der Komponistin. Übersetzung H.T.

Concert Piece for Four, 3. Satz, Takt 1–14

Wandlungen eines klassischen Genres – Die Quartettkompositionen

Movements

Die *Movements* sind für zwei Melodieinstrumente, ein hohes und ein tiefes, und zwei Gruppen von Impulsinstrumenten, eines mit präzisen (Vibraphon), die anderen mit ungefähren Tonhöhen (Bongos, Holz-, Metall- und Tempelblocks, hängendes Becken) geschrieben. Sie decken alle Tonlagen von tief unten (Kontrabass) bis ganz oben kontinuierlich ab. Schon die Besetzung wirft die Frage nach dem Verhältnis von (vorgegebener) Differenz und (herzustellender) Identität auf. Um das Verschiedene zusammenzuführen, wendet Ursula Mamlok vor allem zwei Mittel an: Übergänge und Klangfelder. Übergänge entstehen dadurch, dass gewisse Ereignisarten – Einzeltöne auf einer bestimmten Höhe, Tonrepetitionen, melodische Verläufe und charakteristische Bewegungsmuster – von einem Instrument zum nächsten »weitergereicht« oder von einem anderen imitiert und abgewandelt werden. Klangfelder bilden sich, wenn Töne einer bestimmten Konstellation mehrfach wiederholt werden und sich so für das Ohr zu einer Klangtextur verweben. Übergänge drängen als dynamische Bewegungsformen weiter, Klangfelder dagegen verharren, streben dem innerlich belebten Stillstand zu. Es handelt sich in der Wirkung um gegenläufige Kräfte. Ein Gegensatz, der bereits im *Concert Piece for Four* die energetische Konzeption mitbestimmte, wird in den *Movements* noch schärfer profiliert.

Im Musikdenken der sechziger Jahre wurde oft der Erkenntnischarakter der Kunst hervorgehoben. Damit bezog man sich ausdrücklich auf die Anfänge der Moderne, wie sie unter anderem in den Schriften Kandinskys und Schönbergs theoretisiert wurden. Jede Komposition gibt auch Aufschluss darüber, wie ein Kunstwerk sich bildet. Diese implizite Information kann als ausdrückliches Thema gestellt werden. In diesem Sinne thematisieren die *Movements* das Verhältnis von Punkt (= Einzelton), Linie und Textur, ihre Unterschiede, ihre Kombinationen und die vielfältigen Transformationen zwischen ihnen. Die Überlegungen gleichen eher der Elementarlehre abstrakter Kunst, die Kandinsky in seinem Band über *Punkt und Linie zu Fläche* formulierte, als der Parametertheorie der Serialisten. Ein zweites Grundthema deutet der Titel an. »Movements« kann man einerseits als »Sätze« verdeutschen, aus deren drei besteht Mamloks Komposition, andererseits als »Bewegungen« übersetzen. Zeit wird zum Gegenstand des Komponierens und bleibt nicht mehr allein das Medium, dem sich die Musik zu ihrer Entfaltung anheimgibt. Das Zeiterleben aber ist nicht nur an Tondauern und Impulsgeschwindigkeiten abzumessen, sondern ergibt sich aus einem komplexen Wirkungssystem differenter und veränderlicher Bewegung.

Entscheidend dafür ist zum Beispiel das Verhältnis von Grundpuls (vorgeschriebenes Metrum) und Figuration. Für die ersten beiden Sätze der *Movements* gilt das gleiche Zeitmaß ♩ = 48, dennoch wird man den ersten als ziemlich zügig, den zweiten hingegen als langsam empfinden. Das liegt nicht allein an den schnelleren Figurationen und ihrer größeren Häufigkeit im ersten Satz, sondern vor allem am raschen Wechsel zwischen Vorwärtsdrängen und Verharren (bei intensiver Binnenbewegung), am permanent und auf knappen Zeitstrecken ausgetragenen Konflikt zwischen impulsiver, getriebener und stehender Musik. Im zweiten Satz herrscht dagegen die ruhige Bewegung vor, die sich aus der Begleitung der Hauptstimme heraus erst gegen Ende psychologisch beschleunigt. Das Liedhafte der Konzeption wird durch Schlagzeug-Kadenzen unterbrochen und unterstrichen. Durch die quasi improvisatorischen Zäsuren wird die Gliederung in Verse von unterschiedlicher Länge hervorgehoben. Das entspricht im Übrigen einer alten gemeinschaftlichen Gesangspraxis.

Im dritten, schnellen Satz wirken unterschiedliche Unterteilungen des Zeitmaßes (drei-, vier-, fünf-, sechs- und siebenfach) zum Teil simultan gegeneinander, zum Teil sukzessive wie »weiche« Übergänge in freien Vortragsformen. Alles geschieht in sehr kurzen Zeitspannen, so kann leicht der Eindruck dessen entstehen, was Stefan Wolpe »Augenblicksform« nannte: »den immer wieder hergestellten und immer weiter gehenden Augenblick«[31].

Es findet sich in den *Movements*, auch im *Concert Piece for Four* vieles, was an die musikalische Denkweise von Stefan Wolpe erinnert, etwa die Bedeutung von Gegensätzen und Zeitgestaltung: »Die einander am stärksten widersprechenden Erscheinungsformen, denen eine musikalische Idee unterworfen werden kann, sind in der Substanz Zusammenhänge, die in der Zeit verzerrt werden. Eine musikalische Idee braucht keine vorbestimmte Zukunft. Ihr Inhalt offenbart sich in überzeugenden Einheiten.«[32] Das schrieb Wolpe über sein *Stück in zwei Teilen für Flöte und Klavier* aus dem Jahr 1960. Es könnte auch für Ursula Mamloks Quartette aus den Jahren 1964 und 1966 gelten. »Für Wolpe ist Komponieren ein Entdeckungsprozess. Skizzen und Diagramme, die der Phase des eigentlichen Komponierens vorangehen, spielen den spontanen schöpferischen Einfall gleichsam frei«[33], bemerkte Austin Clarkson über Wolpes Ästhetik und Arbeitsweise insbesondere der sechziger Jahre. Ähnlich könnte Ursula Mamloks künstlerische Methode umschrieben werden, auch wenn sie ihr Komponieren weit weniger theoretisierte und in ein System der Selbstdeutung einlegte als ihre männlichen Kollegen diesseits und jenseits des Atlantik. Was sie schrieb, klingt schon der gedrängten Kürze und der instrumentalen »Sanglichkeit« wegen ganz und gar nicht nach Wolpe. In der ähnlichen Denkart aber wirkt die Herkunft aus dem hoffnungsvollen kulturellen Klima im Berlin der zwanziger Jahre vielfach vermittelt nach. Für Ursula Mamlok trifft auch zu, was Charles

---

31 zit. nach: Clarkson, Austin: Stefan Wolpe – eine biografische Skizze, in: Clarkson, Austin und Traber, Habakuk (Hrg.): Stefan Wolpe. Berlin – Jerusalem – New York, Berlin 2002 (Programmbuch des Konzerthauses Berlin), S. 3–9, hier S. 8

32 zit. nach: Traber, Habakuk: Exil als künstlerische Existenzform, in: Programmheft zu den 50. Berliner Festwochen, Konzert am 4. September 2000, unpaginiert

33 Clarkson, ebd. S. 8 f.

Wuorinen über sein Verhältnis zu Wolpe sagte; er verglich es mit demjenigen zu Milton Babbitt und Elliott Carter und meinte: »Was ich von Wolpe lernte, war einerseits nicht so spezifisch, auf eine andere Art aber sehr viel spezifischer. In bestimmten Fällen stammen manche Gesten, die ich verwende, unmittelbar aus Gesten seiner Musik, vor allem aus begrenzten, schnellen Artikulationen mit repetierten Tönen aus einem eingeschränkten Tonvorrat, wie sie für ihn so typisch sind; andererseits lernte ich von ihm die außerordentliche Spontaneität und das Gespür für die Richtigkeit musikalischer Entscheidungen.«[34]

Ursula Mamloks Studienzeit bei Stefan Wolpe währte nur kurz. Aber eine Sache ist der formelle Unterricht, eine andere die Eindrücke beim Hören von Musik, aus dem sie stets wichtige Anregungen empfing. Bei Shapey studierte sie wesentlich länger, mehr als zwei Jahre. Als Lehrer war er für sie gewiss die wichtigere Persönlichkeit, aber Wolpe war – wohl auch für sie – der bedeutendere Denker. Man liegt gewiss nicht falsch, wenn man in Abwandlung eines bekannten Ausspruchs behauptet, dass sie zwischen Frühjahr 1962 und Sommer 1964 auch Wolpes Geist aus Shapeys Händen empfing. Shapey war Wolpes Schüler; für die Förderung der intuitiven Sicherheit beim Komponieren war er gewiss der bessere Vermittler.

---

34 ebd. S. 50

Lehren und Komponieren

Vom Komponieren neuer Musik allein kann kaum jemand leben, insbesondere nicht am Anfang der Laufbahn. Weitaus die meisten Komponisten verdienen die Basis ihres Lebensunterhalts durch Dirigieren, Konzertieren, vor allem aber durch Lehrtätigkeit an Hochschulen und Universitäten. Das Unterrichten beschäftigte Ursula Mamlok seit ihren frühen Jahren bis weit über die gängige Pensionsgrenze hinaus, es bildete gut dreiundsechzig Jahre lang eine Hälfte ihrer künstlerischen Existenz. Sie fühlte sich dazu nicht unbedingt berufen, ein Leben ohne Lehre, ganz für das Komponieren hätte sie vorgezogen, denn die pädagogischen Verpflichtungen kosteten Zeit, die Vorbereitungen und Korrekturen oft noch mehr als die Unterrichtsstunden selbst. Doch im Rückblick sieht Ursula Mamlok nicht nur Nachteile, sondern auch Vorzüge der künstlerischen Doppelexistenz: den ständigen Austausch mit den jungen Generationen, die notwendige Präzisierung und kommunikationsfähige Darstellung der eigenen Gedanken, die auch dem Komponieren zugute kommen.

Pädagogische Anfänge in Guayaquil

Den ersten Unterricht gab sie schon als Sechzehnjährige unmittelbar nach ihrer Flucht aus Deutschland in Guayaquil, der Durchgangsstation ihres Exodus. An eine Schülerin in jener kurzen südamerikanischen Übergangszeit erinnert sie sich noch besonders gut. Sie war ungefähr zehn Jahre alt, Tochter einer Familie, die aus Osteuropa Zuflucht in Ecuador gefunden hatte. Das Mädchen sprach nur jiddisch. Ursula Lewy unterrichtete auf Deutsch, ihre gelehrige, aber musikalisch nicht übermäßig begabte Schülerin wiederholte, was sie verstanden hatte, in ihrem jiddischen Dialekt. Sie war nicht die einzige, der Ursula Lewy die Grundlagen des Klavierspiels vermittelte. Einige ecuadorianische Schüler wohnten etwas außerhalb, an der Peripherie von Guayaquil. Die junge Privatlehrerin fuhr mit dem Bus zu ihnen – ein Erlebnis eigener Art, wie Ursula Mamlok erzählt. Die Fahrzeuge trugen zwar alle stolze Namen wie »Napoleon« oder andere Licht- und Kraftgestalten der Geschichte, das änderte aber nichts an ihrem »ziemlich klapperigen Zustand«. Mütter, die neben ihr Platz nahmen, setzten ihr oft kurzerhand die Kinder auf den Schoß, um selbst die Hände für Anderes frei zu haben. Hier wurde Integration praktiziert, wortreich, entschlossen und mitteilungsfreudig. Den Spanischkenntnissen der jungen Emigrantin kam dies zugute.

An das Unterrichtsmaterial, nach dem sie ihre Schüler, durchweg Anfänger, unterrichtete, erinnert sie sich im Einzelnen nicht mehr genau. Sie ging jedoch nicht nach bestimmten Büchern oder Schulwerken vor. In der Regel habe sie den Schülern Übungen aufgeschrieben, an die sie sich aus ihren eigenen Klavierstunden erinnerte, oder die sie aus der Situation heraus entwickelte. Die pädagogische Tätigkeit, die das Familienbudget der Lewys um einige Sucre pro Monat bereicherte, war nicht von langer Dauer. Im August 1940, nach siebzehn Monaten Aufenthalt in der ecuadorianischen Hafenstadt, zog Ursula Lewy, Musikstudentin in spe, nach New York.

Privatunterricht zum Broterwerb

Auch dort war sie schon bald auf Einkünfte aus Unterricht angewiesen. Das Vierzig-Dollar-Stipendium, das ihr Clara Damrosch Mannes verschaffte, war befristet. An einer Musikschule, ob privat oder staatlich geführt, konnte sie nicht angestellt werden, weil ihr dafür die notwendigen Prüfungen und Zertifikate fehlten. Sie suchte nach Privatschülern, sprach Familien in der Nachbarschaft an und bekam so nach und nach einen kleinen Stamm von Klavieranfängern, die sich von ihr unterrichten ließen, darunter auch etliche Kinder deutschsprachiger Emigranten aus Europa. Große Begabungen waren nicht darunter, bilanziert Ursula Mamlok, die meisten lernten Klavier, weil sie von ihren Eltern dazu angehalten wurden. Wie schon in Guayaquil ging sie zu ihren Schülerinnen und Schülern nach Hause; sie unterrichtete nicht in ihrer eigenen Wohnung. In den provisorischen Verhältnissen, in denen sie anfangs in New York unterkam, wäre das kaum möglich gewesen; außerdem besaß sie kein taugliches Instrument. Ihr erstes Klavier in New York holte sie vom Sperrmüll. Tasten und Mechanik waren lädiert, »zum Komponieren ging es, richtig spielen ließ sich darauf aber nicht«. Sie selbst übte vorwiegend in der großzügigen Wohnung von Frau Loewenstein an der Park Avenue, deren neuer Flügel eingespielt werden musste.

Ihre ersten New Yorker Schüler unterwies sie ebenfalls nicht nach einer bestimmten Klavierschule, sondern stellte ihnen die Aufgaben aus ihrer eigenen Kenntnis und Erfahrung. Einzelne von ihnen mochten Unterrichtswerke aus der Familientradition besessen haben, die sie dann und wann heranzog. Pure Technik und Etüden – die verbreitete pädagogische Praxis, die sie selbst aus ihrer Kindheit und Jugend in unangenehmer Erinnerung behielt – verlangte sie von ihren Schülern nicht; sie mussten keinen Czerny, keinen Joseffy, keinen Burgmüller, nicht einmal Cramer spielen, obwohl dieser seine Etüden als durchaus anspruchsvolle Charakterstücke entwarf. Möglichst früh machte sie ihre Eleven mit der seriösen Literatur bekannt, mit Bachs *Kleinen Präludien* und *Inventionen*, mit einfachen Stücken von Frédéric Chopin, Joseph Haydn und Wolfgang Amadeus Mozart. Popmusik ließ sie grundsätzlich nicht spielen, auch dann nicht, wenn Schüler oder deren Eltern es wünschten. Wichtig war ihr, bei den Heranwachsenden so weit wie irgend möglich ein Verständnis für

Musik zu wecken. Sie unterrichtete nicht in erster Linie pianistische Spielfertigkeit, sondern gleichsam das Erlernen einer Sprache ohne Worte, das Klavier diente dabei als Ausdrucksmedium.

Zu Sprachvirtuosität in diesem Sinne brachte es keiner von Ursula Lewys ersten amerikanischen Schülern. Dennoch wurden sie wenigstens in die Anfangsgründe aktiver Auseinandersetzung mit anspruchsvoller Tonkunst eingeführt. Wer wollte, konnte darauf aufbauen, selbst musizierend oder als interessierter Hörer. Etwas besser entwickelte sich die Situation 1949, als Ursula Mamlok, inzwischen verheiratet, mit ihrem Mann aus San Francisco wieder nach New York zurückkehrte. Das Ehepaar bezog die erste gemeinsame Wohnung im sechsten Stock der Seaman Avenue 34 auf den Washington Heights im Norden von Manhattan, von der Bronx durch den Harlem River getrennt. In den dreißiger und vierziger Jahren wählten viele Emigranten aus Deutschland und auffällig viele aus Frankfurt am Main und Umgebung diese »gut kleinbürgerliche Gegend«, so dass sie eine Zeitlang unter dem Spitznamen »Frankfurt am Hudson« bekannt war. Ursula Mamlok musste sich nun einen neuen Kreis von Schülern aufbauen. Sie hängte selbst gestaltete Plakate in Geschäften, unter anderem in einer Schlachterei der Umgebung, aus. Mit den Schülern, die sie so gewann – darunter auch einige, die schon über die ersten Anfänge hinaus waren –, veranstaltete sie in den Jahren 1949 und 1950 jeweils ein kleines privates Konzert in ihrer Wohnung, bei dem jede und jeder vor geladenen Gästen, vor allem Freunden und Familienangehörigen, etwas vortrug – ein Schülervorspiel, wie es gute Tradition hatte, Ursula Mamlok kannte die Praxis von ihrer Berliner Klavierlehrerin Emilie Weißgerber. Inzwischen hatte sie auch ein etwas besseres Instrument, einen Stutzflügel »aus dem Departmentstore, von der Stange würde man auf deutsch sagen«, kein Spitzenprodukt, aber eines, das zum Üben, Unterrichten und für Schülervorspiele seine guten Dienste tat. Die Wohnung mit Blick über den Fort Tryon Park bot außerdem genügend Raum für kleinere Gesellschaften.

Als mittelbare Ergebnisse des Unterrichtens entstanden zwischen 1943 und 1956 eine Reihe pädagogischer Werke für Klavier zu zwei, zu vier Händen und für zwei Klaviere, unter anderem zwei *Kindersuiten* (1943), *Four Duets for One Piano* (1944), in den Fünfzigerjahren dann *Parakeet's Slumber Song* und *My Parakeet – Five Easy Piano Pieces* (1955) sowie *Bells* für Klavier zu vier Händen (1956). Trotz der kreativen Anregung, die aus den erwähnten Stücken spricht, blieb das Unterrichten von Klavierschülern für Ursula Mamlok ein Broterwerb. Nicht zufällig beschränken sich die pädagogischen Werke auf die Zeit, bevor sie ihren Stil fand. Sie wollte weder Pianistin noch Pädagogin werden. Sie wollte komponieren, und dazu stand das Unterrichten insbesondere von Klavier-Anfängern deutlich quer.

Erste Lehraufträge:
Manhattan School of Music und Kingsborough College

Ursula Mamlok gab daher den Privatunterricht für Klavierschüler auf, als sie die Möglichkeit erhielt, Tonsatz, Musiktheorie und Komposition zu lehren. In ihren ersten Studienjahren an der Manhattan School of Music arbeitete sie noch nebenbei als Korrepetitorin bei der Gesangsprofessorin Herta Glaz[1]. Sie vertiefte und erweiterte dadurch nicht nur ihre Kenntnisse des Lied-, Opern- und Oratorienrepertoires, sondern auch ihre Einsicht in Möglichkeiten und Grenzen der menschlichen Stimme. Als sie nach zwei Jahren Studium ihren Master's Degree erlangt hatte, wurde sie von der Manhattan School als Lehrbeauftragte und Dozentin eingestellt. Sie unterrichtete Musiktheorie als Nebenfach, in ihren Klassen waren vor allem angehende Sänger und Instrumentalisten, die ihr Pflichtpensum in Tonsatz und Gehörbildung zu absolvieren hatten. Ursula Mamlok musste also vor allem Grundlagen, Elementarlehre vermitteln. Komplexere Analysen oder gar eigene Kompositionen ihrer Studierenden konnte sie nicht erwarten. Aber das dürfte bei Hochschulpositionen dieser Art die Regel sein: Die Neulinge im Fach müssen die Kärrnerarbeit leisten; wer höhere Herausforderungen sucht, muss sich nach den ersten Erfahrungen auf anspruchsvollere Stellen bewerben. Die frisch Graduierte war als Dozentin beliebt. Als wegen großen Studentenandrangs drei parallel laufende Theoriekurse eingerichtet wurden, meldeten sich die meisten der Anwärter für ihre Klasse an. Sie konnte nicht alle aufnehmen. Die Selbstzweifel, die sie quälten, wurden dadurch eindrücklich widerlegt. Ihr deutscher Akzent könnte ihr angekreidet werden, fürchtete sie; unsicher fühlte sie sich auch, weil sie, bereits Mitte dreißig, noch über keine akademische Lehrerfahrung verfügte. Sie kompensierte ihre Bedenken durch gründliche Vorbereitung ihres Unterrichts. An ihre Studenten gab sie selbst konzipierte und vervielfältigte Arbeitsbögen aus, stellte sich dabei auf die besonderen Bedingungen jedes Kurses ein. Das schuf ihr auch bei denjenigen Achtung, deren Leidenschaften nicht in der theoretischen Reflexion über Musik lagen.

Die Arbeit an der Manhattan School of Music wurde stundenweise und sehr bescheiden vergütet. Eine finanziell verlockende Perspektive bot sich Ur-

---

1 Die Mezzosopranistin Herta Glaz (1910–2006) stammte aus Wien, studierte an der dortigen Musikakademie, danach am Mozarteum Salzburg. Nach einer US-Tournee mit dem Salzburger Opernensemble kehrte sie 1936 nicht mehr nach Österreich zurück, da sie den zunehmenden Einfluss der Nationalsozialisten in Europa und insbesondere in Österreich mit großer Sorge beobachtete. Sie blieb in den Vereinigten Staaten. Von 1942 bis 1956 gehörte sie dem Ensemble der Metropolitan Opera New York an, sang dort mehr als dreihundert Aufführungen. Von 1956 bis 1977 unterrichtete sie an der Manhattan School of Music. 1977 heiratete sie den Psychologen Frederick Redlich und zog mit ihm nach Los Angeles. Bis 1994 lehrte sie an der University of Southern California.

sula Mamlok Anfang der siebziger Jahre. Ein ehemaliger Kommilitone aus der Studienzeit an der Manhattan School, Bernard Shockett, ein Mann mit ausgeprägten administrativen Talenten, hatte inzwischen die Leitung des Fachbereichs Musik am Kingsborough Community College übernommen. Die 1963 gegründete Graduiertenschule an der Südspitze des New Yorker Stadtteils Brooklyn gehörte zur City University of New York, der Dachorganisation für die weiterführenden staatlichen Bildungseinrichtungen. Wer dort arbeitete, erhielt einen Anstellungsvertrag mit regelmäßigem Monatsgehalt, Kranken- und Sozialversicherung. Schon dadurch waren die Bedingungen wesentlich komfortabler als an privaten Instituten wie der Manhattan School of Music. Bis zu dreißigtausend Dollar jährlich könne man dort verdienen, stellte Shockett seiner Ex-Kommilitonin in Aussicht. Im Vergleich zu den neuntausend Dollar, die sie an der Manhattan School ohne Absicherung durch Kranken- und Rentenkasse erhielt, nahmen sich die Bedingungen am Community College geradezu fürstlich aus. Bei den konkreten Verhandlungen stellte sich dann allerdings rasch heraus, dass die hohe Marge für das Jahreseinkommen des Präsidenten oder Fachschaftsverantwortlichen galt. Lehrkräfte im Rang einer Assistenzprofessorin wie Ursula Mamlok verdienten mit vierzehntausend Dollar knapp die Hälfte. Doch in Verbindung mit den gewährten Versicherungen war sie auch damit noch immer finanziell wesentlich besser gestellt als zuvor. Milton Babbitt hatte ihr im Februar 1971 eine glänzende Empfehlung geschrieben. Die Leitung des College berief sie daraufhin zur Assistenzprofessorin für Musiktheorie. Als vertraglicher Arbeitsbeginn wurde der 1. September 1971 vereinbart.

Das College, das am Oriental Boulevard in unmittelbarer Nähe zum Strand der Sheepshead Bay liegt, war damals, acht Jahre nach seiner Gründung, noch in Containern untergebracht. Heute steht dort ein großer, markanter moderner Bau. Von Anfang an wurde nach dem Grundsatz einer offenen Bildungseinrichtung gearbeitet, die Kindern aus unterprivilegierten Familien im Interesse einer sozialen Chancengleichheit höhere Bildung ermöglichen sollte. Der Anteil von Kollegiaten afroamerikanischer, spanischsprachiger oder asiatisch-philippinischer Herkunft war überdurchschnittlich hoch. Inzwischen bilden die Nachkommen dieser Einwanderergruppen die Mehrheit der Studenten. Um auch Kindern aus einfachen Verhältnissen den Zugang zum College nicht zu verwehren, verzichtete man bewusst auf fachspezifische Aufnahmeprüfungen auch in den künstlerischen Fächern. Ursula Mamlok hatte Musiktheorie für alle, nicht nur für eine talentierte und hoch motivierte Auswahl zu unterrichten. Die Kenntnisse, die ihre Schüler mitbrachten, tendierten, wie sie sich erinnert, gegen Null, über den Elementarunterricht kam man nicht hinaus. Trotz besserer Dotierung bot diese Stellung keine dauerhafte Perspektive für die Komponistin. Permanente Unterforderung wirkt sich im Künstlerleben ebenso fatal aus wie Überforderung oder Selbstüberschätzung. Gut drei Jahre hielt Ursula Mamlok am Kingsborough Community College aus. Noch vor Ablauf des vierten Vertragsjahres kündigte sie ihre Stellung zum 31. Januar 1975.

Lebensstellung: Professorin an der Manhattan School

Inzwischen hatte Howard Simon, Dean der Fakultät für Komposition und Musiktheorie an der Manhattan School of Music, Ursula Mamlok angesprochen und ihr eine Professur für Tonsatz und Komposition angeboten. Sie nahm an, denn jetzt hatte sie Studentinnen und Studenten mit dem Hauptfach Komposition zu unterrichten, mit ihnen die Kenntnis traditioneller Handwerkslehren zu verfeinern, exemplarische Analysen anzufertigen, sie mit einer möglichsten Breite zeitgenössischen Musikschaffens vertraut zu machen und eigene Werke ihrer Schüler durchzusehen und zu besprechen. Vorbei die Zeiten, da ihre Lehre auf die Vermittlung von Elementarkenntnissen beschränkt blieb. Jetzt konnte sie Unterricht für Fortgeschrittene geben. Diese Aussicht wog für sie manchen finanziellen Nachteil auf; die neue Position war im Übrigen auch wesentlich besser dotiert als ihre frühere Stelle an der Manhattan School. Zugunsten dieses Engagements schlug Ursula Mamlok auch Bernard Shocketts Offerte aus, ihm ans Lehman College zu folgen, das ebenfalls zur City University of New York gehörte. Dort hatte Shockett die Leitung des Music Departments übernommen. Im Gegensatz zum Kingsborough College, das eine zweijährige Ausbildung vorsah und daher zu den Lower Colleges zählte, gehörte das Lehman College zu den Senior Colleges mit vierjähriger Regelstudienzeit und entsprechend höheren Leistungsanforderungen. Die Aufgabe wäre auf jeden Fall interessanter gewesen als am Kingsborough College. Dennoch entschied sie sich für die Manhattan School of Music. Deren Status war inzwischen dadurch, dass sie 1973 das Promotionsrecht erhalten hatte, deutlich aufgewertet. Nach der Juilliard School of Music war sie nun das zweite Spitzeninstitut der Musikausbildung in New York mit international hohem Renommee. Dort studiert zu haben, bedeutet heute für jeden jungen Künstler, der sich in den harten Wettbewerb des internationalen Musiklebens begibt, eine ausgezeichnete Empfehlung. Achtundzwanzig Jahre lang unterrichtete Ursula Mamlok an der Manhattan School, bis über ihren achtzigsten Geburtstag hinaus (den man damals allgemein noch für ihren fünfundsiebzigsten hielt). Im Jahre 2005 übernahm ein junger Komponist ihren Lehrstuhl, der unweit von Berlin, in Königs Wusterhausen, aufwuchs, in Dresden, Houston (Texas) und an der Manhattan School of Music studierte: Reiko Füting (*1970). Er leitet inzwischen die Abteilung für Musiktheorie und Komposition.

Neben ihren Verpflichtungen an der Manhattan School of Music und am Kingsborough College übernahm Ursula Mamlok bis 1975 weitere kleinere Lehraufträge an anderen Hochschulinstituten. In unmittelbarer Nähe der zweiten New Yorker Wohnung, die sie mit ihrem Mann bezog und in der sie bis zu ihrem Umzug nach Berlin im Jahre 2006 lebte, befand sich das New York College of Music. 1878 gegründet, war es das älteste der noch bestehenden Konservatorien in Manhattan. Ursula Mamlok bewarb sich dort Anfang der sechziger Jahre um einen Lehrauftrag und wurde für Klavier und Musiktheorie eingestellt. 1968 feierte das College sein neunzigjähriges Bestehen, erweiterte sich durch die Integration der Steinhardt School of Music and Performing Arts, die 1925 gegründet worden war. Voll Stolz blickte man darauf zurück, dass das Institut als eines der wenigen aus den kulturellen Gründerjahren die ersten Jahrzehnte seiner Existenz überdauern und kontinuierlich einen guten Ruf bewahren konnte. Doch bereits im darauffolgenden Jahr musste die College-Leitung Insolvenz anmelden. Studenten und der überwiegende Teil der Lehrkräfte wurden von der privat geführten New York University (NYU) übernommen, die bis dahin keine musikalisch-praktischen Studiengänge angeboten hatte. Auch Ursula Mamlok konnte ihre Tätigkeit unter der neuen Organisationsform weiterführen und unterrichtete neben Manhattan School und Kingsborough College vom Sommersemester 1969 bis einschließlich Wintersemester 1972/73 als »Teacher of Education« mit geringem Stundendeputat an der NYU. Sie erhielt dort zunächst fünfundsiebzig, dann einhundertfünfzig Dollar für ein ganzes Semester – eher eine Aufwandsentschädigung als ein Honorar, das diese Bezeichnung verdiente. Möglicherweise hing der provokant niedrige Betrag mit der Tatsache zusammen, dass sie sich parallel dazu auch als graduierte Studentin einschrieb. Sie hatte vor, sich im Fach Komposition zu promovieren, was damals in den USA bereits möglich, in Europa noch undenkbar war. Für die NYU entschied sie sich, weil die Manhattan School of Music damals noch keine Doktorgrade verleihen durfte. Ursula Mamlok verzichtete schließlich auf den akademischen Titel. Um ihn zu erwerben, hätte sie viel Zeit in Aufgaben und Tätigkeiten investieren müssen, die ihr dann für das Komponieren gefehlt hätte. Sie kündigte daher zum Sommersemester 1973 ihren Lehrauftrag an der New York University, obwohl ihr eine Verlängerung angeboten wurde.

Nur einmal in ihrer akademischen Laufbahn gab Ursula Mamlok ihren Hemmungen nach. Gegen Ende ihrer Zeit am Kingsborough Community College wurde ihr eine Professur am Queens College angeboten. Es gehört ebenfalls zum großen Hochschulverband der City University of New York, und wie das Lehman College zu den Instituten mit vierjähriger Ausbildungszeit, den Senior Colleges. Vor allem aber: Das Queens College, in einem schönen, parkähnlichen Ambiente am Rande des gleichnamigen Stadtteils gelegen, war 1937 als Hochschule für Geisteswissenschaften und Künste gegründet worden. Weit über New York und die amerikanische Ostküste hinaus war es für seine Musikabteilung bekannt. Karol Rathaus (1895–1954) unterrichtete hier, der Emigrant aus Berlin, der aus dem galizischen, heute ukrainischen Tarnopol stammte, Schüler von Franz Schreker erst in Wien, dann in Berlin, ein Grenzgänger zwischen den musikalischen Genres: Symphonien schrieb er, Oratorien, Kammermusik, aber auch Kabarett-Chansons und eine großartige Filmmusik: In *Der Mörder Dimitri Karamasow* scheinen die Bildsequenzen geradezu auf Rathaus' Musik choreographiert. Von 1940 bis zu seinem frühen Tod im Jahre 1954 lehrte er Musiktheorie und Komposition im College am Kissena Boulevard im Stadtbezirk Flushing, dessen Namen die meisten allenfalls von Tennisturnieren kennen. Zu Rathaus' Nachfolgern gehörten Elliott Carter, der 1955/56 am Queens College lehrte, Luigi Dallapiccola, der ab 1956 dort mehrfach Kurse gab, George Perle und in jüngerer Zeit die aus Großbritannien stammende Wahlamerikanerin Thea Musgrave. Carl Schachter, der gebürtige Wiener, der sein Studium wie Ursula Mamlok an der Mannes School begonnen und sich dort bei dem Heinrich-Schenker-Schüler Felix Salzer (1904–1986), ebenfalls einem Musikologen aus Wien, vor allem mit Schenkers Analyse-Methoden beschäftigte, unterrichtete dort seit 1972 zunächst als Professor, 1993–1996 dann als »Distinguished Professor«; 1998 wechselte er an die Juilliard School. Sie hätte sich also in einem anregenden Kollegenkreis befunden, wenn sie die Stelle angenommen hätte. Die illustre Liste der Kompositions- und Analyseprofessoren verstärkte jedoch ihre Furcht, den hohen Maßstäben des Instituts nicht gerecht werden zu können. Vordergründig, sagt sie, scheute sie den weiten Weg von ihrer Wohnung zur Arbeitsstätte. Mit dem Auto fuhr sie ungern, vor allem auf den großen Straßen mit dem rasch fließenden Verkehr. »Ich zog Routen auf kleineren Straßen mit vielen Ampeln vor, bei denen man oft anhalten musste. Ich saß am liebsten im Auto, wenn es stand.« Mit öffentlichen Verkehrsmitteln geriet die Fahrt vom nördlichen Zentrum Manhattans hinüber nach Long Island zu einer kleinen Weltreise. Doch weiter als zum Kingsborough Community College wäre der Weg auch nicht gewesen. Die ausschlaggebenden Gründe lagen tiefer, in Ursula Mamloks Selbstzweifeln. Noch immer meinte sie, ihr deutscher Akzent könnte die Akzeptanz durch die Studenten erschweren. Auch diese Befürchtung hätte sich einmal mehr als gegenstandslos erwiesen. »Aber ich verfügte über eine kurze akademische Lehrerfahrung«, betont sie. »Ich konnte ja erst spät damit anfangen, Theorie-, Analyse- und Kompositionsunterricht zu geben, und der Sprung vom Kingsborough zum Queens College wäre gewaltig gewesen.« Er war nicht geringer, als Ursula Mamlok als Hauptfachlehrerin für Komposition an die Manhattan School of Music zurückkehrte. Doch die war ihr seit vielen Jahren vertraut, dort sah sie auch ganz persönlich die Notwendigkeit, der bisher weitgehend konservativen Ausrichtung des Kompositionsunterrichts Alternativen entgegenzusetzen. In Kollegen wie Charles Wuorinen, der dort seit 1971 unterrichtete, fand sie in ihrem Ansinnen tatkräftige Unterstützung. Die Siebzigerjahre brachten für die Privathochschule, die sich in den früheren Räumen der Juilliard School niedergelassen hatte, einen kräftigen Reformschub. So entschloss sich Ursula Mamlok also, im Sommersemester 1975, zweiundfünfzig Jahre jung, ihre Arbeit als Professorin für Komposition, Musiktheorie und

Analyse an der Manhattan School of Music aufzunehmen. Sie trat damit ihre Lebensstellung an.

Unterrichtsform

Einer Kompositions-, Theorie- und Analyseklasse wurden an der Manhattan School of Music in der Regel sieben bis höchstens zehn Studenten zugewiesen. Ihre Analysestunden hielt Ursula Mamlok immer mit der gesamten Klasse ab. Oft ließ sie von einem oder mehreren Studenten ein Werk vorspielen und analysierte es anschließend exemplarisch mit der ganzen Gruppe. Sie ging dabei auf Fragen ein, erörterte die Kernpunkte ihrer Betrachtung in einer allgemeinen Diskussion. Nach der Beispiel-Analyse gab sie ihren Studenten dann vergleichbare Kompositionen als Semesteraufgaben; jeder erhielt dabei ein anderes Werk zur Betrachtung. Die schriftlich ausformulierten Arbeiten besprach sie gewöhnlich nicht in der Gruppe. »Das hätte viel zu viel Zeit gekostet.« Sie korrigierte sie und besprach sie dann einzeln mit den jeweiligen Verfassern. Als Gegenstand der Analyse wählte sie Werke der europäischen Musikgeschichte seit Johann Sebastian Bach. Kompositionen aus der Schönbergschule, insbesondere zwölftönigen, widmete Ursula Mamlok ungleich höhere Aufmerksamkeit als andere Lehrkräfte dies taten. Sie bezog auch neuere Werke etwa von Elliott Carter oder Milton Babbitt in ihren Unterricht ein. Zu deutlich und zu unangenehm war ihr die programmatische Aktualitätsferne der eigenen Studienzeit an der Mannes und Manhattan School in Erinnerung; zu genau wusste sie: Der persönliche Stil eines Komponisten bildet sich nicht dadurch, dass man die Auseinandersetzung mit bestimmten ästhetischen Richtungen meidet, sondern durch gründliche Beschäftigung mit einer möglichsten Breite und Vielfalt auch im zeitgenössischen Musikschaffen. Die Analyse von Reihenkompositionen schärft den Sinn für musikalische Logik mindestens ebenso sehr wie Übungen in traditioneller Harmonik, Kontrapunktik und Form. Ursula Mamloks Unterricht brachte frischen Wind in die Manhattan School of Music, die traditionell eher als eine konservative Institution bekannt war, und stärkte die Reformkräfte. Ihre Kurse trugen zur Öffnung des ästhetischen Spektrums bei, wie es die Manhattan School of Music heute als Hochschule von internationalem Rang und Ansehen auszeichnet.

In Aufbau und Systematik ihres Analyse-Unterrichts schlug Ursula Mamlok verschiedene Wege ein. Häufig ging sie von einem konkreten Werk aus und erschloss von ihm aus das geschichtliche und kompositionstechnische Umfeld. Wenn sie musikalische Gattungen zum Semesterthema wählte, achtete sie darauf, dass sowohl die elementaren Grundgegebenheiten (»das Einfache«) als auch die komplexen Möglichkeiten des Genres deutlich herausgearbeitet wurden. Für den Einstieg in einen Analysekurs über die Passacaglia gab sie drei

Werke vor: den Schlusssatz aus Georg Friedrich Händels Siebenter Klaviersuite (g-Moll, HWV 432), das Finale aus Brahms' Vierter Symphonie und die vierte Szene des ersten Akts aus Alban Bergs Oper *Wozzeck*. Wohlgemerkt: Es ging hier nicht um ein musikgeschichtliches Seminar, sondern um einen Kursus in Kompositionslehre. Ursprung von und Unterschiede zwischen Chaconne und Passacaglia – ein Thema, das sich lang und breit diskutieren lässt – blieben unerörtert. Es ging Ursula Mamlok um den Aspekt, der in die Geschichte wirkte und die schöpferische Rezeption im 19. und 20. Jahrhundert wesentlich bestimmte: aus einem und um einen knappen und fasslichen Grundgedanken eine Reihe von Variationen zu entwickeln und sie zu einem überzeugenden Ganzen zu fügen. Sie sebst wählte in ihren Kompositionen die Passacaglia öfter als Ausgangspunkt für neuartige Formbildungen.

Über ihre Methode, konkrete Werke zu analysieren, geben die Arbeitsbögen, die sie an ihre Studenten verteilte, präzise Auskunft. Sie zeigen, dass Ursula Mamlok einer klar umrissenen Systematik folgte; sie zielte vor allem auf das strukturelle Verständnis eines Werkes. Mit die schwierigsten Aufgaben stellten dabei die Zwölftonkompositionen, und zwar weniger, weil das Herausfiltern der grundlegenden Reihen bisweilen einer Sisyphos-Arbeit gleichkam (es sei denn, die Komponisten selbst hätten sie mitgeteilt), sondern vielmehr, weil gängige Ansichten und Vorurteile ein mechanisches Verständnis der Reihenkomposition und damit auch der entsprechenden Analyseverfahren nahe legten. Gegen solche Voreingenommenheit auch bei Studenten, die sich mit Geschichte und Praxis der Dodekaphonie kaum oder gar nicht beschäftigt hatten, wandte sich ihr Unterricht. Selbstverständlich ließ Ursula Mamlok die Reihen und ihre Besonderheiten als erstes analysieren, denn sie zeichnen den Horizont der Möglichkeiten für ein Werk vor. Sie bezog dafür auch Theorien und Methoden ein, die aktuell im Gespräch waren, etwa die Set-Theorie, die vor allem Milton Babbitt kreativ und reflexiv auf ein hohes Niveau entwickelt hatte. Sie ermöglicht zum Beispiel, bei der Analyse eines Zwölftonwerkes hinter die formulierte Reihe zurückzugehen und damit auch den Zugang zur Harmonik zu erleichtern. So lässt sich feststellen, dass die Reihe, die in Schönbergs erstem Zwölftonstück, dem Walzer aus den Klavierstücken op. 23, wirksam ist, in ihrem Tonmaterial aus zwei Sechstonskalen genommen ist, die sich wie horizontale Spiegelbilder zueinander verhalten.

Auf der nächsten Stufe analysierte sie die Form des Werkes, den ersten Satz von Weberns Klaviervariationen op. 27 etwa als dreiteilige Reprisenstruktur mit Pro- und Epilog; in Symbolen der Formenlehre: Einleitung – Teil A – Teil B – Teil A' – Coda. Bevor sich also die Betrachtung der Studenten in Details der Reihenordnung verfangen konnte, schuf Ursula Mamlok den Überblick über die Gesamtkonzeption des Stücks. Mit dem nächsten Schritt stellte sie die Vermittlung zwischen den beiden ersten her, indem sie die Phrasengliederung und deren Ausgestaltung mit Hilfe der Reihentechnik untersuchte. Zum Abschluss lenkte sie die Aufmerksamkeit auf Sachverhalte, die in der jeweiligen Reihe eher verborgen lagen. Bei Schönbergs Walzer aus op. 23 hob sie die Rolle des Quintintervalls für die größeren Zusammenhänge des Stückes hervor, bei Weberns Klaviervariationen die Bindung bestimmter Töne an eine Lage, einen bestimmten Oktavraum. Es kam ihr vor allem darauf an, ein klares, sachliches Verständnis für die inneren Zusammenhänge, für das Verhältnis von Ganzem, Detail und den vermittelnden Größen zwischen ihnen zu erzeugen. Die strukturorientierte Analyse- und Lehrmethode teilt sie mit den meisten Komponisten, die in ihrem eigenen Schaffen von bestimmten Klangvorstellungen ausgehen, um sie durch ihre Kompositionsmethode bis zur endgültigen Schriftgestalt des Werkes zu präzisieren. Das kompositorische Verfahren ist ein Weg der Erkenntnis, der Strukturierung und der Vermittlung des künstlerischen Vorsatzes oder der ästhetischen Idee. Man denke etwa an die Art und Weise, wie Alban Berg Werke seines Lehrers Arnold Schönberg analysierte. Entsprechendes gilt für Ursula Mamlok. Emotionaler Gehalt und klanglicher Charakter eines Werkes standen für sie von Anfang an fest. Darüber muss man sich gar nicht unterhalten, das setzt sie selbstverständlich voraus, auch bei ihren Studenten. Wenn ein Komponist nicht wisse, was er mitteilen wolle, helfe ihm auch die best geschulte Technik nicht zu einem überzeugenden Werk. Gleichzeitig lag ihr daran, die Vielfalt der Möglichkeiten, welche die Reihenkomposition eröffnet, beispielhaft erfahrbar zu machen und damit die Studierenden auch zu ermutigen, das Spektrum ihrer handwerklichen Ressourcen im Auge zu behalten und stetig auszubauen. Ein fundamentales Missverständnis aber wäre es, zu glauben, ein Komponist, der seinen Unterricht auf strukturelle Klarheit anlegt, schreibe deswegen selbst nur »konstruierte« Musik. Diesen Vorwurf erhoben nicht nur Nationalsozialisten und Stalinisten gegen die Musik Schönbergs und seiner Schule; er war und ist als Vorurteil noch immer verbreitet.

Ursula Mamlok unterrichtete auch an der Hochschule nicht nach Lehrbüchern, obwohl der musiktheoretische Überschwang der siebziger Jahre eine Fülle entsprechender Literatur hervorgebracht hatte. Sie verspürte auch nicht das Bedürfnis, ihre eigenen Unterrichtsmodelle und -erfahrungen in einem Buch zusammenzufassen, wie das ihr jüngerer Kollege Charles Wuorinen nach acht Jahren Lehrtätigkeit an der Manhattan School of Music mit seinem Band *Simple Composition* tat. Die Arbeit für eine solche Publikation hätte ihr eigenes Komponieren zeitlich allzu stark eingeschränkt.

Studenten und ihre Arbeiten

In Ursula Mamloks Kompositions- und Analyseklasse entstanden bemerkenswerte Studienarbeiten. Steven Block etwa legte eine gründliche und klar dargestellte Analyse von Luigi Dallapiccolas *Quaderno musicale di Annalibera* vor.

Er stellte die Reihe, ihre Verwendungs- und Kombinationsformen dar, arbeitete das Charakteristische in jedem der elf Stücke hinsichtlich Konstruktion und Ausdruck heraus und kam am Ende zu einem so subjektiven wie wohlbegründeten Resümee: »Nach meiner Auffassung besteht Dallapiccolas große Leistung mit diesen Stücken in der Fähigkeit, jeder einzelnen Note durch die Art, wie er die Reihen verwendet, Inhalt und Bedeutung zu geben. Der emotionale Gehalt des Materials ist so stark, dass wir erahnen können, wie eng seine strukturellen, formalen und expressiven Ideen miteinander verwoben sind. Sie gehen ganz natürlich auseinander hervor.«[2] Die Konklusionen gehen deutlich über das hinaus, was Ursula Mamlok ihren Studierenden vorgab. Ihr Unterricht regte sie zum eigenen Weiterdenken an. Die letzte Schlussfolgerung Blocks mag man zwar zu Recht in Zweifel ziehen: »Das macht Dallapiccola zum größten Zwölftonkomponisten.« Der Komponist, der sich in den späten vierziger und den frühen Fünfzigerjahren unabhängig von den Haupttreffpunkten der Avantgarde für Zwölftonkongresse einsetzte, durfte, falls er davon erfuhr, darin eine Bestätigung seines Komponierens und seiner kulturpolitischen Anstrengungen sehen. Steven Block promovierte in Musiktheorie und schlug danach eine akademische Laufbahn ein. Als Professor für Komposition wurde er in den neunziger Jahren zum Dekan der Musikfakultät an der University of New Mexico in Albuquerque berufen.

Der Kontakt zu Steven Block verlor sich nach seiner Ausbildung an der Manhattan School. Zu anderen Studierenden hält er sich dagegen bis heute. Im Jahre 1967 schrieb sich eine Musikerin, Anfang zwanzig, mit einem Masterdiplom des Conservatorio de Música in Havanna (Kuba) am New York College of Music ein. Sie hatte bereits eine mehrjährige Karriere als Pianistin hinter sich, als sie nach New York zog und sich zum Kompositionsunterricht bei Ursula Mamlok entschied. Mit ihr wurde sie 1969 an die New York University übernommen, wo sie 1971 ihren Bachelor-, 1975 ihren Master-Abschluss ablegte. Tania León konzentrierte ihre Arbeit viele Jahre auf den New Yorker Stadtteil Brooklyn mit seinem zugleich explosiven und kreativen Völkergemisch. Sie gehörte 1969 zum Gründungskern des Harlem Tanztheaters, initiierte 1978 die Community Concerts des Brooklyn Symphony Orchestra, die auch Leuten mit schmalem Portemonnaie Zugang ermöglichten. Seit 1985 unterrichtet sie am Brooklyn College, das zur City University New York gehört, 2006 wurde sie zum Distinguished Professor ernannt. 1993 beriefen sie Kurt Masur und die New

---

2   Im englischen Original: „There is no doubt in my mind that the great achievement in these pieces is the amazing ability of Dallapiccola to infuse meaning into every note by the way in which he uses his rows. (…) the emotional content of the material is so strong that we can guess how close his structural, formal, and emotional ideas are. They evolve from each other naturally. It is this that makes Dallapiccola the greatest 12-tone composer.“
Kopie des Manuskripts im Archiv Ursula Mamlok

Yorker Philharmoniker zur musikalischen Beraterin. In Deutschland wurde sie durch ihre Oper *Scourge of Hyacinthus* (Im Dickicht der Wasserhyazinthen; Libretto: Wole Soyinka), bei der Münchener Biennale für neues Musiktheater 1994, durch *Hechizos*, ein Auftragswerk für die Musik-Biennale Berlin 1995, ihre Residenz beim Frauen-Musik-Festival *Hammoniale* 1999 in Hamburg, wo sie ihr Orchesterwerk *Drummin* dirigierte, und durch ihre konzeptionelle Tätigkeit für das Fest der Kontinente 2001 in Berlin bekannt.

Fast zwei Jahrzehnte jünger als Tania León ist Alex Shapiro, Jahrgang 1962. Die gebürtige New Yorkerin, die nach ihren Universitäts- und Hochschuljahren an die US-amerikanische Westküste zog und heute auf den San Juan Inseln im Bundesstaat Washington lebt, studierte 1980 bis 1983 bei Ursula Mamlok an der Manhattan School of Music. In ihren Kompositionen verfolgt sie einen gänzlich anderen Stil als Tania León oder ihre einstige Lehrerin, ist stärker von der Postmoderne beeinflusst – ein Zeichen dafür, dass Ursula Mamlok ihren Studierenden möglichst vielfältige Einsichten, ein präzises analytisches und kompositionstechnisches Handwerk vermittelte, auch Diskussionen über Stilfragen förderte und austrug, aber niemals normativ wirken wollte. Dagegen sprachen ihre eigenen Erfahrungen auf dem langen, windungsreichen Weg zu ihrem eigenen Stil. Ein Bild, das Alex Shapiro auf ihre Website stellte (Stand: Anfang September 2009), zeigt sie noch im Juni 2006 mit ihrer einstigen New Yorker Lehrerin Ursula Mamlok, kurz bevor diese nach Berlin zog.

Eigene Weiterbildung

Als Professorin hielt sich Ursula Mamlok über die aktuellen musiktheoretischen Diskussionen auf dem Laufenden. Ziemlich regelmäßig nahm sie insbesondere in den siebziger Jahren an Tagungen und Kursen teil. Sie besuchte eine Seminarreihe, die Milton Babbitt über Anton Weberns Konzert op. 24 hielt. Die Auskünfte über das konzentrierte Werk waren ihr dabei weniger wichtig als die Auseinandersetzung mit Babbitts Analysemethoden, besser gesagt: mit Babbitts musikalischem Denken, das sich einerseits in seinen Werkbetrachtungen, andererseits in seinem Komponieren niederschlug. Der Versuch, Musikanschauung und Musikschaffen eng miteinander zu verzahnen, die Musik der Vergangenheit aus dem Blickwinkel moderner ästhetischer Fragestellungen zu erörtern, zeichnete die Avantgarde der sechziger und siebziger Jahre allgemein aus. Das war die Ära der wort- und theoriemächtigen Komponisten, der Stockhausen, Ligeti, Boulez, Nono und Lachenmann in Europa, der Babbitt, Wolpe und Perle in den USA.

Bei George Perle (1915–2009) belegte Ursula Mamlok ein Arbeitswochenende über Analyse. Im Mittelpunkt standen Schönbergs Klavierstück op. 33a und Alban Bergs *Lyrische Suite* für Streichquartett, ein Lieblingsstück Perles, er hatte es durch Analyse und durch Forschungen über die Entstehungsgeschichte nicht nur in seiner kompositorischen Struktur, sondern auch in seinem Bedeutungsgehalt entschlüsselt und über diese Arbeitsergebnisse auch manche heftige Polemik ausgetragen[3]. Als Materialien gab er auch ein Blatt mit Darstellung und Erläuterung seiner Set-Theorie aus, einer bestimmten Betrachtungs- und Anwendungsform der Zwölftonkomposition, die eine quasi tonale Organisation dodekaphoner Werke ermöglichte. Auch dazu hatten ihn Alban Bergs Werke inspiriert. Seine Theorie bildete einen ergänzenden Kontrapunkt zu den Gedanken Milton Babbitts.

Im August 1978 nahm sie an einem Sommerkurs teil, den Ben Johnston (*1926) über Harry Partch (1901–1974) und seine Musik der »reinen Stimmung« gab. Partch, ein Außenseiter in der amerikanischen Musikszene, komponierte oder improvisierte ein Stück stets aus der Obertonreihe eines oder wechselnder Grundtöne. Jedes Werk war daher ein artikulierter Klang, dessen Zeitlauf und Erregungszustand durch den Rhythmus bestimmt wurde. Er bereitete das Terrain für zwei wesentliche Richtungen vor, die das Komponieren nach der Moderne nahm: Seine Rhythmusmodelle und die Art, wie er mit ihnen verfuhr, gaben den Minimalisten entscheidende Anregungen. Die Spektralisten dagegen wurden durch seine Werke in reiner Stimmung stimuliert, die auch Mikrointervalle einschloss. Partch ging in seinem Tonreservoir bis zum siebenunddreißigsten Teilton, der von seinen unmittelbaren Nachbarn ungefähr einen Viertelton entfernt liegt. Dieses Tonsystem in die eigenen Werke einzubeziehen und dadurch ganz spezifische Farbvaleurs zu erzeugen, ist für die heutige Komponistengeneration, insbesondere für die nach 1960 Geborenen, so gut wie selbstverständlich geworden. Ursula Mamlok setzte sich damit auseinander, ohne von den Möglichkeiten, die es bot, selbst Gebrauch zu machen.

In den achtziger Jahren, der Dekade der Postmoderne, in welcher die Ära der Kontroversen und der scharf geschliffenen Debatten einer friedlichen bis gleichgültigen Koexistenz vieler Stile und Stilrenaissancen wich, nahm Ursula Mamlok seltener an exemplarischen Seminaren und Kursen teil. Das lag sicher auch am Angebot, nicht nur an ihrer eigenen Entwicklung. Sie verlegte ihre ästhetische Auseinandersetzung stärker auf den Besuch von Konzerten und in das eigene Schaffen. Dennoch zeigen die Gründlichkeit ihrer Unterrichtsvorbereitung und die kontinuierliche Beschäftigung mit dem breiten Spektrum zeitgenössischen Musikdenkens, dass sie ihre Lehrtätigkeit keineswegs als Kleinigkeit nebenbei handhabe. Vielleicht hätte sie nie an einer Hochschule unterrichtet, wenn sie und ihr Mann die Einkünfte nicht gebraucht hätten. Doch wurde die lehrende und vermittelnde Begegnung mit der jungen Generation für sie immer mehr zu einem vorantreibenden Teil ihrer Kreativität. Dass sie bis über die

---

3   Vgl. dazu u. a.: Musikkonzepte 4 (1977) und Musikkonzepte 9 (1979), beide der Kammermusik Bergs gewidmet

Vollendung ihres achtzigsten Lebensjahrs hinaus unterrichtete, war nicht dem materiellen Bedarf, sondern der Freude am anregenden Gedankenaustausch geschuldet.

Am 18. Mai 2003 wurde sie in einer Feierstunde der Manhattan School of Music mit allen Ehren in den Ruhestand verabschiedet. Bei der »Graduation Ceremony«, welche die Hochschule zu diesem Anlass ausrichtete, überreichte ihr die Präsidentin Marta Istomin, Pablo Casals' Gattin in dessen letzten sechzehn Lebensjahren, danach mit dem Pianisten und Komponisten Eugene Istomin verheiratet, die Presidential Medal, die »höchste nicht-akademische Auszeichnung, welche die Manhattan School of Music zu vergeben hat. Der Schule gereichten Ihre vielfältigen Leistungen zur Auszeichnung, und es war eine Ehre, Sie als aktive Kollegin für so viele Jahre unter uns zu haben«, schrieb Marta Istomin am 20. März an Ursula Mamlok.

Gesungene Werke

Chorstücke bilden im Schaffen von Ursula Mamlok Ausnahmen. Dafür sind mehrere Gründe verantwortlich. Wenn sie ein Werk schrieb, hatte sie Aufführungssituation, Besetzung, meist auch die ersten Interpreten im Sinn. Sie habe größtenteils Auftragswerke, selten für die Schublade und nie im Blick auf die Nachwelt oder für das Phantom der Ewigkeit komponiert, betont sie. Aufträge von Chören aber erhielt sie nicht. Selbst hatte sie kaum Kontakte zu Singgemeinschaften und ihren Dirigenten. Chorkompositionen standen zudem in der musikalischen Moderne und vollends in der Avantgarde der Nachkriegsjahrzehnte am Rande. Manchen Komponisten war der kollektive Gesang gänzlich suspekt, denn er schleppte, besonders wenn er in deutschen Traditionen fußte (und diese waren im Norden der USA einst recht stark), eine konservative, bisweilen reaktionäre Fracht mit sich. Symphonische Chöre wiederum gehörten zum »großen«, pathetischen Stil, dem Ursula Mamlok noch weniger zuneigte als andere Komponisten in ihrem Umkreis. Kammerchöre von professionellem Niveau, die sich vor allem der Neuen Musik widmeten und Komponisten zu Werken animieren konnten, entstanden erst gegen Ende der Sechzigerjahre, in Europa spielten sie eine größere Rolle als in den USA. So schrieb Ursula Mamlok insgesamt nur drei Werke mit Chorbeteiligung, zwei davon – Psalmkompositionen – in den Fünfzigerjahren noch vor ihrer entscheidenden Studienzeit bei Ralph Shapey, 1968 dann die *Mosaics* für gemischten Chor a cappella nach japanischer Haiku-Poesie.

Man mag, wie die Komponistin selbst es tat, die Psalmvertonungen ihren Nebenwerken und vorbereitenden Arbeiten zuordnen. Sie verdienen dennoch genauere Betrachtung, denn an ihnen lassen sich Ursula Mamloks Verhältnis zu Form, Proportion und zur musikalischen Charakterisierung recht deutlich studieren. Letztere bezieht sich bei den Psalmen nicht nur auf den Inhalt, sondern ebenso auf das Alter der Dichtung und auf ihren gesellschaftlichen Ort in der Gegenwart, sprich: auf den sakralen Raum in einer säkularen Umgebung.

Der dreizehnte Psalm

Die früheste Chorkomposition in Ursula Mamloks Manuskripten stammt aus dem Jahre 1950. Sie schrieb die vierstimmige Motette während ihrer kurzen Unterrichtsphase bei Erich Itor Kahn. Als Text wählte sie den dreizehnten Psalm, der von der Klage zur Zuversicht und zum Lob Gottes voranschreitet, in der englischen Übersetzung der King James Bible. Das Stück beginnt in d-Moll, um schließlich nach D-Dur zu führen. Von allen drei Chorwerken, die uns vorliegen, ist die Psalmmotette am ehesten den Übungsstücken zuzu-weisen, hier setzte sich die Komponistin mit dem klassischen vierstimmigen Vokalsatz auseinander. Das Werk ist polyphon durchgearbeitet. Ihre ausgiebi-gen Kontrapunktstudien tragen Früchte, und zwar im Sinne eines freien Stils, der das Schulmäßige demonstrativ hinter sich lässt. Die Imitationen im ersten Teil sind gestisch, nicht wörtlich gehalten, sodass innerhalb des vierstimmigen Satzes abwechslungsreiche Dialoge entstehen. Selbstverständlich zeigt sie, dass sie Fugen schreiben kann – dort, wo man sie traditionell erwartet, dem Ende zu. Dem Thema gibt sie rhythmische, fast prosodische Vitalität, die Gegenstimmen ziehen es in immer flüssigere Bewegung. So könnte eine Stretta in einen star-ken Schluss führen. Doch für den letzten Halbvers der Dichtung wechselt die Komponistin das Verfahren, holt zumindest den Konturen nach Motive aus den früheren Teilen im Sinne eines Finales zusammen. Vom Chor fordert sie ein äußerst expansives Singen, die Bässe werden bis zu den Grenzlagen in die Tiefe, die Soprane in die allerhöchsten Höhen geführt. In der Dynamik aber soll der Vortrag eher verhalten bleiben. Sie schließt den Psalm nicht mit jubelndem Lobpreis, sondern lässt ihn in die Stille verklingen. In der Alten Musik, die ihr in Form und Satztechnik als Vorbild diente, sind solche Abschlüsse bei Psalmen dieses Typus kaum zu finden. Im vorgegebenen Rahmen der Tonsatzarbeit setzt sich die Individualität der Komponistin durch. Man merkt an vielen Details, dass ihr das Gefäß, in das sie ihre Gedanken gießen soll, zu eng ist.

Geradezu einen Ausbruch aus dem Tugendrahmen des Caecilianismus bedeuten die Anforderungen an die Stimmen. Der Sopran hat mehr als zwei Oktaven zu durchmessen, die Extreme sind innerhalb von zwölf Takten kon-zentriert. Den höchsten Ton (c''') erreichen in Laienchören nur bestens ge-schulte Sängerinnen. Ursula Mamlok behandelt die menschliche Stimme wie ein Instrument mit spezifischer Färbung und der Möglichkeit, Sprache in die Musik einzubeziehen. Vielleicht war das Eindenken in die Möglichkeiten und Grenzen des Gesangs der Grund, weshalb Erich Itor Kahn von seiner sieben-undzwanzigjährigen Studentin die Komposition einer Motette verlangte. Ein Lehrer wie er aber hätte erkennen müssen, dass hier Ausdrucksfähigkeit und -bedürfnis einer jungen Künstlerin über den Rahmen des traditionsverankerten Unterrichts hinausdrängten und nach Ermutigung zur Eigenständigkeit ver-langten.

Der erste Psalm

Acht Jahre später, am Ende ihrer Studienzeit an der Manhattan School of Mu-sic, komponierte Ursula Mamlok den ersten Psalm. Das Werk ist zur Kantate ausgebaut mit Teilen, die der Chor singt, mit Soli, mit Passagen für Solisten-ensemble und Abschnitten für Chor und Soli. Die Funktion des Orchesters übernimmt die Orgel. Ihr Part verlangt eine sorgfältige, klug abgestufte Registrierung, bei der auch die Binnendifferenzierungen des Satzes hörbar werden und die wechselnden Balancen mit dem Chor genau austariert sind. Als Textgrundlage wählte Ursula Mamlok wiederum die englische Übersetzung aus der King James Bible. Hier sei die »Verdeutschung« durch Martin Buber wiedergegeben:

[1]O Glück des Mannes,
der nicht ging im Rat der Frevler,
den Weg der Sünder nicht beschritt,
am Sitz des Dreisten nicht saß,
[2]sondern Lust hat an SEINER Weisung,
über seiner Weisung murmelt tages und nachts!
[3]Der wird sein
wie ein Baum, an Wassergräben verpflanzt,
der zu seiner Zeit gibt seine Frucht
und sein Laub welkt nicht:
was alles er tut, gelingt.
[4]Nicht so sind die Frevler,
sondern wie Spreu, die ein Wind verweht.
[5]Darum bestehen die Frevler nicht im Gericht,
Sünder in der Gemeinde der Bewährten.
[6]Denn ER kennt den Weg der Bewährten,
aber der Weg der Frevler verliert sich.[1]

Die Gliederung der Komposition folgt der Vers- und Aussagestruktur des Textes. Musikalisch wird sie durch Orgelzwischenspiele verdeutlicht. Den ersten Vers, der als Motto nicht nur für diese Psalmdichtung aufgefasst werden kann, behandelt die Komponistin musikalisch ausgiebiger als die folgenden. Er kehrt als eine Art Aufruf vor dem dritten, als eine Art Refrain und Rückerinnerung vor dem abschließenden sechsten Vers und ganz zum Schluss in knapper Zusammenfassung wieder. Diesen Eröffnungsvers singt der Chor, klanglich zunächst differenziert zwischen der geschwungenen Melodie (erst im Sopran, dann im Tenor) und den quasi orchestral gesetzten Begleitstimmen, die auch Teil des Orgelparts sind, dann aber in dichterer polyphoner Verflechtung der Stimmen, an der die Orgel beteiligt wird. Den zweiten Versteil – theologisch eine Steigerung des ersten[2] – lässt Ursula Mamlok in kräftigem Unisono singen und danach im Gleichklang der Stimmen skandieren. Den zweiten, den Gegen-

---

1   Die Schriftwerke. Verdeutscht von Martin Buber, Gerlingen 1997, S. 9
2   Vgl. dazu die Ausführungen von Neil W. Levin im Booklet zur CD Naxos 8.559445, American Classics. Psalms of Joy and Sorrow, S. 17. Die CD enthält eine Aufnahme von Ursula Mamloks Psalmkantate.

vers zum ersten, singt das Soloquartett in freiem imitatorischem Satz. Den dritten Vers übernimmt wieder der Chor in neuem Satztypus: Die vier Stimmen sind geteilt, die jeweils ersten singen einen stilisiert psalmodierend rezitierenden Part, die jeweils zweiten einen in Akkorden geführten Gegen-Satz dazu. In der Weiterführung des Gedankens tritt das Sopransolo hinzu. Im Schlussvers antwortet der Chor mit festem homophonem Satz nach einem Orgelzwischenspiel der durchsichtigen Polyphonie der Solostimmen und der Orgel, die den ersten Halbvers vortragen. Durch klangliche Abwechslung und Differenzierung schafft Ursula Mamlok eine stets bewegte, nie in Redundanz stockende Verlaufsform. Die Motivbezüge innerhalb und zwischen den verschiedenen Abschnitten der Komposition sind durch beständige Variantenbildungen in den steten gedanklichen Fluss einbezogen.

Die Harmonik der Psalmkantate ist aus Quartenakkorden entwickelt. Sie erhalten jedoch einerseits durch Einfügung von Nebennoten, andererseits durch die Art, wie die Bewegungen der einzelnen Stimmen ineinander greifen, zusätzliche Farbkomponenten. Vor allem aber ist die Rhythmik des Werkes wesentlich lebendiger gestaltet als in der Motette von 1950, und zwar einerseits durch Taktwechsel und Akzentverschiebungen, andererseits durch die Phraseneinteilung der Melodien. Unterschiedlich lange Phrasierungen können zu einer Beschleunigung oder Verlangsamung des empfundenen Zeitverlaufs führen, obwohl das Zeitmaß selbst sich nicht verändert. In der konzentrierten Kunst, in der die Psalmkantate komponiert ist, kann man – wie im *Lament* für vier Celli und den *Four German Songs* – einen Abschluss von Ursula Mamloks tonaler »Vor-Shapey-Periode« erblicken. Was sie bei ihm im Studium systematisch entfaltete, ist hier als mehr oder minder drängende Tendenz bereits angelegt. Nach diesem Werk musste anderes kommen.

Mosaics

Es kam zunächst nicht in der Vokal-, sondern in der Instrumentalkomposition. Ein ganzes Jahrzehnt, ein an Erfahrung sehr reiches Jahrzehnt musste vergehen, ehe Ursula Mamlok wieder eine Komposition für Chor in Angriff nahm. Die geistliche Sphäre ließ sie nun hinter sich. *Mosaics* komponierte sie 1968 für gemischten Chor a cappella auf Übersetzungen von japanischer Haiku-Poesie, die damals in europäischen und nordamerikanischen Künstlerkreisen viel gelesen wurde. Was die allgemeine Angabe »Chor« konkret bedeutet, lässt sich dem Notentext auch ohne näheren Kommentar entnehmen. Die fragile Präzision, die Genauigkeit, die den Eindruck des Zerbrechlichen und Flüchtigen zum Ziel hat, kann nur ein sehr gutes und homogen besetztes Ensemble, das in der Neuen Musik geübt ist, in Kammerchorstärke erreichen. Alles, was etwa die kurzen, wie Punkte gesetzten Töne verdickt oder ein absolutes piano (›*ppp*‹)

vom Rand zur Stille und zum Verstummen wegzieht, schadet der transparenten Komposition und zerstört sie. Die *Mosaics* sind ein Fall für Profis.

Ursula Mamlok gewann die Musik zu den epigrammatisch kurzen Versen aus dem Minimalbestand aller Tonbewegung, aus Halbton und Ganzton. Auf der ersten gedanklichen Stufe fügte sie aus ihnen ein motivartiges Gebilde, eine Viertonfolge zusammen: Ganzton nach oben, Halbton nach unten, Ganzton nach oben. Man kann es als Elementarmotiv bezeichnen. Drei Versionen dieser Viertonfolge ergeben, verbunden durch einen aufsteigenden Halbton, eine Zwölftonreihe. Sie strukturieren damit den gesamten Ton- und Klangraum vor. Von den elementaren Bestandteilen über das Urmotiv hin zur Grundreihe führt eine gedankliche Bewegung der Weitung. Sie setzt sich in der Komposition mit der Reihe fort. Das folgende Schema mag dies veranschaulichen:

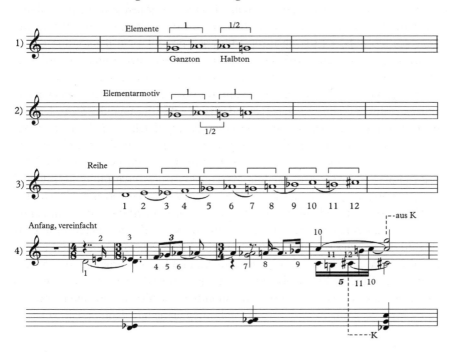

Zugleich liegt in dem vorstrukturierten und bewusst begrenzten Material auch die Möglichkeit zu äußerster Reduktion. Von beidem, vom Streben in die Weite und von der Kontraktion des Materials, macht Ursula Mamlok in den *Mosaics* Gebrauch, erzeugt dadurch eine strukturelle Grundspannung und Gegensätze, ohne den spezifischen »Klang« zu verlassen. Die einzelnen Abschnitte sind in Tempo, Struktur und dynamischer Bewegung stark voneinander unterschieden, und doch erscheinen sie ganz zwanglos als Passagen eines Klangprozesses. Im Titel des Werkes ist dies als künstlerisches Konzept angedeutet: Es geht nicht um lineare Entwicklung, sondern um das Zusammenwirken unterschiedlich farbiger, unterschiedlich geformter und unterschiedlich platzierter Elemente zu einem »Bild«.

Die acht Stücke, die das Mosaik bilden, sind extrem kurz, das zweite etwa umfasst lediglich drei Takte, das ganze Werk dauert nur drei höchst konzentrierte Minuten. Fast obligatorisch kommt bei solch musikalischer Gedrängtheit der Hinweis auf Anton Webern. Die *Mosaics* scheinen ihn in doppelter Hinsicht nahe zu legen: durch ihre dichte Kürze und durch die Reihenstruktur. Webern gewann die Reihe für sein Streichquartett op. 28 aus der Tonfolge B-A-C-H. Aus ihr lässt sich, drei Mal hintereinander geschaltet, ebenfalls eine Zwölftonreihe bilden. Auch sie ist aus den Elementaria, aus Halb- und Ganzton zusammengestellt: ein fallender Halbton wird einen Ganzton höher gesetzt. Ursula Mamloks Reihe formuliert eine Art Gegenbild zu der Webernschen. Doch derart knappe Stücke wie Ursula Mamlok wagte selbst Webern nicht, vor allem nicht für Chor und vollends nicht a cappella. In der Literatur für Gesangsensembles stehen Ursula Mamloks *Mosaics* einzig da. Nirgends sonst wurde die Kunst musikalischer Aphoristik so konsequent auf reine Vokalbesetzungen angewandt.

Wie stark Ursula Mamlok ihr Werk aus der Vorstellung des Klangs komponiert, zeigt sich im Wechsel- und Zusammenspiel von Frauen- und Männerstimmen, in den markanten, gehaltenen Tönen, in welche die selbsttragende Struktur des Stückes gleichsam eingehängt ist wie in einen tonalen Rahmen, und die auch Übergänge zwischen den einzelnen Abschnitten herstellen. Sie wirken dabei wie Momente, in denen der Zeitfluss vorübergehend aufgehalten wird, wie fragende Blicke. Die einzelnen Abschnitte erhalten ihren Charakter durch Tempi, Rhythmik und Zeitschichtungen. Beispiel: Teil V. Doppelte, drei-, vier- und fünffache Unterteilungen des Zeitmaßes ergeben parallel laufend einen flirrenden, zugleich aber weiten Klang, der dem Schwirren, Sirren, Flattern und Plappern der kleinen Vögel, von denen der Text spricht, ein musikalisches Pendant schafft. In der Disposition des Ganzen antwortet der Teil auf den scherzoartigen vierten Abschnitt mit seinen weit gezackten, energischen Linien und seinem Verklingen im Glissando auf einen virtuellen Ton zu.

Die Komponistin achtet auch in diesem kurzen Werk auf eine sinnvoll abgerundete Form. Der Anfangsteil des Frauenchors kehrt am Ende wieder, zeitlich durch eingeschobene Spiegeltakte, klanglich durch die Mitwirkung der Männerstimmen erweitert. In der musikalischen Konstruktion werden abschließend noch einmal die melodischen und polyphonen Potenziale der Reihe entfaltet. Der vorhergehende siebente Teil ist dagegen aus ganztönigen Pendelbewegungen, also maximaler Materialreduktion, komponiert. Sie sind so auf die Stimmen verteilt, dass die Reihe in ein bewegtes Klangfeld verwandelt wird. Was in seiner Urform melodisch entworfen war, ist hier in den Raum projiziert. Ursula Mamlok gibt damit eine denkbare Antwort auf die oft erörterte Frage, was Harmonik in der Zwölftonkomposition heißen könne. Klangbilder aus pendelnden

Wechselnoten finden sich häufig in ihren Werken. Sie bilden so etwas wie eine Vokabel, eine musikalische Redewendung, in der sich bewegte harmonische Ruhe ausdrückt.

Haiku Settings

Den *Mosaics* ging eine andere, kleiner besetzte Komposition nach japanischer Poesie voran. Die *Haiku Settings*, die Ursula Mamlok im Februar 1967 für die Sängerin Lee Dougherty schrieb, verlangen lediglich Singstimme und Flöte, die in den langsamen Stücken drei und fünf gegen die dunkler timbrierte Altflöte vertauscht wird. Die Gedichte von fünf verschiedenen Meistern der hochartifiziellen Form wählte sie nicht aus besonderem Interesse an fernöstlicher Geschichte, Kunst und Kultur, sondern wie für die *Mosaics* ihrer Kürze wegen. Jedes Haiku besteht auch in der englischen Übersetzung aus siebzehn Silben, gegliedert in drei Gruppen von fünf, sieben und wiederum fünf. Damit sind Wort-, aber nicht zwingend auch Sinnzäsuren gemeint. Diese können an anderer Stelle liegen und, wie im vierten von Mamloks Stücken, zum Beispiel Zweiteiligkeit nahe legen. Die epigrammatisch knappe Poesie kam Ursula Mamloks aphoristischem Stil der sechziger Jahre entgegen. In einer eigenen Programmnotiz wies die Komponistin darauf hin, dass für sie musikalische Konstruktion und konsequente kompositorische Technik Mittel des Ausdrucks und der konzentrierten Kommunikation, nie jedoch Selbstzweck sind. Sie schrieb:

»Die *Haiku Settings* kann man aus unterschiedlicher Perspektive hören. Die strukturelle Beschaffenheit interessiert wohl hauptsächlich Komponisten. Für den Hörer ist es wichtiger, die Verbindung von Musik und Poesie nachzuvollziehen.

In diesen [fünf] Sätzen schenkte ich dem Inhalt jedes Gedichts große Aufmerksamkeit. In gewisser Weise können die Lieder als eine Art Stimmungsbilder gehört werden, ganz ähnlich, wie man das in der Vokalmusik der Vergangenheit hielt.

Die ›Kälte der eisigen Wellen‹ findet hier [im ersten Stück, H.T.] ihren Ausdruck in asymmetrisch gezackten Figuren des Flötenparts. Sie sind gegen die repetierten Kleinterz-Bewegungen der Singstimme gesetzt, die das Schaukeln der Möwe versinnbildlichen.

Größere Intervalle und längere Notenwerte wählte ich für die Zeile ›als eine Nachtigall sang‹ im zweiten Lied, in der folgenden Phrase stehen kurze Töne kontrastierend für den ›Spatzen, der wegfliegt‹.

Das dunklere Timbre der Altflöte trägt zur Melancholie des dritten Liedes bei, die durch die Beschränkung der Bewegung auf kleine Intervallbewegungen noch verstärkt wird.

In vollkommenem Gegensatz dazu bestimmen im vierten Satz, der so schnell wie möglich gespielt werden soll, große Sprünge den Instrumentalpart, während die Melodie der Singstimme zunächst nur aus zwei benachbarten Tönen besteht, deren Zeitabstand sich immer mehr verringert, bis sie mit dem Wort ›Triller‹ tatsächlich in einen solchen übergehen.

Im letzten Lied, ›Wie kühl das grüne Heu duftet‹, ist [...] alles zur Ruhe gekommen, ein Gefühl der Entspannung wird durch langsame Bewegung, eine Gesangslinie ohne Akzente bekräftigt, die Altflöte ergänzt diese eher, als dass sie dazu einen Kontrast bildet.«[3]

Die Möglichkeit, dass Textsinn und Kompositionsweise mit solchem Raffinement ineinander spielen wie im vierten Lied (»Ein Laubfrosch beginnt sanft zu trillern«), liegt in der Reihe begründet.

Ursula Mamlok, *Haiku Settings* – Reihenquadrat

		U/V	0	1	2	3	4	5	6	7	8	9	10	11	U/V	
G>			0	1	4	5	8	9	11	10	7	6	3	2		<K
0	0		G	As	H	C	Es	E	Ges	F	D	Des	B	A	0	0
1	11		Ges	G	B	H	D	Es	F	E	Des	C	A	As	11	1
2	8		Es	E	G	As	H	C	D	Des	B	A	Ges	F	8	2
3	7		D	Es	Ges	G	B	H	Des	C	A	As	F	E	7	3
4	4		H	C	Es	E	G	As	B	A	Ges	F	D	Des	4	4
5	3		B	H	D	Es	Ges	G	A	As	F	E	Des	C	3	5
6	1		As	A	C	Des	E	F	G	Ges	Es	D	H	B	1	6
7	2		A	B	Des	D	F	Ges	As	G	E	Es	C	H	2	7
8	5		C	Des	E	F	As	A	H	B	G	Ges	Es	D	5	8
9	6		Des	D	F	Ges	A	B	C	H	As	G	E	Es	6	9
10	9		E	F	As	A	C	Des	Es	D	H	B	G	Ges	9	10
11	10		F	Ges	A	B	Des	D	E	Es	C	H	As	G	10	11
G>			0	1	4	5	8	9	11	10	7	6	3	2		<K
			0	1	2	3	4	5	6	7	8	9	10	11		
		KU>													KU>	

---

3 Mamlok, Ursula: Einführungstext II zu den *Haiku Settings*, Typoskript

Man erkennt, in verschiedenen Schattierungen hinterlegt, Diagonalen gleicher Töne; sie erstrecken sich über das ganze Quadrat (zwölf Karos: G von links oben nach rechts unten), über das halbe (sechs Karos: A von rechts oben bis zur Mitte; F von links unten zur Mitte), ein Drittel (vier Karos) und ein Sechstel (zwei Karos). Zusammen ergeben die Töne, die Diagonalen bilden, eine Ganztonleiter von Des aus (Des-Es-F-G-A-H). Die Töne der anderen Ganztonleiter, die von C ausgeht, bilden auf den übrigen Diagonalen Wechseltonverbindungen. Anfang und Ende einer Reihe liegen überdies einen Ganzton auseinander. Ein Ganzton verbindet auch die beiden Reihenhälften miteinander, zwei Sechstonskalen, in denen sich Halb- und Eineinhalbtonschritte abwechseln.

Im vierten Stück verteilt Ursula Mamlok die Töne der Reihendurchläufe zunächst so, dass der Singstimme die Trillertöne g und a, der Flöte aber alle anderen zugewiesen werden. Sie fügt zunächst die ersten sechs Reihen der Grundgestalt (die ersten sechs Zeilen von links nach rechts gelesen) hintereinander, bis beim sechsten Durchlauf die Töne g und a direkt nebeneinander liegen. Dieser Prozess reicht bis zum ersten Ton in Takt 17. Danach folgen sechs Reihendurchläufe in der Krebsgestalt. Die Trillerfigur wird dabei auf die Töne a und h verteilt. Zunächst folgen die vier letzten Zeilen des Quadrats (Zeilen 8 bis 11, maßgeblich sind die Zahlen in der äußeren Spalte, die anderen Zahlen geben die Intervallverhältnisse an) von rechts nach links gelesen, danach folgen die beiden Zeilen nach der Mitte (Zeile 6 und 7). Der Vorgang stellt sich sehr einfach dar – wenn die Reihe erst einmal gefunden ist. Ihre Möglichkeiten waren mit den fünf kurzen Duetten nach japanischer Poesie nicht ausgeschöpft. Ursula Mamlok kam daher in späteren Werken, etwa in den *Variations and Interludes* für vier Schlagzeuger, wieder auf sie zurück.

Stray Birds

Gut drei Jahre vor den *Haiku Settings*, von August bis November 1963, komponierte Ursula Mamlok einen Gesangszyklus, der ebenfalls aus fünf Sätzen besteht, ebenfalls mit einem sehr ruhigen Stück in freiem rhythmischem Fluss schließt, und an dem außer Singstimme und Flöte noch ein Violoncello als potenzielles Bassinstrument beteiligt ist. Als Texte wählte sie fünf der dreihundertsechsundzwanzig Aphorismen, aus denen das gleichnamige Gedicht Rabindranath Tagores (nach neuer Schreibweise: Takhur, 1861–1941) besteht, das 1916 in des Dichters eigener Englisch-Übersetzung im Verlag Macmillan erschien. Sie kannte die Verse aus einer deutschen Ausgabe von 1925. Tagore wurde hierzulande in den neunzehnhundertzwanziger Jahren viel gelesen. Man brachte den Literatur-Nobelpreisträger von 1913 mit der Wandervogel- und Jugendbewegung in Verbindung, seit er 1921 bei seiner ersten Deutschlandreise auch die Burg Waldeck, eines ihrer Zentren, besucht hatte. Seine Dichtungen

passen einerseits zur freigeistigen, naturorientierten Seite dieser widersprüchlichen Bewegung, sie gehen in ihrem lyrischen Gehalt und ihrem Kunstcharakter
über deren Horizont jedoch deutlich hinaus.

Die einzelnen Texte aus Tagores *Verirrten Vögeln* fangen poetische Augenblicke ein, sie gleichen Skizzen in wenigen Strichen, die der Autor in die Gedanken seiner Leser wirft, damit sie dort weiterwirken. Wesentlich ist an ihnen
nicht nur, was sie unmittelbar und für sich vorstellen, sondern auch, was sie
an Aura um sich erzeugen. In diesem Sinne komponierte Ursula Mamlok die
Texte, von denen sie schrieb, sie habe sie »wegen ihrer zarten Stimmungen gewählt, mit Ausnahme des zweiten, das in seiner Dramatik einen starken Kontrast zu den anderen« setze. Kompositorisch erfasst sie gleichsam die Aura und
erreicht in deren Mitte dann auch die Worte selbst. Die Klangfarbenübergänge
zwischen den drei Solisten gestaltet sie so fließend wie die Grenze zwischen
dem poetischen Impuls des Gedichts und den Gedanken, die es anstößt. Im
dritten Lied etwa (*Tiny Grass*) löst sich die Singstimme wie eine Abzweigung
aus den Tönen der Flöte. Im vierten Lied setzt das Instrument den Gesang fort,
komponiert ist ein durchlaufendes, gleichwohl deutlich gegliedertes Melos, das
einmal über die sprachliche, dann wieder über die instrumentale Artikulation
belebt wird, ehe das Cello mit einer Reminiszenz ins letzte Stück überleitet.
In dessen ruhiger Bewegung treffen sich Violoncello und Flöte oft auf einem
Ton, verschmelzen klanglich und lösen sich wieder voneinander: Der Ton ist
der gemeinsame Fluchtpunkt von Klang und Melos, von Zeit und Raum, von
Sprache und Instrument.

Der Text ist in die Musik und ihr Sinngefüge eingelassen und gibt diesem
auf verschiedene Weise Prägnanz. Im ersten Lied etwa sind Schlüsselworte Ursula Mamlok zufolge »nach der herkömmlichen Art von Wortmalerei behandelt
[...] Das Wort ›Sing‹ ist melismatisch vertont. Neun Töne unterschiedlicher
Höhe und Länge spannen einen weiten Bogen. Danach wird es wiederholt mit
einem gestischen Schwung nach oben, um den unbeschwerten Geist des Vo-
gelgesangs auszudrücken. Das Wort ›flutter‹ (flattern) ist als Koloratur, wie eine
unbegleitete Kadenz der Singstimme komponiert.«

Stray Birds, 1. Satz Takt 35 bis 40

Ursula Mamlok äußerte sich mehrfach zu *Stray Birds*, in Vorträgen zu Aufführungen des Werkes, in Beilagen zu Platten- und CD-Einspielungen. Dabei erläuterte sie es jeweils aus anderer Perspektive, von der strukturellen Seite,
von der Reihe, ihrer unterschiedlichen Präsenz und Behandlung in den fünf

Stücken, vom Verhältnis der Zeit- und Tonorganisation und von den verschiedenen Ausdruckscharakteren her. Stets aber betonte sie, dass sie *Stray Birds* in erster Linie als Kammermusikwerk, nicht als Liederzyklus komponiert habe, als ein Trio für Instrumente, deren eines die Singstimme ist. Ihrem Part stellt die Poesie Farbvaleurs, Artikulationsformen und semantische Impulse bereit. »Die Instrumente« aber »liefern nicht nur die Begleitung für die Gesangsstimme, sondern beteiligen sich oft mit großer Virtuosität daran, dem Charakter der Poesie so Ausdruck zu verleihen, wie ich ihn auffasste.« Bisweilen zeichnen sie den expressiven Rahmen eines Stückes vor und fordern die Singstimme heraus, vor allem im zweiten, dramatischen Stück. In das eröffnende Solo des Violoncellos, dessen Erregung sich beständig steigert, wirft die Piccoloflöte Figuren ein wie stilisierten Vogelgesang. Sie münden stets in den Ton a''', seine Wiederholung wirkt in ihrer grellen Schärfe immer aufdringlicher. Die Anläufe verkürzen sich von Mal zu Mal. Mit dem hohen Ton zusammen bilden sie eine Zwölftonreihe, die ähnlich wie in *Polyphony II* nach dem »Kapuzinerprinzip« verkürzt wird. Seine Penetranz provoziert die Singstimme zu einem Einwurf von fast programmatischer Entschiedenheit: »Let your music like a sword pierce the noise of the market«, ihr Solo wird danach »von frei fließenden Einwürfen der Piccoloflöte« kontrastiert. Das Zusammenspiel erscheint als eine intensivierte Variante des Flötenparts in der Einleitung, geweitet zum Duett. Als Epilog spielt das Violoncello danach seine Einleitung im Krebsgang – allein, ohne Zwischenrufe der Piccoloflöte.

Im Kontrast zur Bogenform des zweiten besteht das dritte Stück aus zwei gegensätzlichen Teilen. Im ersten Abschnitt durchziehen die drei Stimmen einen schmalen Cluster, im zweiten Teil entfalten sie sich in kurzen, aber expansiven Gesten. – Den Text des letzten Liedes kennzeichnet »völlige Entspannung. Instrumentalisten und Sängerin zeichnen die Stimmung in langen Noten nach«, in einer Bewegung am Rande der gemessenen Zeit. Der Eindruck des Fließens bleibt dennoch erhalten, denn die Komponistin verändert die Länge der Töne durch Verlängerung oder Verkürzung um eine Dauereinheit. Technisch gesprochen handelt es sich um eine Serialisierung der Zeit, um die Organisation der Tonabstände durch eine Zahlenreihe. Diese ist allerdings nicht – wie in den seriellen Kompositionen Stockhausens – aus der Zwölftonreihe hergeleitet, sondern durch Addition oder Subtraktion in Bezug auf benachbarte Töne gewonnen. So entsteht der Eindruck einer sanft bewegten Zeit, deren Strömungstempo behutsam modelliert wird, und die in die völlige Ruhe münden kann, so, wie die Töne am Ende in die Stille steigen. Den Schluss singt die Sängerin allein, sie löst sich dabei nicht nur von den instrumentalen Partnern, sondern auch vom Text.

Stray Birds versah Ursula Mamlok mit zwei Widmungen. Eine ist an einen Kollegen, die andere an einen Staatsmann gerichtet. Die Hommage an den Musiker ist einkomponiert. Als Grundmaterial verwandte Mamlok eine

Zwölftonreihe von Charles Wuorinen. Der Gründer und langjährige Leiter der Gruppe Neue Musik in New York, für die Ursula Mamlok das Werk komponierte, hatte aus ihr seine *Identities and Variations* entwickelt. »Es wäre sicher interessant, die beiden Werke zu vergleichen«, schrieb sie, »allein um zu zeigen, wie riesig die Unterschiede im musikalischen Ausdruck sind, der aus demselben Material hergeleitet werden kann. Dadurch könnte wenigstens in Ansätzen der Einwand widerlegt werden, Zwölftonmusik klinge immer gleich. Ein Komponist kann das Zwölftonsystem mit derselben Freiheit – und damit meine ich die Freiheit des persönlichen Ausdrucks – wie jedes andere System nutzen, das in der Musikgeschichte verwendet wurde. Ich muss gestehen, dass ich nicht leicht zu dieser Erkenntnis und zu den praktischen Folgerungen daraus fand. Ich brauchte viele Jahre eines harten inneren Kampfes, bis ich mich von alten Konzepten und Denkformen lösen konnte.«

Die Zueignung an den Staatsmann steht in der Partitur über dem Titel. Ursula Mamlok vollendete *Stray Birds* am 22. November 1963, dem Tag, an dem in Dallas (Texas) der US-Präsident John F. Kennedy ermordet wurde. »Ich hielt es für richtig, dem Gedenken an den verstorbenen Präsidenten das Werk zu widmen, das ich für mein bis dahin bestes hielt.«

Lieder und Ensemblemusik mit Gesang

Lieder zu komponieren, war für Ursula Mamlok seit früher Jugend selbstverständlich, nicht erst seit der »Talentprobe« für Karl August Neumann.[4] Das Kunstlied, die Gattung, die vor allem in den deutschsprachigen Kulturregionen gedieh, besetzte neben Klavier- und Kammermusik die Nahtstelle zwischen privatem und öffentlichem Musizieren. Fast unverzichtbar gehörte es zu den Hauskonzerten gebildeter Familien; im emanzipierten Bürgertum jüdischer Herkunft wurde es in besonderer Qualität gepflegt, gerade auch in Charlottenburg, wo Ursula Lewy aufwuchs. Es sei daran erinnert, dass etwa der Philharmonische Chor Berlin, der sich nach seiner Gründung im Dezember 1882 rasch zum führenden Oratorienchor in der deutschen Hauptstadt entwickelte, aus dem häuslichen Musizieren säkularer jüdischer Familien entstand, die ihre Freude am Gesang nicht auf den Einzelvortrag beschränken, sondern auch im Ensemble kultivieren wollten. In diesem Kulturmilieu wuchs Ursula Lewy auf, auch wenn sie keine Verbindung zu den musikalisch tonangebenden Familien wie den Friedländers, Nadels, Singers oder Ochs-Landaus hatte.

In Klavierstücken und Liedern äußerte sie sich auf allen Stationen ihrer frühen Entwicklung. In Guayaquil komponierte sie Lieder in deutscher und spanischer Sprache, auch in New York entstanden schon bald, nachdem sie sich

---

4   vgl. in diesem Buch S. 15

eingelebt hatte, die ersten Lieder nach deutscher und englisch-amerikanischer Poesie. In beiden Städten, in Guayaquil wie in New York, zog sie Dichtungen in ihrer Mutter- und in der Landessprache heran – eine Spannung, die sich in ihrem vokalen Œuvre noch länger halten sollte.

In den ersten Jahren ihres Exils machte sie sich keine Gedanken über historische Rezeptionsbedingungen bestimmter musikalischer Gattungen. Dazu war sie viel zu jung, außerdem noch gar nicht mit den Verwertungsbedingungen zeitgenössischer Kunst konfrontiert. Vor allem aber kam sie hauptsächlich mit Menschen zusammen, die stark von den Idealen der mitteleuropäischen Kultur geprägt waren. George Szell arbeitete fast ausschließlich an deutschsprachigen Institutionen (Opernhäusern, Konzertorchestern, Hochschulen), ehe er in die USA emigrierte. Clara Mannes, die Direktorin der Mannes School, stammte aus der Familie Damrosch. Ihr Vater, Sohn einer jüdischen Familie aus Posen, spielte als Geiger in Liszts Weimarer Hoforchester, wirkte danach als Kapellmeister in Breslau, ehe er 1872 nach New York zog. Sie selbst studierte unter anderem in Dresden und in Berlin bei Ferruccio Busoni. Eduard Steuermann, Erich Itor Kahn, Stefan Wolpe, Ernst Krenek und Felix Salzer hatten nach dem Machtantritt der Nationalsozialisten Deutschland und Österreich verlassen; selbst Gunther Schullers Vater war noch unter dem Familiennamen Schüler in die USA eingewandert. Ursula konnte es sich gar nicht vorstellen, dass ein gutes Musikleben nach anderen Standards arbeitete als sie in Berlin bis zu den repressiven Eingriffen der Nationalsozialisten praktiziert worden waren. Erfahrungen, die dem widersprachen, hatte sie noch nicht gesammelt. Da sie später stets im Hinblick auf bestimmte Interpreten und Anforderungen schrieb, geriet die Liedkomposition an den Rand. Den letzten Zyklus in der klassischen Besetzung für Singstimme und Klavier schrieb sie 1958, im Jahr ihres Abschlussexamens an der Manhattan School of Music.

Four German Songs

Bei der Textwahl entschied sie sich für deutsche Poesie, für vier Gedichte aus dem Bändchen *Vom Baum des Lebens*, das Hermann Hesse als lange vorbereitete und oft revidierte Auswahl aus seiner Lyrik 1934 im Insel-Verlag erscheinen ließ. Es gehörte wie die Tagore- und Bierbaum-Dichtungen zur Bibliothek der Familie Lewy. Die Gedichte, für die sie sich entschied, erfuhren auch durch andere Komponisten vielfältige Vertonungen. Das erste, *Über die Felder*, das Hesse schon 1902 schrieb, wurde von etlichen Kleinmeistern aufgegriffen und fand mit einer einfachen Melodie von Heinrich Steinhövel Eingang in die Liedersammlung der späten Jugendbewegung, *DER TURM*. Den Text des *September* wählte Richard Strauss für das zweite seiner *Vier letzten Lieder*. Auch das *Schmetterlings*-Lied inspirierte zahlreiche Komponisten von Günther Raphael über Othmar Schoeck bis Jan Nørgaard. Ursula Mamlok traf ihre Auswahl unabhängig von und azyklisch zu den Hesse-Konjunkturen: In Europa klang die Begeisterung für den Neoromantiker mit Indienerfahrung Ende der fünfziger Jahre deutlich ab, auch wenn seine Gedichte im Schulunterricht und in Anthologien noch gut vertreten waren; in den USA hatte der große Hesse-Boom, der sich vor allem von Prosaschriften wie dem *Siddharta, Steppenwolf, Narziss und Goldmund* nährte, noch nicht eingesetzt. Mamlok komponierte Lyrik, die sie mit ihrer Muttersprache ins Exil genommen hatte. Dass sie und ihr Mann mit Hesse die Liebe zur Schweizer Berg- und Seenwelt teilten, mag als zusätzlicher Impuls im Hintergrund gewirkt haben.

Die Gedichte, auf die 1958 ihre Wahl fiel, sind mit Melancholie getränkt. Selbst der Schluss des letzten widerspricht dem nur auf den ersten Blick:

Sorge flieht und Not wird klein,
Seit der Ruf geschah:
Mag ich morgen nicht mehr sein,
Heute bin ich da!

Das Pathos des Hier und Jetzt bildet, wie der Dichter aus einer Missionarsfamilie wohl wusste, die Kehrseite des Vanitas-Gedankens, der Einsicht, dass »alles eitel« sei – nachzulesen im Buch des Predigers Salomo. Den Grundton der Melancholie übernimmt auch Ursula Mamlok, aber sie hebt seine Schwerkraft beständig auf. Der zügige Charakter des ersten Lieds zeichnet mit seinem wogenden Auf und Ab des Klavierparts nicht nur das Wehen des Windes nach, sondern lässt ahnen, dass das, was Romantiker wie Eichendorff »Heimat« nannten, für sie nur noch in der Bewegung selbst zu finden sei. Stillstand, das sagt auch die Musik zur Textzeile »meiner Mutter verlorenes Kind«, bedeutet Gefahr. Melancholie bestimmt im zweiten Lied (*Der Garten trauert*) den Gesamteindruck. Das dritte setzt ihr mit seinem zarten, leichten, luftigen Charakter ein Bild der Unbeschwertheit entgegen, und wird am Ende doch von ihr eingeholt und im wörtlichen Sinn herabgezogen.

Der Vergleich mit den frühen Liedern von Alban Berg[5] erreicht nur das Äußere von Ursula Mamloks Komposition, die chromatische Durchbildung, die sich aus der zentripetalen Kraft einer Tonart löst, den zugleich klanglich und polyphon durchorganisierten Satz, vielleicht auch noch die wogende Bewegung, die das erste Stück weitgehend grundiert; doch gehören solche stilisierten Naturbilder zum tonmalerischen Allgemeingut. In entscheidenden Punkten geht Ursula Mamlok über die fünfzig Jahre älteren Stücke des Wiener Expressionisten hinaus: Mit quasi rezitativischer Deklamation, die dem Sprechgesang nahe kommt,

---

5   Weiermüller-Backes, Isolde: Biographie Ursula Mamlok auf der Website ›klassika.info‹, Stand vom August 2011, letzte Änderung 4.8.2009

setzt sie betonten Kontrast zu musikalisch expansiver Melodik; die angedeutete Verschmelzung beider Ausdrucksformen verleiht dem Schluss des ersten Liedes seine widerspruchsvolle Intensität. Anders als der junge Berg verweigert sie konsonante Abschlüsse, sie würden die Expressivität ihrer Lieder weichspülen und verfälschen. Im Bau, der Entwicklung und Dehnung musikalischer Phrasen – besonders deutlich im letzten Lied – zeigt sie eine Sicherheit des Metiers, über die der junge Berg nicht verfügte. Ihre Vorliebe für »verbogene Oktaven« setzt sie hier bereits stilbildend ein: Reine Oktaven lägen in der tonalen Erwartung, Mamlok steuert verminderte oder übermäßige an. Dabei entstehen Wendungen, die später in zwölftönigen Kompositionen wie melodische Zellen wirken werden. Hier wurde, jenseits der kompositorischen Verfahren, musikalisches Vokabular geprägt. Ähnliches gilt für mäandernde Bewegungen, die sich aus einem bestimmten Zusammenspiel von Halb- und Ganztönen ergeben. Die Art, wie die Komponistin charakteristische Kurzmotive als Bausteine einsetzt, welche die Konstruktion eines Stückes zusammenhalten und dadurch seinen Klangcharakter vorzeichnen, deutet bereits in Richtung Reihenkomposition. Ähnlich wie das kurz zuvor komponierte *Lament* für vier Violoncelli[6] überschreiten die Hesse-Lieder den Ausdrucksrahmen der überlieferten Tonalität, den auch Ursula Mamloks Kompositionslehrer Vittorio Giannini noch als naturgegeben annahm. Mit den *Four German Songs* stand sie in ihrer künstlerischen Entwicklung auf einer Schwelle: Im Genre und in der Wahl der vertonten Lyrik verbinden sich Rückblick und Abschied. Sie fand zu einer eigenen Art des Expressionismus, der sein romantisches Erbe nicht leugnet, und es war klar, dass dieser Weg nicht zur so genannten »gemäßigten Moderne« führen würde, für die der Name Paul Hindemith stand. Der Klaviersatz des vierten Liedes steht Bartók wesentlich näher. Das Klavierlied mitteleuropäischer, insbesondere deutscher Tradition erreichte hier als Gattung die Grenze seiner Möglichkeiten. Weiter ließ sie sich nicht führen. Die nächsten Stücke mit Stimmbeteiligung würden, müssten Kompositionen mit Ensemble sein. Diese Konsequenz zog Arnold Schönberg 1912 mit seinem *Pierrot lunaire*, Anton Webern mit seinen Liedern op. 13, 14 und 15, Pierre Boulez 1954 mit seinem *Marteau sans maître*, Ursula Mamlok 1963 mit ihren *Stray Birds*.

Der Andreasgarten

Nach den *Haiku Settings* vom Februar 1967 komponierte Ursula Mamlok fast zwei Jahrzehnte lang nichts mehr für menschliche Stimme. Der nächste Zyklus mit Gesangsstücken entstand nach einer lebensgeschichtlichen Zäsur. 1983 starben beide Eltern von Dwight Mamlok kurz nacheinander, die Mutter, Ger-

---

6   vgl. in diesem Buch S. 246 f.

trude Mamlok, im April, der Vater, Ronald L. Mamlok, im Juni. Das Verhältnis zwischen ihnen und ihrem Sohn war nicht ohne Probleme gewesen. Seit Dieter Mamlok 1945 aus seinem schwedischen Exil zu ihnen nach Amerika kam, gestaltete es sich zunehmend schwierig.[7] Insbesondere nach Dwights Heirat mit Ursula Lewis wuchsen die Spannungen so stark, dass sich das junge Paar im März 1949 zum Umzug nach New York entschloss. In der Zeit danach entkrampfte sich die Beziehung zwischen den Mamlok-Generationen allmählich wieder. Dwight baute in den Fünfzigerjahren eine Dependance des väterlichen Handelskontors an der amerikanischen Ostküste auf, und Ronald Mamlok erkannte bald, dass New York für die meisten Geschäfte seiner Firma der günstigere Ort war. Dwights Niederlassung erzielte die höheren Umsätze. »Nur Ölsardinen«, erzählt Ursula Mamlok schmunzelnd, »verkauften sich von San Francisco aus besser«. Als Geschäftspartner fanden Vater und Sohn schließlich eine neue, erträgliche Verständigungsbasis.

Noch 1949 entschlossen sich Ronald und Gertrude Mamlok, ihre Wohnung in San Francisco aufzugeben und in das etwas weiter südlich gelegene San Mateo zu ziehen. In der dreiundzwanzigsten Avenue kauften sie ein gut gelegenes Grundstück von rund sechshundert Quadratmetern Größe und errichteten darauf in solider Bauweise deutscher Tradition ein Einfamilienhaus, das von einem schönen Garten umgeben war. Bis zu ihrem Tode lebten sie dort. San Mateo, das auf der Landzunge zwischen Pazifik und San Francisco Bay liegt, bot ein wesentlich angenehmeres und ausgeglicheneres Klima als die benachbarte Großstadt. Durch das nahe Wasser legte sich auch im Sommer die brütende Hitze nicht so heftig auf das Land. Die Winter fielen wiederum relativ milde aus. Zur Abwicklung seiner Handelsgeschäfte musste Ronald Mamlok nicht unbedingt in San Francisco sein, das meiste wurde ohnehin über Telefon oder per Korrespondenz erledigt.

Nach dem Tod seiner Eltern erwogen Ursula und Dwight Mamlok, das Haus in San Mateo zu verkaufen. Sie stellten jedoch fest, dass es sich dort im Sommer viel angenehmer lebte als in New York mit seiner feuchten, drückenden Hitze. Da auch Dwight Mamlok sein Geschäft weitgehend von Kalifornien aus führen konnte, entschlossen sie sich, das Haus während der Semesterferien im Sommer selbst zu bewohnen und es von Herbst bis Frühjahr zu vermieten. Das Vorhaben funktionierte einfacher als gedacht. Es gab immer wieder Leute, die, ehe sie sich zum definitiven Wohnsitz in der Bay Area entschieden, die Verhältnisse und Möglichkeiten dort gerne testen wollten. Ihrer Situation auf Probe kamen befristete Mietverträge entgegen. Da Mamloks ihr Haus als Sommerwohnsitz spärlich eingerichtet hatten, ergaben sich auch mit der Möblierung keine ernsten Probleme. So lebten sie von 1983 bis 2005 sommers in San Mateo, von September bis Mai dagegen in New York. Für das Komponieren empfand Ursula

---

7   vgl. in diesem Buch S. 69

Gesungene Werke

Mamlok das Ambiente in der kalifornischen Kleinstadt als überaus angenehm und anregend.

Von ihrem Haus war es nur eine kurze Wegstrecke zu einer Senke in der Landschaft, in der sich da und dort kleine Seen gebildet hatten. Der Andreas-graben, die Verwerfung zwischen zwei Erdplatten, zieht sich wie eine Linie schräg durch Kalifornien und teilt auch die schmale Halbinsel um San Mateo in zwei geologische Teile. Wenn sie ihn überquerten, wechselten sie, erdgeschicht-lich betrachtet, die Kontinente. Die Stadt San Mateo befindet sich auf der ame-rikanischen Kontinentalplatte, hatten sie den Graben durchschritten, standen sie auf der pazifischen Platte. Die Drift und Spannung zwischen ihnen ruft in Kalifornien immer wieder heftige Erdbeben hervor. Eines von ihnen richtete 1989 in San Francisco große Schäden an. Mamloks' Haus gehörte zu den weni-ger gefährdeten Gebäuden, denn es steht auf einem Fels, der die Erschütterun-gen dämpft. Es erhielt zwar kleinere Risse, einzustürzen drohte es jedoch nie. Ursula Mamlok erlebte die Naturgewalten daher mit angespannter Ruhe. Erd-beben, so erinnert sie sich, kannte sie bereits aus Guayaquil. Auch dort fielen sie zum Teil recht heftig aus. Die Holzbauten hielten den Erschütterungen stand, die Häuser aus Stein und Beton dagegen wurden oft irreparabel beschädigt. Das Leben in San Mateo blieb dennoch von einem eigentümlichen Zwiespalt im Verhältnis zur Natur bestimmt: In der prächtigen Vegetation zeigte sie sich von ihrer schönsten Seite; tief unten in der Erde aber verbarg sich eine Gefahr, die von einem Augenblick zum nächsten zerstörerische Gewalten entfesseln konnte.

Der Doppelcharakter dieses Naturerlebens beeinflusste mehrere von Ursula Mamloks kreativen Vorhaben, zum ersten Mal einen Liederzyklus, dem sie den Titel *Der Andreasgarten* gab. Den Auftrag zu diesem Werk erhielt sie 1985 vom Jubal Trio. Das 1974 gegründete Ensemble trat in der außergewöhnlichen Besetzung von Singstimme, Flöte und Harfe auf, die Susan Jolles, neben der Flötistin Sue Ann Kahn eine der Initiatorinnen der Gruppe, bei Bedarf auch gegen eine irische Harfe austauschte. Ihr Repertoire aus Originalwerken und Bearbeitungen überspannte sieben Jahrhunderte – von Senleches und der alten burgundischen Schule über Musik des Barock (Claudio Monteverdi und John Dowland), der Empfindsamkeit (Carl Philipp Emanuel Bach) und der Roman-tik bis zur Gegenwart. 1985 erhielten die drei Künstlerinnen in Würdigung ih-rer zehnjährigen Arbeit vom Franklin & Marshall College ein Stipendium, mit dem sie Aufträge an zeitgenössische Komponisten finanzieren konnten. Ihre Wahl fiel auf Ursula Mamlok. Für das Programmheft einer Aufführung am 18. November 1995 in der Philadelphia University schrieb die Komponistin über ihr Werk:

Die drei Musikerinnen »gaben mir die Möglichkeit, ein Trio für Mezzoso-pran, Flöte und Harfe zu schreiben. Ausgerüstet mit einem Berg von Büchern, den ich nach geeigneter Poesie durchforsten wollte, fuhren mein Mann und ich in unser Haus in San Mateo, wie wir es in jedem Sommer taten; ich hatte auch Salzedos Lehrbuch über die Technik des Harfenspiels mitgenommen. Meine Arbeit für den Sommer stand fest. Obwohl die Poesie, die ich las, von den großen Meistern der Geschichte stammte – Zeilen aus der Bibel, Verse weniger berühmter Freunde – , suchte ich noch immer nach einer Geschichte, die das Ganze, die die verschiedenen Gedichte in einen Zusammenhang bringen könnte. Auch der Klang meiner Muttersprache, deutsch, zog mich an. Ich hatte in ihr einst Lieder nach Texten von Hermann Hesse komponiert. Schließlich bat ich meinen Mann, der Kurzgeschichten in Englisch schreibt, aber wie ich in Deutschland geboren wurde, er möge mir bei meinem Problem helfen. Ihm kam die Idee, dem Zyklus Poesie zugrunde zu legen, die sich mit der Schönheit unseres Gartens in Kalifornien und mit der ständigen Gefahr auseinandersetzt, die im Andreasgraben schlummert. Ich war überzeugt, dass dieser Kontrast – hier die heitere Erhabenheit, dort die zerstörerische Gewalt der Natur – eine geeignete Spannung erzeugen würde, die vielleicht auf metaphorische Weise die Verletzlichkeit und Gefährdung unseres Lebens in der heutigen Welt veranschaulichen könnte.

Und so machten wir uns gemeinsam an die Arbeit, zum ersten und zum bisher einzigen Mal.[8] Obwohl die Poesie der Musik vorangehen muss, gab mir mein Mann nicht alle Gedichte auf einmal. Vielmehr komponierte ich zunächst die Musik zum ersten Stück und empfand dann, dass ich eine kontrastierende Stimmung brauchte, einen Wechsel im Tempo und in der Instrumentierung, den ich bei der Kombination von Singstimme, Flöte und Harfe durch die Verwendung dreier verschieden großer Flöten (außer den normalen auch die Alt- und die Piccoloflöte) schaffen konnte. Ich wollte den Hörer die Atmosphäre des Gartens, seine Schönheit, aber auch seine Gefahren tief unten in der Erde spüren lassen.

Die Uraufführung des *Andreasgartens* fand 1987 im Franklin & Marshall College statt. Zum Glück entschloss ich mich, sie aufzunehmen: Es erwies sich als günstig, als die American Composers Alliance (ACA) in Verbindung mit der Tonträgergesellschaft Opus One einen Wettbewerb für eine Aufnahme ausschrieb. Kurze Zeit später teilte mir die Gesellschaft mit, dass unser *Andreasgarten* einen Preis gewonnen hatte; ›wir haben nur ein Problem: Wie bekommen wir die Publikationsrechte für die Texte?‹ – ›Kein Problem‹, antwortete ich, ›der Dichter steht direkt neben mir.‹

Danach erlebte unser Werk mehrere Aufführungen, eine 1989, unmittelbar nach dem schweren Erdbeben in San Francisco. Der *San Francisco Chronicle* titelte: *Earthquake Inspiration – Music Dedicated to a Fault* (ungefähr: Vom Erdbeben inspiriert – Musik, die einer Verwerfung gewidmet ist). Damals spielte

---

8   Es sollte bei diesem einzigen Mal der Zusammenarbeit bleiben.

nicht das Jubal Trio. Es freut Komponisten immer, wenn ihr Werk ein eigenes Leben entwickelt und von jedem guten Musiker verstanden wird.«

Die Zusammenarbeit mit ihrem Mann erwies sich für Ursula Mamlok als ideal. Sie komponierte die neun Lieder des *Andreasgartens* in der für sie außergewöhnlich kurzen Zeit von fünf Wochen. Barry Wiener sieht den Zyklus als Anfang einer Schaffensepoche, in der die Komponistin eine größere Ökonomie der Mittel und eine stärkere Direktheit des Ausdrucks anstrebte. Die Sparsamkeit der Mittel und die Konzentration der Formulierung gehörten seit jeher zu ihren Grundsätzen, schon seit dem Unterricht bei Gustav Ernest. Ihre handwerkliche Souveränität demonstriert sie, indem sie nicht alle Möglichkeiten, die eine Zwölftonreihe anbietet, ausschöpft, sondern gezielt auswählt. Die gesteigerte expressive Unmittelbarkeit äußert sich besonders deutlich in der Gestaltung der Singstimme. Ihr verlangt die Komponistin eine Differenzierungsbreite ab vom Sprechen über das gleichsam erstarrte Singen auf einem Ton, von hingetupften Noten bis zu expressiven Bögen, die auch extreme Lagen nicht aussparen. Gezielt »naive« Gesten (»es blüht ein Garten«) werden durch den Gesamtklang abgefangen, sie bilden dennoch den Gegenpol zu quasi instrumental ausgreifenden Bewegungen. Ursula Mamlok fordert in gut expressionistischer Tradition die ganze Breite vokalen Ausdrucks. Die Form der Stücke entsteht – besonders deutlich im ersten – aus Klangfeldern, die sich ablösen und auf verschiedene Weise »atmen«. Diese Denkweise hat ihren Vorläufer in Debussy. Zwei unterschiedliche Tendenzen an der Schwelle zur Moderne bringt Ursula Mamlok mit ihrer Art der Reihenkomposition zur Synthese.

In manchen Passagen ist sie den Worten der Dichtung ausdeutend nahe, beim Flattern des Kolibri (Nr. IV), dem Flug der Libelle (Nr. V), dem Taubenflug (Nr. VII), aber auch beim »Zittern dann und wann« (Nr. I). Bisweilen stilisiert sie das Gemeinte wie in den Akkordfolgen am Anfang des zweiten und achten Stücks. Das schwere Gleichmaß des Rhythmus suggeriert Festigkeit, die in Bezug auf den Text Unterschiedliches bedeuten kann. Beide Stücke, das zweite und das vorletzte, entsprechen einander auch strukturell als Spiegelformen. An anderen Stellen bildet der Wortsinn den Hintergrund, aus dem sich die Musik heraushebt. Dem »Dunkel«, mit dem der Text des ersten Stücks beginnt, entspringt erst ein Triller, dann kleine Bewegungen, die sich wie ein flirrender Cluster in Kleinstintervallen anhören. Musik gewinnt allmählich fassbare Gestalt. Akzente schlagen dazwischen. Im sechsten Stück (*Rote Scheibe*) gibt der Gedanke an die lastende, sengende Hitze den expressiven Rahmen vor. Keines der neun Stücke aber bleibt ohne inneren Kontrast. Gegensätze prallen aufeinander oder verwandeln sich ineinander. Die Zweideutigkeit, die der Titel andeutet, durchzieht das ganze Werk, bestimmt Form und Details. *Der Andreasgarten* ist eine komprimierte Kantate über Freude und Bedrohung, Leben und Gefährdung, und darin auch ein Selbstporträt seiner Autoren. – Dem »neuen Expressionismus«, der Ursula Mamlok mit ihrem Kalifornien-Zyklus gelang, gehört auch das Vokalwerk zu, das sie als nächstes schrieb: das Lied *Die Laterne*. Es nimmt unmittelbar auf ein Hauptwerk des musikalischen Expressionismus vom Anfang des 20. Jahrhunderts Bezug.

Pierrot und die Laterne

Am 16. Oktober 1987 jährte sich zum fünfundsiebzigsten Mal die öffentliche Uraufführung von Arnold Schönbergs *Dreimal sieben Gedichten aus Albert Girauds ›Pierrot lunaire‹* op. 21.[9] Der Zyklus aus einundzwanzig kurzen Melo- und Minidramen gilt in mehrfacher Hinsicht als ein Meilenstein der Moderne. Die Befreiung von tonalen Bindungen regte Schönbergs klangliche und strukturelle Fantasie an, sie belebte auch die rhythmische Gestaltung der Stücke. Die Sprechstimme organisierte der Komponist in melodischer Kontur (nicht in der exakten Tonhöhe) und rhythmisch sehr genau; so brachte er viele Valeurs zwischen Rezitation und Gesang zur Geltung und erweiterte dadurch das Ausdrucksrepertoire der menschlichen Stimme. In den konzentrierten Stücken vereinte er ästhetisch Konträres: Theatralik und Miniatur, Vortragsarten des Kabaretts und strenge klassische Formen – das alles für eine Titelfigur, die durch ihre Mischung aus Held und Narr, aus Naivem und Tragischem den Sprung aus der Commedia dell' arte in den Symbolismus schaffte. Man erkannte in der Kunstfigur des Pierrot auch eine Stilisierung des Künstlers und seiner Rolle in der Gesellschaft. In Schönbergs Musik spielen Zahlen eine strukturbildende Rolle, auch diejenigen, die er auf sich bezog: die Dreizehn und die Drei (er wurde an einem 13. September geboren). Die Symbole fungieren als ein verrätseltes Ich. Das Ensemble aus je zwei Streich- und Holzblasinstrumenten mit Klavier machte Schule, denn es vereinte den Vorzug der Knappheit mit dem der vielfältigen klanglichen Differenzierung.

Leonard Stein (1916–2004), Schönbergs Schüler und Leiter des Arnold Schoenberg Institute an der University of Southern California in Los Angeles[10], kam auf die Idee, zum Jubiläum auch die neunundzwanzig Gedichte aus Albert Girauds Zyklus, die Schönberg nicht vertont hatte, als Widmung an das epochale Werk und seinen Schöpfer komponieren zu lassen, und zwar in der deutschen Übersetzung durch Otto Erich Hartleben, die auch Schönberg

---

9 Eine interne »Uraufführung« hatte bereits eine Woche vorher vor geladenem Publikum stattgefunden.

10 Das Schoenberg Institute wurde 1973 an der USC gegründet. Nachdem die Universität 1996 die Zwecksetzung des Instituts, die Pflege des Archivs und dessen Nutzung für Forschung und Lehre bezogen auf die Person Arnold Schoenbergs, nicht mehr gewährleistete, entschlossen sich die Schönberg-Erben, nach einem neuen Standort zu suchen. Ihre Wahl fiel schließlich auf Wien, wo das Arnold Schönberg Center seit 1999 öffentlich zugänglich ist.

gewählt, und für dasselbe Instrumentarium, das er verlangt hatte. Es stand den Komponisten frei, die Besetzung zu verkleinern, auch in Schönbergs Komposition sind nicht alle an jedem Stück beteiligt. Stein bat sechzehn amerikanische Zeitgenossen um Beiträge und schrieb selbst ein Stück dazu. Die neuen Werke führte er in vier Konzerten des Schoenberg Institute im Februar und November 1988, sowie im Januar 1989 und 1990 auf. Den Uraufführungen folgte jeweils eine vollständige Realisation von Schönbergs Opus 21. Jedes Konzert wurde von anderen Interpreten bestritten. Ursula Mamloks *Laterne* stand mit Kompositionen von William Kraft, Leslie Bassett, Paul Cooper, Marc Neikrug und Donald Harris am 27. Januar 1989 auf dem Programm des dritten *Pierrot*-Abends. Er wurde von Lucy Shelton und den Da Capo Chamber Players gestaltet.

Jede der neunundzwanzig Kompositionen war nicht nur eine Hommage an, sondern auch ein Kommentar zu Schönberg. Das lag im Auftrag, in der Vorgabe von Text und Besetzung, vor allem aber in der Tradition, die von Schönbergs Stücken ausging. Ursula Mamlok schrieb eine Gesangsszene en miniature. Nur in extremen Phasen, in der höchsten Exaltiertheit und dann, wenn Pierrot buchstäblich am Boden ist, verlangt sie stilisiertes Sprechen, alles andere soll gesungen werden. Sie nutzt die poetische Form von Giraud/Hartleben, bei der die erste Zeile zwei weitere Male wiederkehrt und so Anfang, Mitte und Ende des Dreizehnzeilers bildet, für die musikalische Struktur. Rondoartig kehrt der Beginn, der sich beinahe in Kreisläufen zu verfangen droht, in Varianten wieder. Man erkennt ihn an Tonrepetitionen und an Quartenmotiven, den Scherpas der Neuen Musik. Mamlok greift die gestischen Chancen auf, die ihr der Text zuspielt. Die lange, gebogene Laternenstange, die Furcht, in den Brunnen zu fallen, der verzweifelte Sturz aufs Pflaster, die tappenden Schritte Pierrots beim Ausleuchten aller Ecken – das alles führt sie in der Musik fast bildhaft deutlich vor. Die stichwortartig verknappte Theatralik setzt die empathische Ironie des Textes frei. Sie liegt letzten Endes in der Figur des Pierrot selbst beschlossen, dem Leichtfuß und Melancholiker, dem Jacques Prévert und Marcel Carné in *Les enfants du paradis* (gedreht 1943–45 während der deutschen Besatzung) ein unvergessliches cineastisches Denkmal setzten.

Ursula Mamlok vertonte keine Texte von Dichtern, die sich mit der Schoa und ihren Folgen für die Überlebenden poetisch auseinandersetzten, keine Poesie von Nelly Sachs oder Paul Celan, nichts von Hans Sahl oder von Rose Ausländer. Vordergründig hängt dies mit Unterschieden in der Öffentlichkeit zusammen, an die sie sich wandten. Sachs, Ausländer, Celan und Sahl schrieben deutsch. Sie richteten sich an Hörer und Leser, denen die deutsche Sprache Existenzielles bedeutet, weil sie in ihr aufwuchsen, und weil diese Sprache viele verschiedene Kulturanregungen in sich aufnahm, um das zu werden, was sie in den Hochzeiten deutscher Literatur und Philosophie war. Noch die intensivierte Rückerinnerung auf ihr Jüdischsein und dessen alten, reichen Unterbau schrieben Sachs und Celan in jene Sprache ein – bis zu den Grenzsituationen, in denen letzterer, meist nur mit einem Wort, ins Hebräische überging und damit einen Bereich andeutete, an den die deutsche Sprache nicht mehr reichen konnte.

Ursula Mamloks Kompositionen wurden dagegen zunächst vor einem amerikanischen Publikum aufgeführt. Darunter befand sich gewiss ein hoher Anteil von Emigranten, die Deutschland und Europa während des Nationalsozialismus verließen. Aber sie waren nicht die besonderen Adressaten ihrer Musik. Beim Komponieren suchte sie nicht in Traditionen Rückhalt, die an ein bestimmtes Land oder den Verständnisbereich einer Sprache gebunden waren. Die Neue Musik begriff sich in Amerika wie in Europa als Teil einer exponierten Geistigkeit, die ihr Ethos aus dem Erschließen neuer Erkenntnis- und Erlebnisdimensionen gewann, und die unausgesprochen und insgeheim die Überzeugung bewahrte, damit einen Beitrag zur Humanisierung der menschlichen Gesellschaft zu leisten. Auch dort, wo sie Literatur integrierte, band sie sich in ihrer eigenen »Sprachlichkeit« nicht an deren Reichweite und Grenzen, sehr wohl jedoch an Inhalt und Intention des darin Gesagten oder Umschlossenen.

Neue Musik wird ja in einer paradoxen Spannung rezipiert. Ihr erster Hörerkreis bleibt meistens klein und regional begrenzt. Auf der anderen Seite ist sie über Interpreten, engagierte Veranstalter, Akademien, Festivals und Arbeitstagungen international vernetzt, und das nicht erst, seit der Begriff »Globalisierung« in den allgemeinen Sprachgebrauch einging. Ihrem eigenen Anspruch nach strebt sie eine Wirkung über Landes-, Kontinental- und Sprachgrenzen hinweg an. Ihr Auditorium ist im konkreten Fall begrenzt, virtuell aber weltumspannend, fast familiär auf der einen Seite, weit gestreut und diffus auf der anderen. Ursula Mamlok bewegte sich in dieser Szene, sie stellte sich damit bewusst in die Geschichte und widersprach damit all denen, die Juden und moderne Kunst gleichermaßen aus der Menschheit und ihrem Gedächtnis tilgen wollten.

Die Unterschiede im Publikum, zu dem man spricht, erklären aber nur äußerlich, weshalb sich Ursula Mamlok keinem der genannten Dichter zuwandte. Genügend Komponisten fühlten sich in den letzten sechs Jahrzehnten etwa von Paul Celans Lyrik angezogen. Nicht alle stammten aus Familien, die Angehörige im Holocaust verloren. Vielleicht liegt gerade darin ein Teil der Antwort. Für Ursula Mamlok gehört die Schoa zur eigenen Geschichte. In ihrem Gedächtnis lebt die Erinnerung an Verwandte, Freunde und Nachbarn, die von den Nationalsozialisten in Lager verschleppt und umgebracht wurden. Dennoch redet sie von sich aus kaum über die Schoa. Wenn man im Gespräch mit ihr darauf kommt, äußert sie sich meist in wenigen, aber konzentrierten Sätzen. Für sie bedeutet die Musik eine Brücke, die über den Abgrund der Geschichte führt, eine Brücke des Lebens, bei deren Beschreiten sie sich gleichwohl der Trauer unter ihr bewusst bleibt. Doch die Brücke ist niemals das Ziel des Weges, sondern stets eine Passage, wie oft man sie auch geht.

Im Zentrum: Die Ensemblekunst

Im Werkverzeichnis von Ursula Mamlok fallen Titel ins Auge, die auf die Natur als Anregung hinweisen. Man begegnet ihnen in den Jugendwerken, dann in den pädagogischen Klavierstücken der neunzehnhundertfünfziger Jahre, aber auch im Zyklus der Charakterpiecen, die sie für die ersten Unterrichtsstunden bei Roger Sessions schrieb. Meist waren bei den Assoziationen, aus denen die Stücke entstanden und die sie ihrerseits wieder wecken wollten, die sangesbegabten Lebewesen im Spiel, die Vögel. *Birds' Dream* nannte die Komponistin ihre Vorbereitungsstudien für Sessions, den Wellensittich führen die Kinderstücke von 1955 (*Parakeet's Slumber Song* und *My Parakeet – Five Easy Piano Pieces*) im Titel. Diese Werke ordnet Ursula Mamlok den Vorräumen und Nebenzimmern ihres eigentlichen Komponierens zu. Im Hauptgebiet ihres Schaffens konzentrieren sich naturverbundene Überschriften deutlich zwischen 1983 und 1990, den ersten acht Jahren, in denen die Mamloks ihre Sommermonate in San Mateo verbrachten. *From My Garden, Der Andreasgarten, Wild Flowers,* und *Girasol* (der Name der Sonnenblume auf Spanisch, das in Kalifornien viel gesprochen wird) – die bildhaften Titel deuten eine persönlich-kreative Aneignung der neuen Lebenssphäre, der gefährdeten Schönheit und der bedrohten Heiterkeit in der Nachbarschaft des Andreasgrabens an.

Impulse aus der Natur

Wie ein Vorbote dieser losen Werkgruppe erscheint das Quintett *When Summer Sang* für Flöte, Klarinette, Violine, Violoncello und Klavier[1], das Ursula Mamlok 1980 vollendete. Entwurf und Ausarbeitung verbanden sich für sie mit dem Erlebnis der Natur und der Erfahrung einer Genesung. Nachdem sie selbst eine schwere Erkrankung überstanden hatte, fuhr sie im Sommer 1978 mit ihrer Mutter, die seit dem Tod ihres Mannes häufig in Depressionen verfiel, in die Sommerfrische von Connecticut, wo sich beide recht gut erholten. In fast romantischer Weise wirkte das freundliche Ambiente des Hügellandes, das Charles Ives einst als seine eigentliche Heimat empfand, auf Mutter und Tochter wie eine Seelenremedur. Momente des befreienden Naturerlebens verwandelten sich für Ursula Mamlok in Ideenkerne für das Quintett, um das sie von den Da Capo Chamber Players gebeten worden war. Rasche, virtuose Arabesken und markante, signalhafte Tonrepetitionen deuten im Hauptteil des ers-

---

1 Die *Wolkenfelder* von 1965 sind ein Sonderfall, sie erhielten diesen Titel erst bei der Revision 2004; zuvor hieß das Werk *Music for Viola and Harp*

ten Satzes Vogelstimmen an; in einem Klavierton, der mit gedämpfter Saite zu spielen ist, hallt das Klopfen eines Spechtes musikalisch sublimiert nach. In der kompositorischen Struktur legte Ursula Mamlok den Teil wie eine Verschränkung von Concertino und Lied, kantablem und brillantem Genre an. In ihren eigenen Worten: »Der erste Satz beginnt mit einem langsamen, zarten Duett von Flöte und Violine, dem sechs Trios für wechselnde Instrumentenkombinationen folgen [alle sechs möglichen Koalitionen der Melodieinstrumente mit Klavier, H.T.]. Das Klavier, das durchgängig beteiligt ist, spielt Musik, die sich von den anderen beiden unabhängig hält. [...] Die Struktur des Satzes gleicht einer Folge von Versen oder Kurzstrophen: die Motive der ersten melodischen Linie rotieren so, dass in jedem Trio eine neue Melodie entsteht.« Die einzelnen Abschnitte dieses Teils werden zunächst an Takten immer länger, im Grundtempo immer schneller, danach wieder kürzer und langsamer. Dabei entsteht folgende Verlaufsform:

1. Satz, Teil A Formübersicht								
Abschnitt	Duo 1	Trio 1	Trio 2	Trio 3	Trio 4	Trio 5	Trio 6	Duo 2
Takt	T. 1–4	T. 5–10	T. 11–19	T. 20–26	T. 27–34	T. 35–41	T. 42–47	T. 48–51
Länge in ♩	12 ♩	15 ♩	18 ♩	21 ♩	21 ♩	18 ♩	15 ♩	12 ♩
Tempo	♩ = 48	♩ = 60	♩ = 72	♩ = 84	♩ = 84	♩ = 72	♩ = 60	♩ = 48
Zeit	15 sec	15 sec	15 sec	15 sec	15 sec	15 sec	15 sec	15 sec

Wachsende, dann wieder abnehmende Länge der Teile und Tempobeschleunigung respektive -verzögerung spielen so ineinander, dass bei idealem Vortrag alle Abschnitte die gleiche objektive Zeit einnehmen: fünfzehn Sekunden, das entspricht ungefähr der Länge eines klassischen, achttaktigen Allegro-Themas. So entstehen zwei Zeitschichten: die regelmäßige Abfolge der Duos und Trios und das sich verändernde Metrum, das den Bewegungsgrad innerhalb der Abschnitte bestimmt. Man kann von rhythmischer Polyphonie sprechen.

Gliederung und Spiegelstruktur lassen sich von einem Hören, das auf den dichten, gedrängten Zeitverlauf eingestellt ist, gut erkennen, denn die Trios eins bis drei beginnen, die Trios vier bis sechs enden jeweils mit virtuosen Passagen eines Instruments. Die Gelenkstellen zwischen den Abschnitten markiert der mehrfach repetierte Ton »dis«, nur zwischen Trio drei und vier, an der Spiegelachse des Verlaufs, entfällt der Einwurf, dessen Signalcharakter zugleich als tonliches Orientierungszentrum wirkt.

Die Anregung durch Klänge der Natur – stellenweise kommt *When Summer Sang* in reduzierter Form der Klanggestik von Olivier Messiaen nahe – übersetzt die Komponistin in eine konsequente und klare Struktur. Ihr Streben nach ebenmäßiger Form mit erkennbaren, harmonischen Proportionen trägt klassizistische Züge. Sie arbeitet wie eine Lyrikerin, die Erlebnisse nicht erzählt, sondern aufnimmt, verarbeitet, verdichtet. Die ursprüngliche Inspiration scheint als Materialaspekt durch, nicht als intendierter Inhalt. Ihn vermittelt das Kunstwerk durch Gestalt und Charakter. Es erscheint paradox: In ihrer Arbeitsweise und ihrem künstlerischen Ziel arbeitet Ursula Mamlok in ähnlicher Weise wie eine Nelly Sachs oder Ingeborg Bachmann, von deren Gedichten sie jedoch kaum Notiz nahm. Die Kommunikation der Künste, ihr Gedankenaustausch auf der Höhe der Moderne, litt bei Ursula Mamlok durch die nationalsozialistische Zensur während ihrer Schulzeit und die Vertreibung aus dem Einzugsgebiet ihrer Muttersprache empfindlich.[2]

Dem bisher beschriebenen ersten Teil des Kopfsatzes folgt nach vier Takten Überleitung ein kontrastierender Abschnitt, eine Art antiphonaler Walzer, der vom Klavier mit homophoner Entschiedenheit angeführt und vom Streicher-/Bläserquartett so beantwortet wird, dass ein Klang überlappt. So fügen sich Phrasen von je sechs Viertelnoten Länge zu Elferperioden zusammen. Die Verrückung schafft ein zusätzliches Spannungsmoment. Die Länge dieses »joyful« überschriebenen Kontrastteils steht zur Dauer der einzelnen Duos und Trios im Verhältnis 9:4 = $(3:2)^2$, in einer Proportion also, die zusammen mit ihren Unterteilungen und Vielfachen für die rhythmische Organisation des Werkes eine wesentliche Rolle spielt. »Playful« lautet danach die Vortragsanweisung für eine zwölftaktige Passage, die in eine Kurzreprise des A-Teils führt. In Gestus und Charakter deutet sie auf den zweiten Satz voraus.

Die Komponistin bezeichnete ihn als Rondo. Es hat seine Besonderheiten. Das Zeitmaß wechselt zwischen ♩ = 96 und ♩ = 128. Sechzehntel im ersten Grundtempo laufen genauso schnell wie Achteltriolen im zweiten. Wechselt man die Notierung einer Textur, so entstehen bei gleichem Fluss unterschiedliche Wellenformen und -längen. Ursula Mamlok nutzt dies bereits bei der ersten Wiederkehr des Ritornells (im Diagramm A'), das selbstverständlich von Mal zu Mal Veränderungen durchläuft. Ungefähr in der Mitte des Satzes (im Abschnitt A") blendet sie eine Erinnerung an die Anfangstakte des ersten Satzes ein. Deren Gestalt tritt im weiteren Verlauf immer wieder auf – bis zum Verklingen der Coda. Durch den ganzen Satz zieht sich eine ruhig bewegte Melodielinie, die von einem Instrument ins nächste übergeht, der »Gesang«, der dem Titel des Stücks entspricht. Für das Hören wird er zum bestimmenden Ereignis, was sonst geschieht, gruppiert sich als Umgebung um diese Hauptlinie. Sie unterstreicht zusammen mit dem perpetuum mobile der Ritornelle vor allem den Lauf der verrinnenden Zeit, die gerichtete Bewegung; die Reminiszenzen an den ersten Satz sorgen für die erinnernde Gegenbewegung. Hier wird auf anderer Ebene als im ersten Satz erneut eine Polyphonie in der Dimension der Zeit verwirklicht.

---

2 Vgl. S. 226 in diesem Buch

2. Satz, Formübersicht								
Abschnitt	**A**	**B**	**A′**	**C**	**A″**	**B′**	**A‴**	**Coda**
Takt	104–121	122–130	131–150	151–176	177–192	193–201	201–221	222–255
Länge in ♩	36 ♩	18 ♩	40 ♩	84 ♩ + 11 ♩	12 ♩ + 24 ♩	18 ♩	36 ♩	153 ♩
Tempo	♩ = 96	♩ = 96	♩ = 128	♩ = 128 ♩ = 96	♩ = 48 ♩ = 96	♩ = 96	♩ = 128	♩ = 256
Typus	quarto-lisch	triolisch	triolisch	⅜-Grup-pen	quarto-lisch	triolisch	triolisch	⅜-Grup-pen
Zeit	6 x 3,75 sec	3 x 3,75 sec	5 x 3,75 sec	12 x 3,75 sec	8 x 3,75 sec	3 x 3,75 sec	5 x 3,75 sec	18 x 3,75 sec

»Typus« bezeichnet in diesem Fall die vorherrschende figurative Bewegung, die in den A-Teilen (den Ritornellen) das perpetuum mobile ausmacht, das hoketusartig von einer Stimme zur anderen wechselt. Man erkennt, dass die Form in einem übergeordneten Sinn auch als eine Folge zweier Umläufe A-B-A'-C aufgefasst werden kann, wobei der zweite Umlauf gleich zu Anfang die Reminiszenz an den ersten Satz mit einbezieht und damit eine formale Integration für das gesamte Werk leistet. Die Komponistin überschrieb diesen zweiten Satz »fast, playful«. Letzteres meint bei ihr mehr als das deutsche »spielerisch«. Der Begriff birgt für sie das Ideal einer Leichtigkeit, mit dem sich nach den Erlebnissen von Flucht, Exil, Eingewöhnung und umständlichem Weg zur kreativen Identität auch eine existenzielle Utopie verband. Sie scheint sich im Zusammensein mit Dwight Mamlok ein großes Stück weit verwirklicht zu haben.

Ihrem Mann widmete sie zwei der vier Werke mit Naturtiteln, die zwischen 1983 und 1990 ganz oder großenteils in San Mateo entstanden: den Liederzyklus *Der Andreasgarten*, dessen Gedichte er schrieb, und das Solostück *From My Garden*, das in einer Fassung für Viola und für Violine allein existiert. Der folgenden Betrachtung liegt die Bratschenversion zugrunde.

From My Garden und *Wild Flowers*

From My Garden ist ein überaus ruhiges Stück, so ruhig, dass Interpreten dann, wenn keine Verzierungen oder Durchgangspassagen zu spielen sind, nicht immer den großen Atem zu wahren wissen. Die Schwierigkeiten liegen im Verborgenen: technisch in raschen Vorschlagsfiguren, psychologisch in der Notwendigkeit, an der Grenze zur stehenden Zeit zu manövrieren, die in diesem Fall nicht Trauer ausdrückt. Das Stück beginnt und endet als Invention über den Ton »d«. Er wird nach anfänglichen Wiederholungen immer wieder als Ziel von Vorschlägen oder raschen Fioriituren angesteuert. Diese flüchtigen »Nebenfiguren« entfalten nach und nach die Töne einer Zwölftonreihe.

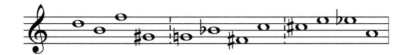

Wenn in Takt 24 erstmals »g«, der Anfangston der zweiten Vierergruppe, erreicht ist, übernimmt er ähnlich zentrierende Funktion wie zuvor der Ton »d«. In Takt 49 kommt die allmähliche Auffächerung der Reihe beim zwölften Ton »a« an, der nun bis zur Reprise zur Bezugsgröße für seine Umgebung wird. Die Zentraltöne beschreiben die Grundschritte einer tonalen Kadenz: Tonika, Subdominante und Dominante, um für den abschließenden Teil wieder in die Tonika zurückzukehren. Die Komponistin hatte sich für dieses Stück vorgenommen, Tonalität seriell auszudeuten, und zwar durch eine Reihe für die Tonhöhen und eine Reihe für den Rhythmus. Die Hauptfunktionen der klassischen Harmonielehre nehmen in den drei Viertongruppen jeweils eine hervorgehobene Funktion ein: von »d« geht eine Struktur kleiner Terzen aus, von »g« aus bildet sich eine knappe Tonika-Dominant-Zelle, »a« ist der Grundton eines Dur-Dreiklangs, dem die tiefalterierte Quinte hinzugefügt ist. Um jeden Ton bildet Ursula Mamlok in der Reihe ein anderes tonales Feld.

Zur relativ großen Gruppe von Werken für ein Instrument allein gehört auch das Geigenstück *Wild Flowers*, das Ursula Mamlok 1987 für Roger Zahab komponierte, im Grundsatz eine Folge von Variationen über drei Gesten, die sich in drei Takten konzentrieren: eine auf- und absteigende bogenartige Figur, ein gehaltenes Doppelgriff-Tremolo und pizzicato-Töne.

Virtuose und ariose Abschnitte wechseln sich ab. Fast unerschöpflich scheint die Fantasie der Komponistin im Verwandeln und Kombinieren der Gesten und Reihenformen. Ähnlichkeiten und Entsprechungen zwischen verschiedenen Formabschnitten erzeugen auch hier eine klare und konzentrierte Struktur. *Wild Flowers*, ein fein ausbalanciertes Charakterstück, könnte manchem Virtuosen aus der Verlegenheit helfen, wenn er einmal wieder auf der Suche nach einem Encore ist, das nicht aus Bachs Partiten, Paganinis Capricen, Wieniawskis Etüden, Ysayes Sonaten oder Sarasates Bravourstücken stammt.

Girasol

Einen Titel aus der Natur vergab Ursula Mamlok zum letzten Mal an ein Sextett, das sie am 20. Juni 1990 in San Mateo zu komponieren begann und fast ein halbes Jahr später, am 16. Dezember, in New York abschloss. Mit *Girasol* erfüllte sie einen Kompositionsauftrag, den sie von der Koussevitzky-Stiftung für das Griffin New Music Ensemble erhalten hatte. Wie alle Werke, die von dieser Stiftung angeregt und finanziert wurden, trägt es die Widmung »to the memory of Serge and Natalie Koussevitzky«. Das Ensemble, das unter anderem von Gunther Schuller geleitet wurde, war damals noch ganz jung, 1989 hatte es sich in Boston konstituiert.

Das Stück beginnt und verklingt mit kurzen, tropfenartigen, hohen Tönen des Klaviers, die auch zwischendurch zum Teil in anderen Instrumenten erscheinen und kaum merklich einen Wandel der Dinge ankündigen. Ein Melos der Klarinette, eingestreute Figuren und weiträumige virtuose Arabesken – damit ist im Wesentlichen das gestische Repertoire umschrieben, aus dem die Komponistin ein rund elfminütiges, vielgestaltiges Werk gewinnt. Man kann seinen Verlauf als eine Rondoform beschreiben, die sich durch Rückkehr in den Anfang kreisförmig schließt. Als Ritornell dient dabei der Anfangsteil, der sich aus dem einen repetierten Ton schließlich zu einer belebten Textur aus verschiedensten Bewegungsarten öffnet und weitet. Sie führen die Spannung zwischen melodischer Linie und virtuos geschwinder Figuration, zwischen schattenhaftem Hintergrund und deutlich hervortretenden Passagen durch.

Der Refrain kehrt nicht immer vollständig, aber stets in anderer Instrumentierung, einer anderen Ansicht seines musikalischen Satzes wieder. Im Wechsel mit dem, was die Formenlehre »Episoden« nennt – sie stehen in *Girasol* mindestens ebenbürtig neben dem Ritornell – bildet sich etwas vergröbert die Form

Formteil	Ritornell I	Episode I	Ritornell II	Episode II	Episode III	Ritornell III
Symbol	A	B	A	C	D	A
Takt	1–20	21–50	51–67	69–118	119–164	165–217

Bei Teil B handelt es sich um Variationen über ein Lied, das traditionell in Strophen zu je vier Versen nach dem Muster a-b-a'-b' gebaut ist, im Rhythmus

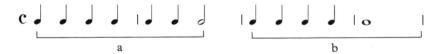

Es wird im fünfstimmigen Klaviersatz vorgetragen. Nur Melodieführung und Harmonik lassen spüren, dass es sich hier nicht um traditionell stilisierten

Im Zentrum: Die Ensemblekunst

Volkston, sondern um das Bildnis eines instrumentalen Gesangs aus der klanglichen Erlebniswelt der Reihenkomposition handelt. Die gewollte Spannung zwischen der Simplizität des Gestus und der elaborierten Ausarbeitung wird zur Erwartungsfolie, vor der sich dieser Teil von *Girasol* abspielt. Über die langen Noten am jeweiligen Versende lässt die Komponistin – wie improvisiert eingeworfen – Arabesken spielen, die ihr Vorbild im Refrain haben. Variiert wird nun äußerlich ebenfalls auf traditionelle Art: Der Liedsatz wandert in die anderen Instrumente, hinzu kommt eine figurative Gegenstimme, die sich erst in Achteln (Klarinette), dann in Achteltriolen (Violine), schließlich in Sechzehnteln (Viola) und Sechzehntelquintolen (Flöte) bewegt. Eine Reminiszenz an die Takte fünf bis acht des Ritornells unterbricht die Variationenkette, ehe deren letzte Strophe folgt.

Bei genauerer Betrachtung stellt sich die Form des Werkes demnach etwas differenzierter und subtiler dar:

Takt	1–20	21–50			51–68	69–118		119–164	165–217
Typus	Ritornell	Lied mit Variationen			Ritornell	Passacaglia		Langs. Satz	Ritornell
Form	A	B			A	C		D	A
	A	B 1	A′	B 2	A	C	A/B	D	A
Takt	1–20	21–36	37–40	41–50	51–68	69–110	110–118	119–164	165–217

Die Verknüpfung der Teile wird dadurch noch gestärkt, dass sich die Liedmelodie von Teil B schon in Teil A allmählich herausbildet. Die Komponistin schafft Übergänge zwischen dem Unterschiedenen.

Nach den Figuralvariationen von Teil B bedient sich Ursula Mamlok in Teil C einer anderen Variationenform: der Passacaglia, die sich traditionell über einem mehrfach wiederholten Bassthema aufbaut. »Ominous« soll dieser Teil gespielt werden, wie von ferne soll er beginnen und aus Schattenbildern immer stärkere Präsenz gewinnen. Das eigentliche Passacaglienthema liegt im Bass des Klaviers. Es erhält jedoch als ständigen Kompagnon ein Pizzicato-Thema, das sich mit seiner Umkehrung abwechselt und wie zuvor das Lied in regelmäßigem Rhythmus verläuft. Das Klavierthema ist vier Takte und eine Achtelnote, das Pizzicato-Kontrasubjekt dagegen genau vier Takte lang, so dass sie sich mit jedem Einsatz ein wenig gegeneinander verschieben. Eine ruhige Melodie und rasche Figuren bilden die weiteren Kontrapunkte in der Zirkulation der Variationen. Die flüchtig-virtuosen Motive hört man zunächst kaum, diese Fünfergruppen sollen »flüsternd« gespielt werden. Ihre Präsenz markieren sie nicht durch Lautstärke, sondern durch Wachstum: Von Mal zu Mal kommt eine Quintole dazu; wenn die Zahl zwölf und damit die Entsprechung zu virtuosen Passagen in Teil A und B erreicht ist, wandelt sich die Musik zu einem langsamen Teil von eigentümlich in sich kreisender Wirkung.

Barry Wiener nannte das einsätzige, aber mehrteilige Werk eine »tour-de-force der Variationstechnik«[3]: Ursula Mamlok macht sie in verschiedenen historischen Ausprägungen zum Gegenstand ihres Komponierens. Sie spielt mit musikalischen Denkweisen, mit verfremdeten Assoziationen an geschichtliche Modelle und Verfahren; sie testet, wie weit sich eine neue Tonsprache in überkommene Formen gießen lässt, welche Spannungen dabei entstehen und wie sie sich kompositorisch nutzen lassen. Mit *Girasol* näherte sie sich einer »Musik über Musik« an.

Das Sextett von 1977

Das Werk aus dem Jahre 1990 war die zweite Komposition, die Ursula Mamlok für sechs Musiker in einer gemischten Besetzung von Bläsern, Streichern und Klavier schrieb. Das erste Werk dieser Art komponierte sie dreizehn Jahre zuvor. Der Komponist und Musiktheoretiker Richard Swift (1927–2003) kennzeichnete das Sextett als »ein glänzendes, formvollendetes, bedeutsames Werk, dessen sicherer und fantasievoller Umgang mit den klanglichen Möglichkeiten der Instrumente den souverän ausgearbeiteten Strukturen Profil verleiht«. Swift, ein Mann der Moderne, schloss seine Besprechung und Empfehlung mit dem Absatz: »Wie Vladimir Nabokov gerne sagte, ist die Kunst ein ›göttliches Spiel‹. Die Freude am Spielerischen, gepaart mit Esprit und Zartheit, Humor und Ernst verleiht dieser Musik ihren inneren Reichtum. Das Sextett verdient oft gespielt und gehört zu werden.«[4] Aus Mamloks eigenen Kommentaren spricht einerseits das Bewusstsein, dass ihr mit dem Sextett etwas Wichtiges gelang, andererseits äußert sich darin im Vergleich zu früheren Werkkommentaren eine leicht gewandelte Auffassung über die Vermittlung neuer Musik.

»Das Sextett, 1976/77 komponiert, verdankt seine Besetzung (Flöte, Klarinette, Bassklarinette, Violine, Kontrabass und Klavier) zum Teil einem Vorschlag von Anthony Korf, dem Dirigenten des Parnassus Ensemble, welches das Werk in Auftrag gab und im November 1977 uraufführte.« Korf, selbst auch Komponist, studierte unter anderem an der Manhattan School of Music, wo Ursula Mamlok unterrichtete, Schlagzeug. Als junger Musiker gründete er 1974 das Ensemble Parnassus und gewann namhafte Künstler aus der New Yorker Neue-Musik-Szene zur Mitwirkung. Er leitete die Gruppe, die ihre Konzerte über eine Stiftung finanziert, siebenundzwanzig Jahre lang als Music Director und als Dirigent. Unter den Komponisten, die von Korf und seinem Ensemble um neue

---

3 Booklet zur CD
4 Kopie der Besprechung im Archiv der Autorin. Periodikum nicht genannt.

Werke gebeten wurden, gehörte Ursula Mamlok zu den ersten. Das Sextett war bereits das zweite Werk, das sie für die damals junge Gruppe schrieb. Ihm ging, neben der Arbeit am Oboenkonzert entstanden, das *Divertimento* für Flöte, Violoncello und zwei Schlagzeuger voraus, das Parnassus schon kurz nach seiner Gründung bei ihr in Auftrag gab. Das Verhältnis zwischen Mamlok und Korf kühlte sich in späteren Jahren ab, ohne dass sich dafür handfeste Gründe nennen ließen. Netzwerke in minoritären gesellschaftlichen Bereichen wie der Szene neuer Musik haben ihre eigene Dynamik, die sich oft nur Insidern halbwegs erschließt. Jedenfalls bestellte Parnassus trotz des Erfolgs, den Mamloks Sextett bei seiner Uraufführung erzielte, keine weiteren Werke bei ihr, führte allerdings 1990 das andere Sextett, *Girasol*, auf und spielte es für CD ein.

In ihrer Beschreibung fährt die Komponistin fort: »Die Großstruktur des Werkes umfasst drei miteinander verbundene Sätze von symmetrisch geschlossener Form, während das motivische Material mit Techniken wie Kanons, Tonreihen und metrischen Modulationen gewonnen und verarbeitet wird.

Der erste Satz, ›mit fluktuierender Spannung‹ überschrieben, gliedert sich seinerseits wieder in drei in sich symmetrische Abschnitte:

A			B							A		
a	b	a	c	d	e	f	e	d	c	a	b	a

Das Notenbild lässt die Gleichzeitigkeit von vier verschiedenen Tempi, das heißt: vier verschiedene Unterteilungen des Zeitmaßes von ♩ = 72, erkennen, und zwar in sieben, fünf, vier oder drei Noten pro Schlag.

Sextett, 1. Satz, Takt 10 bis 13: Dreierunterteilung in der Bassklarinette, Viererunterteilung in der Violine, Fünferunterteilung in der Klarinette, Siebenerteilung im Klavier.

Jedes Instrument, kanonisch eingeführt, ordnet die Tonfolge, die ihm zugeteilt ist, in sein eigenes Tempo ein. Der Einsatz des Klaviers, in dem die Modelle aller anderen Instrumente frei kombiniert werden, wird von Passagen der anderen Instrumente vor und nach seinem Einsatz gerahmt:

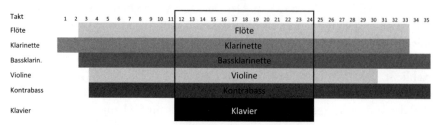

Den Charakter dieser einen Minute Musik mag man mit einem erregten Gespräch von sechs Leuten vergleichen, die in Wirklichkeit mit sich selbst sprechen, und dem Kontrabass mit seinem tiefen und schnellen Grummeln die Überleitung nach Teil B überlassen. Dort erhält jeder ›Gesprächsteilnehmer‹ ein Solo von fünfzehn Sekunden Länge, um seine Position in seinem Tempo darzulegen. Begonnen wird mit der Phrase im schnellsten Tempo aus dem A-Teil, einem Solo der Flöte [im Tempo ♩=126[5]], bis man schließlich im langsamsten Tempo [♩=72] ankommt, in dem der Kontrabass spielt. Den Hintergrund für die Soli geben zwei Begleitstimmen ab, eine lange, weit geschwungene lyrische Linie und Tonpunkte, die einem Uhrwerk ähnlich, im Tempo ♩=72, dem Anfangstempo von Teil A, gesetzt sind.

Bei der Wiederkehr von Teil A wird die musikalische Textur neu und anders auf die Instrumente des Ensembles verteilt. Der grummelnde Kontrabass übernimmt den aggressiven Ton, den die ›kreischende‹ Es-Klarinette und die Piccoloflöte vorgegeben haben.

Eine Überleitung verbindet den ersten mit dem zweiten Satz, der die Form A-B-C-B-A aufweist. Er beginnt in ruhiger Stimmung (Teil A), geht in einen intensiver bewegten polyphonen Abschnitt über (B), der schließlich in einen längeren tanzartigen Ostinatoteil (C) führt. Nach ihm runden die Teile B und A mit ihrer veränderten Wiederkehr die Form ab. Dunkle Klavierakkorde, Verwandlungen der hellen Klänge aus Teil C, unterlegen die Linien der Melodieinstrumente.

Ein hoher Flageolett-Ton der Violine verbindet den zweiten mit dem dritten Satz, einem Rondo, das ›leicht und luftig‹ überschrieben ist. Arpeggierten Spielfiguren (Teil A) folgt ein akkordischer Abschnitt (B) in Viertelnoten, worauf eine Überleitung das Tempo zum Abschnitt C hin moduliert, einem Abschnitt weiträumiger Texturen. Allmählich erscheinen die fünf sich beschleunigenden

---

5   Kürzeste Notenwerte sind Sechzehntel. Vier Sechzehntel im Tempo ♩=126 verlaufen in derselben Geschwindigkeit wie eine Septole im Tempo ♩=72.

Im Zentrum: Die Ensemblekunst

Modelle aus dem ersten Satz wieder, und zwar in der Reihenfolge 4–5–6–7, sie führen als auskomponiertes Accelerando in den A-Teil zurück. Das modifizierte Aufgreifen früherer Abschnitte leitet in eine Coda über, und das Werk kommt zu einem brillanten Abschluss, der die Töne der Flöte und der Klarinette in der Luft stehen und verklingen lässt.«[6]

Dieser Text bildet die Grundlage für einführende Kommentare, die Ursula Mamlok, dem Brauch Neuer-Musik-Aufführungen entsprechend, für Programmhefte und dann auch für eine CD-Produktion geringfügig modifiziert zur Verfügung stellte. Zweck war, den Hörern, die dem Werk zum ersten Mal begegneten, einige Hinweise zu geben, die das Mitvollziehen der Musik erleichtern könnten. Solche Hinweise wurden auch Ende der siebziger Jahre häufig als Erläuterungen des Strukturplans verfasst. Von diesem Usus weicht Ursula Mamlok nicht völlig, aber in bezeichnenden Passagen ab.

Selbstverständlich hatte sie auf die Verwirklichung der musikalischen Idee im Sextett nicht weniger Akribie verwandt als in früheren Werken. Ihre Skizzen lassen die Entstehung und Fixierung der passenden Zwölftonreihe nachverfolgen; sie zeigen die weiteren Schritte der Ausarbeitung: die rhythmische Organisation mit ihren komplexen Schichtungen (der Kontrolle halber verwandte Mamlok dafür Millimeterpapier), das Reihenquadrat[7] und die Auswahl der Segmente, die sie den Instrumenten variierend zuwies. Die Zahlenproportionen, welche die metrischen Verhältnisse bestimmen, regeln zum Beispiel auch die »Eingänge«, die Signale vor den Soli im Mittelteil des ersten Satzes. Der Beziehungsreichtum in diesem Werk geht weit über das hinaus, was die Komponistin in ihrem Text erwähnt. Sie argumentiert nur in Ansätzen analytisch, hauptsächlich jedoch in Analogien, die einem interessierten musikalischen Laien in der Regel leichter zugänglich sind. Bewusst oder unbewusst bezieht sie sich auf ein klassisches Diktum zur Kammermusik, auf die berühmt gewordene Passage aus einem Brief des achtzigjährigen Goethe an seinen Freund Carl Friedrich Zelter: »Wär ich in Berlin, so würde ich die Möserischen Quartettabende selten versäumen. Dieser Art Exhibitionen waren mir von jeher von der Instrumental-Musik das Verständlichste: man hört vier vernünftige Leute sich unter einander unterhalten, glaubt ihren Discursen etwas abzugewinnen und die Eigenthümlichkeiten der Instrumente kennen zu lernen.«[8] Das klassische Zitat wandelt sie dahin ab, dass sie ihre musikalischen Disputanten zwar gleichzeitig, aber für und zu sich selbst sprechen lässt. Sie macht damit implizit auf die besondere Dialektik von Gesamteindruck und Einzelereignis oder -part in der Kammermusik aufmerksam. Die Spannung zwischen beiden wirkt in klei-

---

6   Handschriftliches Manuskript in englischer Sprache mit zahlreichen Korrekturen im Archiv der Komponistin. Übersetzung: H.T.
7   siehe S. 112
8   Goethe, Johann Wolfgang von: Brief an Carl Friedrich Zelter vom 9. November 1829

ner besetzten Ensemblekompositionen kräftiger als etwa in Orchesterwerken. Im Bild gesprochen: Je nach Distanz wird man die »Unterhaltung« der sechs Instrumente entweder mehr als Gesamtereignis oder stärker als Zusammenspiel eigenständig zu verfolgender Linien erleben. In der musikalischen Wahrnehmung können beide Einstellungen ineinander greifen und sich ergänzen, denn das Hören ist zu hoher kognitiver Komplexität fähig. Zudem weist der indirekte Goethe-Bezug auf eine Art modernen »Konversationsstils« hin, sofern man diesen Begriff aus der Okkupation durch das retrospektive Spätwerk von Richard Strauss befreien kann. Das Spielerische, das Richard Swift nennt und das Ursula Mamlok in Satzüberschriften wie »playful« häufig aufruft, darf als Vorbote jener Leichtigkeit gelten, von der im Zusammenhang mit dem Quintett *When Summer Sang* bereits die Rede war, und die bei Ursula Mamlok nicht nur eine ästhetische, sondern auch eine existenzielle Dimension besitzt.[9]

Schaffensphasen

In Ursula Mamloks Schaffen wechseln sich wie bei jedem Künstler äußerlich produktive Lebensabschnitte mit solchen ab, in denen verhältnismäßig wenige Kompositionen ausgeführt werden. Gegenüber der reichen Zahl an Werken, die in den sechziger und achtziger Jahren entstanden, nimmt sich Mamloks Œuvre in den siebziger Jahren der Menge nach relativ schmal aus. Das lässt allerdings weder auf eine Krise noch auf eine gebremste Kreativität schließen. Die Arbeiten der siebziger Jahre steuern andere Dimensionen an. Verglichen mit den gedrängten Konzeptionen der vorhergehenden Dekade werden die Werke länger, Ursula Mamlok komponiert größere Formen. Die »Reifung« der Vorhaben bis zu ihrer endgültigen Gestalt nimmt deshalb mehr Zeit in Anspruch. Im Zentrum der siebziger Jahre steht das Oboenkonzert; seine zweite Fassung für das Soloinstrument, zwei Klaviere und Schlagzeug schließt das Jahrzehnt ab, das mit den *Variations and Interludes* für vier Schlagzeuger begann. Unter den sechs Kompositionen, die das Werkverzeichnis zwischen 1971 und 1980 nennt, kommt einigen für Ursula Mamloks künstlerischen Weg eine richtungsweisende Bedeutung zu:

- in den *Variations and Interludes* entwickelte sie ein Modell, wie eine (Zwölf-) Tonreihe in ein rhythmisches Organisationsprinzip transformiert werden kann,
- mit dem Oboenkonzert schrieb sie ihr erstes Orchesterwerk im neu gewonnenen Stil, die letzte größere Komposition für Orchester, das *Concerto for String Orchestra*, 1950 entstanden, lag rund fünfundzwanzig Jahre zurück,

---

9 vgl. S. 179

- im Sextett wertete sie ihre neu gewonnenen Erfahrungen mit der rhythmischen Organisation in einer Komposition ohne Schlagzeugbeteiligung aus. Es ist das kammermusikalische Pendant zum Oboenkonzert, ähnlich wie dann in den neunziger Jahren die *Polarities* auf die *Constellations* für Orchester antworten sollten.

Zwischen den drei Hauptwerken der siebziger Jahre stehen drei weitere Kompositionen wie verbindende, vorbereitende, vermittelnde oder reflektierende Stücke. Die *Polyphony* für Oboe oder Englischhorn schlägt die Brücke zurück zum gleichnamigen Werk für Klarinette (1968) und damit zum Œuvre der sechziger Jahre. Das *Divertimento* für Flöte (alternierend auch Altflöte und Piccolo), Violoncello und Schlagzeug vermittelt in Besetzung und formalem Experiment zwischen den *Variations and Interludes* und dem Sextett. In den *Festive Sounds*, 1978 zum fünfundsiebzigjährigen Bestehen der Sorority Sigma Alpha Iota komponiert, überträgt Ursula Mamlok die konzertanten Elemente und Erfahrungen des Sextetts auf die klanglichen Möglichkeiten und Besonderheiten des Bläserquintetts.

Festive Sounds

Den Kompositionsauftrag für die *Festive Sounds* erhielt sie von einer Organisation, die 1903 gegründet wurde, um die Arbeit von Frauen im Musikleben der USA, aber auch international zu fördern. Sororities nennt man als weibliches Pendant zu den Fraternities die akademischen Vereinigungen, die ähnlich wie die Verbindungen in Deutschland auf die Studentenorden der Aufklärung zurückgehen; allerdings sind die amerikanischen Organisationen im Gegensatz zu den hiesigen Bünden nie in den Verruf eines generell harten Konservatismus geraten, sie decken politisch und geistig ein breites Spektrum ab. Ihre Namen bestehen in der Regel aus einer Kombination griechischer Buchstaben, die wohl einen konkreten Sinn enthalten, der nach dem Ethos geheimer Gesellschaften nicht nach außen kommuniziert wird. In Zielsetzungen, Bräuchen und Organisationsformen übernahmen sie auch Gedankengut und Grundsätze der Freimaurer oder berufsständischer Organisationen wie Zünften und Gilden. Wie in deutschen Verbindungen tritt man in der Regel als Student(in) ein, bleibt dann aber nach Abschluss der akademischen Ausbildung der Vereinigung verbunden. Den maurerischen Logen entsprechend sind die Fraternities and Sororities in Kapiteln (chapters) organisiert, die sich örtlich um eine bestimmte Institution bilden und ihrerseits wieder mit einer Kombination griechischer Buchstaben benannt werden.

In den USA, in denen staatliche Förderung etwa in Bildung und Fürsorge geringer entwickelt ist als in Europa, spielen freie Bürgerassoziationen im öffentlichen Leben eine weit größere Rolle als hierzulande; sie wird durch Gesetz ausdrücklich unterstützt. Die erste Fraternity, noch weitgehend als Geheimbund nach freimaurerischem Vorbild aufgebaut, wurde bereits 1780 gegründet, die erste weibliche akademische Verbindung organisierte sich 1870. Sigma Alpha Iota wurde im Juni 1903 an der Music School der University of Michigan in Ann Arbor auf Initiative von Fredereka Howland, der Leiterin der Gesangsabteilung, von sieben Frauen, fortgeschrittenen Studentinnen und Lehrkräften, gegründet. Derzeit organisiert die Sorority nach eigenen Angaben einhundertachtzehntausend Mitglieder in zweihundertachtzehn universitären Gruppen und einhundertachtzehn Vereinigungen berufstätiger Mitglieder. Als Mission formulierte ΣAI die »Ermutigung, Pflege und Unterstützung der Tonkunst«, sie orientiert ihre Arbeit und Förderung an »den höchsten Standards der Musik« und erwartet von ihren Mitgliedern ein vorbildliches bürgerschaftliches Verhalten.

Mamloks *Festive Sounds* wurden in Dallas (Texas) uraufgeführt. Die dortige Alumnae-Sektion richtete im Jubiläumsjahr 1978 die »national convention«, die Hauptversammlung der Sororität aus. Ursula Mamloks Bläserquintett wurde aus einer Reihe beauftragter Kompositionen zur Uraufführung beim festlichen Eröffnungskonzert ausgewählt. Sie selbst wurde außerdem in die Jury eines Wettbewerbs für Komponistinnen berufen. Damit war sie, wie sie sich erinnert, als eine Art Ehrenmitglied automatisch in die Organisation aufgenommen.

Dem Anlass und dem Titel des Werkes entspricht sein Anfang: Kräftige Tonrepetitionen, die vom Horn aus nach und nach durch alle Instrumente wandern, werden von signalartigen Rufen kontrapunktiert und übertönt. Ein polyphon ausgearbeiteter Abschnitt führt in den konzertanten Mittelteil, für den die Komponistin die Binnensektion (B) aus dem ersten Satz des Sextetts als Vorbild nahm. Die Instrumente erhalten nacheinander ihre Soli, jedes in seinem Tempo. Begonnen wird in der Siebenerteilung (♩=126) mit der Oboe, es folgt die Flöte mit der Sechserteilung (♩=108), die Klarinette mit der Fünferteilung (♩=90) und schließlich das Horn mit der Viererteilung (♩=72) der Zeiteinheit (ganze Note) von achtzehn Schlägen pro Minute. Die Soli werden wie im Sextett von einer ruhig ausschwingenden Gegenmelodie und punktuellen Einwürfen in der Impulsfolge von ♩=72 begleitet. Eingeleitet werden sie jeweils mit einer Folge von Akkorden, ihre Anzahl entspricht dem rhythmischen Divisor des anschließenden Tempos, sieben Akkorde stehen demnach vor dem ersten, sechs vor dem zweiten Solo etc. Alle Akkordtakte sind damit gleich lang. Auch den Soli ist wie im Sextett stets die gleiche Zeitspanne eingeräumt (mit Akkorden 12,5 Sekunden). Ursula Mamlok übernahm also ein Modell der Zeitorganisation und des musikantischen Rollenspiels in eine neue Umgebung und übertrug es auf eine veränderte Instrumentenkonstellation. Es handelt sich nicht um die Transplantation eines Abschnitts aus dem Sextett, sondern um eine Neukomposition, in die gleichsam ein »pattern« als Bewegungs- und Formprinzip integriert wurde.

Den konzertanten Abschnitten folgen in den *Festive Sounds* vier Ansätze eines langsamen Teils; jeder endet mit einer energisch virtuosen Figur. Reminiszenzen an die Soli leiten in eine variierte krebsgängige Wiederkehr des Anfangsteils über. Mamlok erzielt damit nicht nur die palindromisch geschlossene Form, die sie auch in Werken der sechziger Jahre mit Vorliebe verwandte, sondern auch einen Abschluss »con bravura«. In ihrem Werkkatalog stehen die *Festive Sounds* mindestens gleichrangig neben dem Bläserquintett von 1956. An die Interpreten stellen sie allerdings bedeutend höhere Anforderungen.

Die siebziger Jahre waren für Ursula Mamlok eine Phase der Konzentration und der Weichenstellungen. Der Zahl nach schrieb sie wenige, an Bedeutung jedoch gewichtige Werke. Sie festigte die Methoden und Erfahrungen, die sie durch Studien und Kompositionen in den sechziger Jahren gewonnen hatte und dehnte sie auf größere Formen und Besetzungen aus. Damit stellten sich zwangsläufig auch neue Fragen der Zeitdisposition, sie betrafen die rhythmische Textur ebenso wie die Proportionen und Strukturen der Gesamtform. Nicht nur ihr Kommentar zum Sextett, sondern auch der Werktitel *Divertimento* deutet die Wichtigkeit kommunikativer Aspekte für ihre kompositorischen Entscheidungen an. Die klassische, maßstabsetzende Tradition besteht für sie nicht allein in der Expansion von Formen, Besetzungen, Dimensionen, inneren Differenzierungen und komplexer Gestalt, sie lebt auch im kultivierten Sinn für das »divertire« weiter, für das, was mit »Konversationsstil« oder »Leichtigkeit« umrissen wurde. Ursula Mamlok lag nicht daran, ein Opus magnum zu schaffen, das erst eine künftige, gründlich gebildete Generation erfassen und allmählich verstehen lernte; sie komponierte vielmehr fürs Hier und Jetzt: konzentriert, herausfordernd, kompromisslos, und gerade dadurch bezwingend, denn sie überschreitet das Maß bildungswilliger Aufmerksamkeit nicht. Ihre Werke kennen daher auch die blinden Flecken nicht, in denen das Hören die Ereignisse an sich vorbeiziehen lässt, um später wieder auf volle Konzentration umzuschalten. Wer Musik so aufzunehmen gewohnt ist, wird Ursula Mamloks Kunst verlieren, noch ehe er sie gefunden hat.

Die achtziger Jahre

Das Schaffen der achtziger trägt bei Ursula Mamlok erheblich andere Merkmale als das der siebziger Jahre. Zieht man die kalendarischen Grenzen nicht allzu streng, sondern berücksichtigt auch Kriterien von Werkintention und Stil, dann kann man die vorletzte Dekade des zwanzigsten Jahrhunderts gerahmt sehen durch das Quintett *When Summer Sang* und das Sextett *Girasol*. Die beiden Sommerstücke für Ensemble umschließen eine Gruppe von zwanzig Werken, der Zahl nach rund dreimal so viel wie in der Dekade zuvor. Alle musikalischen

Genres, in denen sich Ursula Mamlok äußerte, sind darin vertreten: die Klaviermusik mit pädagogischen und autonomen Stücken (*Recital Pieces for Young Pianists* I und II, *Three Bagatelles, Inward Journey*), Werke für ein Melodieinstrument allein (*Fantasy Variations* für Violoncello, *From My Garden* und *Wild Flowers*), vor allem aber Ensemblewerke mit und ohne menschliche Stimme, sowie ein Orchesterwerk, das *Concertino* für Bläserquintett, zwei Schlagzeuger und Streicher. Dem Panorama der Gattungen entspricht ein Transit durch die Stilebenen und -schichtungen, die sie auf ihrem künstlerischen Erfahrungsweg seit den fünfziger Jahren durchmaß. Solche Art des integrativen Rückblicks eröffnet in aller Regel auch neue Perspektiven. Die *Fantasy Variations* für Violoncello nehmen die Linie der Flötenvariationen und der *Composition* aus den sechziger Jahren, in mancher Hinsicht auch die Erfahrung der *Polyphonies* von 1968 und 1972 wieder auf und führen sie in spielerischer Selbstgewissheit weiter. Während Ursula Mamlok die *Wild Flowers* um gestische Felder entwickelte, erprobt sie in *From My Garden* Möglichkeiten der Tonalität jenseits der funktionsharmonischen Beschränkung. Das *Concertino* experimentiert unter anderem mit der Tradition der konzertanten Formen, die Komponistin macht sich dabei Erfahrungen zunutze, die sie mit dem *Concerto für Streicher* 1950 gesammelt hatte; sie führt die Erkundungen im Spannungsbereich von überlieferten Modellen und neuer Tonsprache weiter, die bereits als Agens in den *Festive Sounds* von 1978 wirkten.

Die Violinsonate

Eine Werkgruppe schloss Ursula Mamlok Ende der achtziger Jahre vorläufig ab: die Reihe der Kompositionen für ein Melodieinstrument und Klavier[10]. Die Duo-Gattung hatte ihre klassische Ausprägung vor allem in Sonaten für Violine und Klavier erhalten, zum Teil in den Werken Mozarts, vor allem aber im Œuvre Beethovens. Bei Ursula Mamlok beginnt die Gruppe der Kompositionen für Geige und Tasteninstrument mit einer Sonate und sie endet mit einer Sonate. Die erste schrieb sie 1943 als Studienarbeit bei George Szell. Das e-Moll-Werk gelang, Ursula Lewis erhielt dafür einen der internen Preise, welche die Mannes Music School vergeben konnte. Die zweite komponierte sie 1988/89. Dazwischen entstanden mit der erst jüngst veröffentlichten kurzen *Suite*, die Barry Wiener aus Ursula Mamloks Skizzenbüchern edierte, und den *Designs* Anfang der sechziger Jahre zwei Werke, in denen sich die Komponistin bewusst von klassischen Vorbildern absetzte.

---

10 Als »Nachzügler« entstanden 2011 die ›Rotations‹ für Violoncello und Klavier, in denen Ursula Mamlok älteres, für eine andere Besetzung entworfenes Material einer erneuten Inspektion unterzog

Den Anstoß für die zweite Sonate gab 1988 ein Kompositionsauftrag der Eastman School of Music in Rochester, im Norden des Bundesstaats New York am Ontariosee gelegen. Die Hochschule bat Ursula Mamlok um ein Werk, das eine beliebte Professorin, die Geigerin Catherine Tait, mit ihrem Duopartner und Eastman-Kollegen, dem Pianisten Barry Snyder, (ur-)aufführen könnte. Die Form der Sonate entsprang Ursula Mamloks eigener Entscheidung. Gestaltungsweisen, die mit dem historischen Erfahrungsschatz dieser Gattung zusammenhingen, fanden sich auch zuvor vielfach in ihren Werken. Den ausdrücklichen Bezug im Titel aber vermied sie – unter anderem, um einer Etikettierung als »Neoklassizismus« keinen Vorschub zu leisten.

Eine solche Einordnung träfe das Wesentliche des Werkes auch nicht, trotz des reflexiven Charakters, der ihm eigen ist. Das kreative Spiel mit freien, aus dem Material heraus entwickelten Formen, das die Werke der sechziger und siebziger Jahre bestimmte, ermöglichte es ihr gegen Ende der achtziger Jahre, die Auseinandersetzung mit klassischen Genres und Formen auf neuer Basis zu führen und diese nicht einfach als Hülsen für den musikalischen Verlauf zu benutzen. Zwei Tendenzen überlagern sich im Werk für die Geigerin, die bis zu ihrem frühen Tod 1997 für die Breite ihres Repertoires, ihren Einsatz für exponierte zeitgenössische Werke und für ihr vorbildliches pädagogisches Engagement hoch angesehen war: die Vergegenwärtigung historischer Modelle und ihre Neuinterpretation. Äußerlich greift die Komponistin auf die frühklassische Form zurück. Sie beschränkt sich auf drei statt der später üblichen vier Sätze. Gedankliche Komplexität und Kontrastdichte sind im ersten Satz am stärksten konzentriert. Er wirkt in der Vielschichtigkeit seiner Entfaltung und der Komprimiertheit seiner Ereignisse als Hauptstück. Für Hörer und Interpreten bestimmt er die Höhe des künstlerischen Anspruchs. Mit knapp zwei Minuten Dauer ist er aber zugleich der kürzeste.

Der vorherrschende Charakter eines perpetuum mobile, das nur für kurze Augenblicke angehalten wird, rückt den letzten Satz vordergründig in die Nähe eines munteren Kehraus, wie er in der Sonatenkomposition vor Beethoven die Regel war. Er dauert aber von allen drei Sätzen am längsten, bricht den Typus des »Kehraus« durch Zeitveränderungen in den Rotationen, welche die Form bestimmen, durch Verschiebungen in der metrischen Einteilung, durch ein sonores, weiträumiges Melos, das sich als Kontrast in die flinke Geschäftigkeit schaltet, durch Verdichtungen und durch die zunehmende Integration von Erinnerungen an die ersten beiden Sätze. Die Komplexität, die der erste Satz in der Gleichzeitigkeit oder der raschen Abfolge kontrastierender Elemente (Unterteilungen des Zeitmaßes in Triolen, Quartolen, Quintolen und Sextolen; weite Gesten versus Tonrepetitionen) anreichert, entfaltet das Finale im Verlauf der Zeit. Zwischen den beiden Hauptstücken vermittelt durch bewusste Zurücknahme der langsame Satz mit seiner Zartheit und seiner sparsam-durchsichtigen, palindromischen Struktur. Die Folge von Sonatenhauptsatz, langsamem Stück und Rondo-Finale erfuhr in Mamloks Violinsonate eine neue Deutung. Zur Gesamtform überlagern sich vier verschiedene Prozesse und Ideen: die symmetrische Dreiteiligkeit schnell–langsam–schnell, die sich in der Spiegelform des mittleren Satzes verdichtet, das klassische Prinzip, dass eine Sonate von ihrer Hauptsache ausgehe, aber auch die gegenläufige Überlegung, ein Werk auf sein Finale hin zu orientieren, das zusammenfassende Funktion erhält, schließlich die perspektivartige Weitung des Zeitverlaufs vom kürzesten ersten zum längsten letzten Satz. Was äußerlich als Rückgriff auf frühklassische Formen erscheint, stellt sich bei genauer Betrachtung als Resultat einer ziemlich komplexen Überblendung dar. Das klingende Ergebnis aber soll, das ist Mamloks grundsätzliches Postulat, von konzentriertem Hören unmittelbar erfasst werden können. Komplexität ist für sie ein Mittel, musikalischen Gedanken die angemessene und überzeugende Klarheit zu verleihen. Das ist ihr Neoklassizismus.

Noch einmal: *Panta Rhei*

Das erste Ensemblewerk, das Ursula Mamlok nach dem Quintett *When Summer Sang* komponierte, war das Klaviertrio *Panta Rhei (Time in Flux)* von 1981. Der Titel in griechischer Sprache drückte eine Hommage an die Auftraggeberin aus: ihr einziges Werk für diese klassische Kammermusikbesetzung schrieb Ursula Mamlok für die Sorority Sigma Alpha Iota, die im August 1981 ihre sechsundsiebzigste Zusammenkunft in Washington D. C. abhielt. Die fünf Sätze des Werkes, die zum Teil in sich wieder untergliedert sind, fasste die Komponistin in drei übergeordnete Gruppen zusammen: Der erste und der in sich zweiteilige zweite Satz bilden die Gruppe eins, der langsame dritte Satz formt allein die mittlere, während der vierte und der fünfte Satz zusammen die letzte Gruppe ergeben. Der fünfte Satz ruft dabei ganz leise, wie entfernt den ersten (in Umkehrung) und den Gestus des zweiten Satzes ins Gedächtnis.

Exposi-tion	perp. m.	Wal-zer	Vcl.	Vl.	Klav.	Vcl.	A	B	A	C	A	B	A	Coda	Remin.
I	II		III (vier Variationen)				IV (Rondo mit Coda)								V
TEIL 1			TEIL 2				TEIL 3								

Der Titel *Time in Flux* bezieht sich strukturell auf den »Unterstrom« der Zeitorganisation, auf Proportionalteilungen wie im Sextett oder den *Festive Sounds*. So sieht die Komponistin für den ersten Satz $\downarrow$=72 als Zeitmaß vor, für den zweiten $\downarrow$=90, eine Beschleunigung im Verhältnis 4:5. Der dritte Satz wird im Grundpuls $\downarrow$=45 vier Mal so langsam wie sein Vorgänger. Hauptsächlich aber deutet die Formulierung »Zeit im Fluss« verschiedene Arten der Bewegung, des Zeitlaufs an. Im Grundsatz sind es vier, die Ursula Mamlok ein- und durch-führt: das perpetuum mobile, die stilisierte tänzerische Bewegung, die Grenze zur stillgestellten Zeit und die skandierte Zeit samt impulsivem Gegeneinander. Die unablässige Bewegung bestimmt den zweiten Satz. Sie entsteht dort als Summe aller drei Instrumentalparts nach Art eines mittelalterlichen Hoketus:

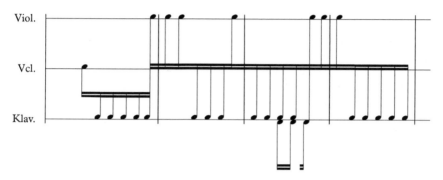

Als stilisierten Tanz, als Walzer (mit einzelnen Zusatzschritten) formte sie den zweiten Teil des zweiten Satzes. Das Zeitmaß des perpetuum mobile läuft wei-ter, der Charakter aber ändert sich von Grund auf. – An der Grenze zur an-gehaltenen Zeit bewegt sich der dritte Satz. Leise, schwebend, in hoher Lage beginnen die vier Durchläufe eines Canto, umgeben nur von Tonpunkten als hörbaren Resten einer Hintergrundharmonie. Erst wenn das Klavier – nach Cello und Violine – die Melodie übernimmt und akkordisch auflädt, kommt das Bassregister hinzu, steigert sich die Lautstärke für einen Moment bis zum fortissimo. – Skandierte Zeit und impulsives Gegeneinander bestimmen den ersten Abschnitt des vierten Satzes, der die Rolle eines Ritornells übernimmt. Energisch repetierte Töne stehen gegen kräftige, gedehnte Akkorde; erstere verstärken die Tonpunkte aus dem dritten Satz zu entschiedener Präsenz; letz-tere erinnern an den harmonisierten Canto und härten ihn. Die Episoden in dieser Rondoform hinterlegen weite Bögen einer Hauptmelodie mit einem perpetuum mobile, dazwischen werden Einzeltöne und -klänge eingeworfen. Ursula Mamlok bringt die bestimmenden Elemente des zweiten und dritten Satzes zusammen. Der vierte Satz erhält damit als das eigentliche Finale integ-rierende Funktion. Die Dramaturgie gesteigerter Intensität überträgt sich beim Hören auch ohne analytisches Wissen – vorausgesetzt, die Interpreten halten sich insbesondere im langsamen Satz an die Tempovorgaben der Komponistin. Die gedankliche Konstruktion ist in diesem Klaviertrio in unmittelbare Wir-kung übersetzt. Wie der fünfte Satz die Rolle eines Epilogs erhält, so erscheint der erste mit seinen angespannten Haltetönen, seinen schnellen Figuren, den rhythmisch artikulierenden Akkordfolgen und der Andeutung einer ruhigen, gesanglichen Bewegung als Exposition oder Introduktion. Zu Beginn der acht-ziger Jahre schrieb Ursula Mamlok mit *Panta Rhei* ein Werk, in dem die Erfahrungen der Jahre zuvor wie in einem Brennspiegel verdichtet werden. Indiz dafür ist nicht nur die hybride, doch unmittelbar überzeugende Form, sondern auch schon die Disposition der Zwölftonreihe, in deren Folge von Dreitongruppen eine harmonische Dramaturgie angelegt ist. Das eigentlich Neue aber liegt in der Zeitkomposition. An die Stelle der Zeitordnung etwa im Sextett, den *Festive Sounds* oder *When Summer Sang* tritt nun das Interesse an der Zeiterfahrung, die aus den Bewegungsformen und -konstellationen entsteht. Auch darin liegt eine Rückbesinnung etwa auf die gemischt besetzten Quartette der sechziger Jahre, das *Concert Piece for Four* und die *Movements*. Doch sie geht zugleich weiter. Die Form wird komplexer als in den früheren Werken. Das strukturelle wird durch das Denken in dramatischen Kategorien ergänzt. Diese Tendenz sollte sich auf anderer Ebene in ihrem nächsten Ensemblewerk fortsetzen.

Alariana

So theaternah wie in den *Alariana* aus dem Jahre 1985 hat Ursula Mamlok nie zuvor komponiert, auch nicht im *Concert Piece for Four*, bei dem sie selbst Analogien zum Schauspiel herstellte[11]. Der Anfang gleicht einer Auftrittsmusik, der sofort unterschiedliche Charaktere wie ein Ensemble eigenwilliger Akteure folgen. Mit zunehmender Beredsamkeit und sich steigerndem Temperament erzeugen sie für kurze Zeit ein vergnügliches polyphones Durcheinander, das musikalisch, versteht sich, genauestens organisiert ist. Den Eindruck des Theatralischen verstärkt die Besetzung, die Mamlok wählte. Das gemischte Ensemble aus Holzbläsern und zwei Streichern besitzt den gehärteten Klang, der etwa Strawinskys *Geschichte vom Soldaten* oder Schönbergs *Pierrot lunaire* auszeichnet. Die Wirkung entsteht aber vor allem aus der Kompositionsweise – nicht aus der Reihentechnik, die hier mit schöpferischer Selbstverständlichkeit angewendet ist, sondern aus dem Komponieren mit knappen gestischen Charakteren. Sie sind in ihrer Kürze so klar und treffend gezeichnet, dass man den Eindruck gewinnt, man werde hörender Zeuge eines musikalischen Ein-Minuten-Dramas. So etwas gibt es zwar in Wirklichkeit nicht. Doch Mamloks Musik erweckt den Anschein einer aufs Wesentliche verdichteten Tanz- und Konversationsszene. Die Musik bezieht sich auf einen Hintergrund, eine »Folie«, die sie selbst nicht ist; sie spielt mit ihrem virtuellen, vergrößerten Doppelgänger – perfekte Kunst der Simulation.

Spannung entsteht bei Werken dieser Art immer auch durch das Verhältnis der klanglichen Erscheinung zum verborgenen Hintergrund. In zwei weiteren Sätzen, dem dritten und vierten, macht Mamlok die wandelbare Beziehung zwischen erklingender Realität und ahnbarer Virtualität zum Prinzip der Kompo-

---

11 vgl. S. 134 in diesem Buch

sition. Im dritten, einer stilisierten Sicilienne oder Barcarole, wird der wiegende Rhythmus des Sechsachteltaktes durch irrationale Unterteilungen des Metrums zugleich gestört und schärfer ins Bewusstsein gehoben. Im vierten Satz rahmen ein quasi improvisatorischer Prolog und Epilog, die eine Melodie eher disso-ziieren als zu sich selbst finden lassen, eine Passacaglia. Sie erhielt einen ganz anderen Charakter als die entsprechend überschriebenen Sätze im *Divertimento* von 1975 und in *Girasol*. Das Passacaglienthema umfasst lediglich einen Sie-benvierteltakt. Ihm wirkt als zweite Ordnungskraft ein ständig wiederholtes »a« entgegen, Repräsentant einer tonalen, aber nicht mehr funktionsharmonischen Zentrierung. Der Passacaglienabschnitt ist in sich spiegelsymmetrisch angelegt. So wie jeder Takt in der ersten Hälfte mit einem nachzitternden Akzent beginnt (er betont den rotierenden Verlauf), so endet in der zweiten Hälfte jeder Takt mit einem rapiden Crescendo. Wie sich die Konstellationen der Stimmen mit ihren Zeitmaßteilungen 5:6:7:8 nach und nach zu erregter Polyphonie schich-ten, so bauen sie diese peu à peu wieder ab, selbst das Thema verliert in diesem Auflösungsprozess einen Ton nach dem anderen. Was als rotierender Prozess begann, zerfällt und führt zurück in eine Variante des suchenden Prologs. – Der fünfte Satz ist wie der zweite »tranquil« überschrieben und als dessen gestisches und farbliches Spiegelbild (Umkehrung) wie ein imaginärer Chorsatz kompo-niert. So hinterlässt das Quintett trotz seines energischen, munteren, theatra-lischen Beginns einen eher verhaltenen Eindruck. Geschrieben wurde es für das 1984 gegründete Alaria Ensemble, das seinen Namen aus den lateinischen Worten »ala« (Flügel) und »aria« (Gesang) zusammensetzte als Hinweis da-rauf, dass es bevorzugt lyrische Musik aus verschiedenen Epochen für seine Programme wählte. Seit seiner Gründung ist es Ensemble in Residence an der Mannes School of Music. Unter den neuen Werken, die es beauftragte und erstmals aufführte, gehört Ursula Mamloks Quintett zu den ersten.

Zwillinge

Einen originellen Beitrag zum Thema »Versionen und Variationen« schrieb Ur-sula Mamlok Ende der achtziger Jahre mit den *Fünf Bagatellen* für Klarinette, Violine und Violoncello und der *Music for Stony Brook*, in deren Triobesetzung die Klarinette durch die Flöte, alternierend mit der Altflöte ersetzt ist. Es han-delt sich bei beiden im Grundsatz um das gleiche Stück, um die gleichen fünf Sätze (auch wenn die Vortragsangaben im letzten Stück differieren, »exuberant« steht in der *Stony-Brook-Music* statt »sprightly« über dem kleinen Finale, einem munteren perpetuum mobile mit Atempausen). Es handelt sich im Großen und Ganzen um dieselben Taktzahlen und -folgen (manchmal änderte die Kompo-nistin die Einteilungen ein wenig), um dieselben Gesten und Verlaufsformen. Dennoch entstand die Musik für den Zweig der New York State University auf Long Island nicht einfach als Bearbeitung der *Bagatellen*, sondern als eine Neufassung des Verlaufsmodells mit anderen Tönen und Intervallen, aber mit denselben Gesten und Charakteren. Die Komponistin hinterlegte dem Stück eine neue Zwölftonreihe.

Den Varianten der Zwölftonfolgen sind allerdings zum Teil enge Grenzen gezogen. So lebt etwa das dritte Stück, »playful« überschrieben, aus dem Gegensatz von weiträumig-motorischen Spielfiguren und kurzen »cantabile«-Motiven in engen Tonschritten. Diese Grundspannung musste gewahrt werden, wenn der Charakter des Satzes nicht zerstört werden sollte. An anderer Stelle, etwa im vierten, langsamen und längsten Stück des Zyklus, konnte die Komponistin wesentlich stärkere Änderungen der Textur wagen. In den *Bagatellen* entwickelt sie den ruhigen Fluss des Satzes aus öffnenden und abschließenden Gesten, aus den Bestandteilen also, die einen musikalischen Vers ausmachen. Die Eröffnungsgesten bestimmt eine Tonfolge, in der die große Terz und der Tritonus konstitutiv wirken, die Kadenzwendungen bevorzugen dagegen Quarten. Das gestische Material lässt vielerlei Kombinationen und Variationen zu, auch den Austausch der Funktionen. Zudem verfließen die Tonfolgen mit zunehmender Dauer zu Harmonien, zu virtuellen Klangfeldern. Die Polyphonie mehrerer Stimmen wird so zur Konstellation unterschiedlicher Farben. Dieser Charakter lässt sich auch mit anderen Tonfolgen und Gesten erreichen. In der *Music for Stony Brook* nutzte Mamlok diese Möglichkeit. Man würde die beiden Sätze bei einer Gegenüberstellung trotz ihrer unterschiedlichen Melodieführungen nicht nur wegen der formgliedernden Wirkung von Unisono-Passagen als Verwandte erkennen.

Ursula Mamlok kehrte das übliche Verfahren der Reihenkomposition um. Im Normalfall wird eine Reihe auf verschiedene Stimmen verteilt (oder in einer belassen), rhythmisiert und in die Oktavlagen verteilt, als Regulator für Tonfolgen und Zusammenklänge verwendet. Bei der *Music for Stony Brook* stand das metrische und gestische Gerüst fest, es wurde mit Hilfe einer Reihe aufgefüllt. Die Komponistin erprobte damit auch die Möglichkeit von Variantenbildung innerhalb eines musikalischen Charakters, die Spannung von Identität und Differenz. Die spielerische Art des Experiments fügt sich in die Diversität ein, die Ursula Mamloks Komponieren in den achtziger Jahren auszeichnete, und mit dem sie auf die Tendenzen der Epoche antwortete.

Das zentrifugale Jahrzehnt

Denn für kreative Künstler boten sich die achtziger Jahre als günstig und schwierig zugleich dar. Selten schien der Horizont der ästhetischen Möglichkeiten so offen und so weit, nie zuvor aber auch der Zwang zur »Markenbildung« stärker. Methoden modernen Managements sorgten für einen Aufschwung im so genannten »Klassik-Markt«, davon profitierten auch Nischen-Projekte, die sich große Labels für kurze Zeit leisteten, etwa die Reihe *Entartete Musik* bei DECCA. Die Blase des Eventmarketing und der Easy-Listening-Vermarktung platzte in den neunziger Jahren. In der Szene der komponierten Musik schoben sich ganz heterogene Tendenzen und Richtungen in den Vordergrund. Kein gemeinsamer Nenner einte sie außer der Tatsache, dass sie in der Geschichte jenseits der Moderne Platz nehmen wollten. Der Minimalismus, für den vor allem Steve Reich und Philip Glass standen, setzte sich international durch und fand auch außerhalb der USA seine Anhänger. Eine zweite Generation, vertreten vor allem durch John Adams, begann die Kunst der unendlichen Rotation und der kleinen Verschiebungen durch Elemente der Moderne teils aufzubrechen, teils anzureichern. – Aus Osteuropa kamen querständige ästhetische Botschaften. Sie entsprangen zwar einer gemeinsamen Quelle, einer Moderne, die sich in halblegalen Freiräumen bewegte und mit bewusstem Risiko von den offiziellen Doktrinen lossagte; aber sie strebten in vollkommen verschiedene Richtungen. Alfred Schnittke gab mit seiner Polystilistik dem Stilpluralismus, den Bernd Alois Zimmermann schon in den späten fünfziger Jahren als Antwort auf die permanente Gegenwart historischer Musik im modernen Kulturleben formuliert und praktiziert hatte, eine neue Wendung. Die Neigung zu einem mystischen Gottesglauben, der sich vor allem russisch-orthodoxen Traditionen verbunden fühlte, fand bei Sofia Gubaidulina und bei Arvo Pärt konträren Ausdruck; aus ihrer Musik sprechen Himmels- und Menschenbilder, die sich nicht miteinander vergleichen lassen. Denen, welche die achtziger Jahre als ein Jahrzehnt der Spiritualität empfanden, waren sie das östliche Gegenstück zu Olivier Messiaen, dessen Oper *Saint François d'Assise* Ende November 1983 uraufgeführt wurde. Obwohl man das Opus magnum sicher nicht als erfolgreiches Bühnenstück bezeichnen kann, rückte Messiaens Musik durch die Kontroversen um das monumentale Unterfangen stärker ins öffentliche Interesse und bescherte anderen Werken von der *Turangalila-Symphonie* bis zur *Transfiguration* respektable Aufführungsziffern. Zum Teil kreuzten die musikalischen Tendenzen die Wege der New-Age-Bewegung, die sich ihrer nach Geschmack und Wohlgefallen bediente, oft mit krausen Resultaten.

Neotonale Unbekümmertheit, die die Kompositionsweise mit Klangfeldern auch wieder für die Dreiklangsharmonik öffnete, blieb mit ihren hedonistischen Zügen nicht allein auf osteuropäische Komponisten beschränkt, sondern verschaffte sich, zum Teil unter Einbeziehung minimalistischer Techniken, weltweit Geltung. Eine neue Art des Klangbewusstseins brachten die Spektralisten hervor, die ihre Werke aus der Analyse und Synthese von Obertonspektren bis in die hohen Teiltöne hinein entwickelten, und in diesem harmonischen Fluss und in ihre musikalischen Skulpturen auch Mikrointervalle einbeziehen konnten, ohne dass der Eindruck von Dissonanzen entstand. – Musik, die sich unabhängig von den europäischen Traditionen entwickelte, fand in jenen Jahren verstärktes Interesse und beeinflusste das Komponieren nicht nur von György Ligeti, sondern auch von weniger bekannten Komponisten wie dem gebürtigen Südafrikaner und Wahliren Kevin Volans oder dem Australier Peter Sculthorpe. – Die Auseinandersetzung zwischen westlichem und fernöstlichem Denken wurde in den achtziger Jahren mit bedeutsamen kompositorischen Resultaten etwa bei Toru Takemitsu und Isang Yun weitergeführt. Exponenten avancierter neuer Musik wandelten ihren Stil: in Europa löste Nonos Reflexion der Stille im Hölderlin-Streichquartett *An Diotima* zum Teil erhebliche Irritationen, aber auch erstaunliche Ermutigungen aus; in den USA wandte sich Elliott Carter von den großen, collageartigen Kompositionen ab und konzentrierte sich überwiegend auf Kammermusikwerke in klaren, fast klassischen Formen. Man kann dem vorletzten Jahrzehnt des zwanzigsten Jahrhunderts keine andere Signatur geben als die der Vielgestaltigkeit, die teils als urdemokratische Pluralität, teils als Beliebigkeit gedeutet wurde, welcher der Anspruch auf Verbindlichkeit verloren ging. Vielschichtigkeit zeichnete das Musikleben auch in all den Jahrzehnten zuvor aus. In den achtziger Jahren aber löste sich die Überzeugung von einem zwingenden ästhetischen Fortschritt auf, damit verschwand auch die – wirkliche, angemaßte oder angedichtete – Existenz einer »Hauptströmung«, an der man zustimmend oder ablehnend seine eigene Position bestimmen und schärfen konnte. Für die USA brachte Philip V. Bohlman die neue Situation auf den Begriff: »Bis in die neunzehnhundertsechziger Jahre schien die westliche Musik eine Kunst, deren Wesen periodisch von großen Komponisten neu bestimmt wurde. Schönberg und Strawinsky hätten, so dachte man, diese Rolle für das frühe zwanzigste Jahrhundert erfüllt – bedeutende Männer, die sich durch Begabung, Vision und Willensstärke alle Aspekte der Musik, die für ihr Zeitalter von Belang waren, zu eigen machten und prägten. Heute scheint die Möglichkeit solch großer Synthesen in weiter Ferne. Zwischen amerikanischen Gegenwartskomponisten wie William Bolcom, Paul Chihara, George Crumb, Charles Dodge, Lou Harrison, Libby Larsen, Daniel K. Lentz, Meredith Monk, Steve Reich, Roger Reynolds, Christopher Rouse, Bright Sheng, George Walker und John Zorn kann man sich starke Gemeinsamkeiten kaum vorstellen. Wenn die führenden Komponisten früherer Epochen vor allem dafür geschätzt wurden, dass sie Strömungen und Gegenströmungen aus ihrer Vergangenheit zusammenbrachten und weiterführten, so erscheinen ihre Kollegen von heute eher wie Individuen für sich, die ihre je eigene Verbindung zur Tradition und zum Publikum pflegen.«[12] Helmut Lachenmann meinte unlängst in einem Interview: »Inzwischen hat sich die akustische Welt des als Musik Erlebbaren so erweitert und gleichsam ins Unendliche geöffnet, dass nicht nur Geräusche, sondern auch die Requisiten der guten alten Tonalität immer wieder beim

---

12 Artikel USA in: The New Grove Dictionary of Music and Musicians. Second Edition, London 2001, Band 26, S. 86

Komponieren einen Platz finden. Anything goes? Na klar: wenn es mit neuer Intensität geladen wird.«[13]

Ursula Mamlok exponierte sich in keiner der genannten Strömungen, aber sie reagierte auf die diversen Trends. Sie experimentierte mit Möglichkeiten der Tonalität, ohne auf deren überlieferte Regularien einzuschwenken. Zum spektralen Komponieren, das in den USA trotz Harry Partchs verwandten Experimenten bei Weitem nicht die Resonanz wie in Europa fand, trennten sie die Tatsachen, dass sie seit *Sonar Trajectory* nicht mehr mit elektronischen Mitteln arbeitete, und dass sie überwiegend für Ensembles, nicht für großes Orchester komponierte. Sie benutzte Patterns etwa für rotierende Variationsmuster in der Passacaglia von *Alariana*, doch mit wesentlich höherem Veränderungsgrad als bei den Minimalisten, und sie erprobte die Möglichkeiten bestimmter Formmodelle, indem sie sie für verschiedene Materialien und Besetzungen verwandte; auch das geht über den Minimalismus weit hinaus. Sie testete die Aussagekraft und die Tragfähigkeit alter Formen für einen Stil, der Transparenz mit struktureller Komplexität zu vereinen weiß. Dass Elliott Carter in den Jahren, in denen er hauptsächlich in London lebte, mit ähnlichen formalen Prozeduren für kleine Besetzungen arbeitete, hätte Ursula Mamlok durchaus als Bestätigung ihres Weges verbuchen können. Der Impuls, der einige Stockhausen-Schüler in den achtziger Jahren eine »neue Einfachheit« ausrufen ließ, war bei ihr immer schon als kompositorisches Ethos vorhanden und schlug sich vor allem in der Kürze ihrer Stücke nieder. Die Diversität ihrer Werke in Stil und Genres antwortet gleichfalls auf die Tendenz der Epoche. Insgesamt verhielt sie sich gegenüber den vielen Ansätzen und Trends mit einer beobachtenden und sichtenden Distanz, aber sie führte die Auseinandersetzung in ihren Werken und in ihren Lehrveranstaltungen.

Die neunziger Jahre

Gegenüber den fruchtbaren achtziger Jahren ging die Zahl von Ursula Mamloks Kompositionen in der letzten Dekade des zwanzigsten Jahrhunderts drastisch zurück. In keinem anderen Jahrzehnt schrieb sie so wenig wie in diesem. Die Beschränkung hatte, anders als in den siebziger Jahren, nicht primär künstlerische, sondern existenzielle Gründe. Bei ihr wurde ein Karzinom diagnostiziert. Sie unterzog sich deswegen einer schulmedizinischen Krebstherapie in der ganzen Härte, die dies für eine Patientin bedeutet. Die Behandlung ging an ihre physische Grenze, aber nach zwei Jahren hatte sie die Krankheit besiegt. Sie kam nicht wieder, nur Spätfolgen der Therapie bereiten ihr hin und

---

13 Bergwanderung versus Badewannenglück. Helmut Lachenmann antwortet auf drei Fragen zur Neuen Musik, in: Neue Musikzeitung, 60. Jahrgang 2011, Ausgabe 6 (Juni 2011)

wieder Schmerzen. Dass in jener Zeit an Komponieren kaum zu denken war, bedarf keiner Erklärung. Dennoch entstanden in den neunziger Jahren Werke, die man in eine enge Auswahl aus ihrem Œuvre unbedingt aufnehmen müsste: die *Constellations*, neben dem Oboenkonzert ihr Hauptwerk für Orchester, die *Polarities*, die auf das Orchesterstück ähnlich antworten wie in den siebziger Jahren das Sextett auf das Oboenkonzert, und das Zweite Streichquartett. Neben den *Polarities* schrieb sie 1995 noch ihr einziges Orgelwerk, das zwar mit dem Bläserquintett für Sigma Alpha Iota den Titel *Festive Sounds* teilt, aber als vollkommen eigenständiges Stück für die zweijährliche Zusammenkunft der American Guild of Organists 1996 komponiert wurde.

Polarities

Die *Polarities* schrieb Ursula Mamlok 1995 für die Washington Square Contemporary Music Society, ein New Yorker Ensemble für Neue Musik, das 1996 auf zwanzig Jahre Engagement für neue Musik zurückblicken konnte. Das Quartett für Flöte, Violine, Violoncello und Klavier besteht aus drei Sätzen in der Folge schnell – langsam – schnell. Man begegnet diesem Formmodell in Mamloks Œuvre häufiger, es hat zudem eine lange Tradition als musikalischer Prototyp mehrsätziger Konzeptionen. Mamlok belässt es allerdings nicht bei schlichter Dreigliedrigkeit. Die drei Sätze sind durch langsame Abschnitte und ruhige Gesten in den Außenstücken sinnfällig miteinander verbunden.

Der mittlere, sehr langsame Satz ist als »kurze Brücke« zwischen den beiden raschen Rahmenstücken nur unzureichend beschrieben.[14] Folgt man den Metronomangaben der Komponistin, dann dauert er von allen dreien am längsten, auch wenn er in der Partitur mit vier von sechsunddreißig Seiten bei Weitem den geringsten Raum einnimmt. Mamlok schrieb ihn als Dialog zwischen Altflöte und Streichinstrumenten, die sich begleitende und melodieführende Funktion teilen. Das Klavier schweigt. Dem Zwiegesang ohne Worte gab sie unterschiedliche Phasen und Formen: als Entgegnung, als Weiterführen eines Gedankens und als gemeinschaftliche Klangrede im Unisono. Besonders feinsinnig gelang ihr der Anfang: Die beteiligten Instrumente spielen dieselben Tonfolgen, diese sind jedoch durch Lagenveränderungen so gewandelt, dass die gestische Wirkung von Repliken entsteht.

---

14 Vgl. dazu Wiener, Barry in: Booklet zu der CD *Music of Ursula Mamlok*, New York 1999, cri 806

Altflöte

Viol.

Der Satz, der in seinem sanglichen Charakter nicht ruhig genug genommen werden kann, war ursprünglich als Gedenkstück für Samuel Starr, einen Freund des New Yorker Alaria Ensemble geschrieben.

Die Bedeutung des langsamen Zentralstücks liegt nicht nur in seinem besonderen Charakter und seiner Länge, sondern auch in der Ausstrahlung auf die ruhigen Passagen, die im letzten Satz als Gegenkraft in die motorisch schnellen Teile eingeschoben sind. Die kontrastierenden Einwürfe spielen das Verhältnis von Melodie und akkordischer Begleitung durch, wechselnde Instrumentenkoalitionen alternieren miteinander. Melos und Dialog, die beiden wesentlichen Merkmale des langsamen Satzes, erscheinen variiert wieder. Durch Steigerung des Bewegungsgrades lenkt Ursula Mamlok die gesanglichen in die motorischen Phasen zurück; nur dem letzten *Tranquil*-Abschnitt folgt kein rascher Abschnitt mehr. Die *Polarities* verklingen in die Stille und in die Zeitlosigkeit.

Im mittleren Stück sammelt und verdichtet die Komponistin die kantablen Einwürfe, die im ersten Satz die Polarität zwischen engmaschigen und weiträumigen Bewegungen überformen, und die Akkordfolgen, die dort noch kräftig und *jubilant* zu spielen sind. Als übergeordnete Polarität hält der Gegensatz zwischen energischer, rotierender Bewegung und breit ausschwingender Gesanglichkeit samt den Übergangsformen zwischen ihnen das dreisätzige Quartett unter einem Spannungsbogen zusammen. Polaritäten wirken außerdem zwischen säulenartig gesetzten Klängen als statischen Momenten und filigranen Bewegungsverflechtungen, konstruktiv zwischen Übergängen und Abbrüchen.

Eine kleine, aber bedeutende Gruppe: Die Orchesterwerke

Unter ihren Orchesterwerken lässt Ursula Mamlok das *Concerto for String Orchestra* aus dem Jahre 1950 als erste Komposition gelten, die den Rang einer Studienarbeit überschreitet und einen wesentlichen Schritt auf dem Weg zum eigenen Stil vollzieht. Es gehört unbedingt in den Katalog der Werke, die verlegt und für öffentliche Aufführungen angeboten werden, denn in ihm drückt sich ihre künstlerische Individualität klar und unverwechselbar aus, auch wenn es lange vor ihren rhythmischen Experimenten und vor ihrer Entscheidung für die Reihenkomposition geschrieben wurde. Ansätze, die in die Richtung ihrer späteren Tonsprache weisen, lassen sich deutlich erkennen. Das *Concerto* bezeugt einen souveränen Umgang mit Techniken und Formen, die sich vor allem in der europäischen Tradition komponierter Musik herauskristallisierten. Die vier Sätze sind bis in den letzten Ton kontrapunktisch durchgebildet, nicht eine Note findet sich, die nicht aus den musikalischen Themen und deren Werdegang durch die verschiedenen Stadien des Werkes motiviert wäre. Die klassischen Methoden, musikalische Strukturen und Zusammenhänge herzustellen, verwendete die siebenundzwanzigjährige Komponistin mit sicherer Freiheit in dem Sinne, den Pierre Boulez 1996 bei einem Symposium über den Klassizismus in der Moderne an Béla Bartók (im Gegensatz zu Igor Strawinsky) hervorhob. »Beim Vergleich […] des zweiten Satzes von Strawinskys *Symphonie des psaumes* mit dem ersten Satz von Bartóks *Musik für Saiteninstrumente[, Schlagzeug und Celesta]* … sehe ich einen Riesenunterschied, weil die eine Komposition eine bloße Nachahmung ist, geschickt gemacht, es ist alles da, was man haben will, während das andere Werk wirklich ein Original ist. Bartók hat an die Fuge als Prinzip gedacht, und das hat ein Stück ermöglicht, das vorher nicht geschrieben war. Bei Strawinsky erscheinen die Einsätze wie in einer Fuge von Bach, Strawinsky ist hier weit weniger original. Hier fühlt man sofort die Quelle. Bei Bartók dagegen spürt man das Modell überhaupt nicht.«[1] Gleiches lässt sich von Mamloks *Concerto* sagen, das sie während ihrer kurzen Studienzeit bei Jerzy Fitelberg vollendete. Er muss mit seiner Bartók-Orientierung die Kreativität seiner Schülerin an entscheidender Stelle gefördert haben. Den ersten, langsamen Satz des Concerto lässt Ursula Mamlok nach Art einer Fuge beginnen. Das Thema, das sie in mehreren Gliedern aus einem quasi sprechenden Motiv und einer aufsteigenden Wendung entwickelt

---

1 Danuser, Hermann (Hrg.): Die klassizistische Moderne in der Musik des 20. Jahrhunderts. Internationales Symposion der Paul-Sacher-Stiftung Basel 1996, S. 333

Eine kleine, aber bedeutende Gruppe: Die Orchesterwerke

cantabile

p

espress.

mp

Concerto for String Orchestra, 1. Satz, T. 1–12

spielen zuerst die Violoncelli, die Bratschen greifen es danach eine Quint höher auf, doch schon mit dem dritten Einsatz (Violine II) wird es weitergedacht. Aus dem letzten Thementeil entspringt ein Aufschwung in Dynamik und Tonhöhe. Das Prinzip der Themendurchführung, das die Fuge auszeichnet, wird ergänzt durch das Prinzip der motivisch-thematischen Arbeit, wie es in der klassischen Ära besonders durch Beethoven kultiviert wurde. Kontrapunktiert wird diese »Fortspinnung« durch eine Figur, die sich aus der aufsteigenden Linie des Themas zu einer bekannten Formel, der Tonfolge B-A-C-H, fortentwickelt. Die Wendung dürfte hier nicht als eine »hineingeheimnisste« Widmung an den großen Alten Meister gewählt worden sein; sie entstand vielmehr als Konsequenz unterschiedlicher Verknüpfungen von fallenden Halbtonbewegungen, die als treibende Kraft motivischer Variantenbildungen nicht nur im ersten Satz des *Concerto* wirken. Was als Kontrapunkt eingeführt wird, entstammt letztlich selbst der Substanz des Themas. Mamlok erfand ganz im Schönbergschen Sinne Themen, die sich selbst begleiten. Diese Art des konstruktiven Denkens aber bewegt sich unmittelbar an der Schwelle zur Reihenkomposition.

Das Finale, das sie später als Schlusssatz für ihre Symphonie in Es, ihre Examensarbeit für den Master's Degree an der Manhattan School of Music, umarbeitete und für großes Orchester setzte, beginnt ebenfalls fugiert, allerdings nur, um den »durchbrochenen« Stil anzudeuten, der das bewegte, motorische Stück bestimmt, ein Zusammenspiel von Tönen, Akzenten, Motiven, Linien unterschiedlichen Bewegungsgrades mit Folgen von Metamorphosen, aus denen sich schließlich neue Gedanken herausschälen. Formal entsprechen sie im ersten wie im letzten Satz des *Concerto* dem Komplex eines zweiten Themas in einer Sonatenform. Auch ihrem, dem schlechthin klassischen Modell folgt die Komponistin nur bis zu einem entscheidenden Punkt: Wenn im traditionellen Urbild eine Reprise die gegensätzlichen Themen in Charakter und Verlauf wieder herstellt, die Tonartspannung zwischen ihnen jedoch ausgleicht, setzt Mamlok in Kopfsatz und Finale zu einer Steigerung an, in die beide Themen verwickelt sind. Sie führt im vierten Satz in den kraftvoll akzentuierten Schluss, im ersten sinkt sie dagegen wieder zurück in eine Coda aus Reminiszenzen, aus Momenten der Erinnerung, die sich entfernen.

Hier tritt ein weiterer Wesenszug von Ursula Mamloks Komponieren hervor: Die Formen ihrer Werke lassen sich hörend gut nachvollziehen, denn sie sind klar gegliedert, im zweiten und dritten Satz des *Concerto* sogar durch

Wechsel im Grundtempo, bisweilen auch durch deutliche Zäsuren. Doch selbst dann, wenn sie, wie im zweiten Satz, einfache Abfolgen wie die von Scherzo und Trio komponiert – der Satz hat die Form A – B – A' – B' – A" – vermeidet sie jeden Schematismus und mechanischen Selbstlauf. Im Scherzo des *Concerto* verhindert der Wandel der Proportionen das »Leiern« vorhersehbarer Prozesse. Die Länge der Abschnitte nimmt stetig ab, der Zeitraum verjüngt sich, es steigert sich dadurch die Gedanken- und Ereignisdichte; in Zahlen (gerundet nach den Metronomangaben der Komponistin): A ca. 1:50 min, B ca. 1:30 min, A' ca. 55 sec, B' ca. 20 sec, A" ca. 7 sec[2]. Der Großablauf des Stücks wird beschleunigt.

Im dritten Satz unterbricht ein leiser, rascher, flüchtiger Teil den Gang einer Trauermusik. Sie beginnt nach barockem Vorbild mit einer gedehnten Melodie über einem Pizzicato-Bass von schreitendem Charakter. Er weitet sich nach und nach zu einer eigenen Textur. Deren Expansion erzeugt die Energie für zwei gespannte Steigerungen. Tendiert der Hauptteil zur Verdichtung, so bleibt der rasche Mittelteil durchsichtig, beinahe zerbrechlich. Das historische Satzmodell dient der Komponistin als Ausgangsbasis, über der sie ein Stück von eigener Expressivität und individueller Gestalt errichtet. Emotional liegt im Andante das Zentrum des Werkes. Die mäandernden Bewegungen der Hauptstimme, in der fallende Halbtöne Eindruck und Wirkung bestimmen, prägen eine Art der Melodik aus, die auch spätere zwölftönige Werke Ursula Mamloks kennzeichnet: Engräumige Ansätze weiten sich nach und nach. Art und Maß dieser Weitung entscheiden darüber, ob die Melodik bedrückt oder als Geste der Öffnung und Befreiung empfunden wird. Die Entwicklung aus den engen Schleifen von Halb- und Ganztönen charakterisiert auch das Hauptthema des Finales und hinterlegt seine Motorik mit einer melancholischen Färbung. Das *Concerto* ist keine gehobene Spielmusik nach Hindemiths Art. Die Weitung aus dem Halbton heraus bei gleichzeitiger Bindung an sein überliefertes Verständnis als Klagemotiv eint die Motiv- und Themenbildungen in den letzten beiden Sätzen, so wie die Kombinationen und Weitungen von kleiner Terz und Halbton dem bestimmenden Gedanken der ersten beiden Sätze als Urmolekül zugrunde lagen. Eines oder mehrere Stücke aus einer elementaren Materialkonstellation heraus zu entfalten, entspricht der Logik des Reihendenkens. Sie ist im *Concerto* bereits so weit entwickelt, dass Ursula Mamlok insbesondere in den ersten beiden Sätzen auch mit Spiegelformen musikalischer Figuren arbeitet, so zu Beginn des zweiten Satzes:

---

2   Dauer der Sätze nach den Metronomangaben der Komponistin (gerundete Werte): 1. Satz ca. 5 min, 2. Satz (Scherzo) ca. 4:45 min, 3. Satz ca. 6:45 min, Finale ca. 4:30 min, Aufführungsdauer insgesamt (mit Zäsuren zwischen den Sätzen) ca. 22 min

Die konstruktiven Denkweisen von Ursula Mamloks späteren Werken sind im *Concerto* noch an überlieferte Formmodelle gebunden, befreien sich jedoch sukzessive daraus. Wie rasch hätte sie in ihrer Entwicklung vorankommen können, wenn sie bereits 1950 und nicht erst ein Jahrzehnt später einen Unterricht wie den von Ralph Shapey hätte erhalten können! Sie hätte damals die Impulse eines René Leibowitz gebraucht (der außer Schönberg auch Bartók schätzte), vielleicht auch eine Begegnung mit dem rhythmischen Denken Olivier Messiaens oder Pierre Boulez'. Denn der Drang nach rhythmischer Abwechslung und der Wille, aus überlieferten Schemata der Taktgliederung und des Periodenbaus auszubrechen, verschaffen dem *Concerto* besonderen Elan. Im Hauptthema des ersten Satzes erreicht Ursula Mamlok einen freien metrischen Fluss durch eine sukzessive Verlängerung der Entwicklungsbögen, durch ein Wachstum der themenbildenden Abschnitte:

Takt 1 und 2: Das Elementarmotiv der kleinen Terz wird vorgestellt und auftaktig erweitert.

Takt 3 und 4: Der Tonraum wird erweitert, indem die elementare kleine Terz nach oben gespiegelt wird, und stufig durchschritten. Anfangs- und Endton bilden eine kleine Terz.

Takt 5 bis 8: Das Motivende wird in weitender Sequenz ausgebaut. Als größtes Intervall wird eine Quart durchschritten.

Takt 9 bis 12: Die aufsteigende Linie startet erstmals von einem anderen Ton, erreicht ihren höchsten Ton nicht mehr schrittweise, sondern durch einen Quartsprung. Das Themenende wird durch eine Reminiszenz gebildet und enthält mit der abschließenden Quint zugleich das größte Intervall.

Im A-Teil des zweiten Satzes beleben Synkopierungen und Motivgliederungen gegen den Takt das rhythmische Bild. Den Trio-Abschnitt charakterisieren die energischen Pulse von Tonrepetitionen. Besonders in der Organisation des Zeitflusses – in Tempo, Metrum, Themenbildung und Formgliederung – zeigt sich deutlich, dass die Komponistin Gestaltungsweisen weit jenseits des hier Verwirklichten anstrebt. Auf diesem Gebiet war der Weg, den sie bis zu ihrem späteren Stil zurücklegen musste, besonders weit. Dennoch deutet sich das Verlangen nach neuer, im Konkreten noch unerkannter Freiheit und Abwechslung in der rhythmischen Gestaltung an.

Die Qualität des Werkes wird durch die Empfindlichkeit gegenüber nachlässigen, ungefähren Interpretationen unterstrichen. Die Uraufführung am 8. November 2008, achtundfünfzig Jahre nach der Entstehung, bestätigte dies auf traurige Weise. Das Ensemble, ohnehin zu klein besetzt (statt je sechs Ersten und Zweiten Violinen sowie Bratschen spielten derer jeweils vier, statt vier Celli nur zwei, statt zwei Kontrabässen nur einer), war ungenügend vorbereitet, leistete sich haarsträubende Unsicherheiten in der Intonation exponierter Unisono-Stellen, falsche Einsätze und verkehrte Taktschläge des Dirigenten verzerrten den Eindruck bei den Hörern und verunsicherten die Musiker. Am schwersten aber wog, dass der Mann am Pult die langsamen Tempi, insbesondere im dritten Satz, zu schnell, die raschen Tempi, insbesondere im zweiten Satz, dagegen deutlich zu langsam nahm. Er nivellierte die Kontraste (übrigens auch in der Dynamik). Wer sich jedoch auch nur ein wenig mit der Musik von Ursula Mamlok auseinandersetzt, entdeckt schnell, wie sorgfältig und genau sie die Tempi mit Metronomangaben bezeichnet, und wie verzerrend bis verheerend sich verkehrte Zeitmaße und insbesondere falsche Temporelationen auf den Eindruck ihrer Kompositionen auswirken. Dass sich dies auch beim *Concerto* so verhält, tröstet zwar nachträglich keinen der wenigen Zuhörer jener Erstaufführung (auch hinsichtlich der Werbung scheint in der Vorbereitung allerhand versäumt worden zu sein), aber es ist, ex negativo, ein untrügliches Indiz für die Präzision der Vorstellung, mit der das Werk ausgearbeitet ist. Es gehört ins verfügbare Repertoire, es gehört in den Konzertsaal.

Ursula Mamlok hätte ihr Orchesterwerk auch als Streichersymphonie bezeichnen können. Die Satzfolge ruhig – sehr lebhaft – langsam – schnell deckt sich zwar nicht ganz mit dem klassischen Modell, doch halten sich die Abweichungen historisch gesehen in überschaubaren Grenzen. Den Titel *Concerto* wählte sie nicht in erster Linie, um hinter die Klassik zurückzugehen und auf barocke Formen wie das Concerto grosso zu verweisen, obwohl insbesondere im ersten Satz Wechsel zwischen Solisten, einzeln oder im Quartett, einerseits und Gesamtorchester andererseits in diese Richtung deuten. Das Konzertieren in diesem Werk erfasst das gesamte Orchester. Jede Instrumentengruppe, oft auch einzelne Musiker exponieren sich im Verlauf der vier Sätze. Die Gesamtwirkung entsteht aus der Kooperation profilierter Individualitäten.

Als Beispiel konnte ihr das *Konzert für Orchester* dienen, das Béla Bartók 1943 für das Boston Symphony Orchestra im Auftrag der Koussevitsky-Stiftung geschrieben hatte. Ursula Mamlok kannte es bereits seit den vierziger Jahren von Proben- und Konzertbesuchen. Bartók wurde ihr zum Vorbild nicht durch seine musikalische Sprache, auch nicht durch die ironischen Momente, die er aufblitzen ließ, sondern vor allem durch sein strukturelles Denken und durch die Art, wie er mit Traditionsbezügen verfuhr, wie er sie aufgriff, um sie sogleich im Sinne seiner Werkidee umzuschmelzen. Er ging darin wesentlich weiter als der jüngere Paul Hindemith, der in den neunzehnhundertvierziger Jahren in Boston im Exil lebte, als Komponist, Dirigent, Solist und Pädagoge hoch angesehen. Er hatte bereits 1925 ein *Konzert für Orchester* komponiert und mit diesem Werk eine Entwicklung unterstützt, die bis in die Moderne nach dem Zweiten Weltkrieg weiterwirkte, obwohl er selbst deren Ästhetik vollkommen fern stand: Das Orchester wurde nicht länger als monumentaler Klangkörper, sondern als eine Vereinigung mehrerer kleinerer Ensembles aufgefasst. Sie konnten im Sinne der verschiedenen Klangchöre – Streicher, Holz- und Blechbläser, Schlagzeug – gedeutet werden, aber auch als Gruppen aus unterschiedlichen Instrumentenfamilien. Gewiss könnte man im historischen Rückblick auf das barocke Gruppenkonzert oder die alte venezianische Kultur der Mehrchörigkeit verweisen. Dies ist jedoch nur ein äußerer Aspekt; Relevanz gewann er für Komponisten, die in der Nachbarschaft der Sing- und Jugendbewegung in der Musik des siebzehnten und frühen achtzehnten Jahrhunderts eine Quelle für die ästhetische Erneuerung nach der Gigantomanie mancher so genannter »Spätromantiker« erblickten. Für die Moderne aber standen andere Aspekte im Vordergrund: Polyphonie und Kohärenz, Auffächerung und Zusammenhalt, die Organisation der orchestralen Farben, ihrer Übergänge und Kombinationen, vor allem aber eine deutliche Differenzierung der Raumwirkung von Musik, Stockhausens *Gruppen* und ein großer Teil der Werke von Pierre Boulez stehen dafür ein[3]. Ursula Mamlok nahm an der Neuerschließung des Orchesterklangs aus der Kultur des Ensemblespiels engagiert teil. Das polyphone Denken war und blieb ihr ohnehin selbstverständlich. In ihrem Œuvre überwiegt die Kammermusik, in der die Kultur des hörenden Spiels im Ensemble beispielhaft gefordert und gepflegt wird. Ihr Sinn für die Farbigkeit der Musik ruht in einem Klang-Bewusstsein, das die Reichweite tonaler Beziehungssysteme weit überschritt.

Eine Beobachtung am Rande mag Interesse verdienen: Pierre Boulez kritisierte schon früh an der Reihenkomposition, dass sie den Zusammenklang, die vertikale Dimension einer Komposition dem Zufall überlasse und damit auch ein Auseinanderklaffen von Melos, Polyphonie und Klang riskiere. Durch die Entwicklung seiner Kompositionstechnik wollte er unter anderem die Verfügung über die Harmonik eines Werkes zurückgewinnen. Ursula Mamloks Differenzen zur seriellen Kompositionsweise liegen auf genau demselben Gebiet. Sie löste sie nicht durch Theoriebildung, sondern unmittelbar im Vollzug des Komponierens selbst: Für sie steht am Anfang jeder Arbeit eine Klangvorstellung, die sich im Laufe der Ausarbeitung modifizieren mag. Niemals jedoch wird die initiale Idee der »Eigengesetzlichkeit«, der »Mechanik« einer Zwölf-

---

3   vgl. dazu auch: Stockhausen, Karlheinz: Musik im Raum, in: Eimert, Herbert (Hrg.): die reihe, Heft 5, S. 59–73

tonreihe untergeordnet.[4] Der Vergleich verdient vor allem deswegen Interesse, weil sich Boulez und Mamlok in Biographie, Temperament und Ästhetik vollkommen voneinander unterscheiden. Eine gegenseitige Auseinandersetzung fand nicht statt. Mamlok war in den fünfziger Jahren nicht in Darmstadt, einem der wesentlichen Treffpunkte der musikalischen Avantgarde. Boulez gehörte dort zu den Wortführern. Ihn und seine Werke lernte sie vor allem während dessen Chefdirigentenzeit beim New York Philharmonic Orchestra kennen. Das war in den siebziger Jahren, als sie längst ihren Stil gefunden hatte. Boulez wiederum beschäftigte sich nie mit den Kompositionen Ursula Mamloks. Die beiden waren und blieben sich fremd. Dennoch kamen sie in der Auseinandersetzung mit der jüngeren Musikgeschichte zu ähnlichen Erkenntnissen, empfanden dieselben Mängel und setzten sich in den elementaren Dimensionen der Musik vergleichbare Ziele, nämlich die Bereicherung und Differenzierung von Harmonik und Rhythmik durch Klangfelder, durch Zentraltöne, um die sich ein Geschehen gruppiert, durch ein Verständnis des Orchesters, das aus der Ensemblekultur kommt und nicht aus der Auffassung von einem großen Klangaggregat.

Hauptwerk: das Oboenkonzert

Als Hauptwerk unter den nicht eben zahlreichen Orchesterwerken darf das Oboenkonzert gelten. Äußere Indizien unterstreichen seine Bedeutung. Zwei Jahre, von 1974 bis 1976, nahm die Komposition des etwa viertelstündigen Werkes in Anspruch; auch für Ursula Mamloks sorgsames Arbeitstempo ist dies eine stattliche Zeit. Das Konzert existiert in drei verschiedenen Fassungen. Sie unterscheiden sich in ihrer klanglichen Erscheinung, nicht in der Substanz des Notentextes, auch nicht im Solopart. Die ursprüngliche Version ist für Oboe und großes Orchester geschrieben; 1980 entstand eine Fassung, die das Orchester durch zwei Klaviere und Schlagzeug ersetzt; erneut arbeitete Ursula Mamlok die Partitur 2003 für Oboe und Kammerorchester um.

Der Anstoß für die Komposition kam, wie meistens bei Ursula Mamlok, von außen. 1974 lernte sie in New York die Oboistin Nora Post kennen, eine hoch begabte Künstlerin, die stets neue Herausforderungen suchte. Als Zehnjährige begann sie mit dem Oboenspiel, weil ein musikkundiger Bekannter behauptete, dieses Instrument sei das schwierigste, wenn man es perfekt beherrschen wolle. Zu ihren Lehrern gehörte neben Ray Still, dem langjährigen Solooboisten des Chicago Symphony Orchestra, und Michel Riguet, einem Kompositionsschüler Olivier Messiaens und Pionier für die historische Aufführungspraxis barocker Oboenliteratur, auch Heinz Holliger, als Oboist, Komponist und Dirigent ein

---

4   vgl. dazu S. 110 in diesem Buch

Vorkämpfer der Neuen Musik, außerdem glänzender Interpret des überlieferten Solorepertoires für Oboe. Mit dem Bachelor of Arts schloss sie ein Studium experimenteller Musik an der Universität von San Diego ab, den Master's Degree und den Doktorgrad erwarb sie sich an der New York University; als bis dahin einzige aus dem Fachbereich Musik erhielt sie ein Doktorandenstipendium der angesehenen Walter Anderson Stiftung. Mehrere Bücher und rund fünfzig Artikel in Fachzeitschriften sind die Früchte ihrer publizistischen Arbeit.

Nora Post bat Ursula Mamlok um ein virtuoses Konzert für Oboe und Orchester, bei dem auch neue Spieltechniken und Klangmöglichkeiten wie die Multiphone zur Geltung kommen sollten. Diese Mehrklänge können durch bestimmte Griffkombinationen und Ansatztechniken auf Blasinstrumenten erzeugt werden. Ursula Mamlok schrieb das gewünschte Werk, ließ sich von Nora Post die Möglichkeiten von Multiphonen zeigen und notierte sie. Die geplante Uraufführung kam jedoch nicht zustande. Die Oboistin musste sich mehreren Rückenoperationen unterziehen und danach ihre Karriere als Solistin aufgeben. Sie konzentrierte sich zunächst auf publizistische Arbeiten; in einer systematischen Darstellung des multiphonen Spiels auf der Oboe zog sie 1981 auch Ursula Mamloks unaufgeführtes Konzert für Beispiele heran. 1985 gründete sie in Kingston im US-Bundesstaat New York ein Unternehmen für den Import, die Wartung, Pflege und Reparatur von Oboen, förderte den Bau und Differenzierung tieferer Instrumente wie der Bassoboe und regte Kompositionen dafür an. Pierre Boulez berief sie an das Institut de Recherche et de Coopération Acoustique/Musique (IRCAM) in Paris, damit sie ihre Erfahrungen für technische Entwicklungen der Oboe, insbesondere für das Zusammenwirken mit (live-) elektronischen Instrumenten, zur Verfügung stelle.

Ursula Mamloks Oboenkonzert aber blieb in der Schublade. 1980 erstellte die Komponistin eine reduziert besetzte Version nach dem Vorbild des traditionellen Klavierauszugs. Um die durchbrochene Arbeit und die klangliche Transparenz adäquat darzustellen, reichte ein einziges Klavier nicht. Sie besetzte daher zwei. Dass der Part des Schlagzeugs nicht in den Satz der Tasteninstrumente einzogen werden konnte, hängt mit dessen besonderer Bedeutung für das Stück zusammen. Diese Version wurde 1982 mit dem Oboisten Henry Schuman zum ersten (und für lange Zeit einzigen) Mal in New York aufgeführt.

In den Programmen der großen Symphonieorchester genießen Oboenkonzerte Seltenheitswert. Dafür gibt es einen plausiblen historischen Grund. Als sich die Konzert- und Opernorchester in der bis heute üblichen Größe herausbildeten, war die Zeit der Oboenkonzerte vorbei. Nach einer reichen Blüte in der Ära des Barock und einer originellen Nachblüte in der Epoche der Klassik bis hin zu Mozart und dem jungen Carl Maria von Weber wurde bis weit ins 20. Jahrhundert kein bedeutendes Werk dieses Genres geschrieben. Die Klarinette lief ihrer älteren Schwester den Rang ab. Oboenkonzerte des 18. und frühen

19. Jahrhunderts verlangen als Partner ein Kammerorchester. Von diesen kleineren, wendigeren Ensembles werden sie insbesondere seit der Durchsetzung historisch informierter Aufführungspraxis gepflegt. Ursula Mamlok handelte daher konsequent, als sie eine Umarbeitung ihres Oboenkonzerts für Kammerorchester in Erwägung zog. Joel Sachs, der sich als Professor an der Juilliard School of Music und als Leiter verschiedener Ensembles für die Musik der Gegenwart engagierte, bestärkte sie in ihrem Vorhaben. Er schätzte sie und ihre Musik sehr, bedauerte es daher desto mehr, dass sich bisher keines ihrer Werk der Besetzung nach für das New Juilliard Ensemble eignete, das er 1993 für fortgeschrittene Studenten der New Yorker Elitehochschule ins Leben gerufen hatte. »Ich war daher erfreut, als ich erfuhr, was sich am Horizont abzeichnete«, schreibt Sachs über ein Gespräch mit Ursula Mamlok im Mai 2003. »Vor einem Vierteljahrhundert hatte sie ein Konzert für Oboe und großes Orchester geschrieben, das durch unglückliche Umstände nie aufgeführt worden war. […] Nun dachte sie an eine Überarbeitung für Oboe und Kammerorchester; wenn ich interessiert sei, könne sie die Partitur den Sommer über umschreiben. […] Sie garantiere, rechtzeitig fertig zu sein – das hieß: bis November, wenn das Konzert stattfinden sollte. Zwischen Mai und November liegt zwar einige Zeit, aber das Semesterende ist nahe und damit die Möglichkeit, einen Konzerttermin rechtzeitig zu publizieren und zu bewerben, recht knapp bemessen. Und ein Mamlok-Konzert verdient eine ordentliche Werbung. Deshalb musste rasch eine Entscheidung über die Besetzung des Soloparts getroffen werden. Ich lud Yousun Chung ein, die seit kurzem Solooboistin des Ensembles war. Sie sagte zu. Da Ursula Mamlok am Solopart nichts verändern wollte, konnte Yousun Chung ihn den Sommer über erarbeiten«[5], während Ursula Mamlok ihre Partitur für Kammerorchester einrichtete. Am Freitag, den 14. November 2003 wurde Ursula Mamloks Neufassung des Oboenkonzerts in der Alice Tully Hall im New Yorker Lincoln Center for the Performing Arts uraufgeführt – zusammen mit Toshio Hosokawas (*1955) *Voyage II* für Fagott und Ensemble (US-Premiere), der *Twilight Music* des usbekischen Komponisten Dmitri Yanov Yanovski (*1963), dem *Dead March* des irischen Kagel- und Stockhausen-Schülers Gerard Barry (*1952), beides ebenfalls amerikanische Erstaufführungen, und der Uraufführung von *Al Ha-Schminit*, einer Komposition der Juilliard-Absolventin Dalit Hadass-Warshaw (*1974) für Theremin und Ensemble. Im Vorfeld der Aufführung nahm Sachs Kontakt zu Nora Post auf und lud sie zur Premiere »ihres« neu gefassten Konzerts ein. Leider konnte sie nicht kommen.

---

5   Sachs, Joel: A Double Bill for Double Reeds by N.J.E., in: Juilliard Journal November
    2003

Notizen zum Werk

Ursula Mamloks Oboenkonzert besteht aus drei Sätzen. Der zweite, *Dirge* (Klagelied) überschrieben, ist durch eine Überleitung mit dem abschließenden Rondo (»in a joyful spirit«) verbunden. Dreigliedrig nach dem Modell A – B – A' ist der erste Satz angelegt. Seine Teile unterscheiden sich in Aufbau, Charakter und orchestralem Satztypus deutlich voneinander. Im A-Teil dominiert die Solo-Oboe, sie alterniert phasenweise mit dem Xylophon wie mit einem Dialogpartner oder alter ego (darin liegt unter anderem der Grund dafür, dass das Schlagzeug in der Klavierfassung nicht eingespart werden konnte). Im B-Teil ist die Oboe dagegen in ein transparentes Spiel von Tönen, Klängen, Gesten und Figuren integriert, ist Moment einer bisweilen fast pointillistischen Struktur. Zur Wiederkehr des A-Teils führt ein Übergang, bei dem zunächst nicht sicher ist, ob er die Musik nicht zum Versinken in die Stille lenkt: Ein hoher Ton wird abwechselnd von Xylophon, Glockenspiel, Crotales und Harfe (resp. Klavier) in immer kürzeren Abständen angeschlagen; lediglich die Beschleunigung der Repetition drängt hier zur Fortsetzung. Die Solo-Oboe übernimmt den Ton, während das Xylophon bereits mit der perpetuum-mobile-Figur einsetzt, die ein Charakteristikum des A-Teils bildet. Hier beginnt dessen Reprise – in der Krebsumkehrung.

Das Wiedererkennen, das nicht auf wörtlichem, sondern auf typologischem, gestischem Erinnern beruht, wird durch ganz bestimmte konstruktive Voraussetzungen ermöglicht. Der A-Teil des ersten Satzes ist selbst in sich symmetrisch angelegt. Drei Charaktere bestimmen ihn: eine virtuose Bewegung der Oboe in der Art eines perpetuum mobile, in die das Orchester gleichsam zitternde Klangschatten wirft (Abschnitt a). Ein repetierter Ton mit zunehmender Dauer leitet in den zweiten Charakter hinüber. Über einem pulsierenden Klangfeld des Orchesters spannt die Oboe eine weit gedehnte (Zwölfton-)Melodie. Sie mündet in einen langen, immer wieder neu angesetzten Triller, einen ornamentierten Bruder der repetierten Töne zuvor (Abschnitt b). Charakter c entspricht der klassischen Figur einer Kadenz: gehaltener Akkord (in der Oboe als Multiphon) – freie, wie improvisiert wirkende Passage, in der sich Oboe, Xylophon und Harfe ablösen und ergänzen. Jede der virtuosen Figuren landet auf demselben Ton gis. Diesem Abschnitt c folgt eine Variante des b-Abschnitts im Krebsgang, ein repetierter Ton mit immer kürzeren Notenwerten leitet in eine rückläufige Reprise von a. Der gesamte A-Teil des ersten Satzes ist demnach so aufgebaut:

Abschnitt a (Takt 1–8)   Abschnitt a' (Takt 30–36)
    Abschnitt b (Takt 8–16)   Abschnitt b' (Takt 21–30)
        Abschnitt c (Takt 17–20)

Auch diese spiegelsymmetrische Anlage lässt sich hörend erkennen, da die Abschnitte a und b gestisch scharf profiliert und voneinander unterschieden sind. Im Eröffnungsstück des Oboenkonzerts ist eine klare Struktur komplex ausgearbeitet. Im Bild gesprochen: Dem Hören wendet Ursula Mamlok die deutliche, nachvollziehbare Seite des Werkes zu; die nachfragende Analyse dagegen hat sich mit vieldimensionalem Denken und konstruktivem Beziehungsreichtum auseinander zu setzen. Sie kann wesentlich genauer ins Detail gehen als hier angedeutet und zeigen, wie sich die Formidee des Satzes auf die Reihe, ihren Aufbau und ihre Verarbeitung auswirkt.

Vor kurzen Bemerkungen zu den anderen beiden Sätzen des Werkes möge eine Zwischenbilanz einige für Ursula Mamloks Komponieren typische Merkmale zusammenfassen:
1. Bestimmte Strukturprinzipien wendet Ursula Mamlok auf verschiedenen Ebenen der Komposition an. Dreigliedrigkeit und Verknüpfung von Teilen durch rhythmisch artikulierte Haltetöne bestimmen die Gesamtform des Werkes, die Struktur des ersten Satzes und die Binnenorganisation seiner Rahmenteile A und A'. Detail und Ganzes sind so mehrfach miteinander vermittelt. Symmetrieverhältnisse schafft die Komponistin innerhalb der Sätze, innerhalb ihrer Formteile und in deren Untergliederungen.
2. Für den Verlauf und den Zusammenhalt der Komposition sind nicht nur die auffälligen Charaktere wichtig, sondern auch die Übergänge zwischen ihnen. Ursula Mamlok gestaltet sie im ersten Satz als längere, oft allein präsente Töne, die nach einem zu- oder abnehmendem Rhythmusmodell immer wieder neu angesetzt werden (zum Beispiel nach 5–4–3–2–1 oder nach 1–2–3–4–5 Dauerneinheiten). Diese Töne übernehmen eine doppelte Funktion. Einerseits führen sie rhythmische Organisationsmuster vor, die auch an anderer Stelle zum Tragen kommen: Das weit geschwungene Oboensolo (Abschnitt b in Teil A des ersten Satzes) etwa ist in kontinuierlich abnehmenden Dauernwerten komponiert (6–5–4–3–2–1 Triolenviertel). Andererseits wirken sie als Bezugsgrößen für die Klangwahrnehmung, als Kristallkerne einer Harmonik, die sich als selbsttragendes System etabliert. Wie Achsen eines mehrdimensionalen Koordinatensystems treten sie stellenweise hervor, in den Übergangspassagen, aber auch in der Kadenz von Oboe, Xylophon und Harfe.
3. Von diesem Koordinatensystem aus entwickelt Ursula Mamlok eine Harmonik von großer Vielfalt und Reichweite. Sie bedient sich bestimmter Akkordkonstellationen und -farben, die netzwerkartig variiert wiederkehren; sie formuliert kadenzartige Wendungen wie die Phrasen- und Strophenabschlüsse durch Multiphone im zweiten Satz. Klangfelder von unterschiedlicher Dichte und innerer »Molekularbewegung« sind ebenso Bausteine eines erweiterten harmonischen Denkens wie die Spannung zwischen klangli-

chem Vorder- und Hintergrund, die den Anfang des Oboenkonzerts bestimmt. Wer eine gründliche Arbeit über die Harmonik in der Musik des 20. Jahrhunderts schreiben wollte, fände in Ursula Mamloks Konzert ein exzellentes Beispiel dafür, wie das traditionelle Klangdenken in einem reicheren, weiter gefassten aufgehoben ist.

Die vielschichtig ausgearbeiteten Symmetrieverhältnisse im ersten Satz lenken zumindest die analytische Aufmerksamkeit auf die quasi räumliche Organisation der Musik.

Der zweite und der dritte Satz sind auf bedeutsame Weise ineinander verquickt. Eine Überleitung verbindet sie, eine Passage der Verwandlung. Sie wird mit veränderter Instrumentierung gegen Ende des Werkes rückläufig wieder aufgenommen. Doch die auffälligen Konsequenzen aus der strukturellen Abrundung des Finales liegen im Expressiven. Der mittlere, langsame Satz des Oboenkonzerts ist eine Trauermusik in sechs Strophen, deren letzte im Wesentlichen die erste rekapituliert. Man könnte auch von einer Folge aus Variationen sprechen, die vor der Überleitung in den schnellen Schlusssatz zu ihrem »Thema« zurückkehrt. Die Form hat eine ferne Entsprechung etwa zu Bachs Chaconne für Violine allein. Selbstverständlich verläuft bei Ursula Mamlok alles gedrängter und knapper, vor allem fehlt ein Pendant zu Bachs Dur-Aufhellung. Das tertium comparationis liegt vor allem im Verhältnis von Form und Charakter. Die Chaconne wurde in der Ära des Barock oft für Trauermusiken eingesetzt. Dieser Hintergrund wirkt weit bis ins 19. Jahrhundert, in gewisser Weise sogar bis zu Alban Berg und Dmitri Schostakowitsch weiter. Die Erinnerung an die geschichtliche Herkunft der Form ist auch in Ursula Mamloks Komposition gegenwärtig. Das Ende der einzelnen Strophen ist durch Kadenzen markiert. Sie bestehen aus einer Schlagzeugfigur, einem Orchesterklang und einem Multiphon der Oboe, in dem die Quint hervorsticht. Nur am Schluss der fünften Strophe wird, ehe die erste wiederkehrt, die Kadenz gekürzt. In der Solostimme fehlt jegliche behände Virtuosität, ihre »Melodie« entwickelt sich aus einem Halbtonschritt (1. Strophe) immer mehr in die Weite, gleichsam als Expansion der Klage. Rasche Figuren bleiben dem Schlagwerk vorbehalten. Beim Hören dieser *Dirge* drängt sich die Frage auf, ob in einer Musik von solch tiefer Traurigkeit nicht mehr im Spiel ist als das ästhetische Durchwandern musikalisch-emotionaler Charaktere. Es ist. In der Zeit, als sie am Oboenkonzert arbeitete, starb ihr Vater. Zur eigenen Trauer kam eine Depression der Mutter. Der Schmerz hinterließ seine Spuren im musikalischen Werk.

Nicht nur im langsamen Satz, auch in der Gesamtkonzeption. Das Oboenkonzert schließt nicht »in a joyful spirit«, wie das Finalrondo überschrieben ist. Nach der gespiegelten Wiederkehr der Überleitung, die vom zweiten in den dritten Satz führte, spielt die Oboe eine zeitlich und räumlich weit gedehnte

Kantilene. Sie wirkt wie eine ferne Erinnerung an die *Dirge* und wie ein Verschwinden aus der Zeit, ein Nachhall eines Nachrufs. Übrigens wird auch die Reminiszenz an die Überleitung und an den langsamen Satz strukturell vorbereitet: Bereits mehr als zwanzig Takte vorher läuft das Stück – wiederum mit veränderter Instrumentierung – in den Rondoanfang zurück. In der inneren Gestalt der Musik ist längst angelegt, was erst später deutlich hörbar wird.

In die Mitte des letzten Satzes stellte Ursula Mamlok eine Kadenz. Sie gehört genreüblich ganz dem Solisten. An Virtuosität, an ausdrucksvoller wie an geläufiger, lässt sie keine Wünsche offen. Komponiert ist sie wie ein erregtes Rezitativ. Multiphone vertreten die Stelle gliedernder Akkorde. Das Soloinstrument allein spielt, was sich in der Oper eine Sängerin mit dem Orchester teilen würde. Diese aufgewühlte Passage, die einer aufgeregten Rede gleicht, bildet als Ausbruch die Rückseite und das Gegenstück zum langsamen Satz.

Concertino für Bläserquintett, Streichorchester und Schlagzeug

Das nächste Orchesterwerk nahm Ursula Mamlok rund ein Jahrzehnt nach dem Oboenkonzert in Angriff. Das *Concertino* für Bläserquintett, Streichorchester und Schlagzeug komponierte sie 1984 im Auftrag des Quintet of the Americas, 1987 ersetzte sie den letzten Satz durch eine Neukomposition. Zu dem Ensemble hatten sich 1976 in Bogotá vor allem Musiker aus dem Staatlichen Symphonieorchester Kolumbiens zusammengefunden. 1979 konstituierten sie sich mit internationaler Besetzung in New York neu. Das Ensemble, das bis heute besteht, tritt seitdem in allen Teilen des amerikanischen Doppelkontinents auf und vergibt regelmäßig Kompositionsaufträge.

Ursula Mamloks Werk ist ein Konzert für Kammerorchester, in dem die Holzbläsergruppe ein wenig wie ein primus inter pares herausgehoben wird. Die Sonderrolle des Quintetts tritt insbesondere in den Kadenzpassagen im dritten Satz hervor. Aufs Ganze gesehen agieren die drei Klanggruppen jedoch gleichberechtigt. Die Komponistin gab dem Werk eine Form, die sich weitet. Die Länge der Sätze nimmt zu, von knapp eineinhalb auf reichlich sechs Minuten. Für diese Art des strukturellen Wachsens sind drei Faktoren verantwortlich: die Mehrgliedrigkeit der Form, das Nacheinander unterschiedlicher Bewegungsarten, die sich anfangs simultan ereignen; schließlich werden in den dritten und vierten Satz jeweils Momente der vorhergehenden integriert.

Im ersten Satz stellt die Komponistin nach der eröffnenden »Fanfare« ruhige gegen rasche und virtuose Bewegung. Sie schafft bei gleichem Grundpuls gegensätzliche Charaktere. Zwei Typen musikalischer Sätze, ein langsamer und ein schneller, überlagern sich. Das »energetic« zu spielende Eröffnungsstück ist dreiteilig. Nach einem Mittelabschnitt erscheint der Anfangsteil in freier Umkehrung wieder. Der zweite, ebenfalls kurze Satz, klingt nach teils virtuosem, teils resolutem Wechselspiel der Instrumente und Gruppen in einem zarten Geläute aus. Es bereitet den schwebenden Charakter des langsamen Satzes vor.

Vortragsvorschriften wie *lontano* oder *plaintive* deuten an, dass diese Musik wie aus der Ferne, wie aus der Erinnerung kommt. Linien entstehen virtuell durch Klänge, die sich ablösen, nicht als ursprüngliches, zusammenhängendes Melos. Das konstituiert sich erst nach dem kadenzartigen Ausbruch von Flöte, Oboe und Klarinette, dem nach kurzer Zeit eine entsprechende Passage »senza misura«, ohne Taktvorgabe, für alle Instrumente folgt. Im letzten Abschnitt des Satzes durchwirken sich das ruhige Klangspiel und melodische Linienzüge. Die langsame Elegie versetzt das Empfinden der Zeit in Spannung und erfüllt sie zugleich mit hoher Konzentration.

Selten schrieb Ursula Mamlok so »musikantisch« wie im Finale des *Concertino*. Die polymetrische Polyphonie – Stimmen mit unterschiedlichen Gliederungsperioden wirken zusammen –, die Dehnungen und Kürzungen des Grundmusters im 3/8-Takt, die virtuos-geläufigen Passagen, die aus den konzertanten Bläsern ins Schlagzeug und in die Streichergruppen einsickern, erzeugen eine tänzerische Motorik. Es gibt bei Komponisten der Moderne hin und wieder spielerische Rückblicke und humorvolle Beschwörungen einer Musiksprache, die sie eigentlich abgelegt haben. Schönberg etwa schrieb in den Vierzigerjahren einige tonale Werke; Adorno bezeichnete sie als »Häresien gegen den Stil«[6]. Für Ursula Mamloks Finale würde eine solche Einschätzung übertreiben, doch ein Moment leichter Selbstironie ist der motorischen Geschäftigkeit durchaus abzuhören. Allerdings erhält das Musikantische schon bald wieder seinen Gegenpol. Nach rund eineinhalb Minuten – dies entspricht der Länge des ersten und des zweiten Satzes – schiebt sie einen langsamen, gesanglichen Teil ein. Er setzt den dritten Satz fort und antwortet zugleich auf dessen Fragmentierung des Melodischen. Nach einer Reprise des Anfangsteils mit neu verteilten Rollen schließt das Concertino mit einer effektvollen Schluss-Stretta. Hier kommt Ursula Mamlok einem modernen Divertimento-Stil recht nahe. Sie bezog sich damit auf die Geschichte der Musik für Bläserensembles und – im Stil, nicht im wörtlichen Zitat – auf ihr eigenes Bläserquintett, das sie dreißig Jahre zuvor komponiert hatte.

Constellations

Constellations schrieb Ursula Mamlok für das San Francisco Symphony Orchestra, das die Uraufführung des Werkes am 9. Februar 1994 unter der Leitung seines damaligen Chefdirigenten Herbert Blomstedt spielte. Den Auftrag

---

6   Adorno, Theodor W.: Philosophie der neuen Musik, Frankfurt/Main 1972, S. 109

hatte George Perle (1915–2009) vermittelt, der 1989 bis 1991 als Composer in Residence für seine engagierte Arbeit und seine Fähigkeit als Vermittler des Neuen bei Musikern und Publikum des Orchesters ungewöhnliche Beliebtheit erlangte. Barry Wiener verglich das viersätzige Werk mit einer Sinfonietta.[7] Tatsächlich enthalten die *Constellations* die vier Grundtypen und -charaktere der klassischen Symphonie – Kopfsatz, Scherzo, langsamen Satz und Finale – in jener komprimierten Form, die Ursula Mamloks Werke insgesamt auszeichnet. Scharf profilierte Kontraste schaffen insbesondere in den Ecksätzen die Polaritäten, die dem Themendualismus in der überlieferten Symphonieform entsprechen. Querbeziehungen innerhalb der einzelnen Sätze und zwischen ihnen stärken den inneren Zusammenhang, das, was Arnold Schönberg, einer langen Tradition folgend, noch »Einheit des musikalischen Kunstwerks« nannte.

Die Verkleinerungsform im Begriff »Sinfonietta« trifft allerdings nur äußere Merkmale von Mamloks Komposition: die objektive Kürze der Sätze (mit einer knappen Viertelstunde Aufführungsdauer bleiben die *Constellations* in den Längenmaßen einer frühklassischen Symphonie) und die Orchestergröße, die zahlenmäßig ungefähr der Besetzung von Beethovens *Eroica* gleicht, mit dem gravierenden Unterschied, dass Ursula Mamlok ein differenziertes Schlagwerk, außerdem Klavier und Harfe, dafür aber nur eine Posaune verlangt. Mit diesem Orchester erreicht sie eine Klangfülle und -differenzierung, für die andere Zeitgenossen weit größeren instrumentalen Aufwand trieben. Die Klangkultur der kleinen Ensembles schulte bei ihr den Sinn für die Ökonomie der Mittel. Dabei beschränkt sie sich auf die herkömmlichen und fordert keine avantgardistischen Spieltechniken von den Musikern.

Der erste Satz – brisk (lebhaft) – stellt bereits die Aufgaben für die folgenden: Eine kurze »Scherzando«-Passage skizziert, was im zweiten Satz, dem Charakter nach ein Scherzo, genauer entwickelt wird. Ruhige Klangbewegungen und Phasen, in denen eine Melodie durch Motivmetamorphosen ihre Linie von einem Instrument zum nächsten durch den Klangraum zieht, werden im dritten, langsamen Satz weiter ausgearbeitet. Das Werk beginnt mit einer Fanfare der Bassinstrumente, die in die Polyphonie kleiner Motive zerstiebt und mit einer wiegenden Figur auf- und absteigender Halbtöne beantwortet wird. Mehrere Gegensätze bestimmen das Eröffnungsstück der *Constellations*: Im musikalischen Rohmaterial stehen weite Intervalle, vor allem Quarten, gegen engräumige Bewegungen in kleinen Sekunden. Gestisch wirken auffahrende Signale, ihre Umkehrungen und kontrapunktische Verdichtungen im Zeitraffer gegen Pendelbewegungen einerseits, gegen das sich fortzeugende Melos andererseits. Im musikalischen Ausdruck werden energische und erregte Phasen durch ruhige, in Momenten sanfte Passagen herausgefordert. Strukturell erzeugen dichte polyphone Felder, Melodielinien, die alles um sich zentrieren, Auf-

---

7   Wiener, Barry: Booklet-Text zur CD CRI 806, New York 1999, S. 7

schwünge und Destruktionen spannungsvolle Konstellationen. Die Gegensätze wirken ineinander. Die halbtönigen Pendelbewegungen begleiten bereits die Fanfare, doch sie treten erst danach deutlich in den Vordergrund. Das energische Signal wandelt sich, rhythmisch beschleunigt, zu virtuosen Gesten und, als generative Idee, zur Urzelle des instrumentalen Gesangs, kurz: der musikalische Gedanke durchläuft Metamorphosen und nimmt dabei Eigenschaften seines Kontrastmaterials an.

Die erwähnten Kontraste, Verläufe und Konstellationen sind in dreieinhalb Minuten Musik konzentriert. Die Komponistin kommentierte: Sie habe die strenge Schule von Gustav Ernest und George Szell so stark verinnerlicht, dass ihr eines zum ehernen Gesetz allen Komponierens geworden sei: »Schreibe keine Note zuviel!« In jungen Jahren, insbesondere in ihrer ersten Zeit in New York, habe sie dieser kategorische Imperativ bisweilen bis zur Blockade ihrer Kreativität belastet. Im Rückblick empfinde sie jedoch die Sensibilisierung durch ihre Lehrer als Vorzug, obwohl das Komponieren dadurch nicht leichter werde und nicht schneller gehe. Aber das, was man musikalisch mitteilen wolle, gewinne durch strenge Selbstüberprüfung an Klarheit, Übersichtlichkeit und damit an kommunikativer Qualität. Es sei nach wie vor am besten, wenn ein Komponist selbst sein strengster Kritiker bleibe. Ursula Mamlok komponiert wie ein Poet, der Gedichte schreibt, und nicht wie jemand, der Erzählungen oder Romane verfasst.

Konzentration und Dichte des Komponierens erzeugen aber bei Ursula Mamlok niemals Texturen, die sich mit der »New Complexity« vergleichen ließen. Kaum einmal setzt sie Polyphonie ein, um den Gesamteindruck gleichsam aufgerauter Klanggewalt und -härte zu erzeugen. Polyphonie bleibt bei ihr stets transparent, plastisch in den Linienführungen, unterscheidbar in den kooperierenden Bewegungen. Das gilt auch dort noch, wo sich – wie im ersten Trio des *Constellation*-Finales – kanonartig geführt Stimmen in raschem Tempo zu Klanggeweben verschlingen. Sie bedenkt den gesellschaftlichen Stand des musikalischen Hörens mit. In deutlichem Widerspruch zu den hohen Erwartungen ihrer frühen Jahre schuf die Moderne in den Künsten nicht den neuen Menschen, dem ihre Tonsprache so geläufig wäre wie den früheren Generationen die tonale »Redeweise«. Das Hören ist bei denen, die sich mit der Musik als Kunstform ernsthaft auseinandersetzen wollen, hauptsächlich durch Klassik und Romantik geprägt, durch Bartók und den Strawinsky des *Feuervogel*, neuerdings vielleicht auch noch des *Sacre*, angereichert. Zum Selbstverständlichen aber ist die Moderne nicht geworden; sie geriet entweder zum Dekor wie die abstrakte Malerei, oder sie verharrt gleichsam in der Rolle des Fremden und findet im festgeschriebenen Außenseitertum ihren gesellschaftlichen Ort. Wer heute mit neuer Musik Menschen auch jenseits der »Szene« erreichen und sich nicht auf auf den eklektischen Komfort eines postmodernen »Easy going« zurückziehen will, sollte mit den Grenzen der Aufnahmekapazität auch bei gutwilligen Hörern rechnen. Auch sie selbst, sagt Ursula Mamlok, könne hoch komplexen Werken nicht über eine halbe Stunde lang mit gleich gespannter Aufmerksamkeit folgen. Wie sollte sie es dann von ihren Hörern erwarten? Komponisten wie Karlheinz Stockhausen kritisierten an der seriellen Ästhetik, die sie lange mit Vehemenz verfochten, dass die permanente Veränderung aller Parameter in der Musik – und damit auch die Steigerung der Komplexität in all ihren Ereignisdimensionen – unweigerlich in eine Art nervöser Statik umschlage, die den Eindruck von Gleichförmigkeit hinterlasse. Deshalb behält Ursula Mamlok bestimmte Strukturmuster des traditionellen Hörens bei, etwa die deutliche Formulierung von Gegensätzen und einprägsamen Motiven – die »Eröffnungsfanfare« der *Constellations* und die Kontraste zu ihr geben dafür ein gutes Beispiel. Dass die Fanfare am Ende des zweiten Satzes wiederkehrt, wird jeder hören und damit erkennen, dass damit ein Teil von zwei aufeinander bezogenen Sätzen abgeschlossen und die Komposition in ein neues Stadium übergehen wird. Im Zusammenhang des ganzen Werkes erscheint der zweite ohnehin als kommentierende Variation und Nachbemerkung zum ersten Satz. An ihn schließt er durch eine Überleitung – das verlangsamte Pendelmotiv – unmittelbar an. Seine ersten Figuren versetzen das Anfangsmotto samt Umkehrung in energische Bewegung und geben damit den raschen Scherzocharakter vor. Mit rund einer Minute Dauer ist es der deutlich kürzeste Satz, ein Intermezzo, kein Hauptstück. Vom nachfolgenden *Tranquil* ist es durch einen prägnanten Abschluss und Einschnitt getrennt.

Die rhythmische Komplexität nahm Ursula Mamlok in den *Constellations* im Vergleich zu ihren Werken für kleinere Ensembles deutlich zurück, insbesondere im ersten und im motorischen zweiten Satz. Dies hat benennbare Gründe. Mit einem Orchester lassen sich erheblich stärkere Klangdifferenzierungen verwirklichen als mit einem kleinen Ensemble. In Farben, Schattierungen und räumlicher Wirkung ist daher eine viel größere Diversität und Komplexität möglich. Ursula Mamlok nutzt dies und vereinfacht dafür die rhythmische und metrische Struktur – bis zum letzten Satz. In ihm werden kinetische Energien und Schichtungen neben Wechseln in der Satzdichte zu Mitteln der Kontrastgestaltung. Mamlok eröffnet das Finale mit einem Schlagzeugtusch und – wie die anderen Sätze – mit einer spezifischen Variante des Anfangssignals. Dies wird so über die Reihe hinaus zum Wahrzeichen für die Einheit des Werkes und für die Mannigfaltigkeit seiner Entwicklung. Die Form des Finales legte sie nach dem Vorbild eines Scherzos mit zwei Trios fünfteilig an, schematisch: A-B-A'-C-A''. Die Abschnitte B und C sind in der Partitur als Trio I und II gekennzeichnet. Wie bereits im *Concerto for String Orchestra* gestaltet sie die Zeitverläufe so, dass alles Eintönige und Schematische vermieden wird. Die einzelnen Abschnitte sind unterschiedlich lang[8], und sie überlappen sich. Die

8   In der Aufnahme des Seattle Symphony Orchestra unter Gerard Schwarz betragen die

Eine kleine, aber bedeutende Gruppe: Die Orchesterwerke

»choralartigen Wendungen«[9], die im Wechsel mit kurzen Klangtexturen aus kanonisch verflochtenen Linien das Trio I charakterisieren, treten danach wieder im Abschnitt A' auf, sodass Barry Wiener zu dem Schluss kommt, die rasch bewegten Figurationen dienten »als Hintergrund für die ›Choräle‹, welche den Satz beherrschen«.[10] Sie fungieren auch als entfernte und komprimierte Echos des dritten, langsamen Stückes. Ursula Mamlok integriert in das Finale Reminiszenzen an die vorhergehenden Sätze. So wirkt es, obgleich in seiner Form scheinbar loser gefügt, als Höhepunkt und integrierende Zusammenfassung der gesamten Komposition. Sie endet mit einer entschiedenen Stretta, aber ohne überhöhendes Pathos.

Ursula Mamloks Verhältnis zu den widerstreitenden ästhetischen Richtungen in der Musik des 20. Jahrhunderts hängt eng mit ihrer besonderen Biographie zusammen. Aus ihren existenziellen Erfahrungen erhellen sich manche künstlerischen Entscheidungen, allerdings nicht immer unmittelbar. Die triviale Auffassung vom Zusammenhang zwischen Kunst und Leben glaubt, dass bestimmte Ereignisse und die dadurch wachgerufenen Empfindungen im schöpferischen Werk ihren Ausdruck fänden. Banal gesagt: Trauermusik schreibt, wer Trauer trägt, Melancholiker äußern sich in dunklen Klängen und Fröhliche schlagen Freudentöne an. Gewiss gab es Situationen in Ursula Mamloks Leben, in denen Erlebtes ihren Kompositionen den Stempel aufdrückte wie im langsamen Satz des Oboenkonzerts, der nach dem Tod ihres Vaters im Angesicht des Leids geschrieben wurde, das ihre Mutter durchlitt und das Ursulas eigene Trauer noch steigerte. Satzüberschriften wie »In a joyful spirit« würden in ihren Werken gewiss nicht so oft auftauchen, wenn sie nicht das persönliche Glück mit Dwight Mamlok gefunden hätte. Solche Momente der Rückkoppelung sind unbestritten. Aus ihnen begründen sich Gestalt und Expressivität bestimmter Sätze und Werke, niemals aber die Ästhetik eines ganzen Œuvres, und das ist bei Ursula Mamlok sehr kohärent. Die Verhältnisse liegen komplizierter.

Zieht man von den *Constellations* eine historische Linie in die Musik des zwanzigsten Jahrhunderts, vor allem in das »Projekt Moderne«, dann wird man eher bei Alban Berg und seinen Orchesterstücken als bei Anton Webern und seiner epigrammatischen Kürze ankommen. An Berg erinnert Mamloks Instrumentation, an Berg erinnern die harmonischen Felder, zu deren Charakterisitik auch Drei- und Vierklänge gehören, die in der tonalen Musik bestimmte Funktionen übernahmen (dominantische, subdominantische und statische). Selbst Details wie das »Pendelmotiv« finden Analogien, etwa im verklingenden Schluss der Oper *Wozzeck*. Der Rekurs auf Berg, über den sich Pierre Boulez, zwei Jahre

---

Zeiten gerundet: A 25 sec – B 35 sec – A' 70 sec – C 75 sec – A'' 80 sec.

9   Wiener, Barry: ebd.

10 Wiener, Barry: ebd.

jünger als Ursula Mamlok, zwiespältig äußerte, zeichnet die Komponistengeneration aus, die nach den Vorkämpfern der Nachkriegsmoderne, nach Boulez, Nono, Stockhausen und Cage, in das Musikleben eingriff. Zu ihnen gehörte Ursula Mamlok, obwohl sie ihr Lebensalter mit der »Darmstädter Trias« verband. Doch der entscheidende Durchbruch zu ihrem Stil fiel in die Sechzigerjahre, als sich bereits Gegenkräfte zum Avantgardismus der Seriellen regten. Man erkannte, dass das Nadelöhr Webern für den Start in eine neue Musik doch ein wenig eng war. Man suchte nach Alternativen und Erweiterungen, entdeckte die Breite der »klassischen Moderne« und die Komponisten in ihrem Umkreis. Ursula Mamlok griff mit denen, die in den dreißiger Jahren geboren wurden, ins Musikleben ein, mit der Generation von Helmut Lachenmann, Vinko Globokar, Sofia Gubaidulina, Alfred Schnittke und Arvo Pärt, kurz: mit einer Generation, die sich in ganz verschiedene Richtungen aus der Moderne löste.

Deren Tradition bildete für Ursula Mamlok die fraglose Orientierung. Aber Tradition, auch die der Moderne, verlangt Interpretation, und die Interpretation bedingt wiederum ästhetische Entscheidungen. Theodor W. Adorno, Kompositionsschüler von Alban Berg, selbst exiliert, philosophischer Deuter der Zweiten Wiener Schule, nannte die Neue Musik 1947 »die wahre Flaschenpost«[11]; ungewiss bleibe, ob sie jemals lande, aufgefischt werde und ihre Adressaten erreiche. Die Existenzform der Neuen Musik als gesellschaftlich unverstandene, verkannte, verstoßene sei das Exil. Hölderlin brachte es in seinem *Hyperion*-Roman auf den Begriff: »Sie [die Künstler] leben in der Welt wie Fremde im eigenen Haus.«[12] Ursula Mamlok hätte Adornos Thesen vielleicht als Diagnose zugestimmt, niemals jedoch als Schaffensbedingung. »Ich schreibe nicht für die Schublade, sondern immer für Interpreten, von denen ich einen Auftrag erhalte, oder denen ich ein Werk widmen möchte«, sagt sie. Komponieren richtet sich für sie auf eine Aufführung hier und jetzt und nicht in einer unbestimmt fernen Zukunft. Was Vertreibung und Exil bedeuten, erlebte sie selbst direkt und existenziell, und sie war froh, als diese Zeit zu Ende ging, formell mit ihrer Einbürgerung in die USA, real in dem Moment, als sie sich mit ihren Werken am amerikanischen Musikleben beteiligte. Sie wollte das Exil nicht im Interesse einer höheren Bestimmung zum Dauerzustand verklären.

Die Erfahrung des Exils prägte bei ihr gleichwohl grundlegende Einstellungen. Das Empfinden von Heimat ist für sie an keinen Ort gebunden, obwohl sie sechsundsechzig Jahre mit kurzer Unterbrechung in New York lebte. Wenn sie die Musik ihre Heimat nennt, so hat dies nichts mit der Selbststilisierung von Unterhaltungskünstlern zum Urmusikanten zu tun. Es heißt schlicht: Wenn alles andere verschwände, behielte sie doch in der Musik ihre Identität. Wenn die

---

11 Adorno, Theodor W.: Philosophie der neuen Musik, Frankfurt/Main 1972, S. 120
12 Hölderlin, Friedrich: Hyperion. Zweiter Band. Zweites Buch, in: Hölderlin, Friedrich: Sämtliche Werke, hrg. Von Friedrich Beißner, Frankfurt am Main 1965, S. 638

Eine kleine, aber bedeutende Gruppe: Die Orchesterwerke

Musik wegfiele, verlöre sie mit ihrer Identität auch sich selbst. Das existenzielle Verhältnis zur Kunst wirkte seit ihrer Jugend. Es deutete sich in ihren Tagebucheintragungen etwa bei der Beurteilung Gleichaltriger an. Es brach durch, als sie sich ans Komponieren setzte, während ihre Eltern das Hab und Gut der Familie für die Emigration aus Berlin verpackten. Es gab ihr Kraft, in Guayaquil in scheinbar aussichtsloser Lage das Berufsziel der Komponistin weiter zu verfolgen. Oft hätten sich ihr vordergründig einfachere Wege aufgetan, auch noch in den USA. Hätte sie sich dafür entschieden, dann hätte sie sich selbst aufgegeben. Auch die lange Suche nach einem Stil, der ihrem musikalischen Ausdrucksbedürfnis entsprach, bestätigt die existenzielle Bedeutung der Musik für sie. Denn sie strebte nach etwas, das sie nicht kannte, und von dem sie dennoch wusste, dass sie es noch finden konnte. Sie mythisierte ihre Lage aber auch nicht gemäß der Formel, dass Künstler immer auf der Suche seien. Nach dem Unterricht bei Shapey war sie sicher, dass sie dort angekommen war, wohin sie seit Jahren gelangen wollte, gewissermaßen in der Heimat, die ihr keiner nehmen konnte. In ihrer Selbsteinschätzung blieb sie pragmatisch und stilisierte sich nicht. Das unterscheidet sie von vielen, wenn nicht sogar von der Mehrheit ihrer Kollegen.

Das existenzielle Verhältnis zur Musik bedeutete aber auch, dass sie bei der Tonsprache blieb, die sie für die richtige hielt. Sie sah und sieht sich in der Tradition der Moderne und schloss sich weder dem Neoklassizismus in den vierziger noch der Neoromantik oder der »Neuen Einfachheit« in den siebziger Jahren an. Die Rücksicht auf die hörende Aufnahmefähigkeit verband sie nicht mit Konzessionen im Stil. Barry Wiener zitiert im Booklet zu der CD, die auch eine Aufnahme der *Constellations* enthält, das »Credo« der Komponistin: »Ich will vor allem, dass die Musik die verschiedenen Emotionen klar und überzeugend ausdrückt. Ich bin daran interessiert, dies mit einem Minimum an Material zu erreichen, das ich auf vielfältigen Wegen entwickle, so dass der Eindruck immer neuer Ideen entsteht – wie die Blüten einer Pflanze, die alle aufeinander bezogen sind, und jede ist doch anders.«[13]

Fasslichkeit mit avancierten Mitteln zu erreichen, war die Absicht Schönbergs und der Zweiten Wiener Schule. Ursula Mamlok machte sich diese Devise zu eigen, sie gehört für sie zur Moderne. Mamlok ging allerdings nicht von einem Ideal menschlicher Apperzeption aus, sondern von ihrer eigenen Erfahrung. Sie denkt nicht utopisch, sondern realistisch, auch das lernte sie in der Schule des Exils. Sie bleibt dabei, dass ernst gemeinte Musik Ansprüche stellen muss – an die Komponisten, an die Interpreten, an die Hörer. Dass man in der Kunst, wie Ludwig van Beethoven formulierte, immer weiter müsse, versteht sich für Ursula Mamlok ebenso von selbst wie die Tatsache, dass sich ein Komponist zunächst an das Publikum seiner Epoche wendet. Ideale aus der bildungsbürgerlichen europäischen Tradition und aus dem amerikanischen Pragmatismus verbinden sich bei ihr. Beim Hören ihrer

13 Wiener, Barry: ebd.

Kompositionen wirkt dies wohltuend, denn sie schreibt weder einem imaginären Zeitgeschmack hinterher noch huldigt sie einem Absolutismus des Werkes, das stets auch gegen die Menschen recht zu behalten beansprucht. In den verbreiteten Denkrastern über neue Musik kommt ihre Synthese allerdings kaum vor. Das mag manchem den ersten Zugang zu ihrer Musik äußerlich erschweren. Wer sich jedoch mit den Noten beschäftigt und ihre Werke hört, wird erkennen, dass genau darin ein besonderer, moderner Reiz liegt.

Ein anderes Berlin

Als sich Ursula Mamlok 2006 nach dem Tod ihres Mannes entschloss, noch einmal einen großen Schnitt in ihrem Leben zu wagen und in die Seniorenresidenz *Tertianum* nicht weit vom Berliner Wittenbergplatz zu ziehen, wurde da und dort von einer Rückkehr, gar von einer Heimkehr geschrieben.[1] Solche Argumente und Urteile liest man immer wieder, seit sich die Nachkriegs- und Nach-Nachkriegsgeneration mit dem nazi-erzwungenen Exil auseinandersetzt, und seit sich, auch als Ergebnis der »oral history« in den siebziger und achtziger Jahren, zwischen der jüngeren Generation der Emigranten und den Geschichtsforschern persönliche Kontakte, Vertrauen, bisweilen auch Freundschaft und Zuneigung entwickelten. Die Heimkehr-Befunde sind jedoch meist eilfertig ausgesprochen, sie geben das Wunschbild der Urheber wieder und halten kritischer Nachprüfung an den Tatsachen selten stand. Sie springen aus der wissenschaftlichen Betrachtung von Exil, Emigration und deren kulturellen Folgen heraus und überlassen sich einem verständlichen, aber nicht realitätsgehärteten Harmoniebedürfnis. Eine Art Pseudomorphose mit den Exilierten ist da am Werk, das starke Bedürfnis, mit ihnen in einem historischen Boot zu sitzen und nicht mit den Tätern.

Solches Abdriften aus der historischen Genauigkeit fordert Kritik heraus. Sie ändert allerdings nichts an der Bedeutung, welche die Arbeit von Exilforschern für Wissenschaft, Kunst und öffentliche Wahrnehmung gewann. Im deutschen und europäischen Musikleben bewirkten sie viel. Das Repertoire auch professioneller Ensembles erweiterte sich. Ausübende Musiker entwickelten selbst ein Interesse an der einst verfemten Musik in ihrer ganzen Breite. Ein Teil dessen, was nach den fünfziger und sechziger Jahren verdrängt schien, findet man inzwischen in Konzertprogrammen wieder. Vergrößert hat sich dabei auch das Blickfeld der historischen Wahrnehmung. Man lernte paradoxerweise aus der Geschichte des Exils, dass die Moderne nicht nur misstrauisch beäugt bis befehdet in einer Enklave existierte und darin stellvertretend das Leid der Epoche trug[2], sondern dass sie durch vielerlei Brücken und kommunizierende Röhren einerseits mit der Tradition, andererseits mit den übrigen Tendenzen ihrer Ära verbunden war. Manchem Komponisten der Nachkriegsgeneration hat diese Erkenntnis den Ausweg aus den Denkweisen der alternden Neuen Musik erleichtert.

---

1   u.a. Treffpunkt. Magazin der Berliner Volksbank Nr. 26, Berlin 2008, S. 14, Weiermüller-Backes, Isolde: Lebenslauf von Ursula Mamlok, Website www.klassika.info, Stand vom Januar 2009

2   Vgl. dazu die Schriften Theodor W. Adornos

Musik, die verbannt war, kehrte also tatsächlich ins Konzertleben zurück. Was die Nazis aus der Geschichte tilgen wollten, wirkt weiter. Man wunschfolgerte daraus, die Komponisten könnten sich dem, was ihren Werken an Gutem widerfuhr, auch in persona anschließen. Die frühen Remigranten, die kurz nach Kriegsende zurückkehrten – etwa Rolf Liebermann, Hanns Eisler, Paul Dessau, aber auch Friedrich Holländer, Rudolf Nelson und Robert Stolz – trugen zum kulturellen Wiederaufbau Deutschlands entscheidend bei. Diejenigen, die als Kinder oder Jugendliche fliehen mussten, sahen später, wie sich das Land der Täter wandelte, indem es sich seiner Vergangenheit stellte. Das Interesse an ihrer Person und ihrer Kunst stand selbst für den neuen Geist in Deutschland ein. Ihre Rückkehr, so die meist unausgesprochene Erwartung im Hintergrund, könnte die Versöhnung vollenden, die Folgen des Nationalsozialismus überwinden. Ein frommer Wunsch. Er geht an der Geschichte vorbei, auch an Ursula Mamloks persönlicher Geschichte. Das sei an drei Fragenkreisen erläutert, die eng ineinander spielen.

Sprache als Fundus und Medium der Verständigung

Ursula Mamloks Muttersprache ist Deutsch. Als sie am 31. August 1940 aus der knapp eineinhalbjährigen Zwischenstation Ecuador in New York ankam, konnte sie wenig Englisch, nur das, was sie in zwei Schuljahren am Lyzeum gelernt hatte. Alltagstauglich war das kaum, eine Verständigungsgrundlage bot es gleichwohl. Sie lernte das amerikanische Englisch schnell, denn es war in den USA die selbstverständliche Amts-, Umgangs- und Unterrichtssprache. Selbst Georg Szell, der wie sie deutsch erzogen war, verlangte es im Unterricht an der Mannes School von ihr. Dennoch blieb Englisch die Sprache ihrer Adoleszenz, in der man anderes lernt und anders verinnerlicht als in der Kindheit. Mit ihrem Mann, der aus Hamburg stammte, sprach und korrespondierte sie deutsch. Wenn sie Gäste hatten oder in Gesellschaften waren, bedienten sie sich selbstverständlich auch untereinander des Englischen. Sie lebte zweisprachig. Noch heute kann man die Jahresringe und die Funktionsteilungen in Gesprächen und Unterhaltungen bei ihr erkennen. Wenn es um Musik, ihre Strukturen, ihre Darstellung, Vermittlung und ihren Vertrieb geht, benutzt sie spontan englische Worte. Die Partitur nennt sie »score«, den Dirigenten »conductor«, den Verleger »publisher« und die Zwölftonreihe eine »row«. Ihr klares, unverstellt direktes Denken lässt sie die Sprache so verwenden, wie sie sich mit einer Sache zuerst verband. Sprache und Erfahrung bewahren bei ihr den ursprünglichen Zusammenhang. Die typischen Umstellungen der Satzteile, die Emigranten aus englischsprachigen Ländern gern vornehmen, wenn sie wieder deutsch reden, kommt bei ihr dagegen so gut wie gar nicht vor, wohl aber Sprachvermischungen, die sie dann in der Regel rasch korrigiert. Sie entsprechen jedoch ihrem unmittelbaren Denken. Das bewegt sich in und durch verschiedene Sprach-schichten, die sich ablösen und ineinander wirken: Schichten des Lebens und des Gedächtnisses, in dem das Leben gespeichert ist. Ursula Mamlok denkt zweisprachig, auch wenn sie sich nur in einer ausdrückt. Zur Sprache selbst ent-wickelte sie ein eher pragmatisches, kein künstlerisch-gestalterisches Verhältnis, anders als ihr Mann, der Kurzgeschichten auf Englisch schrieb und sich damit ins Innere der Sprache, die er nicht von Kind auf gelernt hatte, vordichtete. Bei Ursula Mamlok dürften die verschiedenen Schichtungen mit dafür verantwort-lich sein, dass sie zu exponierter, besonders zu experimenteller moderner Lyrik nur schwer oder kaum Zugang findet. Als Schülerin kam sie mit der deutsch-sprachigen Moderne nicht mehr in Berührung. Sie war, als Ursula das Lyzeum besuchte, aus dem Lehrstoff entfernt. Ihre Umgebung, die Familie, Freundin-nen und Lehrer, standen der Literaturszene ihrer Epoche nicht besonders nahe. In den USA blieb ihr wenig Zeit, neben der Suche nach der eigenen musi-kalischen auch noch den Sinn für die besondere lyrische Sprache zu schulen. Zu ihrer Zielstrebigkeit gehörte auch, dass sie sich nicht verzettelte, sondern einen Wunsch und Willen beharrlich verfolgte, und der hieß: Komponieren. Sie kehrte also 2006 nicht aus der linguistischen Fremde in die Heimat ihrer Muttersprache zurück. Sie trägt hier, im Berlin des frühen 21. Jahrhunderts, das Sprachschicksal der Emigrantin weiter aus. Einen inneren Antrieb in Richtung Berlin gab es für sie aus der Sprache heraus nicht.

Geschichte und Sozialisierung

Als Ursula Mamlok ihr Studium – eine gute halbe Generationsspanne nach ihrer Erst-Immatrikulation an der Mannes School – ab Mitte der fünfziger Jahre an der Manhattan School of Music zu Ende führte, war sie überwiegend mit we-sentlich jüngeren Kommilitonen zusammen. Mit ihnen, den Komponisten wie den Interpreten, wuchs sie ins amerikanische Musikleben hinein. Sie bildeten auch den größten Teil ihres Freundes- und Bekanntenkreises. Mit zunehmen-dem Alter, besonders seit dem Rückzug aus der akademischen Lehrtätigkeit (mit achtzig!) wirkten sich die Unterschiede wieder stärker aus als in der Mitte des Lebens. Auch die Zahl der Aufführungen – in der letzten Zeit höchstens fünf bis sechs pro Jahr – nahm ab, Kompositionsaufträge wurden seltener. Nach dem Tod ihres Mannes hätte sie allein das bisherige Leben in New York und som-mers in San Mateo nicht weiterführen können. Auch in den USA hätte sie sich um eine Seniorenresidenz kümmern müssen; auch dort hätte dies einen Schritt heraus aus ihren bisherigen gesellschaftlichen Zusammenhängen bedeutet. Sie befürchtete, dass ihre Einsamkeit in den Vereinigten Staaten größer geworden wäre als in Berlin. In den USA nahmen ihre Kontakte und die Präsenz ihrer Werke im Musikleben ab. In Deutschland wuchs das Interesse an ihren Kompositionen und an ihrer Person. Sie erwartete in Berlin in jeder Hinsicht günstigere Lebensbedingungen. Das hing mit Freunden zusammen, die sich hier um sie kümmerten, aber auch mit der Art der Residenz, ruhig, aber mitten in der Stadt gelegen, mit kultivierten Mitbewohnern, unter ihnen Otmar Suitner, langjähriger Generalmusikdirektor der Staatskapelle und der Staatsoper Berlin. Sein schlechter Gesundheitszustand ließ leider häufigere oder regelmäßige Kontakte nicht zu. Um Ursula Mamloks Entscheidung genauer beschreiben und beurteilen zu können, muss man einige Jahrzehnte zurückblenden.

Ursula und Dwight Mamlok zog es nicht nach Deutschland. »Heimweh« nach den Stätten ihrer Kindheit verspürten sie nicht. Dwight hatte allerdings hin und wieder geschäftlich in Deutschland, und zwar in seiner Geburtsstadt Hamburg zu tun. Die oft recht langen Briefe, die er von solchen Reisen an seine Frau schrieb, zeigen, wie er der Vergangenheit gegenüber auf Distanz ging, auf Distanz auch zu denen, die diese Vergangenheit verkörpern oder in sich weitertragen konnten. Auf sie warf er immer wieder einen kritischen Blick, einem Schriftsteller ähnlich, der erzählt und dabei die Beziehung zum Gegenstand nach eigenem Willen einstellt und wechselt. Mamloks fühlten sich in den USA, in ihrer Gemeinsamkeit, im Kreis ihrer Bekannten und Freunde, im gesellschaftlichen Leben, an dem sie teilnahmen, schließlich heimisch, auch wenn Ursula Anfang der sechziger Jahre Gedanken an ein Leben und Wirken in Europa durch den Kopf gingen. Die neuen Verhältnisse hatten sie sich selbst aufgebaut und einer Vergangenheit abgetrotzt, die vielen ihrer Verwandten den gewaltsamen Tod brachte.

Zum ersten Mal reisten sie 1957, knapp zehn Jahre nach ihrer Heirat, wieder nach Europa. In London trafen sie eine Freundin Ursulas aus der Berliner Jugendzeit, Ursula Brann, mit der sie oft Konzerte in der Philharmonie besucht hatte. Nach Deutschland fuhren sie nicht, auch nicht zur Aufnahme der *Grasshoppers* in der Orchesterfassung, die Carl Bamberger, der Lehrer aus der Mannes School, im Oktober mit dem Unterhaltungsorchester des Süddeutschen Rundfunks in Stuttgart einspielte. Die nächste gemeinsame Atlantiküberquerung unternahmen sie 1961, nach Ursulas Unterricht bei Gunter Schuller. Sie begleitete ihren Mann auf einer seiner beruflichen Reisen nach Hamburg. Anders als Berlin war die Freie und Hansestadt nach den Zerstörungen des Luftkriegs weitgehend wieder aufgebaut. Nur die Wohnblocks, die in der nüchternen Zweckmäßigkeit der fünfziger Jahre hochgezogen wurden und die Stellen alter Bürger- und Miethäuser einnahmen, kündeten durch den Stilbruch von den immensen Schäden, welche die Handelsstadt genommen hatte. Ins Viermächteberlin fuhren sie damals nicht. Sie hatten keine Verbindungen mehr dorthin, sie kannten niemanden, den sie hätten besuchen wollen, die Reise war – sofern man nicht den recht teuren Flug nach Tempelhof wählen wollte – durch Grenzkontrollen und -schikanen unangenehm und beschwerlich. Ursula wollte die zerstörte Stadt nicht sehen.

Für lange Zeit beschränkten sich die Europaaufenthalte der Mamloks danach auf gelegentliche »Sommerfrischen« in der Schweiz, die Dwight sehr schätzte, ohne dass sie von dort aus jemals einen Abstecher nach Deutschland unternahmen. Sie besuchten auch nicht die Konzerte, bei denen in den sechziger Jahren erstmals Werke von Ursula Mamlok in München aufgeführt wurden. Diese gehören gleichwohl zur langen Vorgeschichte ihrer Entscheidung, 2006 ins Tertianum nach Berlin zu ziehen.

Aufführungen in München

Das vielfältige Kulturleben der Bayerischen Landeshauptstadt wurde zwischen 1965 und 1973 durch die Konzertreihe *Deutsch-amerikanische Interpretationen zeitgenössischer Musik* um einen wichtigen Aspekt bereichert. Idee: Deutsche Musiker führen Werke amerikanischer Zeitgenossen, amerikanische Interpreten dagegen Stücke deutscher Gegenwartskomponisten auf. Die Initiative zu der Reihe, in der gut einhundertzwanzig Komponisten vorgestellt wurden, ergriff Alfred Goodman (1919–1999). Er war der Sohn jenes Oskar Guttmann, der einst der jungen Ursula Mamlok in Berlin den Kompositionsunterricht verweigerte, den er ihr dann, als sie sich in der Musikschule Hollaender wieder begegneten, gerne gegeben hätte. Die Guttmanns emigrierten wie die Lewys im letzten Moment aus Deutschland, und zwar auf getrennten Wegen. Alfred verließ am 6. April 1939 im Nachtzug Berlin mit dem Reiseziel London. Die Eltern wollten noch die Auswanderungsgenehmigung in die Vereinigten Staaten abwarten und konnten schließlich auf dem Umweg über Norwegen die USA erreichen. Im Januar 1940 kam auch Sohn Alfred nach seinem neunmonatigen London-Intermezzo (unter anderem beim Emigranten-Kabarett *The Four and Twenty Black Sheep*) nach New York. 1943, nach dem Tod seines Vaters, amerikanisierte er seinen Familiennamen in Goodman. Er verdiente sich seinen Lebensunterhalt durch Arrangements für Bigbands, als Barpianist, er studierte an der Columbia University Komposition unter anderem bei Otto Luening (1900–1996), einem Sohn deutscher Einwanderer. Goodman ließ für sich die Trennung zwischen ernster und unterhaltender Musik nicht gelten. 1958 empfand er in den USA eine gewisse Stagnation in seiner Tätigkeit. Er entschloss sich daher zu einigen Europaaufenthalten; ihr Resultat übertraf seine Erwartungen. »Ich saß 1958/59 und 1960 in New York, und 60% meiner Arbeit in New York waren Aufträge von ARD-Sendern in der Bundesrepublik.«[3] 1961 zog Goodman nach München. Er betonte immer wieder, dass er dies

---

3 Weiß, Günther: Gespräch mit Alfred Goodman, in: K. R. Brachtel • H.-M. Palm-Beulich • R. Schmiedel • S. Storkebaum • G. Weiß: Alfred Goodman. Komponisten in Bayern Bd. 28, Tutzing 1993, S. 29–40, hier: S. 38

nicht als Rückkehr empfand. Er ging dorthin, wo sich ihm die besten Arbeitsbedingungen boten. Als Stadt war ihm München so fremd wie Paris und noch weniger vertraut als London. In Bayerns Hauptstadt, die in manchem so ganz anders ist als das Land um sie herum, kam er 1964 auf die Idee zu der deutsch-amerikanischen Konzertreihe. Gemeinsam mit seinem einstigen Lehrer Otto Luening, der selbst in München studiert hatte, überzeugte er das Amerikahaus, das Kulturreferat der Stadt München und die United States Information Agency, die Trägerschaft und damit die finanzielle Verantwortung zu übernehmen. Luening, mit Vladimir Ussachevsky Pionier der elektronischen Musik in den USA, zählte mit Harvey Sollberger, Charles Wuorinen und Charles Whittenberg auch einige der Musiker zu seinen Schülern, die mit Ursula Mamlok befreundet waren und in ihrer künstlerischen Laufbahn eine nicht unbedeutende Rolle spielten.

Bei Goodmans Brainstorming mit seinen amerikanischen Kollegen wurde auch der Name von Ursula Mamlok genannt. Goodman schrieb sie an – auf Englisch –, und in einem längeren Briefwechsel wurde schließlich vereinbart, dass im Konzert am Freitag, dem 15. Oktober 1965 im Münchener Amerikahaus ihre *Five Songs from Stray Birds* aufgeführt würden. Auf dem Programm standen an Werken amerikanischer Komponisten außerdem Otto Luenings Sonate für Posaune und Klavier und die *Three Chants for Voice, Saxophone and Harpsichord* von Alfred Goodman; sie wurden an diesem Abend uraufgeführt. Im darauffolgenden Jahr nahm Goodman die *Haiku Settings* in seine Konzertreihe mit auf. Veranstalter und Komponistin kommunizierten brieflich. Persönlich lernten sich die Goodmans und die Mamloks erst im Jahre 1968 kennen, als Alfred Goodman mit seiner zweiten Frau Renate, die er in Dresden kennengelernt und 1966 geheiratet hatte, nach New York kam, um ihr die Stadt, in der er zwei entscheidende Jahrzehnte seines Leben verbracht hatte, zu zeigen und gemeinsam mit ihr Freunde aus den amerikanischen Jahren zu besuchen. Von dieser Zeit an entwickelte sich eine lockere freundschaftliche Verbindung, ohne dass allerdings weitere Werke von Ursula Mamlok in München oder anderswo in Deutschland aufgeführt worden wären. Daher sahen sie und ihr Mann auch keinen Anlass, hierher zu reisen.

Interesse der jüngeren Generation

Nach den beiden Münchener Konzerten vergingen gut zwei Jahrzehnte, ehe die Komponistin Ursula Mamlok in Deutschland wieder zur Kenntnis genommen wurde. Das Biographische Handbuch der deutschsprachigen Emigration, das 1983 vom Institut für Zeitgeschichte in München herausgegeben wurde, erwähnt sie nicht. Auch im Begleitbuch zum Exil-Schwerpunkt der Berliner Festwochen 1987 – *Verdrängte Musik. Berliner Komponisten im*

Exil[4] – erscheint ihr Name nicht, kein Werk von ihr wurde in einem der Festivalkonzerte aufgeführt. 1988 spielte die Cellistin Camilla de Souza in München Ursula Mamloks *Composition* aus dem Jahre 1962, eines ihrer ersten Werke im neu gefundenen Stil, 1991 führte sie das Werk erneut in Ulm auf. Im Sommer des darauffolgenden Jahres trafen sich die beiden Künstlerinnen in Salzburg. Beide waren zu einem Kongress mit begleitenden Konzerten eingeladen, den der *Internationale Arbeitskreis Frau und Musik* veranstaltete. Seit den siebziger Jahren initiierten Musikerinnen, Musikwissenschaftlerinnen und Journalistinnen regional, überregional und international Netzwerke und Zusammenschlüsse, die sich mit der Rolle der Frauen in der Geschichte und Gegenwart der Musik beschäftigten. Durch sie wurde das Œuvre von Komponistinnen aus zurückliegenden Jahrhunderten ins öffentliche Bewusstsein gebracht. Ihre Arbeit stieß wissenschaftlich die Gender-Forschung auch für den Bereich der Kultur- und Kunstwissenschaften an. Ihnen ist wesentlich zu verdanken, dass Komponistinnen mit ihren Werken im heutigen Musikleben stärker präsent sind als noch vor vierzig Jahren, und dass in der jungen Generation der Anteil von Komponistinnen gegenüber ihren männlichen Kollegen und Zeitgenossen zunimmt.

Ursula Mamlok betonte zwar immer wieder, dass sie allein nach ihren Werken und nicht nach ihrem Status als Frau oder Exilierte beurteilt werden wolle. Sie beanspruche keinen fachfremden Bonus für sich. Aufgrund der Anerkennung, die sie im amerikanischen Musikleben fand, aufgrund der Förderung und Auszeichnung mit Stipendien und Preisen, nicht zuletzt aufgrund der Tatsache, dass ihre Werke von einem traditionsreichen und angesehenen Verlagshaus angenommen wurden, sieht sie sich nicht als Benachteiligte, weder durch Geschlecht noch durch erzwungene Emigration. Das ändert allerdings nichts daran, dass Frausein und Exiliertwerden im Kulturleben generell einen erheblichen Nachteil bedeuteten; besondere Aufmerksamkeit und Förderung schaffen keinen Bonus, sondern stellen erst die Verhältnisse her, die ein vergleichendes ästhetisches Urteil ermöglichen. Nicht zufällig begann die nachhaltige Rezeption von Ursula Mamloks Werken in Europa auf diesen »Außenseiterwegen«, auch mit den dafür typischen Veranstaltungsformen wie Gesprächskonzerten. Von dort aus erreichten und interessierten sich Interpreten für ihre Kompositionen, nahmen sie in ihr Repertoire und führten sie mehrfach, an verschiedenen Orten auf. Nur durch solche Aneignung bildet sich für ein künstlerisches Œuvre allmählich eine Rezeption und eine Wirkungsgeschichte.

Sie begann für Ursula Mamloks Schaffen in Europa sehr zaghaft während der neunziger Jahre. Zwischen dem Salzburger Kongress und ihrem nächsten Auftritt in der Alten Welt vergingen acht weitere Jahre. Am 29. Februar 2000

---

4 Traber, Habakuk und Weingarten, Elmar: Verdrängte Musik. Berliner Komponisten im Exil, Berlin 1987

widmete der Verein *musica reanimata* sein 38. Gesprächskonzert in der Reihe *Verfolgung und Wiederentdeckung* der damals siebenundsiebzigjährigen Komponistin. Der Verein war 1990 »zur Wiederentdeckung NS-verfolgter Komponisten und ihrer Werke« gegründet worden und veranstaltet seit 1992 regelmäßig Gesprächskonzerte, seit 1993 in Zusammenarbeit mit dem Konzerthaus Berlin und dem Deutschlandfunk. An jenem »geschenkten« Februartag des Jahres 2000 wurden die *Grasshoppers* in der Klavierfassung, die *Four German Songs* nach Gedichten von Hermann Hesse, *Panta Rhei* und die *Polarities* aufgeführt, ein Querschnitt also durch die verschiedenen Phasen und Genres ihres kammermusikalischen Schaffens. Gottfried Eberle, mit Albrecht Dümling einer der Initiatoren des Vereins, führte das Gespräch mit Ursula Mamlok. Den Vorschlag für diesen Abend hatte Alfred Goodman eingebracht, der nach seinem Umzug von München nach Berlin die Arbeit von *musica reanimata* mit seinem Wissen und seinen Kontakten unterstützte. Er selbst, vier Jahre älter als Ursula Mamlok, konnte an der Veranstaltung nicht mehr teilnehmen. Er starb am 14. August 1999 in einem Berliner Krankenhaus.

Im Oktober 2000 flog Ursula Mamlok mit ihrem Mann erneut nach Europa, dieses Mal nach London. Dort wurden Werke für eine CD mit *Psalms of Joy and Sorrow* aufgenommen, darunter ihre *Cantata Based on the First Psalm*. Die Produktion war Teil der Serie *American Jewish Music*, die das Milken Archive beim Label Naxos herausgab. Ursula Mamloks Kantate sang der Laudibus Choir, ein zweiundzwanzigköpfiges Auswahlensemble aus dem National Youth Choir of Great Britain, in den selbst nur junge Sängerinnen und Sänger nach Vorsingen und strenger Prüfung aufgenommen werden. Der Kammerchor unter der Leitung von Michael Brewer verfügt über ein professionelles Niveau. Entsprechend kompetent und eindrucksvoll gelang die Einspielung.

Nach und nach begannen sich die Medien für Person und Werk von Ursula Mamlok zu interessieren. In Periodika wie der *Neuen Musikzeitung*, als Mitteilungsorgan der Jeunesses musicales Deutschland für eine Fachpublikation recht auflagenstark, wurde sie ausführlich porträtiert[5]. Interviews, die Bettina Brand mit ihr führte, bildeten die Grundsubstanz umfangreicher Rundfunksendungen. Vermehrt erschienen Rezensionen über Aufnahmen ihrer Musik. Der Wirkungsgrad dieser Medien bleibt aufs große gesellschaftliche Ganze gesehen selbstverständlich begrenzt. Doch das Dreieck aus Aufführungen, Tonträgern, medialer Präsenz und Auseinandersetzung bildet gleichsam die Brennstoffzelle jeder Rezeption von neuer Musik.

Bei Ursula Mamlok verdient dies deswegen Erwähnung, weil sie ihre Werke selbst nicht anzupreisen vermag. Sie wuchs noch in einer Zeit auf, in der man glaubte, das ästhetisch Gute müsse und werde sich kraft seiner Qualität irgend-

---

5   Herzfeld, Isabel: Meine Heimat ist meine Musik – sie war immer bei mir, in: Neue Musikzeitung 56. Jahrgang, Juli 2007

wann durchsetzen. Eigenwerbung galt als Selbstlob und daher als anrüchig. Ohne gezielte Promotion aber setzt sich heute nichts mehr durch, es wird gar nicht erst wahrgenommen. Die Klaviatur zur Selbstvermarktung beherrscht Ursula Mamlok jedoch nicht; dieses »Defizit« – wenn es denn eines ist – teilt sie mit den meisten Berufskollegen ihrer Generation. In den USA musste sie nun feststellen, dass die Möglichkeiten Neuer-Musik-Ensembles und das Verlegerengagement unter der Dauerkrise der Kulturinstitutionen erheblich litten. Mit ihrer Emeritierung 2003 entfiel zudem die Hochschule als wichtiger Multiplikator für Werke und Aufführungen. In Deutschland dagegen fand sie nach und nach wachsendes Interesse, bei dem auch ihr persönliches Engagement als Vermittlerin und Gesprächspartnerin gefragt war. Mit der Berliner Abteilung von Boosey & Hawkes, die dem Segment verdrängter Musik größere Aufmerksamkeit widmet als andere, fand sie einen Verlag, der neue und Manuskript gebliebene Kompositionen in sein Programm aufnahm. Ihre Werke gewannen jetzt Öffentlichkeit auf einem ähnlichen Weg wie die Arbeiten junger Komponisten: von der Off-Szene über Ensembles ins fest installierte Musikleben und ins Verlagswesen. Die Musiker, die sich für Ursula Mamloks Kompositionen begeistern, sind meist jung, auf jeden Fall engagiert, und sie suchen die neue Erfahrung. Das gilt auch für Gruppen, die schon relativ lange zusammenarbeiten, wie das Freiburger Ensemble Surplus, das sich zum Grundsatz machte, keine Partitur als zu schwer abzulehnen, oder das Weimarer Klenke-Quartett, das seit zwei Jahrzehnten im Musikleben präsent ist: die Musikerinnen taten sich bereits am Anfang ihres Studiums zusammen, damals waren sie neunzehn. Das Berliner Sonar Quartett besteht seit 2006, legt seine Schwerpunkte auf frisch Komponiertes oder Entdecktes und erprobt gerne neue Veranstaltungsorte und -formen. Seine Mitglieder sind auch in anderen Formationen aktiv, zum Beispiel in der musikFabrik NRW; unter Johannes Kalitzkes Leitung entwickelte sie sich zu einem flexiblen Ensemble, das in unterschiedlichsten Besetzungen und Größen auftreten kann. Aus der Szene Neuer Musik und experimentellen Musiktheaters ist sie nicht mehr wegzudenken. Sie alle führen Werke von Ursula Mamlok in ihrem Repertoire. Sie ist mit ihren Kompositionen dort angekommen, wo die Maßstäbe und Zeichen in der Neuen Musik gesetzt werden. Ein Jahrzehnt muss für einen solchen Prozess als eher kurzer Zeitraum gelten.

Phasen in der Wiederentdeckung verdrängter Musik

Ursula Mamloks Erfahrung mit dem deutschen Musikleben wirft durch ihre Besonderheit ein erhellendes Licht auf dessen Geschichte in der zweiten Hälfte des zwanzigsten Jahrhunderts. Die Wiederentdeckung und Integration verdrängter Musik ereignete sich, grob gesagt, in zwei ganz unterschiedlichen Etappen: unmittelbar nach Kriegsende und dann wesentlich später in den achtziger und neunziger Jahren, beide wurde von verschiedenen Generationen getragen. Die erste Phase galt, was die anspruchsvolle Konzertmusik betrifft, hauptsächlich der Wiedergewinnung der Moderne in zwei Spielarten. Dort, wo sich die junge Generation der Avantgardisten traf, suchte man vor allem Anschluss an die Zweite Wiener Schule, an den Komponistenkreis um Schönberg, insbesondere an Anton Webern (der selbst nicht das Exil wählte). Im Konzertleben mit einem teils konservativen, teils neugierigen und aufgeschlossenen Abonnentenpublikum und im Schulunterricht konzentrierte man sich eher auf das Stilgebiet zwischen Hindemith, Orff, dem Neoklassizismus Strawinskys und einigen Werken von Bartók; man sprach damals gern von einer »gemäßigten Moderne«. Komponisten aus der Peripherie und dem Vorfeld der Neuen Musik – Alexander Zemlinsky oder Franz Schreker zum Beispiel – blieben dagegen weitgehend unbeachtet. Die misslungene Remigration Erich Wolfgang Korngolds erscheint im Rückblick wie ein Sinnbild für die »zweite Verdrängung« in den fünfziger und sechziger Jahren.

Die zweite Phase hängt mit einem Komplex heterogener Faktoren zusammen: mit einem Generationswechsel im Musikleben, mit dem Altern der Avantgarde, dem Aufkommen der Postmoderne und der Exilforschung, die nach Literatur und Bildender Kunst auch die Musik einbezog, wie schleppend auch immer. Es war zugleich die Zeit, in der die öffentliche Mehrheitsmeinung und das offizielle Deutschland auch im Westen zu Nationalsozialismus und Krieg endlich eindeutige Position bezogen. Wie eine Zusammenfassung dieser Tendenzen wirkte die Rede, die Bundespräsident Richard von Weizsäcker am 8. Mai 1985 im Deutschen Bundestag hielt: Zum ersten Mal bezeichnete ein bundesdeutsches Staatsoberhaupt die Kapitulation des Deutschen Reiches am 8. Mai 1945 nicht mehr als »Zusammenbruch«, sondern als »Befreiung«. Die Exilforschung erkannte bald, dass sich die Verfolgung und Vertreibung durch das NS-Regime nicht auf die Speerspitze der Moderne, auf Klassenkämpferisches und auf die Unterhaltungsmusiker mit der spitzen Zunge beschränkte, sondern als kulturpolitische, ideologische und rassistische Verfolgung alle Stilrichtungen betraf, mit ganzer Härte auch diejenigen, die – wie Schreker und Zemlinsky – den Expressionismus nicht in Richtung Reihenkomposition weiterführten. Es gab ein Pathos, das die Nationalsozialisten nicht ertrugen. Die Beschäftigung mit dem Musik-Exil klärte nicht nur das Verhältnis zur Geschichte, sondern auch die Verhältnisse im Musikleben der Gegenwart in Komposition, Repertoirebildung und Interpretation neu.

Ursula Mamlok hatte mit ihrer Musik an beiden Wellen teil, in denen verdrängte Musik wieder entdeckt und rezipiert wurde. Zur ersten Phase kann man die Aufführung der *Grasshoppers* durch den Emigranten und halben Remigranten Carl Bamberger 1957 in Stuttgart zählen. Sie blieb folgenlos, denn Ursula Mamloks Werk wurde in einen Kontext gestellt, dem ihr Schaffen nicht zugehört: zur Unterhaltungsmusik. Die beiden Münchener Konzerte nehmen eine Sonderstellung ein. Sie gehören zu den periodischen Versuchen, das amerikanisch-deutsche Kulturverhältnis nicht auf die verbreitete Formel zu reduzieren: in der Musik machen die Amerikaner Unterhaltung, die Deutschen dagegen Ernst. Bemühungen, derartige Klischees zugunsten einer Wahrnehmung existenter Vielfalt aufzulösen, war immer dann Erfolg beschieden, wenn sich die Verhältnisse in Deutschland im Umbruch befanden: in den sechziger Jahren nach dem Mauerbau und als öffentlich-rechtliches Echo auf die Studentenbewegung, in den späten achtziger und frühen neunziger Jahren rund um die deutsche Vereinigung und die Debatte um politische Werte einer neuen oder nur erweiterten Republik. In der Wirkung blieben die Münchener Konzerte mit Werken von Ursula Mamlok eine Episode, die verhallte.

Nachhaltig wirkte erst die zweite Aneignungswelle verdrängter und ignorierter Musik, als sie Ursula Mamloks Werke in den neunziger Jahren, hauptsächlich aber seit der Jahrhundertwende erreichte. Sechs Jahre dieser Entwicklung genügten allerdings, um ihr die Entscheidung über die letzte Etappe ihres Lebens zu erleichtern. Ein Blick auf die berufliche Seite bestätigt die Richtigkeit ihres Entschlusses. Nie zuvor seit den neunziger Jahren wurden ihre Werke so oft aufgeführt, wurde sie selbst zu Gesprächen vor oder in Konzerten, im Rundfunk und im Fernsehen so häufig eingeladen. Enttäuschungen blieben ihr allerdings auch in Berlin nicht erspart, und nicht alle Erwartungen, mit denen sie in die Residenz an der Passauer Straße zog, erfüllten sich. Die Freundschaft mit Renate Goodman zerbrach. Die Kontakte innerhalb des Tertianums blieben loser und geringer, als sie gehofft hatte. »Die meisten, die hier wohnen, haben Angehörige, Kinder, Enkel, von denen sie besucht und zu gemeinsamen Unternehmungen abgeholt werden«, resümiert sie ihre Erfahrungen der ersten Jahre. »Sie wohnen hier, essen hier, aber ihr geselliges Leben ist nach außen orientiert. Engere Kontakte innerhalb des Tertianums entstehen deshalb kaum.« Trotz aller Einschränkungen gab es Konzerte in der Residenz, bei denen Werke von ihr gespielt wurden, etwa im Februar 2008 um ihren 85. Geburtstag. Sie hielt Vorträge über Formen und Gestaltungsweisen in der Musik, erläuterte klassische, romantische und eigene Werke. Freunde und ehemalige Schüler rufen sie an und treffen sich mit ihr, wenn sie in Berlin sind. Sie nimmt, soweit es Kräfte und Termine erlauben, am Musikleben teil, besucht Konzerte und Opernvorstellungen, wie sie es ein Leben lang selbst in den gefährlichsten Zeiten hielt. Sie wird von Musikern besucht, die ihre Werke aufführen, trifft sich mit ihnen zu Proben. Zum Kreis ihrer Freunde gehört inzwischen auch ihr Nachfolger. Reiko Füting, 1970 in Königs Wusterhausen bei Berlin geboren, lehrt seit 1997 an der Manhattan School of Music, zunächst als Assistent, ab 2000 als Professor für Musiktheorie, seit 2005 auch mit einer Professur für Komposition – auf der Stelle, die Ursula Mamlok bis 2003 innehatte. Die unterrichtsfreie Zeit im Sommer verbringt er zum größten Teil bei seinen Eltern in Niederlehme und trifft sich zwischendurch immer wieder mit Ursula Mamlok. Aber auch in dieser Lebensphase gilt: So etwas wie »Heimat« findet sie nur in der Musik. Die Werke, die sie komponiert und die sie hört, die sie mit Interpreten und Verlegern durchgeht, geben ihr den existenziellen Rückhalt.

Klaviermusik

Die lebensgeschichtliche Bindung an die Kunst erweist sich unter anderem in der Selbstreflexion, die Ursula Mamloks Schaffen durchzieht; sie dient der Vergewisserung durch Rückblick und klärt dadurch die Perspektiven. Immer wieder ging Mamlok mit neuen Kompositionen auf frühere Ansätze und Ergebnisse ihres Schaffens ein und antwortete gleichsam mit neuen Werken aus der geschichtlichen Distanz. Mit der Violinsonate von 1988/89 nahm sie ein Genre und eine Form wieder auf, die in der klassischen Ausprägung zu ihrem obligatorischen Studienmaterial gehört hatte. Nun gab sie den Möglichkeiten, die im Überlieferten liegen, eine neue Deutung. 1998 komponierte sie das Gegenstück zu ihrem Streichquartett aus dem Jahre 1962 – nicht ganz so komplex, aber nicht weniger konzis. Eine Gattung schien von der rückblickend-erneuernden Innenkorrespondenz lange Zeit ausgenommen: die Klaviermusik. Das mag desto mehr verwundern, als das Klavier ihr Instrument war, für das sie die ersten Stücke erfand, als Kind spontan und ohne Anleitung, seit dem Unterricht bei Gustav Ernest als Wegzeichen ihrer Entwicklung. Doch mehr und mehr verlor sich die Pionierfunktion, die das Tasteninstrument in der Musikgeschichte oft spielte, auch im Schaffen von Ursula Mamlok. Die »Black-Mountain-Fuge« von 1944[6], ein größeres Klavierstück aus dem Unterricht bei Sessions (1946) und ein weiteres aus der Studienzeit bei Erich Itor Kahn (1952)[7] – danach schrieb sie für ihr Instrument überwiegend pädagogische Literatur. Ihr kommt für die Entwicklung eines differenzierten Musikverständnisses bei Heranwachsenden große Bedeutung zu, ein Künstler wie Béla Bartók widmete zehn Bände seines Œuvres allein solchen Kompositionen. Ursula Mamlok bereicherte die Klaviermusik für Lernende nicht um einige Etüdenhefte, die schätzte sie schon als Kind nicht, sondern um Stücke, die Spielfreude und Vorstellungskraft fördern und den Zugang zur Gegenwartsmusik öffnen.

Ausnahmen von diesem »Young Person's Guide to Music«, zu dem in gewisser Weise auch die *Grasshoppers* von 1957 gehören, bilden die gut zweiminütige *Sculpture I* von 1964, ein Geburtstagsgruß an ihren Mann (*Love Song for Two Pigeons*, 1991) und drei *Bagatellen* von 1987, die sich auch für Cembalo eignen. Erst mit dem Übergang ins neue Jahrhundert gewinnt das Klavier als alleiniges Instrument und nicht nur als Teil eines Ensembles allmählich wieder eine grö-

---

6   vgl. in diesem Buch S. 64 f.
7   vgl. in diesem Buch S. 72 f.

ßere Wichtigkeit für sie. Zwar entschieden bei Ursula Mamlok Anfragen und Aufträge meist über das Instrumentarium, für das sie schrieb, doch gilt dies für die Klaviermusik nur zum Teil. In ihr wirkten persönliche Beweggründe nicht nur auf die Ausgestaltung, sondern auch auf die Entstehung einzelner Werke ein. Beim *Love Song for Two Pigeons*, den sie 1993 zum siebzigsten Geburtstag ihres Mannes noch einmal revidierte, ist der private Anlass offenkundig. Aber auch ein Klavierstück, das Anfang 1989 entstand, verdankt sich einem inneren Antrieb. Die *Inward Journey* mit ihrem unendlich langsamen Tempo, ihren stehenden Klängen, den melodischen Ansätzen, die sich nicht zu großen Bögen weiten, sondern in quasi gebrochenen kurzen Wendungen kreisen, mit den abgedämpften Tönen, die wirklich »wie von ferne«[8] kommen, mit ihren hingetupften Glöckchentönen, die wie zerstäubte Elemente einer Kinderliedskala gewählt sind, fasst wohl die Stimmung, die Ursula fünfzig Jahre vorher durchlebte, in eine Erinnerungsminiatur; die komponierende *Reise ins Innere* unternahm sie im zeitlichen Vorfeld des ersten Berlin-Besuchs, den sie mit ihrem Mann 1989 wagte.

Veröffentlicht wurde das Stück fünfzehn Jahre später zusammen mit einem nachkomponierten zweiten, das als Gegenbild konzipiert wurde. Isolde Weiermüller-Backes, bei deren Familie die Mamloks um die Jahreswende 2003/04 zu Gast waren, bat die Komponistin um einen Beitrag zu einem Band, den der *Internationale Arbeitskreis Frau und Musik* zum fünfundzwanzigsten Bestehen seines Archivs herausgab. Dass Ursula der Threnodie von 1989 ein Stück »In high Spirits« folgen ließ, entspricht einer bei ihr häufigen Dramaturgie. Doch das »allegro scherzando« behänder Figurationen und resoluter Akkordkaskaden wird zwei Mal von einer leisen, ruhigen Folge sich verlagernder Mini-Duette unterbrochen. Ihre Verhaltenheit erinnert entfernt an *Inward Journey*, sie wird auch durch die markante Schlusswendung des Stückes nicht aus dem Gedächtnis gedrängt. Der Gestus des Wohlgemuten behält seinen kontrastierenden Unterton.

2000 Notes

Im Jahr 2000 komponierte Ursula Mamlok »ihr umfangreichstes Werk für Klaviersolo«[9] seit dem *Piano Piece* von 1952. Sie erfüllte damit einen Wunsch der Pianistinnen Sarah Cahill und Marcia Eckert. Die Musikerinnen hatten Mamlok und andere Komponistenkollegen um Stücke gebeten, mit denen sie das neue Jahrtausend sinnbildlich eröffnen könnten. Ursula Mamlok stellte das

---

8   Vortragsvorschrift: »Calm, as from afar«
9   Wiener, Barry in: Booklet zu: Music of Ursula Mamlok, Vol 1. Bridge Records 9291, unpaginiert

Schwellenjahr 2000 in den Titel; es gehört rechnerisch noch zum alten, trägt aber in den entscheidenden Ziffern bereits die Signatur des neuen Millenniums. Zahlensymbolik wird man in ihrer Komposition allerdings vergeblich suchen. *2000 Notes* kann man wohl am ehesten als »Noten für (das Jahr) 2000« übersetzen; Noten als Schriftzeichen der Musik, aber auch im Sinne von »Anmerkungen«.

Auf vielfältige und differenzierte Weise lassen die vier Sätze das Verschiedene und Heterogene in- und gegeneinander wirken. Der erste Satz erscheint wie eine Kette von Repliken, Nachklängen und Korrespondenzen, die sich hörend mehr ahnen als fixieren lassen: Signalmotive, rhythmische Zellen, kantable Strecken mit Aufschwüngen und mehrstimmigen Verflechtungen überschneiden sich für Momente, folgen ansonsten kaum verbunden aufeinander. Das Stück erweckt den Eindruck eines freien prosodischen Vortrags, eines »obligaten Rezitativs«[10]. Im zweiten Satz löst ein imaginärer Chorsatz ohne Worte ein perpetuum mobile ab, das sich in weiten Gesten von oben in die Tiefe senkt; die Akzente in der Bewegung und die begleitenden Akkordeinwürfe widerstreiten sich (Fünfergruppen gegen Vierergliederung). Schumann schuf einst ähnlich strukturierte Stücke aus wechselnden Charakteren, etwa in seinen *Noveletten*. Bei Mamlok verschränken und verformen sich die konträren Elemente, ehe sie sich in Luft auflösen.

Den dritten, langsamen und längsten Satz umschrieb die Komponistin selbst recht nüchtern: »Ein einleitender, dreischichtiger Ostinato verbindet sich mit einer sanglichen Melodie, die später dichteren Texturen weicht, bevor sie wieder zurückkehrt und ins Nichts verschwindet.« Die Emotionalität des Satzes überlässt sie der Hörerfahrung. Im letzten Stück fasst sie sich kurz und bündig. Aus seiner Vielgestaltigkeit mag man die eine oder andere Reminiszenz an die vorhergehenden Sätze vernehmen.

Reflexion und Rückblick greifen in *2000 Notes* über Ursula Mamloks eigenes Schaffen hinaus auf essenzielle Erfahrungen mit der Musikgeschichte über. Diese ist in Gesten, Charakteren, Kontrasten, in musiksprachlichen Verständniszellen gegenwärtig, die wie in der Wortsprache in einer längeren Tradition gründen. Aus der Präzision und der Verwandlung des Erinnerns entstehen für Ursula Mamlok die Konfigurationen dessen, was kommen kann. Das Bewusstsein für die Vergangenheit und das für die Zukunft sind ineinander verflochten: Beide weisen über das Hier und Jetzt hinaus. Ohne von Bernd Alois Zimmermann und seinem Musikdenken zu wissen, kommt Ursula Mamlok in der Praxis des Komponierens seiner Vorstellung von der »Kugelgestalt der Zeit« ziemlich nahe.

---

10 Titel von Arnold Schönbergs Orchesterstück op. 16,5

Ein anderes Berlin

Geschichte und Gedächtnis

Ursula Mamlok bewahrte sich bis ins hohe Alter ein präzises und umfangreiches Gedächtnis. An Ereignisse aus ihrer Jugendzeit erinnert sie sich mit derselben Genauigkeit wie an die Stationen ihres Erwachsenenlebens, an Menschen, die ihr halfen, die ihre künstlerischen Interessen teilten, an Aufführungen eigener Werke und Konzerte, die sie besuchte, an Schüler, Unterrichtssituationen und die Atmosphäre im Verhältnis zu ihren Kollegen. In ihrem Gedächtnis hat sie ihr Leben präsent, mit Daten und Jahreszahlen. Die typischen Verwandlungen und Umformungen, die eine Geschichte oder Begebenheit nimmt, wenn man sie oft erzählt, trifft man bei ihr nicht. Sie neigt nicht zu Verklärungen, Heroisierungen oder Dramatisierungen. Ihr Erinnern arbeitet mit nüchterner Präzision. Es half ihr in manch schwieriger Situation, ihre Ziele und ihren Willen beharrlich zu verfolgen, auch wenn sich, wie bei der Auswanderung nach Guayaquil, alles dagegen verschworen zu haben schien.

Dem prägnanten Gedächtnis korrespondiert ein anderer Wesenszug: Ursula Mamlok kann Lebenssituationen abschließen. Was Vergangenheit ist, lässt sie hinter sich, bewahrt es als Erfahrung und Wissen in ihrer Erinnerung und stellt sich auf die neue Situation ein. In Guayaquil vertraute sie ihren ganzen Jammer, aus dem Unterricht bei Gustav Ernest herausgerissen zu sein und nicht zu wissen, wie es mit ihr weiterginge, ihrem Tagebuch an. Wenige Monate nach den Eintragungen überredete sie ihre Mutter, sich über den Bekannten aus dem Zug nach Prag um einen Studienplatz für sie an einer US-Hochschule zu kümmern. Als sie nach Abschluss der Mannes School, den Kursen am Black Mountain College und privatem Unterricht bei Roger Sessions und Roy Harris ihren musikalischen Weg noch nicht mit Klarheit sah, persönlich eine Krise durchlebte und dann in San Francisco Dwight Mamlok kennenlernte, entschloss sie sich binnen kurzer Zeit zur Heirat und überwand, was sie bedrückte. Ihrer Trauer um den Tod des Vaters und der Trostlosigkeit, in der ihre Mutter zu versinken drohte, gab sie im langsamen Satz des Oboenkonzerts beredten, dichten Ausdruck. Durch eine Überleitung verbunden schließt sich dort ein Satz an, der alle Trauer abstreift; *In a joyful spirit* überschrieben, bewegt er sich in einen völlig anderen Zustand, gleichsam in ein neues Leben. Trauer er- und durchlebt Ursula Mamlok, wie es scheint, mit starker Intensität. Diese erlaubt es ihr aber auch, sich danach wieder dem Leben zu öffnen und über dem Leid nicht die Gegenwart zu verlieren. Beide Fähigkeiten, das untrügliche Gedächtnis und das Bewältigen von Trauer durch Konzentration, halfen ihr, sich auch in Zeiten von Flucht und Exil selbst zu behaupten und schließlich den gesellschaftlichen Ort zu finden, der ihren Talenten und Interessen entsprach.

Mit dem Tod ihres Mannes ging am 20. September 2005 nach achtundfünfzig Jahren der Gemeinsamkeit die längste und zentrale Phase ihres Lebens zu Ende. Dieser Einschnitt griff so tief in ihre Existenz ein wie die Emigration aus Berlin oder das Kennenlernen von Dwight Mamlok in einer Zeit der Krise. Nach dieser Zäsur würde alles anders sein als zuvor. Nichts war mehr wiederzubringen, aber alles zu erinnern. Nach einer Zeit der Trauer, die sie zu einem großen Teil mit sich selbst ausmachte, wählte sie für sich die aktive Lösung, die der Härte des Einschnitts entsprach und zugleich die besten Zukunftsaussichten eröffnete. Sie entschloss sich zum Umzug nach Berlin. Mit Dwight Mamlok zusammen hätte sie diesen Schritt nie getan. Er hätte ihn nicht gewollt, und sie wäre auch nicht auf den Gedanken gekommen. Nicht der Wunsch zur Rückkehr motivierte sie, sondern die Perspektive für den Lebensabschnitt, der vor ihr lag.

Also nicht Rückkehr, sondern Weitergehen. »Das heutige Berlin hat ja mit dem, das ich kennenlernte, nicht mehr viel zu tun. Es ist eine ganz andere Stadt«, sagt sie. »Bestimmte Orte erkenne ich selbstverständlich wieder: das Haus in der Schillerstraße, in dem ich aufwuchs, die Schule, das Lyzeum, das ich besuchte, das Gebäude in der Sybelstraße, in dem die Musikschule Hollaender untergebracht war, die Staatsoper und andere markante Bauten, die erhalten blieben oder wieder hergestellt wurden. Aber die alte Philharmonie gibt es zum Beispiel nicht mehr, die ganze Gegend um die Bernburger Straße sieht heute völlig anders aus. Dafür wurde an anderer Stelle eine neue gebaut, die architektonisch viel interessanter und akustisch besser ist. Ich musste mich in einer fremden, mir neuen Stadt einleben. Es gibt natürlich eine Grundkenntnis, die sich über die Jahre gehalten hat, ich orientiere mich hier schneller als in Wien, Prag, Paris oder London. Aber ein Heimatgefühl habe ich nicht. Wir mussten uns daran gewöhnen, uns innerlich nicht allzu fest an einen Ort zu binden. Die amerikanische Lebensauffassung in den großen Städten und in den Küstenregionen kam uns dabei entgegen. Dort ist man mobiler, wechselt den Wohnort schneller und häufiger.« Auf den Einwand, dass sie selbst recht ortsgebunden gelebt habe, ist sie gefasst: »Man muss die Möglichkeiten, die einem gegeben sind, nicht immer voll und unbedingt ausnutzen. Sie bleiben einem dennoch im Bewusstsein.«

Keine Heimkehr also. Aber Berlin war auch nicht irgendein Ort. Erinnerung trat ihr hier anders gegenüber als in den USA, und Ursula Mamlok erlebte dies mit unterschiedlichen Gefühlen. Am Abend des 8. November 2007 – sie lebte inzwischen knapp eineinhalb Jahre im Tertianum – war sie zu einer Soirée in der Sophie-Charlotte-Oberschule eingeladen, jener Schule, die sie selbst – damals noch unter dem Namen Fürstin-Bismarck-Lyzeum – bis zu ihrer Relegation besucht hatte. Die Institution beging ihr einhundertfünfzigjähriges Bestehen. »Zeitzeugengespräche« hieß die Veranstaltung, die den Auftakt zu den Jubiläumsfeierlichkeiten gab. Zwei Lehrerinnen moderierten, mit ihnen auf dem Podium saßen außer Ursula Mamlok auch die damals neunzigjährige Eleonore Hertzberg geborene Katz und die Schriftstellerin Inge Deutschkron. Eleonore Katz emigrierte 1935 nach Holland und heiratete dort den Unternehmer und Rennfahrer Eddie Hertzberg. Auf abenteuerlichen Wegen mussten sie sich 1940 vor den deutschen Invasoren in Sicherheit bringen. Inge Deutschkron, ein knappes halbes Jahr älter als Ursula Mamlok, hatte die Parallelklasse des Mädchengymnasiums besucht. Die nationalsozialsozialistische Verfolgung überlebte sie mit ihrer Mutter in Verstecken in Berlin. Als sie sich dort nach 1945 wieder frei bewegen durften, erkannten sie, dass sie so gut wie allein waren: Verwandte, Nachbarn, Freunde waren verschwunden, tot oder ausgewandert. Sie zogen 1946 nach London, dorthin hatte sich ihr Vater, ein sozialdemokratischer Politiker, 1939 retten können. 1955 kehrte sie nach Deutschland zurück, wurde Korrespondentin der israelischen Tageszeitung *Ma'ariv*, berichtete 1963 vom Auschwitz-Prozess und erhielt 1966 die israelische Staatsbürgerschaft. Aus Enttäuschung über Antisemitismus und Israelfeindlichkeit in der Studentenbewegung zog sie 1972 nach Tel Aviv. 1978 veröffentlichte sie ihre Erinnerungen an Jugend und Erwachsenwerden im NS-Berlin. Das Buch *Ich trug den gelben Stern* wählte das GRIPS-Theater, seit 1972 das Kinder- und Jugendtheater in (West-)Berlin, zur Grundlage für ein Theaterstück mit viel Musik. *Ab heute heißt du Sara* wurde eine der erfolgreichsten Produktionen der Bühne. Zur Umarbeitung, Inszenierung und zur Vorbereitung der Premiere am 9. Februar 1989 nahm Inge Deutschkron wieder Wohnsitz in Berlin. Seit 1992 teilt sie ihr Leben als freie Schriftstellerin zwischen Tel Aviv und Berlin. In der Schule kannten sich Ursula Lewy und Inge Deutschkron nur flüchtig. Durch die Veranstaltung zum Jubiläum kamen sie in engeren Kontakt. Zwei Monate danach, am 26. Januar 2008, gestalteten sie gemeinsam ein Gesprächskonzert in den Räumen der einstigen Blindenwerkstatt Otto Weidt, in der Inge Deutschkron 1941 bis 1943 arbeitete. Als Ort der Erinnerung an »Stille Helden«, die Juden vor Verhaftung und Deportation bewahrten, sind die Räume im Seitenflügel eines Hauses an der Rosenthaler Straße inzwischen in die Gedenkstätte deutscher Widerstand integriert.

Das Erinnern, mit dem sich Ursula Mamlok am 6. März 2009 konfrontieren ließ, traf sie härter und erschütterte sie tief. Mit einigen Freunden und Bekannten fuhr sie nach Kreuzberg zur Sebastianstraße 73. Vor diesem Haus zementierte der Künstler Gunter Demnig zwei »Stolpersteine« in den Gehweg ein, kubische Betonklötze von 10 cm Seitenlänge; auf ihre Oberseite sind Messingplatten mit Namen von Menschen aufgearbeitet, die von nationalsozialistischen Kommandos in Konzentrationslager deportiert und dort umgebracht wurden. In die Steine an der Sebastianstraße gravierte er die Namen von Ursula Mamloks Großmüttern Erika Goldberg und Rosa Lewy ein. Sie hatten zuletzt im Haus Nummer sechzehn eine Wohnung mit der Großmutter Meyer geteilt. Das Gebäude steht nicht mehr, die ganze Gegend an diesem Abschnitt der Sebastianstraße wirkt noch immer unwirtlich, trist und bedrückend. Die Grenze zwischen West und Ost verlief hier mitten durch die Straße. Die Seite, auf der Ursula Mamloks Großmütter wohnten, gehörte zu Ostberlin und wurde 1961

Teil des Todesstreifens. Noch heute, im Jahre 2011, liegt dort eine große Brache, mit Metallgittern eingezäunt. Irgendwo wurde ein Neubau begonnen, er stagniert. Drumherum Spontangrün unterschiedlicher Entwicklungsstufen. Ein Gedenkstein lässt sich dort nicht anbringen. Deshalb wurde die andere, ehemals westliche Seite gewählt. Sie ist im Stil der Sozialmoderne aus den sechziger und siebziger Jahren bebaut, mit der die gewerkschaftseigene Wohnungsbaugesellschaft *Neue Heimat* nach und nach die Wohnblocks aus den Gründerjahren aus dem Stadtbild drängen wollte. Die Straße davor ist nur noch in halber Breite vorhanden. Auf dem Gehweg, am Rande einer Baumscheibe, wurden die beiden »Stolpersteine« verlegt. Regen und der alltägliche Schmutz der Großstadt haben ihre Farbe der Umgebung angeglichen. Man muss sehr genau suchen, wenn man sie finden will. Niemand wird darüber stolpern. Ein trauriger Anblick. Ursula Mamlok war seit dem 6. März 2009 nicht mehr dort.

»Als wir 1939 Berlin verließen, mussten wir die Großeltern zurücklassen, denn wir hatten keine Affidavits für sie. Sie redeten meinen Eltern zu, wir sollten so schnell wie möglich auswandern und auf sie keine Rücksicht nehmen. Sonst würden wir uns in Gefahr bringen und sie nicht retten. Wir hofften mit ihnen, dass sich die Nazis für alte Menschen, die sich selbst versorgten, niemandem zur Last fielen, bei denen auch nicht viel zu holen war, nicht interessieren würden. Wir haben uns getäuscht. Mein Großvater starb noch vor der Deportation. Als Diabetiker brauchte er Medikamente, er bekam sie nicht, weil die Nazis den Verkauf an Juden verboten. Irgendwann einmal, als wir bereits in Amerika waren, kamen Briefe an die Großmütter mit dem Vermerk ›unbekannt verzogen‹ zurück. Damals dachten wir noch nicht daran, dass man sie in ein Todeslager verschleppt haben könnte. Als wir längere Zeit keine Nachricht mehr von ihnen erhielten, schoben wir dies zunächst auf die Umstände des Krieges. Jeder befürchtete allerdings insgeheim das Schlimmste, aber keiner wagte es auszusprechen. Als wir kurz nach Kriegsende von den Gräueln des Holocaust erfuhren, wussten wir, dass sie tot waren.« Erika Goldberg wurde am 21. Juli 1942 nach Treblinka deportiert und zwei Monate später dort umgebracht. Rosa Lewy wurde am 23. September 1942 von der Gestapo »abgeholt«, zunächst in Theresienstadt interniert, dann ebenfalls nach Treblinka verlegt und dort am 20. Februar 1943 ermordet. »Es wurde mir sehr schwer, als die Steine verlegt wurden. Alles war traurig und schaurig, sogar das Wetter. Es war kalt und regnete in Strömen. Die Zeremonie verlief nüchtern, etwas unpersönlich und nicht besonders feierlich. Sicher: es sind schon hunderte, tausende solcher Steine verlegt worden. Aber auf jedem steht ein Name, und der Name nennt einen Menschen, und bei denen, die ihn kannten, werden Erinnerungen wach, schlimmer noch: Gedanken an das Schreckliche, vor dem man sie nicht retten konnte. In solchen Augenblicken erscheint einem das eigene Überleben nicht als Segen, sondern wie eine Schuld. Wäre ich in Amerika geblieben, dann wäre mir die Erinnerung an meine Großeltern nicht so schrecklich nahe gerückt. Aber sie gehört zu meinem Leben.«

Kreativität und Erinnern

Nur mit einer Komposition bezog sich Ursula Mamlok ausdrücklich auf die Geschichte des Holocaust, mit *Rückblick: In Erinnerung an die Reichspogromnacht 9. November 1938.* Das viersätzige Werk ist für Saxophon – das Instrument, das von einem bösartig karikierten Schwarzen gespielt als Plakatmotiv für die Nazi-Ausstellung *Entartete Musik* herhalten musste – und Klavier geschrieben; ausgearbeitet in freier Adaption der Methode, die zum Hassbegriff gegen die Moderne umgemünzt wurde: als Reihenkomposition. Zwei langsame Stücke der Klage und des Eingedenkens rahmen ein wildes, in heftige Gesten ausbrechendes Stück, das nach vergeblicher Suche kantablen Ausdrucks in Figuren der Beschwörung, des Aufschrei und der Zersplitterung auseinanderfällt. Im Verhältnis der beiden Trauermusiken *Elegy* (zweiter Satz) und *Lament* (vierter Satz) wird der Titel des Werkes gestalterisch konkret. Der letzte Satz bringt den verwandelten und veränderten Notentext des zweiten vom Ende her (im »Krebsgang«) gelesen. Ursula Mamlok setzte solche Spiegelsymmetrien in ihren Werken häufiger als Mittel formaler Geschlossenheit ein. Hier wird die Konstruktion des Verlaufs zum Sinnbild; es erhält dadurch Nachdruck, dass ganz am Ende wie eine ferne, sich auflösende Erinnerung ein Echo des Motivs erscheint, mit dem der zweite Satz begann und erstarb: *morendo* lautet dort die letzte Vortragsanweisung; sie könnte auch über dem Schluss des Werkes stehen.

Der erste Satz bildet zu dieser Trias ein Vorspiel, die Vortragsanweisung lautet: »mit wechselnder Spannung«. Sie entsteht zwischen einem ruhig schwingenden Melos, das sich bilden will, und Kräften, die es attackieren: hämmernden Tönen, die zu Akkordtrauben anwachsen, gegenläufigen Motivbewegungen, die unter Wiederholungszwang zu geraten scheinen. Sinnbilder der Gewalt bedrohen Ansätze zu freier Bewegung. Ihr Widerspiel wird im ersten Satz nicht gelöst.

Rückblick blieb Ursula Mamloks einziges Stück zum Thema Holocaust. Weiter will sie sich ihm kompositorisch nicht nähern. Sie bewahrt die Musik als Schutzraum und Instanz der Sinngebung und setzt sie deshalb keinen Gefahren aus, die sie zerstören könnten. Für Mamlok bedeutet die Kunst – ganz im Sinne Karl Amadeus Hartmanns – eine »Gegenaktion« gegen Menschenverachtung und Barbarei[11], eine Kraft der Lebens- und Selbstbehauptung. Die Fähigkeit zur Trauer – darauf stößt man insbesondere bei den langsamen Sätzen in ihrem Œuvre immer wieder – hat daran einen wesentlichen Anteil, einen mindestens ebenso großen aber birgt die Hinwendung zu dem, was hinter der Trauer liegt und in der inneren Einstellung eines Menschen den Tod überwindet. Einige

---

11 Hartmann, Karl Amadeus: Über mich selbst und meine Arbeit, in: Dibelius, Ulrich (Hrg.): Karl Amadeus Hartman. Komponist im Widerstreit, Kassel 2004, S. 12

Werke von ihr enden mit *Laments*, nur wenige aber mit einem so deutlichen Memento-Appell, wie er den *Rückblick* beschließt.

Ursula Mamlok komponierte das Werk 2002 in New York, auch hier hatte sie bestimmte Interpreten vor Augen, die sie um die Komposition baten. Der Saxophonist Marshall Taylor und der Pianist Samuel Hsu, beide Professoren in Philadelphia, gestalteten gemeinsam eine Reihe von Konzerten mit Werken von Komponisten, die von den Nationalsozialisten ins Exil getrieben wurden. Einige von ihnen, die noch als Kinder oder Jugendliche ausgewandert waren, baten sie, Neues für ihr Programm zu schreiben, unter anderen Lukas Foss (1922 in Berlin geboren), Raoul Pleskow (1931 in Wien geboren) und Ursula Mamlok. Ihre Werke waren Teil eines Programms, das die beiden Künstler zum hundertsten Geburtstag von Stefan Wolpe in den USA und in Schloss Leopoldskron bei Salzburg aufführten. Die Komposition des Duos für Saxophon und Klavier verband sich für Ursula Mamlok auch mit dem Komponisten, der, fast eine Generation älter als sie, ebenfalls aus Berlin-Charlottenburg stammte und wie sie seinen Weg als säkular Denkender ging. Hätten sich die Temperamente besser vertragen, so hätte er in den USA für sie zum wegweisenden Lehrer werden können.

In Berlin verteilten sich die Gewichte in Ursula Mamloks schöpferischer Arbeit anders als in den USA. Sie komponierte neue Werke, den Anstoß gaben auch hier bestimmte Anlässe und Interpreten. Für Aufnahmen und Aufführungen unterzog sie ältere Werke einer erneuten Durchsicht, insbesondere das Oboenkonzert, von dem sie 2003 für eine Aufführung an der Manhattan School of Music eine dritte Fassung mit kleinem Orchester hergestellt hatte. Vor allem aber sichtete sie frühere Stücke, die sie als Übungsarbeiten beiseite gelegt hatte, und prüfte, ob sie nicht doch in die Liste ihrer gültigen Werke gehörten. Den Anstoß dazu gab Barry Wiener, der ihre Musik kennt wie sonst kein Außenstehender. Er las die *Bagatellen* für Streichquartett und meinte, ihre kompositorische Qualität könne neben anderen Werken der sechziger Jahre durchaus bestehen. Ursula Mamlok ging die Stücke ihrerseits durch und fand, dass Wiener Recht hatte. Inzwischen stehen die *Bagatellen* in ihrem Werkverzeichnis und liegen gedruckt vor. Sie nahm sich danach weitere Stücke vor, die sie bislang nicht in ihrem Werkkatalog führte[12], entdeckte einiges, was nach Fortsetzung verlangte und stieß dabei zwangsläufig auf die Frage, ob nicht mancher musikalische Gedanke in ihrem Œuvre mehr Potenzial enthalte, als sie bislang ausschöpfte. So entstand zwischen Bearbeiten, Ergänzen und Neukomposition eine Werkgruppe von eigenem Gepräge.

Das erste Werk, das sie in Berlin komponierte, widmete sie der Residenz, in die sie gezogen war und in der sie sich rasch einlebte. *Terzianum* ist ein Zyk-

---

12 2005 gab Barry Wiener im Auftrag der Komponistin vier kurze Stücke aus dem Jahre 1960 als Suite für Violine und Klavier heraus

lus von neun kurzen Stücken für Flöte und Violine, Dauer zwischen achtzehn Sekunden und drei Minuten je Miniatur. Das kürzeste macht den Anfang, das längste steht in der Mitte. Gegensätzliche Tempi, Charaktere, Formkonzepte, figurative und gesangliche Gestik wechseln und lösen einander ab. Dem Wortspiel im Titel entsprechend spielen Terzen, die »Atome« des tonalen Denkens, als melodische Zellen, als Zusammenklänge und konstruktive Markierungen von Stück zu Stück eine andere Rolle. Neben ihnen erhalten weitere Wahrzeichen des tonalen Denkens in veränderter Umgebung eine neue Funktion: Zentraltöne organisieren wie Magnetstreifen die Ereignisse um sie her, Verhältnisse zwischen Klangfeldern, die durch bestimmte Akkordfolgen gekennzeichnet sind, deuten das Prinzip von Modulationen und Tonartregionen um. Das Werk ist aus der Erfahrung mit den vielfältigen Methoden und Möglichkeiten der Reihenkomposition ausgearbeitet. Es beginnt mit einer »halben Reihe« und ihren Verwandlungsformen (Stück 1), bringt dann das komplementäre Tonmaterial (Stück 2) ein. Die Stücke 1, 4, 7 und das Ende von 9 sind durch die charakteristische Geste aufeinander bezogen, mit der Ursula Mamlok den Zyklus eröffnet und wie mit einer Reminiszenz beschließt. Durch solche Klammern und durch weitere, subtilere Verbindungen wird die Mannigfaltigkeit der Suitenform zusammengehalten. Ursula Mamlok komponierte die ersten drei Stücke im Februar 2007, von Mai bis Juli erweiterte sie das Werk auf die neunsätzige Form. In seiner Entstehungs- und Aufführungsgeschichte schlägt es zugleich Brücken zwischen den Orten ihres Wirkens: die erste Aufführung spielten Christoph Bösch und Miranda Cuckson in New York.

Zwei neuen Werken, die sie im Jahre 2009 komponierte, gab Ursula Mamlok den Titel *Aphorismen*. Der musikalischen Idee nach sind sie verwandt, Material und Ausformung aber unterscheiden sich. Es handelt sich jeweils um einen Zyklus lose verbundener, aber dramaturgisch aufeinander bezogener Stücke. *Aphorismen I* schrieb sie für den Geiger, Pianisten und Publizisten Kolja Lessing. Er legt in seinen Programmen einen starken Akzent auf zeitgenössische Musik, auf die Geschichte der Moderne und ihrer Repliken. Von ihr aus denkt er, von ihr aus konzipiert er. Verdrängte Musik zur Diskussion zu stellen und ihr ein Forum zu schaffen, ist ihm ein wichtiges Anliegen. Mehrfach spielte er Werke von Ursula Mamlok, und er bat sie, die kleine Reihe der Kompositionen für Violine allein (*From My Garden* und *Wild Flowers*) fortzusetzen. Die fünf Stücke für Violine allein führte er im Juni 2009 in der Musikhochschule Luzern zum ersten Mal auf.

Aphorismen II. Sechs Stücke für zwei Klarinetten komponierte sie für den New Yorker Musiker Charles Neidich, einen weltweit hoch angesehenen Virtuosen und Pädagogen seines Instruments. Bewegte und ruhige Stücke wechseln sich ab, die Gegensätze in Zeitmaß und Temperament steigern sich, bis sich im vorletzten Stück die Linie der Schnelligkeit und die der Langsamkeit in kontrastierenden Abschnitten verschränken. Die Miniaturen werden hier noch weiter komprimiert, die Gegensätze verdichtet. Am Ende steht wie ein Epilog ein langsam fließendes Stück mit eigentümlich kreisendem Verlauf in beiden Stimmen. Die eine beginnt, als wolle sie eine ostinat wiederkehrende Figur exponieren, die sie jedoch danach verlässt. Die zweite setzt sich als Melodie dagegen, die ihren Verlauf zunächst als Weitung eines Rufgestus gewinnt. Ähnlich wie im sechsten Stück aus *Terzianum* bildet die zweite Hälfte eine Betrachtung des Materials und seiner Entwicklung aus veränderter Perspektive und mit variierter Interaktion der beiden Duo-Partner.

Hinter den *Kontrasten* für Oboe und Harfe verbirgt sich eine besondere Geschichte. Zu den glücklichsten Erlebnissen in Ursula Mamloks Neuberliner Zeit gehört, dass es ihr gelang, den Komponisten, Oboisten und Dirigenten Heinz Holliger als Solisten für die Aufführung und Einspielung ihres Oboenkonzerts zu gewinnen; und nicht nur ihn, sondern mit ihm auch eine der besten Gruppen für Neue Musik, das Freiburger Ensemble Surplus unter der Leitung von James Avery, der es 1992 gründete. Solist, Ensemble und Dirigent kennen sich seit Jahren gut, sie arbeiten effektiv, ohne Verständigungsprobleme und in kooperativem Stil zusammen. Schon von den Proben erzählte Ursula Mamlok mit Begeisterung: »Holliger kam zu den Proben und hatte die ganze Partitur, nicht nur seine Stimme, im Kopf. Die Musiker waren perfekt vorbereitet. Mit spieltechnischen Fragen musste man sich nicht aufhalten. Sie haben sofort an der Präzision und am Ausdruck gearbeitet. Bestimmte Stellen, die im Zusammenspiel von Solist und Ensembleinstrumenten besonders schwierig sind, übte Holliger mit den Musikern und ergänzte damit James Averys Arbeit. Auch er hatte sich gründlich mit der Partitur beschäftigt, im Vorfeld stellte er mir viele Fragen, entdeckte Fehler in der Reinschrift der Partitur. Die Arbeit begann auf hohem Niveau, und alle nahmen sich außergewöhnlich viel Zeit. Von entsprechendem Niveau waren die öffentliche Aufführung und Aufnahme. Ich war damit sehr glücklich.« Die Spannung zwischen kammermusikalischer Feinheit und präziser Ensemblekoordination, zwischen solistischem und kooperativem Musizieren wurde bei diesen Produktionen exemplarisch gut verwirklicht. Sie setzten Maßstäbe für die Interpretation von Ursula Mamloks Musik.

Die Komponistin bedankte sich mit einem Geburtstagsgruß. Zum Siebzigsten am 21. Mai 2009 schickte sie Heinz Holliger ein kurzes Stück für Oboe und Harfe (Holligers Frau Ursula ist Harfenistin). Nach dem originellen Dank, den sie dafür erhielt, komponierte sie ein Gegenstück dazu. Der Titel *Kontraste* gilt für die Unterschiedlichkeit der Instrumente und der beiden Sätze. Die *Humoreske* und das melancholische *Lento, mesto* (langsam, traurig) entsprechen auch den Polaritäten in Ursula Mamloks eigenem Temperament; sie sind, betrachtet man sein kompositorisches Œuvre, auch Heinz Holliger wohl vertraut.

Missing link: die Suite für vier Violoncelli

Johannes Brahms sprach in Bezug auf sein Komponieren hin und wieder von »Aufräumarbeiten«. Er meinte damit meist Phasen nach Abschluss größerer Vorhaben. Dann nahm er sich gerne Angefangenes vor und führte es zu Ende, wenn es ihm lohnend erschien. Vereinzelte Stücke, meist Lieder, band er zu Zyklen zusammen und ergänzte sie mit neu Komponiertem. Bei Ursula Mamlok kann man in der Zeit um und nach ihrem Umzug von New York nach Berlin von Ähnlichem sprechen. Dieser Prozess begann schon mit Barry Wieners Forschungen und Entdeckungen aus der Frühzeit ihrer Reihenkompositionen. Das »Aufräumen« in ganz wörtlichem Sinne verstärkte die Tendenz zur Selbstreflexion. Mit dem Einzug ins Tertianum ordnete Ursula Mamlok mit der tatkräftigen Hilfe von Bettina Brand ihr umfangreiches Archiv neu. Dabei kamen ihr Skizzenbücher und Einzelstücke in die Hände, an die sie lange nicht mehr gedacht hatte. Aus der zeitlichen Distanz veränderte sich allmählich auch die Einstellung zu der Zäsur, die der Unterricht bei Ralph Shapey in ihrem Komponieren bedeutete. Sie suchte inzwischen weniger nach dem Trennenden, sondern eher nach dem Verbindenden zwischen den Kompositionen vor und nach 1960.

1957, im Jahr ihrer ersten Europareise, komponierte sie ein *Lament*, eine Trauermusik für vier Violoncelli. Stilistisch markierte das Stück wohl die Außengrenze dessen, was ihr damaliger Kompositionslehrer Vittorio Giannini noch goutierte. Eine harmonische Analyse mit dem begrifflichen Instrumentarium, das für tonale Musik entwickelt wurde, gäbe wenig Aufschluss über die Komposition und ihre Wirkung. Die Momente, welche die Energetik tonaler Musik erzeugen, lassen sich in den fünfundzwanzig Takten, die sie umfasst, gleichwohl wiederfinden. Es gibt Kadenzen – als Zeilenendungen, nicht als bestätigende Schlussformeln: Am Ende verklingt das Stück in einer »gestörten« Quint, gleichsam in einem Hohlklang mit scharfer Kante. Es gibt Spannungen, die auf eine Lösung drängen, so wie man es traditionell Dissonanzen nachsagt; sie entstehen hier allerdings durch die Gestaltung von Zeitverhältnissen, durch Dehnen, Hinauszögern, Umlenken. Akkorde lassen sich in ihrer Struktur und logischen Beziehung zueinander benennen, aber sie gehören zu den zentrifugalen Gebilden, die eine Tonart eher auflösen als bestätigen; sie meiden »vollkommene« Konsonanzen wie Dur- oder Moll-Dreiklänge. Man begegnet stattdessen pendelnden Akkorden, von denen nach einiger Zeit eine weiter schwingende Bewegung ausgeht; in ähnlicher Weise sind später Klangfelder in zwölftönigen Kompositionen ausgestaltet. Klang wird für Ursula Mamlok auch in diesem Werk schon zum räumlichen Ereignis, das sich nicht im Zusammenwirken gleichzeitig gespielter Töne erschöpft, sondern ebenso aus dem Zusammenspiel mehrerer verschiedener Linien entsteht: Klang ist mehr als ein Akkord. Den imaginären, »einheitlichen« Raum, in dem sich nach Schönbergs

Ausführungen zur Zwölftonkomposition ein musikalisches Werk ereignet, verwirklichte sie in diesem Stück, noch ehe sie sich mit Schönbergs Schriften beschäftigte. *Lament* gehört zur ganz persönlichen Vorgeschichte der Reihenkomposition bei Ursula Mamlok. Die expressive Qualität des Satzes entsteht aus der klanglichen Konzeption und aus der Entwicklung motivischer Gestalten und Verhältnisse, die auf eine Art »Urgeste« und ihre Brechung zurückgehen:

Der charakteristische Rhythmus im zweiten Takt, der zur Signatur des ganzen Satzes wird, nimmt eine tradierte Geste von Trauermusiken auf. Ihren Ursprung hat sie im Trauermarsch, als Symbol eines Kondukts findet sie sich etwa in der Introduktion des ersten Satzes aus Mahlers Siebenter Symphonie, im Arioso-Abschnitt aus dem dritten Satz von Schönbergs Viertem Streichquartett, im *Tränen*-Satz aus Karl Amadeus Hartmanns Erster Symphonie. Weitere Beispiele etwa bei Hindemith, Bartók oder Schostakowitsch ließen sich nennen. Es handelt sich um einen musikalischen Archetypus. Ihm schließt sich ein Symbol der Verwandlung an, denn die Töne des vierten und fünften entsprechen (vom letzten abgesehen) denjenigen des zweiten und dritten Taktes, gestisch aber sind sie anders gefasst. Dass die Unterschiede zwischen melodieführenden und klangbildenden Stimmen zunehmend aufgehoben werden, entspricht ebenfalls einem Ideal, das Schönberg zur Reihenkomposition führte: dass nämlich in einem Werk jeder Ton thematisch, keiner Füllsel oder Beiwerk sei.

Fünfzig Jahre liegen zwischen der Komposition des ersten und des zweiten Satzes, den Ursula Mamlok im Dezember 2007 schrieb. Öffnet der erste die tonale Grammatik in Richtung Reihendenken, so blickt der zweite – Allegro scherzando – aus der Zwölftonkomposition ins harmonisch bestimmte Denken zurück. Die Reihe, die ihm zugrunde liegt, besteht aus Dreiklängen, Ganz- und Halbtonverbindungen. Raumgreifende Gesten (aus den Dreiklängen) stehen in Spannung zu wiegenden Akkordwechseln (aus den Sekundmotiven). Das Zeitmaß hat einen festen Grundpuls, wird jedoch an Übergangsstellen flexibilisiert.

2008 komponierte Ursula Mamlok zwei weitere Sätze hinzu. Der dritte, Adagio, gleicht einem Arioso, dessen Hauptstimme wie in einem Gespräch von einem Instrument zum anderen wandert. Das Finale – Vivo misterioso – zeigt in seiner Dreiteiligkeit von »Geisterscherzo«, choralartigem Zwischenteil und dem Ineinanderweben der kontrastierenden Gedanken konzeptionelle Ähnlichkeit mit dem Finale der *Constellations* für Orchester. Die Suite für Celloquartett bildet im Rückblick den missing link zwischen tonaler und dodekaphoner Komposition. Damit wird einerseits das Grundsätzliche der stilistischen Zäsur Anfang der neunzehnhundertsechziger Jahre relativiert. Andererseits belegt die

Ein anderes Berlin

Suite, was Ursula Mamlok mit ihrer Aussage meinte: »Ich bin Komponistin. Ich bin nicht Zwölftonkomponistin. Die Zwölftonkomposition ist eine Methode, mit der ich das, was ich musikalisch ausdrücken will, ausarbeiten kann. Sie bietet sehr viele Möglichkeiten. In den meisten meiner Kompositionen habe ich von ihnen Gebrauch gemacht, aber nicht in allen. Die Komposition mit Reihen ist mit tonalem Denken keineswegs unvereinbar.«

Auch bei der Erweiterung des *Lament* zur viersätzigen Suite für vier Violoncelli hatte Ursula Mamlok ganz bestimmte Musiker im Auge. Seit 1994 besteht in Berlin das Ensemble *Cellharmoniker*, vier Cellisten, die an den Berliner Hochschulen studierten und sich dort kennenlernten. Ursula Mamlok hörte ein Konzert von ihnen und erinnerte sich an *Lament*, das die vier auch in ihr Repertoire aufnahmen. Für sie komponierte sie die neuen Sätze dazu. Am 7. Juni 2009 spielten die *Cellharmoniker* das ihnen gewidmete Werk zum ersten Mal öffentlich.

Nach den *Mosaics* für Klavier vierhändig, komponiert zum fünfundvierzigjährigen Bestehen der New Yorker Da Capo Players, arbeitet Ursula Mamlok an einem neuen Werk für Violoncello und Klavier, *Rotations*. Es steht im August 2011 kurz vor der Vollendung. Hier, mitten im Spätwerk, endet dieses Buch mit einem offenen Schluss. Eigentlich müsste man über Ursula Mamlok eine Doppelbiographie schreiben, man müsste ihre Geschichte zwei Mal erzählen, einmal aus dem deutschen und einmal aus dem US-amerikanischen Blickwinkel. Bei weitem die längste Zeit ihres Lebens, fast sechsundsechzig Jahre, brachte sie in den USA zu. Dort wurde sie zur Komponistin, dort verwirklichte sie den Entschluss ihrer jungen, gab den Inhalt ihrer späten Jahre vor und schuf sich das, was sie unabhängig von Aufenthalt und Wohnsitz »Heimat« nennt. Berlin war Prolog und wird Epilog. Dieses Buch ist aus der deutschen Sicht und mit der Hoffnung auf eine deutsche Leserschaft geschrieben. Ein zweites aus amerikanischer Sicht müsste folgen. Es würde andere Akzente setzen, anders erzählen. Beide zusammen ergäben im gemeinsamen Fokus, in den unterschiedlichen Akzenten und in den Widersprüchen ein treffendes Bild der Komponistin und des geschichtlichen Risses, den sie in ihrem Leben und Werk auszutragen hatte.

1 Im Winter 1925/26

2   Volksschule, Ursula Lewy vorn in der Mitte

3 Thea Lewy, Aufnahme von 1942
(New York)

4 Hans Lewy, Aufnahme von 1942
(New York)

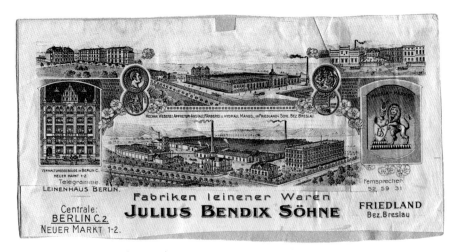

5   Anzeige der Firma Julius Bendix

6   Im Garten Schillerstraße mit Blick auf die Grolmannstraße (ca. 1935)

7   1933 in der Sybelstraße mit Thea und Georg Marcus, Ursula Lewy rechts

8   Karl August Neumann

9   Mit der Mutter auf der *Cordillera* (1939) – Überfahrt nach Ecuador

10 Mutter in Guayaquil in der Nähe des elterlichen
   Geschäfts

11   Abschied von den Eltern in Guayaquil (Abreise nach New York)

12 Mit der Mutter im Central Park New York (1941)

13   Das Ehepaar Heinrich und Johanna Jalowetz im Black Mountain College

14   Nikolai Graudan (1926–35 Solocellist des Berliner
      Philharmonischen Orchesters), Lorna Kolisch, Rudolf Kolisch,
      Marcel Dick und Hansi Graudan-Freudberg (Graudans Frau)
      1944 im Black Mountain College (v. l. n. r.)

15   Lorna Kolisch, Studentin, Rudolf Kolisch, Marcel Dick

16　Studentin, Ernst Krenek und Ursula Lewis

17 Eduard Steuermann (vorn), Jeanette Siegel, Ursula Lewis,
   Monika Mann, Alberta Halberstaedter (Halstead), Clara Sil-
   vers, Simon Sadoff (v. l. n. r.)

18 Teilnehmer am Sommerseminar des Black Mountain College 1944, Zeichnung von D. V. Gillan (links unten, Ursula Lewis unten, 2. v. r.)

19 Ursula Lewis, Alberta Halberstaedter, Monika Mann (v. l. n. r.)

20 Frisch verheiratet. Ursula und Dwight G. Mamlok an ihrem Hochzeitstag (11. November 1947)
in San Francisco im Haus von Walter Goldberg, einem Cousin von Ursulas Mutter.

21 Mit dem Chevrolet
auf Hochzeitsreise
(in Carmel)

22 Dwight Mamlok

23   Master an der Manhattan School

24 Dwight Mamlok 1983 vor dem Lincoln Center in New York

25   Ursula und Dwight Mamlok 1989 vor dem Haus Schillerstraße 13

26 und 27   Mit Herbert Blomstedt bei den Proben zu *Constellations*

The Music of Ursula Mamlok

Featured Artists:

Olivia de Prato
Darry Dolezal
Da Capo Chamber Players
Michelle Gott
Jayasish Gupta
Jacqueline Leclair
Batya MacAdam-Somer
Mary Mackenzie
David Medine
Molly Morkoski
Jody Redhage
Renate Rohlfing
Kristina Rostad
Lucy Shelton
Christina Sjoquist
Kathleen Tagg
Windscape

Sunday April 2, 2006 at 8PM •Greenfield Hall

3:00 PM • Studio 607
Symposium : "The Music of Ursula Mamlok"
with Ursula Mamlok, Dieter Michael Backes, Sarah Doncaster, Norbert Muller, Roxane Prevost and Barry Wiener

7:15 PM • Greenfield Hall
Preconcert discussion with Ursula Mamlok, Bettina Brand and Barry Wiener

FREE CONCERT • NO TICKETS REQUIRED
GOOD FOR CONCERT ATTENDANCE CREDIT

28   Plakat für ein Konzert in der Greenfield Hall

29   Im Tertianum mit Klaus Schöpp (Flöte), Verena Rein (Gesang), Ursula Mamlok, Bettina Brand
      und Katharina Hanstedt (Harfe)

30   Ursula Mamlok 2008

Verzeichnis der Abbildungen

I. Notenbeispiele

Wir danken den Verlagen C. F. Peters Corporation und Boosey & Hawkes • Bote & Bock für die Erlaubnis, Beispiele aus den von ihnen veröffentlichten

Werken wiedergeben zu dürfen. Reproduktionen des Notenbildes sind in der Spalte »Notensatz« mit dem Verlag bezeichnet. Wo einzelne Auszüge neu gesetzt werden mussten, wurde dies von Simon Berg übernommen.

II. Bildnachweise

Sämtliche Bilder stammen aus dem Archiv von Ursula Mamlok.

Werkregister

In das Register sind nur die Werke aufgenommen, die in diesem Buch behandelt werden. Das vollständige Werkverzeichnis und eine aktuelle Diskographie finden sich unter www.ursulamamlok.com

Namensregister

Cicognani, Antonio 43
City University of New York 142–144, 149
Clarkson, Austin 91, 92, 136
Columbia University 48, 92, 227
Composers' Forum 104
Conservatorio Nacional de Música Antonio
  Neumane 44, 46
Copland, Aaron 62, 67, 79
Corigliano, John 77
Cramer, Johann Baptist 45, 139
Crumb, George 198
Cuckson, Miranda 243
Curtis Institute 48, 242
Czerny, Carl 139

Da Capo Chamber Players 93, 173, 175,
  247
Dallapiccola, Luigi 145, 148 f.
Damrosch, Leopold 49, 165
Damrosch, Walter 49, 165
Darmstädter Ferienkurse für Neue Musik
  81, 97, 118, 208, 220
Daus, Adolf 15 f., 26
Debussy, Claude 16, 62, 171
Dessau, Paul 224
Deutschkron, Inge 238 f.
Dibelius, Ulrich 105 f., 241
Dodge, Charles 198
Dohnányi, Christoph von 55
Dougherty, Lee 159
Dowland, John 169
Dümling, Albrecht 10, 105, 230
Duschkin, Samuel 72
Dvořák, Antonín 49

Eisler, Hanns 224
Ensemble Surplus 231, 244
Ernest, Gustav 16–19, 21, 23 f., 29–34,
  36 f., 39, 41, 44–47, 56, 85, 91, 171, 217,
  234, 237
Expressionismus 7, 46, 78, 80, 91, 92, 99,
  108, 166 f., 171, 232

Fielitz, Alexander von 23
Fischer, Edwin 23
Fitelberg, Grzegorz 70
Fitelberg, Jerzy 69–71, 202
Foss, Lukas 242

Fox, Julia 54, 58
Françaix, Jean 78
Franklin & Marshall College 169 f.
Fürstin-Bismarck-Lyzeum 20–22, 26, 41,
  238
Furtwängler, Wilhelm 41
Füting, Reiko 143, 233

Gershwin, George 62
Gielen, Joseph 15
Giannini, Vittorio 76–78, 167, 245
Gigli, Benjamino 43
Giraud, Albert 172 f.
Glass, Philip 197
Glaßner, Evaristo 74
Godowsky, Leopold jr. 61
Goethe, Johann Wolfgang von 185 f.
Goldberg, Emanuel 11 f., 13, 53
Goldberg, Erika geb. Hurwitz (Großmut-
  ter) 11 f., 13, 239 f.
Goldberg, Morris (Moritz) 53
Goldschmidt, Berthold 70
Goodman, Alfred 227 f., 230
Goodman, Renate 228, 230
Goslar, Julio 74
Gonzalez, Roberto 33
Grawy, Irma 15
Greissle, Felix 93
Grieg, Edvard 45, 67
Griffin New Music Ensemble 180
Gropius, Walter 63
Group of Contemporary Music 92 f.
Gubaidulina, Sofia 111, 197, 220
Guttmann, Oskar 15, 24, 227

Haas, Pavel 78
Hadass-Warshaw, Dalit 210
Händel, Georg Friedrich 147
Harris, Donald 173
Harris, Roy 62, 67, 237
Harrison, Lou 198
Hartleben, Otto Erich 172 f.
Hartmann, Karl Amadeus 241, 246
Harvard University 65, 70, 120
Hauer, Josef Matthias 108, 128
Haydn, Joseph 17, 32, 42, 1113, 139
Heifetz, Benar 72
Heifetz, Jascha 72, 120

McArthur, Fein 128

Mahler, Gustav 14, 78, 81, 246

Mamlok, Dwight G. (Ehemann) 8, 10, 68
f., 75, 93, 103, 140, 144, 151, 166–171,
178, 219, 223–228, 230, 234, 235, 237 f.

Mamlok, Gertrude (Schwiegermutter) 69,
167 f.

Mamlok, Ronald L. (Reinhold, Schwieger-
vater) 68, 69, 168

Mandyczewski, Eusebius 54

Manhattan School of Music 76–78, 83, 84,
94, 103, 128, 141–146, 148–150, 152,
154, 165, 182, 203, 225, 233, 242

Mannes, Clara 49–52, 54–56, 60 f., 70, 139,
165

Mannes, David 59, 60 f., 70

Mannes, Leopold 61

Mannes Music School 48–52, 54 f., 57–61,
66 f., 68, 69 f., 83, 145, 146, 165, 190
195, 224, 225, 226, 237

Marcus, Erich 27

Marcus, Thea 27

Martinů, Bohuslav 62, 69

Marx, Adolph Bernhard 22

Mascagni, Pietro 43

Masur, Kurt 149

Matsson, Ruth 21

Matzke, Ernst 74

Mendelssohn (Bartholdy), Felix 45, 74 F.,
119

Messiaen, Olivier 176, 197, 205, 208

Metropolitan Opera 55, 61, 79 f., 103, 141

Meyer, Emil (Großvater) 11

Meyer, Fanny geb. Rosenzweig (Großmutter) 11, 239

Meyer, Hans (Vater) 11, 12, 15

Meyer, Thea, geb. Goldberg (Mutter) 9, 11,
12, 15

siehe auch Lewy, Thea

Meyersohn, Käthe 23

Mildner, Poldi 41

Milhaud, Darius 62, 78

Milstein, Nathan 58

Mitropoulos, Dimitri 78–81

Monk, Meredith 198

Monteverdi, Claudio 169

Moore, Carman 104

Morini, Erica 58

Moszkowski, Moritz 16

Mozart, Wolfgang Amadeus 13, 14, 16, 32,
41, 42, 45, 58, 59, 75, 113, 139, 190, 209

Musgrave, Thea 145

Music in Our Time 83 f.

musikFabrik NRW 231

Musikschule Hollaender siehe Jüdische
private Musikschule Hollaender

Negri, Angelo 43–47

Neumann, Antonio 44

Neumann, Karl August 14 f., 16, 164

New York College of Music 144, 149

New York Philharmonic Orchestra 79, 103,
208

New York University 144, 149, 209

Nono, Luigi 111, 150, 198, 220

Nørgaard, Jan 166

Overton, Hall 104

Parnassus Ensemble 182 f.

Pärt, Arvo 111, 197, 220

Partch, Harry 151, 199

Partos, Oedoen 84

Perle, George 145, 150, 216

Persichetti, Vincent 104

Peters, C. F. 10

Pfitzner, Hans 23

Philadelphia University 169

Pizzetti, Ildebrando 43

Pleskow, Raoul 242

Pollack, Leni Alexander 33

Pollikoff, Max 82 f.

Post, Nora 208–210

Prévert, Jacques 173

Prokofjew, Sergej 65, 77, 102

Prüwer, Julius 24

Quinta Piedad 44

Queens College 144 f.

Raphael, Günther 165

Rathaus, Karol 70, 144 f.

Ravel, Maurice 16, 62

Reger, Max 54, 62

Reich, Steve 197, 198

Reichsmusikkammer 21

Reichspogromnacht 25, 27, 41
Reichvertretung der Juden in Deutschland
25
Reynolds, Roger 198
Riebensahm, Hans Erich 41
Robison, Adolf C. (Abraham Cohn) 57 f.
Robison, Anne 57 f.
Rochberg, George 59, 69
Rodziniski, Artur 62
Roediger, (Carl) Alexander 16, 41
Roosevelt, Frank D. 29
Rosenstein, Margarete 23
Rouse, Christopher 198

Sachs, Joel 210
Sachs, Nelly 173, 177
Saft, Sigmar 58
Sahl, Hans 173
Salinger, Kurt 23
Salzer, Felix 54, 60, 145, 165
Salzman, Eric 91
Sándor, Arpád 61
Sándor, György 61
Schachter, Carl 145
Scharwenka, Philipp 16
Scharwenka, Xaver 16
Scheide, William H. 72
Schenker, Heinrich 50, 54, 58, 60, 145
Schneider, Alexander 72
Schnittke, Alfred 111, 197, 220
Schoeck, Othmar 166
Schönberg, Arnold 7, 15, 23, 45, 62, 63–65,
74, 75, 78–81, 84, 86, 92, 93, 97, 101,
104, 108–112, 115, 135, 146–148, 150,
167, 172 f., 194, 198, 203, 205, 215, 216,
221, 232, 236, 245 f.
Schoenberg Institute 172 f.
Schostakowitsch, Dmitri 62, 79, 103, 213,
246
Schreker, Franz 46, 70, 144, 232
Schubert, Franz 75
Schuller, Gunther 102 f., 113, 165, 180, 226
Schuller, Marjorie 103
Schuman, Henry 209
Schumann, Robert 33, 75, 103, 236
Schuricht, Carl 41
Scourby, Alexander 61
Scourby, Stephanie 61
Sculthorpe, Peter 198

Sessions, Roger 64, 66, 71, 79, 82, 113, 175,
234, 237
Shapey, Ralph 84 f., 94, 103–108, 137, 153,
156, 205, 221, 245
Shapiro, Alex 150
Shelton, Lucy 173
Sheng, Bright 198
Sigma Alpha Iota 187 f., 192, 200
Simmons, Harwood 48, 57
Skrjabin, Alexander 80
Slonimsky, Nicolas 77
Sollberger, Harvey 85, 92, 93, 228
Sollberger, Sophie 85
Sonar Quartett 231
Souza, Camilla de 229
Spektralisten 151, 197, 199
Stein, Leonard 172 f.
Stern, Julius 22
Stern'sches Konservatorium 22 f., 41
Steuermann, Eduard 64, 66, 70, 75, 81, 165
Stockhausen, Karlheinz 94, 97, 111, 150,
163, 199, 207, 210, 218, 220
Stokowski, Leopold 81
Storni, Alfonsina 46
Strauss, Richard 62, 165, 186
Strawinsky, Igor 72, 79, 104, 129, 194, 198,
202, 217, 232
Suitner, Otmar 226
Swift, Richard 182, 186
Szell, George 54 f., 59–63, 66, 69, 113, 165,
190, 217, 224
Szymanowski, Karol 62

Tagore, Rabindranath 83, 161 f., 165
Tait, Catherine 191
Takemitsu, Toru 198
Tanaka, Shohe 23
Tansman, Alexandre 62, 70
Taylor, Marshall 242
Tietjen, Heinz 15
Toch, Ernst 59
Toscanini, Arturo 55, 61, 80, 103
Tower, Joan 93
Trapp, Max 41

University of Michigan 188
University of New Mexico 149
Ussachevsky, Vladimir 228

Varèse, Edgard 83
Vaughan Williams, Ralph 62, 79
Verdi, Giuseppe 40 f., 44
Verhoop, Frau 29 f., 32
Volans, Kevin 198

Wagner, Richard 15, 16, 32, 63, 77
Walker, George 198
Walter, Bruno 23, 79, 81
Walton, William 79
Warburg, Gerald 49
Weber, Carl Maria von 14, 209
Webern, Anton (von) 63, 74, 79, 101, 113, 122, 147, 148, 150, 158, 167, 219, 220, 232
Weill, Kurt 70
Weisse, Hans 49 f., 54, 60
Weißgerber, Andreas 14
Weißgerber, Emilie 14, 21, 140
Weißgerber, Joseph 14
Weizsäcker, Richard von 232

Whittenberg, Charles 228
Wiener, Barry 103, 105, 120, 171, 182, 190, 200, 216, 219, 221, 235, 242, 245
Wilda, Heinz 42, 46
Williams, Joan Franks 94
Wolpe, Stefan 63, 65, 80, 85, 89–92, 94, 102, 104, 136 f., 150, 165, 242
Wuorinen, Charles 92, 93, 104, 137, 145, 148, 164, 228

Xenakis, Iannis 129

Yale University 66, 70, 103
Yanovski, Dmitri Yanov 210
Yun, Isang 198

Zahab, Roger 179
Zemlinsky, Alexander (von) 114, 232
Zimmermann, Bernd Alois 197, 236
Zorn, John 198

ALBRECHT DÜMLING
DIE VERSCHWUNDENEN MUSIKER
JÜDISCHE FLÜCHTLINGE
IN AUSTRALIEN

Als nach 1933 viele Musiker vom NS-Regime aus Deutschland und Österreich vertrieben wurden, führte die Flucht manche bis ins ferne Australien. Hier mussten sie sich eine neue Existenz aufbauen. Während es einigen wenigen gelang, die Musikkultur ihrer neuen Heimat entscheidend mit zu prägen, wurden andere als »feindliche Ausländer« interniert und oft zum Wechsel des Berufs gedrängt. So verschwanden sie auf doppelte Weise und fielen nicht selten dem Vergessen anheim.

Das Buch ist das Ergebnis einer jahrelangen Spurensuche in Archiven. Es lebt aber ebenso von den Erkenntnissen aus zahllosen Gesprächen mit Überlebenden und Zeitzeugen. Damit gelingt es Albrecht Dümling, ein neues, bisher kaum beachtetes Kapitel der Kulturgeschichte des Exils aufzuschlagen. Das Buch legt Zeugnis ab vom persönlichen Mut der verschwundenen Musiker und von ihrem Überlebenswillen und Pioniergeist vor dem Hintergrund der rassischen, politischen oder religiösen Verfolgung durch das Dritte Reich.

2011. 444 S. 43 S/W-ABB. AUF 16 TAF. GB. 170 X 240 MM.
ISBN 978-3-412-20666-6

BÖHLAU VERLAG, URSULAPLATZ 1, 50668 KÖLN. T: +49(0)221 913 90-0
INFO@BOEHLAU-VERLAG.COM, WWW.BOEHLAU-VERLAG.COM | WIEN KÖLN WEIMAR

ULRICH DRÜNER, GEORG GÜNTHER
MUSIK UND „DRITTES REICH"
FALLBEISPIELE 1910 BIS 1960 ZU
HERKUNFT, HÖHEPUNKT UND
NACHWIRKUNGEN DES
NATIONALSOZIALISMUS IN
DER MUSIK

In der Musik beginnt das ‚Dritte Reich' nicht erst 1933 und endet nicht wirklich 1945. Dies ist die Einsicht, wenn man die Musik der Zeit von 1900 bis 1960 studiert. Der Band ist aus einem Antiquariatsprojekt von etwa 700 Dokumenten entstanden und begnügt sich nicht, wie bisher üblich, die musikalischen Makrostrukturen des ‚Dritten Reichs' anhand von 30 bis 40 Titeln zu illustrieren. Vielmehr wird in breiter dokumentarischer Fülle den Fragen nachgegangen, aus welchen Traditionen Musik und Musikwissenschaft der Nazis kamen, worin ihre ideologisch-ästhetische ‚Eigenart' bestehen und wie sie nach 1945 weiter wirken. Ferner werden die ‚Entartete Musik' und die auf ihre Autoren gerichtete ‚Eliminierungs-Literatur' sowie die Musik in Exil und Emigration dargestellt. Viele Dokumente zeigen in erschütternder Direktheit, mit welchen Problemen die Musiker jener Zeit konfrontiert waren.

2012. 390 S. 45 S/W-ABB. GB. 170 X 240 MM. | ISBN 978-3-205-78616-0

BÖHLAU VERLAG, WIESINGERSTRASSE I, 1010 WIEN. T: +43 (0) I 330 24 27-0
BOEHLAU@BOEHLAU.AT, WWW.BOEHLAU-VERLAG.COM | WIEN KÖLN WEIMAR

AMAURY DU CLOSEL

ERSTICKTE STIMMEN

»ENTARTETE MUSIK« IM DRITTEN REICH

Im Mai 1938 wurde in Düsseldorf unter der Ägide der nationalsozialistischen Kulturverantwortlichen eine Ausstellung mit dem Titel »Entartete Musik« eröffnet. Diffamiert wurden darin der »Musikbolschewismus«, die atonale Musik, der Jazz und natürlich die Musik jüdischer Komponisten. Viele jener Künstler, die im Namen der Säuberung des deutschen Musiklebens damals auf den Index gesetzt wurden, haben – durch Deportation oder in der Anonymität des Exils verschwunden – ihren gebührenden Platz im heutigen Musikschaffen noch nicht wiedererlangt. Das große Verdienst von Amaury du Closels Buch besteht darin, dass es sich nicht nur auf die bekannten Namen wie Schönberg, Weill, Zemlinsky oder Schreker beschränkt, sondern das Leben und Wirken von rund 200 Komponisten rekonstruiert, die heute fast vergessen sind. Nach Erläuterung des ideologischen Konzeptes »Entartete Musik« beschreibt der Autor jene Institutionen und Gesetze, die die systematische Auslöschung der »unerwünschten« Elemente in der deutschen Musikwelt überhaupt erst ermöglichten. Im letzten Teil des Buches werden die Schicksale und Biografien der Komponisten im Exil in Frankreich, Großbritannien, der Schweiz, in den USA und Südamerika sowie in Japan dargestellt.

2010. 506 S. GB. 170 X 240 MM.
ISBN 978-3-205-78292-6

BÖHLAU VERLAG, WIESINGERSTRASSE I, A-IOIO WIEN, T: +43 I 330 24 27-0
VERTRIEB@BOEHLAU.AT, WWW.BOEHLAU-VERLAG.COM

ÖMZ 03 2012

MUSIK ZEITSCHRIFT ÖSTERREICHISCHE

DANIEL BRANDENBURG,
FRIEDER REININGHAUS (HG.)

JOHN CAGE

NEUE FREIHEIT UND DIE FOLGEN

ÖSTERREICHISCHE MUSIKZEITSCHRIFT,
JG. 67, HEFT 3/2012

Genie oder Scharlatan? Wie alle großen Neuerer hat auch John Cage stets polarisiert – und daran hat sich bis heute wenig geändert. Noch 100 Jahre nach seiner Geburt und 20 Jahre nach seinem Tod gilt er den einen als Heilsbringer, den anderen als clownesker Anarchist, der zudem seinen provokativen Stachel längst eingebüßt hat. Unübersehbar ist, dass Cage auch den europäischen Musikbetrieb seit den 1950er Jahren durch völlig neuartige Freiheiten belebt hat. Seine Erweiterung des Musikbegriffs auf alles, was klingt, seine Zufallsoperationen und seine Haltung der Absichtslosigkeit haben tiefe Spuren hinterlassen, die das Komponieren und das Musikhören gleichermaßen verändert haben. Die thematischen Beiträge in diesem Heft werden kontrapunktiert durch eine Reihe von Äußerungen zu ihm, die durch sein wohl berühmtestes Stück *4'33"* angeregt wurden.

2012. 120 S. ZAHLR. S/W-ABB. BR. 165 X 235 MM | ISBN 978-3-205-78807-2

BÖHLAU VERLAG, WIESINGERSTRASSE 1, A-1010 WIEN, T:+43 1 330 24 27-0
INFO@BOEHLAU-VERLAG.COM, WWW.BOEHLAU-VERLAG.COM | WIEN KÖLN WEIMAR

böhlau

EUROPÄISCHE KOMPONISTINNEN

HERAUSGEGEBEN VON
ANNETTE KREUTZIGER-HERR UND MELANIE UNSELD

EINE AUSWAHL

BD. 1 | STEFAN JOHANNES MORENT,
MARIANNE RICHERT PFAU
HILDEGARD VON BINGEN
DER KLANG DES HIMMELS
2005. 401 S. 12 S/W-ABB. AUF 12 TAF.
MIT MUSIK-CD. GB. MIT SU.
ISBN 978-3-412-11504-3

BD. 2 | RUTH MÜLLER-LINDENBERG
WILHELMINE VON BAYREUTH
DIE HOFOPER ALS BÜHNE DES LEBENS
2005. XI, 225 S. 15 S/W-ABB. AUF 15 TAF.
GB. MIT SU. | ISBN 978-3-412-11604-0

BD. 3 | JANINA KLASSEN
CLARA SCHUMANN
MUSIK UND ÖFFENTLICHKEIT
2009. XIV, 536 S. 21 S/W-ABB. AUF 16 TAF.
GB. MIT SU. | ISBN 978-3-412-19405-5

BD. 4 | MARION FÜRST
MARIA THERESIA PARADIS
MOZARTS BERÜHMTE ZEITGENOSSIN
2005. XII, 405 S. 21 S/W-ABB. UND 8
NOTENBEISPIELE. GB. MIT SU.
ISBN 978-3-412-19505-2

BD. 5 | DETLEF GOJOWY
MYRIAM MARBE
NEUE MUSIK AUS RUMÄNIEN
2007. XII, 292 S. 10 S/W-ABB AUF 8 TAF.
GB. MIT SU. | ISBN 978-3-412-04706-1

BD. 6 | PETER SCHLEUNING
FANNY HENSEL GEB. MENDELSSOHN
MUSIKERIN DER ROMANTIK
2007. X, 349 S. 22 S/W-ABB. AUF 16 TAF.
GB. MIT SU. | ISBN 978-3-412-04806-8

BD. 7 | MONICA KLAUS
JOHANNA KINKEL
ROMANTIK UND REVOLUTION
2008. XIV, 364 S. 18 S/W-ABB. AUF 16 TAF.
GB. MIT SU. | ISBN 978-3-412-20175-3

BÖHLAU VERLAG, URSULAPLATZ 1, D-50668 KÖLN, T:+49 221 913 90-0
INFO@BOEHLAU-VERLAG.COM, WWW.BOEHLAU-VERLAG.COM | WIEN KÖLN WEIMAR

TT169